书山有路勤为径，优质资源伴你行
注册世纪波学院会员，享精品图书增值服务

百年基业引导技术系列丛书

THE SMART GUIDE TO GETTING RESULTS
WITH GROUPS, NEW AND REVISED

THE SECRETS OF FACILITATION

引导的秘诀

通过团队合作获得结果的SMART指南

（最新修订版）（升级版）

[美] 迈克尔·威尔金森（Michael Wilkinson） 著

甄进明 朱 庆 石天路 译

唐长军 王金帅 审校

电子工业出版社

Publishing House of Electronics Industry

北京·BEIJING

Michael Wilkinson：The Secrets of Facilitation: The SMART Guide to Getting Results with Groups，New and Revised

ISBN: 9781118206133

Copyright © 2012 by Michael Wilkinson

All rights reserved. Authorized translation from the English language edition published by John Wiley & Sons, Limited. No part of this book may be reproduced in any form without the written permission of John Wiley & Sons, Limited.

Simplified Chinese translation edition copyrights © 2021 by Publishing House of Electronics Industry.

Copies of this book sold without a Wiley sticker on the cover are unauthorized and illegal.

本书中文简体字版经由John Wiley & Sons, Limited. 授权电子工业出版社独家出版发行。未经书面许可，不得以任何方式抄袭、复制或节录本书中的任何内容。

本书封底贴有Wiley防伪标签，无标签者不得销售。

版权贸易合同登记号　图字：01-2013-8772

图书在版编目（CIP）数据

引导的秘诀：通过团队合作获得结果的 SMART 指南：最新修订版：升级版 /（美）迈克尔·威尔金森（Michael Wilkinson）著；甄进明，朱庆，石天路译. —北京：电子工业出版社，2021.1

（百年基业引导技术系列丛书）

书名原文：The Secrets of Facilitation: The SMART Guide to Getting Results with Groups，New and Revised

ISBN 978-7-121-39999-2

Ⅰ. ①引… Ⅱ. ①迈… ②甄… ③朱… ④石… Ⅲ.①组织管理学 Ⅳ. ①C936

中国版本图书馆 CIP 数据核字(2020)第 249084 号

责任编辑：杨洪军

印　　刷：北京天宇星印刷厂

装　　订：北京天宇星印刷厂

出版发行：电子工业出版社

　　　　　北京市海淀区万寿路 173 信箱　邮编 100036

开　　本：787×1092　1/16　印张：23.5　字数：564 千字

版　　次：2014 年 5 月第 1 版

　　　　　2021 年 1 月第 2 版

印　　次：2021 年 1 月第 1 次印刷

定　　价：98.00 元

凡所购买电子工业出版社图书有缺损问题，请向购买书店调换。若书店售缺，请与本社发行部联系，联系及邮购电话：(010) 88254888，88258888。

质量投诉请发邮件至 zlts@phei.com.cn，盗版侵权举报请发邮件至 dbqq@phei.com.cn。

本书咨询联系方式：(010) 88254199，sjb@phei.com.cn。

"百年基业引导技术系列丛书"推荐序

引导重塑组织

当下，引导愈来愈被不同类型的企业和组织认同，成为组织发展、业务管理、绩效改善的一种工作方式，其理念和方法也被众多的企业管理者和专业工作者所接受，他们通过内训或外部学习，或者通过实际的工作坊体验完成了对引导的认知和认同，认为引导的应用场景无处不在，甚至扩展到教育工作者和父母等群体，未来每人都应该成为引导师，都应该掌握引导的基本技能和关键能力。

所谓"引导"，英文为 Facilitate，原意是"让事情更加容易、更加简单"。作为一个方法论，引导技术在国外管理界已经相当成熟，其主要用于推动一群人更有效地研讨、决策，形成高质量的结果。而以大中型企业、管理顾问公司为首的国内企业与组织也早已关注引导技术，并逐步将其引入、推广和应用，目前引导技术已经初步具备了一定的影响力。

引导技术的使用者主要包含两大类人群。一类人是专业的工作者，他们是组织内部的 HR 和组织发展部门，或者外部顾问、教练、行动学习催化师等。他们参加专业引导课程学习与认证，以丰富自身的储备，同时在工作场所不断实践，积累经验，为业务部门打好场子，提供支持。另一类人是企业或其他组织中的管理者，他们通过掌握一些引导工具，以便提升日常会议的效率。这两类人有一个共同的需求，就是期望有一套引导技术的系列书籍，一方面可以快速掌握一些好用易用的工具技巧，理解引导的价值；另一方面可以将其作为技术进阶的辅助材料，随时翻阅检索。正是这种需求，成为我们推出这套引导技术系列丛书的初衷。

作为国内领先的行动学习与引导技术的研究、实践和推广专业机构，百年基业在中国企业中大量应用行动学习时发现，引导技术不仅可极大地帮助行动学习法更好地实施与落地，而且早已在国际上形成了一个完整的技术体系，二者相辅相成、形影不离。

经过百年基业同人的精挑细选，并在电子工业出版社的鼎力相助下，我们终于为国内读者奉上了这套"百年基业引导技术系列丛书"。该丛书涵盖了从理论到实务、从方法到案例的诸方面内容，相信对于专业引导者和各类组织的管理者，都能提供全面的帮助。

本系列丛书共六册，包括《结构化研讨》《引导的秘诀》《虚拟引导的秘诀》《大师级引导》《共创式战略》《引导式培训》，它们分别从引导的流程、技巧、平台、策略、战略共创场景、培训赋能场景应用等方面来说明引导的价值。

《结构化研讨》由"工作社区"（Community at work）创办人、国际知名引导师山姆·肯纳等人所著。本书介绍了结构化研讨决策的经典模型——钻石模型，详细介绍了结构化研讨决策的三个阶段（发散期、动荡期、收敛期）的概念。在每个阶段都提供了丰富的工具，展示了多方面的案例，以呈现不同做法带来的不同结果。

《引导的秘诀》是美国引导界领袖人物之一迈克尔·威尔金森先生的核心著作，他是美国辅略公司创始人兼 CEO、国际引导学院董事、美国引导师资库创始人。本书被公认为引导技术的经典著作，系统地讲解了如何引导一个团队进行深入研讨的基本技术，包括引导工作的模式、框架和流程。本书内容丰富，深入浅出，操作性极强，实为引导者必备的宝典。

《虚拟引导的秘诀》同样由迈克尔·威尔金森先生所著。虚拟引导是指通过使用视频、音频、会议软件等技术，对不集中在一起的参与者进行引导，这一操作方式对引导者提出了更高的挑战。本书系统介绍了虚拟引导的步骤，以及需要解决的一些重要挑战。例如，如何保持团队动能？如何保持人们的全程参与和投入？如何处理"匿名者"？此外，本书还介绍了一些常用的技术手段，提供了多个案例，使读者能够快速使用这一新的技术。

《大师级引导》是全球引导大师英格里德·本斯女士继《引导：团队群策群力的实践指南》后的又一力作。英格里德·本斯被引导业内人士称为"引导界的女王"。本书旨在帮助引导师获得实用的高级引导策略与技能，主要聚焦于五大方面：高级引导者应具备的胜任能力与个人价值观体系；帮助团队做复杂决策的核心手段与方法；团队冲突管理的九种干预工具；高级引导咨询策略；高级引导的十四个基本流程。本书势必会为中国引导从业者与应用者带来更高水平的专业发展指引，将引导技术的应用推向更加深入的阶段。

《共创式战略》是迈克尔·威尔金森先生的又一力作。书中详细介绍了战略驱动模型，引导战略规划的关键组成部分与流程步骤，战略规划计划、执行质量的评估精要和相应的工具模板，以及标杆组织战略规划最佳实践。通过作者开发的战略驱动模型和相应的工具模板，专业催化师和高层管理者可以轻松地引导团队完成战略规划和执行。

《引导式培训》一书是百年基业董事合伙人韦国兵老师和施英佳老师多年践行引导式教学的经验总结，借助引导技术助力培训实现"以学习者为中心"的初心，从工作问题或业务挑战出发，引导大家群策群力，在培训赋能的过程中，实现智慧共创与聚焦，最终解决问题，达成共识。需要指出的是，这种培训模式绝不仅是简单的"引导"+"培训"。《引导式培训》一书更倡导的是，用引导的理念实现培训的价值转化，将引导技术灵活融入各类培训场景中，通过培训师与引导者身份的无缝切换，实现培训能量的自然流淌，让学员真正成为课堂的主角，帮助个人与组织解决问题，助推业务发展。

　　我们欣慰地看到，在多次修改之后，本系列丛书终于付梓。在此，我们要感谢电子工业出版社编辑的辛勤付出，感谢百年基业同人的大力支持与帮助，还要感谢对引导技术长期关注的同行、客户，正是这一大群精英人士对引导技术的钻研与痴迷，才使我们有了不断前行的动力。

　　由于时间、水平所限，本系列丛书的译校和写作难免有不足之处，真诚欢迎读者不吝指教，禅使本丛书能够常读常新，为引导技术在中国的发展贡献绵薄之力。

　　是为序。

唐长军　王金帅

北京百年基业管理顾问有限责任公司

2020 年 7 月 20 日于北京

　　唐长军　长江商学院 EMBA，百年基业创始合伙人，中国行动学习协会（CSAL）发起人，国际引导学院（INIFAC）全球首批认证资深引导师（CCF），美国韬略公司（LSI）"引导的秘诀""共创式战略"认证课程导师，新加坡引导师协会（FNS）"SPOT 团队引导"课程认证培训师，国际行动学习催化中心（CALF）中国分会会长暨认证行动学习催化师。他著有《行动学习画布》一书，也是《引导的秘诀》《SPOT 团队引导》《行动学习催化秘籍》等多本图书的联合译校者。联系方式：tangchangjun@gene100.com。

　　王金帅　百年基业高级合伙人，中国引导师协会（CAF）联合发起人。国际引导学院（INIFAC）认证专家级引导师（CMF 终身），美国韬略公司（LSI）"引导的秘诀""共创式战略"课程认证导师，国际行动学习催化中心认证催化师（CALF）Level5，国际行动学习协会（WIAL）认证高级行动学习教练（CALC）。《虚拟引导的秘诀》《行动学习应用》《行动学习催化秘籍》等多本图书的译校者。联系方式：wangjinshuai@gene100.com。

译者序

让团队发挥出最好

如果说教练是让个人发挥出最好，引导则是让团队发挥出最好！引导是团队教练的核心，基于以人为本的哲学理念，尊重个人以及每个人在团队中的角色和需求，对团队合作机制和冲突处理方式达成共识，促进团队有效进行决策和决策后的积极贯彻执行。

"引导"一词的英文是 facilitate，其含义包括引导、辅导、梳理、促进、催化等。在翻译本书的过程中，翻译团队最大的争议是确定这个核心英文单词的中文翻译词语，然而始终没有找到一个满意的中文词语能够较全面地表述这个英文单词的含义，最后大家妥协了，同意采纳"引导"这个词。

为什么没能找出一个恰当的中文词语呢？我个人对此有一些解读，语言本身就是文化，这是因为在中华文化中，没有建立与引导相关的概念，或者说我们很少采纳和使用引导的工作方式来应对团队的问题。由于文化中引导的缺失，引入和推动针对团队与群体的引导服务，必定会为中国的团队管理实践带来突出的成效。

我正式接触引导是在 1999 年。当时我已经在 IBM 工作了多年，对"引导"这个词并不陌生，特别是 facilitate 这个单词，但是一次正式的引导服务给我留下了深刻的影响。当时 IBM 针对在华服务业务的拓展，成立了一个 ACT（Accelerate Change Team）的工作组，由资深的业务经理组成，研讨 IBM 在华的服务业务，梳理服务业务改进的策略和行动计划。在其中的一次会议上，公司聘请了一个外部引导师来组织研讨会活动。会议的第一步是各位经理列出三个自己认为在业务中需要解决的问题；第二步是收集大家的问题，整理问题清单，并让大家澄清对每个问题的理解和认识；第三步是大家投票选出五个大家共同关心或者认为重要的问题；第四步是分析问题的根本原因；第五步是大家列出解决方案和行动计划，进行澄清，然后采用投票方式确定执行哪些解决方案和行动计划。引导师采用一套引导程序，促成了这个来自多个部门的有效的团队合作，而且团队的确产出了高质量的可以实施的服务业务改进方案。

在亲身经历并体会到引导有如此突出的成效后，在后来的咨询顾问工作中，我多次借鉴这次引导会议的组织模式，支持客户的管理团队进行有效的工作，达成团队的共识，有效进行战略规划和问题解决。正是因为对引导工作方式的认同，我们选择翻译这本书。本书是引导方面的经典著作，系统地解读了引导工作模式，特别建立了引导的工作框架和流程，并给出每个阶段的关键活动和实操技巧，帮助我们系统地理解和学习引导，并应用引导技术来帮助团队发挥出最好！

　　本书的翻译过程是一个很享受的过程，这个过程就像在与引导大师迈克尔·威尔金森进行对话。在翻译过程中我们提升了自己，而且每个人都自然地把本书中的引导技术和技巧，应用到各自的咨询和教练工作中，并且获得了很好的效果。2014 年 1 月我应邀参加一个专注于车联网的企业管理年会。对如何有效地对公司高管进行绩效考核和激励这个主题，我担当引导师角色，组织公司高管来讨论针对自己的绩效考核和激励策略，其间成功地应用了本书中介绍的多项引导技术，公司董事长兼 CEO 对引导达成的效果非常满意。

　　本书是翻译团队共同努力合作完成的。按照本书的结构，朱庆同志负责本书第 1～8 章，甄进明同志负责总体把握以及第 9～12 章，石天路同志负责第 13～17 章。另外，感谢在本书翻译过程中提供帮助的王思、吴鸿、张尔泽。对翻译不足之处，我们欢迎各位读者指正，也欢迎各位读者与我们共同探讨引导工作方式在中国的推广，联系邮件 zhenjm@leadingpm.com。

　　作为译者，我们认为本书有三类读者可以获益：

　　1. 作为团队的领导，学习和应用引导的技术与艺术，带领团队发挥出最好。

　　2. 作为企业或组织的高层领导，了解引导技术的精髓，把引导工作方式引入团队决策和管理中，建立团队引导文化；或者聘请外部的专业引导师，提高团队决策和执行的效率。

　　3. 作为引导师或期望成为引导师的人，学习引导技术与艺术，精进自己的引导技能，能够为客户提供高质量的专业引导服务。

　　我们希望通过本书的翻译和推广，可以让更多的管理者认识、了解和应用引导技术，让团队发挥出最好！希望有更多的专业人士，通过本书精进引导技能，成为专业引导服务的提供者，促进引导工作方式的推广和应用。

甄进明　博士

北京力鼎创新管理咨询有限公司首席顾问

北京启承转合管理顾问有限公司合伙人

最新修订版序

从《引导的秘诀》第 1 版出版至今已经八年了，这期间世界发生了巨大的变化，同样的变化也发生在引导的世界里，本书将对这些变化做出回应。

从很多《引导的秘诀》的读者那里，我获得了大量反馈。他们认为，这本书为他们提供了如何引导一个团队展开引导流程非常实用的基本技术。很多人经常告诉我，他们喜欢书中大量的案例分析以及情景对话，这些对他们进行实战操作有很大帮助。令我感到高兴的是，很多人发来电子邮件告诉我，他们是如何将书中的秘诀付诸实践的。我还听说很多人参加了"高效引导师"培训班，这个培训班专门传授《引导的秘诀》中发现的那些要点和技术。

从《引导的秘诀》读者的积极反馈中，我们还了解到越来越多的人正在引导虚拟会议，会议的参与者并不真的坐在一间会议室里。在一些极端的案例中，会议的引导师是唯一不在会议现场的参与者。读者反馈他们还需要更多的秘诀，来教会他们如何引导更大的团队会议，采集更多的信息以使会议更加高效，以及更恰当地防止失当行为的发生。

从各种调查和研究中获得的数据也支持了这些读者的需求。

- 例如，在一个由 MCI（一个美国的会议研究机构）主持的关于会议的重要研究中发现，繁忙的专业人士每月要参加超过 60 次会议，他们承认在会议中会出现一些失当行为。超过 91% 的人承认有过思想开小差的情况，70% 的人有过把其他工作带到会议中的情况，39% 的人有过在会议中打盹的经历。

- 在卡尔森·瓦格利特差旅管理机构（CWT）的一项研究（《会议与活动：节省与成功的平衡》，2010 年）中，超过 80% 的参与者认为他们机构中的虚拟会议在快速增加。

- 在我自己的文章"精彩的会议案例"（The Case of Masterful Meetings，2006 年）中，我记录了一个 20 人的团队，他们每个星期平均花在开会上的时间超过 13 小时，仅仅 15% 的会议效率的提升就相当于他们团队中增加了一个人的效率。

最新修订版中有哪些新的内容

很多！《引导的秘诀》新版反映了前面提到的很多需求，而且还有更多。我保留了读者喜欢的内容，并且在新版中读者还可以看到：

- 四章新的内容
  - 引导虚拟会议的秘诀
  - 引导大型团队和会议的秘诀
  - 引导多元文化团队的秘诀
  - 建设内部引导师能力的秘诀
- 为高级引导师准备的十个参与战略
  - 简短的不期而遇
  - 堆砌和分从
  - 电梯间谈话
  - 非自愿类比
  - 未来的信
  - 最后的站立者
  - 更多/更少
  - 开始/结束/继续
  - 谈话棒
  - 搅拌
- 十个覆盖下面内容的新的秘诀
  - 定义会议产出：3H
  - 管理负责人出席
  - 开场鼓舞参与者
  - 就措辞达成共识
  - 准备虚拟会议
  - 引导大型团队
  - 引导大型会议
  - 管理演讲者时间
  - 引导多元文化团队
  - 建立内部引导骨干
- 十五个新增的案例分析
  - 引导师在市政领导团队中的角色
  - 让第二位副总裁参与的开场提问
  - 准备愿景委员会会议

　　— 笔、ELMO 和停车板的力量

　　— 低音调引导师

　　— 战略督导虚拟会议

　　— 引导灵性大会

　　— 加勒比政府的战略规划引导项目

　　— Hydro One 的拉动战略

　　— Saudi Aramco 公司的引导师开发计划

● 管理失当行为，包括如何防止失当行为的发生，在面对失当行为的时候如何去做

● 在失当行为列表中主要增加了五种行为

　　— 手机迷恋者

　　— 在话题间跳跃者

　　— 插话者

　　— 低能量的团队

　　— 时间压力下的团队

● 大量新增材料

　　— 应用秘诀运行一个简单会议

　　— 应用秘诀召开工作小组的第一次会议

　　— 会议负责人应该在会场上吗

　　— 应该什么时候到达会场

　　— 如何让决策者把他们的权力转移给你

　　— 引导师是如何滥用手中的笔的

　　— 少数服从多数决策流程

　　— 能量和真实性

　　— 过河：我最喜欢的团队建设练习

　　— 定义会议的哪些内容可以对外沟通

　　— 通过文化意识评估表发现你的文化偏见来改进你的多元文化沟通意识

　　— 通过引导打破机构力量的影响

　　— 引导师的中立：真实还是虚构

　　— 成为一个认证的引导师

　　— 设置"为什么这样做"的问题，突出强调为什么一个特定的方法或策略会如此关键和重要

　　— 在每章的末尾推荐一些练习，建议使用本章介绍的一个或多个主要概念

　　总之，读者可以从最新修订版中发现更多、更丰富的信息，最新修订版同时保留了使得第 1 版取得巨大成功的基本结构。我本人对本书的再版感到非常兴奋和期待。我们的宗旨是：与世界共享引导的力量！我们坚定不移地相信，引导是一个非常强大的工具，它能帮助人们取得更好的通常也是更快的决策，并得到更高层次的支持和承诺。

- 更好的决策——因为各种不同的观点都开放地共享并得到充分的考虑
- 通常更快——因为使用了提高效率的流程和高效的沟通
- 更高层次的支持和承诺——因为影响决策的各种因素在产生过程中都得到了充分考虑

我希望通过本书的再版，给你力量并激励你与你服务的团队一起"共享引导的力量"。

迈克尔·威尔金森
美国韬略公司创始人
与世界共享引导的力量

案例分析　**行动中的秘诀——两位从业者如何将秘诀应用到他们的工作中**

安迪·威尔是一位居住在伦敦的独立管理和培训顾问。

《引导的秘诀》为我最近的一系列会议带来了成功。我最近参与了一个政府组织的项目，经历了长时间的各种变革。他们给我的任务是组织三个大型会议（分别有 260 人、200 人和 150 人参与），讨论变革，分享信息并庆祝之前的成功。

那天，我的主要角色是召开这个大型会议，引导代表们对未来的思考，梳理当天各位发言者提出的问题并对当天发言进行观察。因此，我的角色是对问答环节进行引导，并在总体上保证会议的顺利进行。有一个好的开场发言对于一天的成功非常关键。

前两个会议看起来非常成功。其实，我知道尽管参与的深度是合理的，但是应该可以做得更好，引入更多的问题讨论并让下面的人提出更多的问题。另外我感觉，由于变革的不确定性，我没有能够在会场中营造一种更加融洽和温和的氛围，而这恰恰是我希望的。那天结束的时候我感觉气氛有点冷淡。

在第三个会议之前，我预订并收到了《引导的秘诀》一书。书是周一送到的，正好在最后一个会议的前两天。我周一晚上和周二阅读了这本书，而周三的会议已经准备就绪。我当时的想法是：有没有一些秘诀可以供我使用来改进我的开场发言，以便鼓励更多的人参与和提出更多的问题？周二下午我读完了这本书，我的注意力集中在第 2 章和第 4 章——提问的秘诀和开场的秘诀，还有第 3 章——准备的秘诀的部分内容。我同时还在脑海中思考秘诀 19（给出清晰指示的秘诀）和秘诀 30（问答部分的秘诀）。周二下午，我重新计划并重写了我的开场发言，更好地关注 IEEI 大纲并遵循秘诀 30 的步骤建立问答部分的过程。

我在周三早上的第三次会议中使用了秘诀并观察人们的反应，开场发言效果更好，会议达到了我预期的更加融洽的氛围，开场发言还提高了代表们在问答过程之前的关注度和参与度。在问答环节，提出的问题数量超过之前的两次会议，并且在一天的会议中始终保持了这样的状态。使用秘诀 19 的 PeDeQs 指示还对那天会议活动的理解和执行给予了很大的改进。

也许我是有点偏见的，但是在那天会议结束时，我感觉会议代表们不像之前两次会议那么冷淡了。根据会议评估和后来的分析显示，相比前两次会议，这次会议的各项评估分数都有提高，客户也反映这天的会议是三次会议中最好的一次。当然，也可以把这些改进归结于对会议流程更加熟悉（毕竟这是第三次会议了），可是我不这么认为。我在引导第三次会议时做了足够的改变（基于我阅读《引导的秘诀》一书之后所学），这些改变体现在有些流程和文辞的变化，我知道是这些改变让最终结果变得不同。

现在，我坐在这里回顾这三次会议。我认为我们确实是按照5P原则和客户一起准备会议的，建立会议流程变得更加容易，并且当我们比以往更加关注可能出现的问题时，我们的会议流程是与以往不同的。

所以总体来说，我有了一次非常好的学习机会，并且《引导的秘诀》一书在很大程度上帮助了我，这本书确实起到了作用。

杰森·凯恩是一位项目协调人，他服务于美国最大的二手车网站之一。公司的二手车清单上有超过200万辆，它们分别来自私家车主、汽车交易商和制造商。杰森参加了一个名为"高效引导师"的培训课程，而课程的内容来自《引导的秘诀》。

就让我从告诉你我是多么感谢"高效引导师"学习课程开始吧。我在我的个人生活和工作中都用到了我在课程中学到的那些原则和要点，在我的生活中唯一没有因为这个课程发生变化的是我和我的狗狗的关系（她真的不接受啊）。

在引导了一些由决策者和同事参与的会议之后，我现在组织会议时更加高效并且会实现预期的目标。我已经学会了：当目标更加明确清晰并且保持团队的专注时，会议会更加高效。

同时，我的问题更加直接也得到了更好的回复。我还发现，我可以更好地解读参与者的"肢体语言"，并且有了一个充满各种策略的工具包，用来鼓励参与者参加会议的讨论。这使得周日早上当我给一些还没有完全成熟的高中生讲课时，让我完成了一次高效的会议并取得了很好的成果。

课程的成果就是，不仅我自己清楚地感觉到了我的变化，别人也看出了我的变化，我的老板也注意到了我主持会议的变化，我主持的会议变得更加成功，因为我可以立即发现并解决冲突，我可以发现不当行为并且在场面失去控制之前把参与者重新拉回正轨。我完全了解我的流程，所以我可以偶尔偏离正题但很快再回到正题上来，每次都可以保证准时结束我主持的会议。

当不再主持会议时，我是一个更好的听众和更加积极的参与者，因为我发现，我已经认识到了是什么把一个好的会议升级为一个出色的会议。我的公司可以认识到这种培训对于公司职员的价值真是太好了，这是我可以在一生中受益的知识。

前　言

一个强大的秘诀

专业的引导师都知道这样一个强大的秘诀。

是什么让它成为一个秘诀呢？当然不是因为知道它的人的数量。实际上，可能有很多人会说"知道这个秘诀"，但是只有很少的人真正理解如何去使用它，这里蕴藏着秘诀的真谛。

是什么让它成为一个如此强大的秘诀呢？如果强大从某种意义上是达成结果的同义词，那么这个秘诀是真正强大的。这个秘诀将会让你更有能力去达成结果，就是因为它与高效和人类的内在驱动紧密连接起来了。

案例分析　学习强大的秘诀

我开始理解秘诀是从我在八大会计和管理咨询公司之一从事管理咨询顾问开始的。在从事管理咨询的八年中，我们有一套标准方法用来发现客户问题。我们会被叫去对特定的部门或者活动进行访谈，我们这些充满智慧和能力的团队会到达客户那里，访谈我们认为的关键利益相关人，基于访谈结果和经验给出我们的建议，并且设计出我们认为的百分之百的解决方案。在离开一年之后，如果足够幸运，我们也许还会返回那里，发现我们推荐的解决方案可能只有15%得到了实施。

在离开公司前的最后一年，我们开始使用一种不同的、更具建设性的方法。我们指派一个小组的顾问与客户一起工作，我们一起召集小组访谈（引导会议）。典型的会议规模有8～20人参加。在会议上，参与者（而不是咨询顾问）会给出一些推荐的内容。在多数情况下，他们会给出我们认为的60%～70%的解决方案。之后，我们根据经验提出意见，有些意见他们会接受，而有些意见他们会以在他们的具体环境中"不能带来收益"或者"无法实施"为理由拒绝。这一切结束以后，他们就会产生我们认为的85%的解决方案。然而，一年以后当我们再次到这家公司时，我们惊奇地发现，这些解决方案的 80%～90% 都得到了实施。

为什么 100% 的解决方案没有得到实施，85% 的解决方案通过引导会议获得了更大的成功？这就是秘诀所在以及它背后蕴藏的力量。

秘诀 1 | **引导的基本秘诀**：当解决方案由将受到其影响的人产生并被他们理解和接受时，往往可以达到更加有效的成果。

案例分析 环卫工人

在阅读一家外部咨询公司（没有使用引导手段）的建议之后，一个大都市的市长发布一项指令，要求卫生局将垃圾收集团队从三人一组变为两人一组。然而，卫生局局长坚定地认为两人小组工作的实施如果没有环卫工人的支持和参与，必将以失败告终。因此，卫生局局长请我们通过引导来完成一个项目以实施这一指令。

我们建议，局里的三个主要运行单位每个选出四名工人代表参加这个项目，局长另外指定了几名成员参加，他们分别是财务、人力资源和工会各自指派的一名工人，一共有 15 名成员。

我们引导这些成员召开了八次（每次半天）会议，使用项目流程帮助他们专注在目的、主要产出、关键成功要素、方法、进度、预算以及其他重要主题上。尽管有些成员受教育程度不高，但是他们更了解环卫工作中的问题，很快就掌握了这些流程并以此作为工具方法，来界定问题和推敲可选的方案。

作为团队的引导师，我们经常通过提问技术来挑战那些看上去可能会破坏团队目标的建议。有些挑战导致建议的重新构建，有些挑战被证明是不太恰当的，有些尽管是有建设性的，但是团队有意选择了忽略。最后团队产生了一份综合报告，这份报告清晰地阐述了计划的收益，大家都为这项工作感到骄傲。

团队成员（而不是引导师）向市长和他的幕僚们陈述了这个项目。我们教给团队成员陈述的技巧、团队问答的技术以及其他确保效果的方法。一个团队成员甚至为了这次和市长的会议专门购置了正装西服。在陈述结束时，城市的首席运营官宣布这是他们从一个环卫工人团队所看到的最好的陈述、建议和解释。这个项目没有任何改动就得到了实施。

考虑到环卫工人和他们全身心投入解决方案的精神状态，在陈述前夜他们主要担心两点，他们非常害怕由于陈述不好而带来的失败。在害怕之外，他们最大的担心是市长不接受他们的建议，尽管采用两人小组是市长的意见。通过让工人自己负责完成这个项目，卫生局局长已经把它变成了工人自己的项目，他们自己是项目的主人，他们已经做好准备把这个项目介绍给市长和他们的同事。

作为对比，八大会计和管理咨询公司在没有使用引导技术之前，是由咨询顾问来设计解决方案的，这本质上是咨询顾问的解决方案。客户的员工对于项目几乎没有什么拥有感。当员工自己完成项目的时候，这就是他们的解决方案。应当承认，员工同意的只是一份85%的解决方案，但是你更喜欢哪个结果呢？是无效的100%，还是高效的85%？

科罗拉多大学的罗伯特博士在他的著作《改变成熟的信息技术组织》（*Transforming the Mature Technology Organization*）一书中是这样表现这个秘诀的：

$$ED=RD \times CD$$

即高效的决策（Effective Decision，ED）等于正确的决策（Right Decision，RD）乘以对决策承诺的程度（the level of Commitment to the Decision，CD）。这个乘法公式表示，即使最好的决策如果失去对决策的承诺也可能变得毫无用处。一个咨询顾问团队可能会给卫生局一个100%的解决方案，但是如果环卫工人不认可这个解决方案，解决方案的效率可能就会是"零"。

学习使用基本秘诀

秘诀本身并不复杂，然而请记住，尽管很多人知道秘诀，但只有很少人真正理解如何去使用它，特别是当你组织人们一起工作，完成自己将来使用的解决方案时。例如，很少有人理解：

- 如何让人们因为参与一个解决方案的过程而感到兴奋
- 如何让人们保持参与和专注
- 如何用问题挑战对方而不导致关系疏远
- 如何不采用压制的手段去引导一个团队
- 如何发现分歧和建立一致
- 如何处理那些擅自离开、抢夺控制权或者有失当行为表现等可能导致失败的人
- 如何确保你获得行动的承诺

这些是帮助团队获得惊人成果的最基本的引导技巧。1993年年初，我们在领导力战略中着手开发一个可以教授这些技术的引导培训课程。我们发现，很多课程只关注引导的高阶流程，如战略规划和需求分析；我们还发现，一些课程提供了一些构建方法和流程的介绍，如质量工具和问题解决技术。对于多数课程来说，它们是很了不起的，然而它们并没有详细地介绍如何让一名引导师在工作中表现杰出的基本技能。有些课程涵盖了一些与团队活力相关的概念，但是通常这些课程只介绍了需要达到的结果（如帮助团队达成共识），而没有介绍如何去达到这个结果。如图0.1所示，基本技能部分是缺失的。

为了获取我们需要的内容，我们访谈了这个专业领域里被认为最杰出的一些经验丰富的引导师。我们问了四类非常具体的问题。

高阶流程

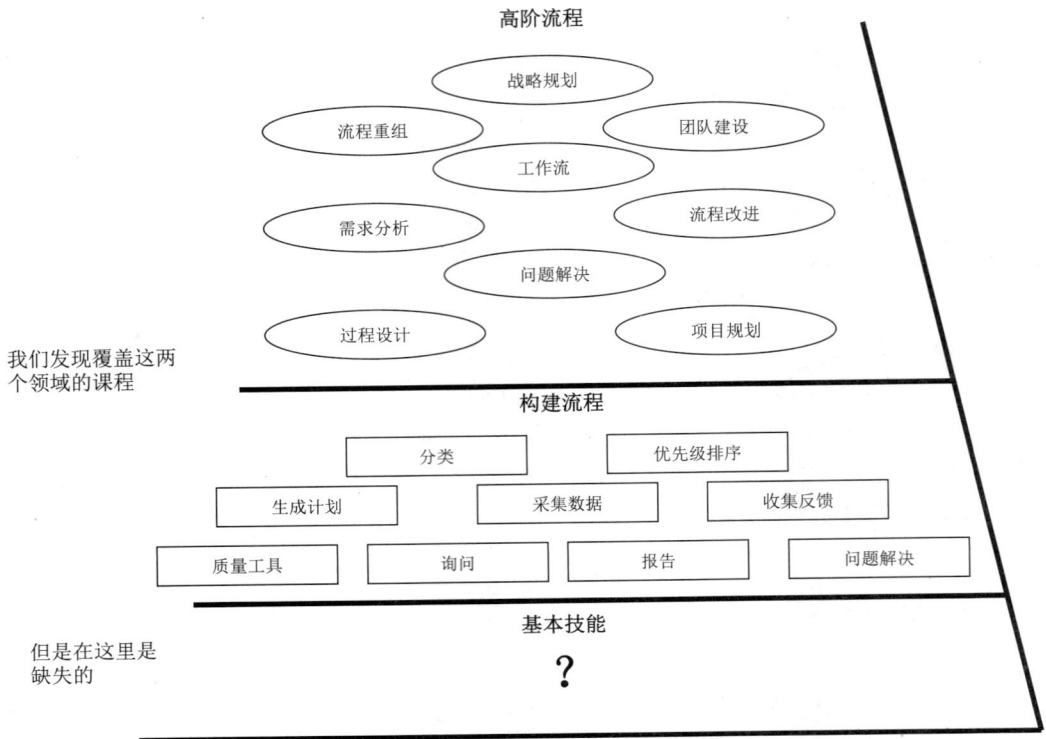

我们发现覆盖这两个领域的课程

战略规划

流程重组　　　团队建设

工作流

需求分析　　　流程改进

问题解决

过程设计　　　项目规划

构建流程

分类　　　　　优先级排序

生成计划　　　采集数据　　　收集反馈

质量工具　　　询问　　　报告　　　问题解决

基本技能

但是在这里是
缺失的

?

图 0.1　很多引导课程的关注点

我们向经验
丰富的引导
师提出的四
类问题

- 当你们引导而一切正常时，你们做什么？你们采用什么技术和流程让团队参与、互动并达成结果？
- 如果要把和你一起工作的人送去学习引导课程，你认为他们最需要学习的关键的课题和技术是什么？
- 你所见到的引导师犯下的最典型的错误是什么？当你躲在后台而其他人在引导会议的时候，他们做了什么或者没有做什么会使你感到不舒服、被激怒或者干脆想跳出来自己引导会议？
- 尽管你被认为是一位非常好的引导师，但在哪些情况下你需要更好的技术？你引导的哪些会议没有你预期的那么好？哪些领域通过其他工具可以使你变成更好的引导师？

从被访谈者获得的信息中，我们总结出如图 0.2 所示的我们认为引导师应该具有的基本技能领域。

高阶流程

战略规划

流程重组　　　　　团队建设

工作流

需求分析　　　　　流程改进

问题解决

过程设计　　　　　项目规划

构建流程

分类　　　优先级排序

生成计划　　采集数据　　收集反馈

质量工具　　询问　　报告　　问题解决

基本技能

开始　提问　专注　鼓舞　设置议程

管理掉队　准备　记录　结束　达成一致

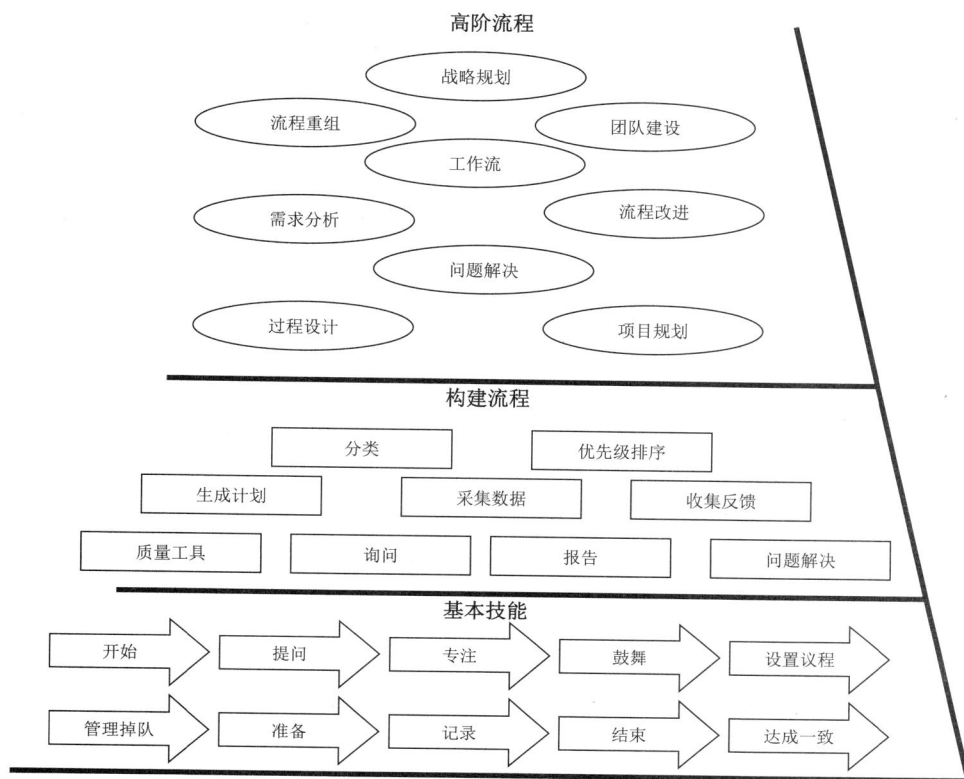

图 0.2　基本技能领域

SMART 引导原则

发现这些引导基本技能领域后，我们非常兴奋，并以此为基础，归纳出了一套结构化的引导方法论，称为 SMART（Structured Meeting and Relating Techniques，结构化的会议和相关技术）引导。SMART 引导是建立在 11 条原则之上的，这些原则为引导师进行成功引导提供了一个清晰的视图。支撑这些原则的是 SMART 引导师在实际操作过程中执行的各种策略和技术。这些策略和技术组合在一起就构成了一个综合方法论，使得 SMART 引导可以在使用中产生一致的可以复制的结果。图 0.3 显示了 SMART 引导的整体结构。

这张图有很多组件，我将把它划分为几个主要部分，第 1 章将介绍引导师的角色，本书接下来的 11 章将分别专注于这些原则的每个组件。其中，第 2～8 章阐述了典型引导会议的基本工作流程，如图 0.4 所示。我们下面先预览一下这些章和其中的主要观点。

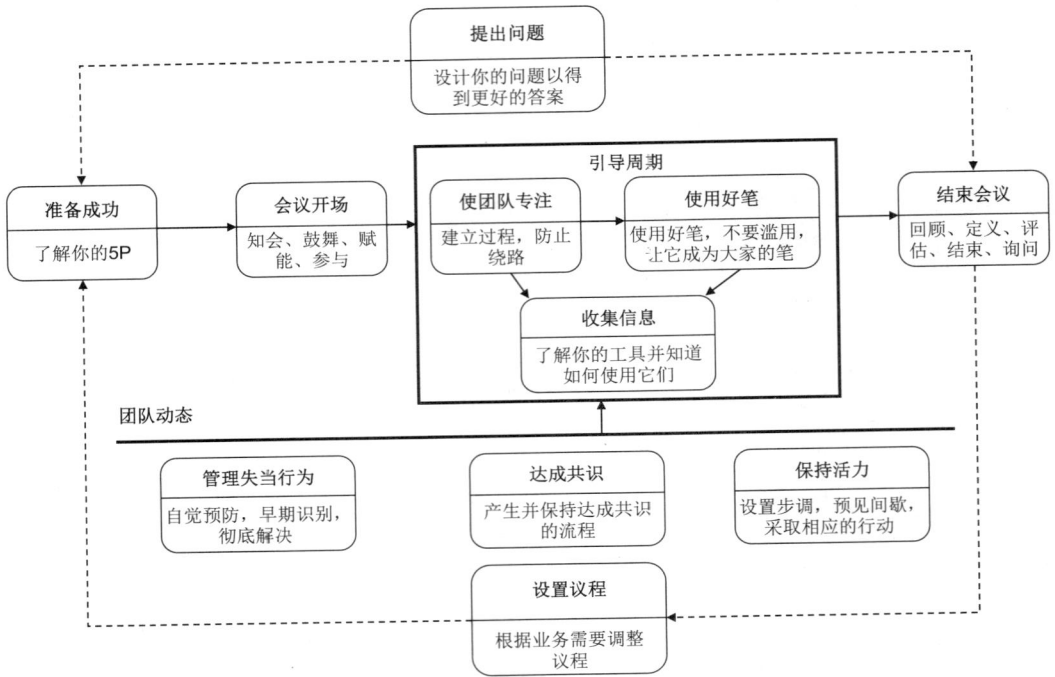

图 0.3 SMART 引导的整体结构

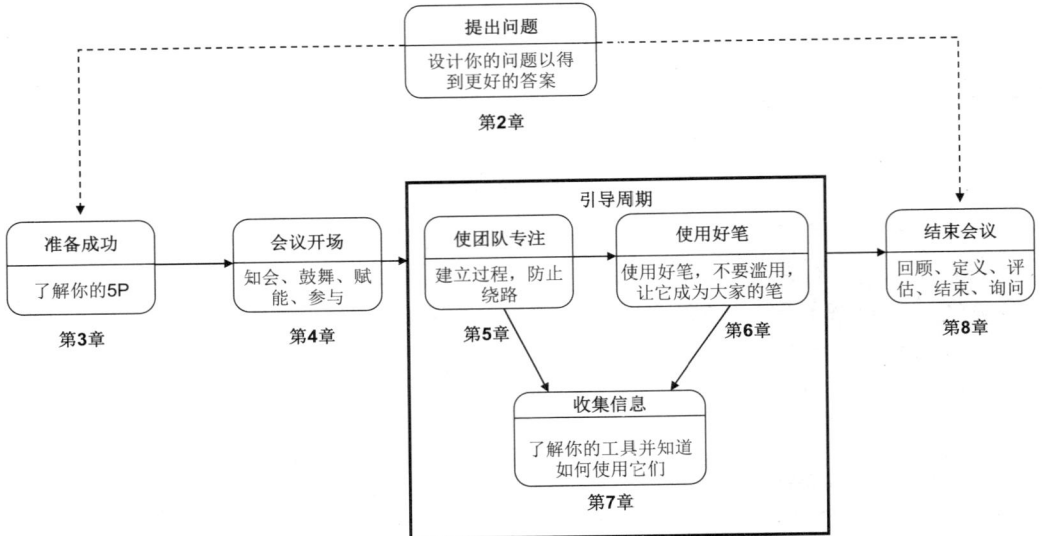

图 0.4 引导会议的基本工作流程

↘ 第2章：提问的秘诀

设计你的问题以得到更好的答案

SMART引导师都知道最重要的引导工具就是提问，除了开放式和闭合式提问技术，SMART引导师还有一套充满提问技术的工具箱，每个都针对一些特定的任务。

因为引导师使用这些提问技术来执行所有的原则，提问是第一个需要介绍的原则。第2章将回答下列问题：

- 怎样措辞你的提问以获得积极的回应？
- 当问一个问题时，何时使用"可以""应该""必须""将要"这些词汇？
- 如何使用提问引导团队？
- 如何处理回应而不会对团队产生压制？
- 如何提出一条意见而不过度影响团队？
- 当没有引导会议时如何使用提问技术？

↘ 第3章：准备的秘诀

了解你的5P

SMART引导师知道准备对于成功来说至关重要。他们知道提问是为了全面理解他们将在会议中确定的需求，并且他们知道全面准备以满足这种需求的步骤。他们确实理解准备工作的5P：目的（Purpose）、产出（Product）、参与者（Participant）、可能的问题（Probable issues）和流程（Process）。第3章将回答下列问题：

- 计划一次引导会议最重要的步骤是什么？
- 需要回答的最关键的问题是什么？
- 准备阶段应该和谁去沟通？
- 关于会议要问参与者什么问题？
- 如何确定已经准备好了？

↘ 第4章：开场的秘诀

知会、鼓舞、赋能、参与

SMART引导师知道会议的开场非常关键。在这段时间，你对后面发生的所有事情都要做好铺垫，好的开场可以让团队做好与你一起工作的准备并获得期待的结果。如果开场不利，你将开始一场异常艰难的战役。第4章将回答下列问题：

- 会议开始时最重要的四件事情是什么？
- 如何让参与者因为参会而感到兴奋？
- 如何让会议流程获得认可？
- 使用基本规则的目的是什么？
- 应该使用什么停车板？

- 如何让会议准时开始？
- 什么是会议开始时合适的步骤？

↘ 第5章：专注的秘诀

建立过程，防止绕路

第5~7章构成了我所说的引导周期。在会议开场以后（如在第4章中讨论的），你现在准备开始执行议程上的第一项。你首先要让团队保持专注（第5章），发挥笔的力量（第6章），并且展开信息收集（第7章）。完成议程的第一项内容之后，你要让团队专注于主题并继续安排下一项内容，以此类推，直到完成所有安排的内容。第5章将回答下列问题：

- 在每个议程项的开始，应该做些什么保持团队的专注？
- 上次会议已经过去很久了，如何重新开始会议并让团队专注？
- 怎样避免第一个提问导致全场一片沉默？
- 怎样发出准确、清晰和简明的指令？
- 哪些技术可以让团队保持在正轨上？
- 如何有效使用分组？
- 在分组会议之后的汇报会议上，如何保持团队的专注？

↘ 第6章：记录的秘诀

使用好笔，不要滥用，让它成为大家的笔

大多数引导师没有意识到他们可能仅仅因为滥用手中的笔就把团队推到了失当行为的边缘。引导师经常会无意中贬低一位参与者的意见，表现为没能记录下他们不认同的观点或者等待其他人确认这些观点。另一些时候，他们修改了参与者的意见并且记录下了改变后的版本（暗示参与者的原文不够好）。有时团队成员会完全失去他们对于记录的意见的信任，仅仅因为那些意见已经不是他们的意见而是引导师的意见了。第6章将回答下列问题：

- 在一个引导会议中需要记录的最重要的信息是什么？
- 如何避免滥用手中的笔？
- 在引导团队的同时如何管理记录流程？
- 当一个参与者开始长篇大论时该怎么办？
- 当记录会议时如何避免会议停顿？
- 在会议期间如何有效使用记录员？
- 什么是会议记录恰当的格式？
- 什么是引导的致命七宗罪？

↘ 第 7 章：收集信息的秘诀

了解你的工具并知道如何使用它们

引导师必须对大量的信息收集和处理工具有所了解以便确定各种需求。有些工具用于收集数据，有些用于产生观点，而其他一些则用于分类、优先级排序、报告和评估。第 7 章将回答下列问题：

- 什么是主要的信息收集和处理功能？
- 如何充分利用问答环节确保最重要的问题得到了回答？
- 在头脑风暴部分要做的最重要的事情是什么？
- 在优先级排序的时候最关键的三个活动是什么？
- 如何在汇总汇报过程中确保得到高质量的反馈？
- 在进行会议评估的时候如何避免一两个人的意见误导反馈？

↘ 第 8 章：结束的秘诀

回顾、定义、评估、结束、询问

很多会议在结束的时候并没有一个明确的关于会议完成了什么内容或者接下来会发生什么的说明。SMART 引导师知道在结束会议的时候，有些事情非常重要，每个人都应该清楚地了解完成了什么，完成的内容带来的收益，一旦会议结束马上会发生的行动，确保行动能够完成的方法。第 8 章将回答下列问题：

- 结束一个会议之前最重要的活动是什么？
- 怎样对待参与者在会议开始时确定的个人目标？
- 如何确认对于会议中做出的决策的认可和承诺？
- 如何处理问题清单上的遗留项目？
- 为行动清单分配责任的指导原则是什么？
- 从会议团队和负责人那里需要什么样的反馈？
- 如果看上去要超过预定的会议时间，你将怎么办？

↘ 第 9 章：管理失当行为的秘诀

自觉预防，早期识别，彻底解决

第 2～8 章列出了引导会议的工作流程，而第 9～11 章关注团队动态。一个精通第 2～8 章中所列引导技术的引导师将会理解引导的机制，第 9～11 章介绍的团队动态信息将提供管理团队行为的工具，如图 0.5 所示。

你该如何对待这些人呢？他们总是不停地说："这不管用！我们以前试过了，这不管用。这不是一个好主意，这个不实用，这太不现实，这根本不管用！"还有那些总是想在讨论中主宰一切的人，或者恰恰相反，在会议中坐在那里一言不发，走出门时却告诉所有人，会议是怎样浪费他们时间的。

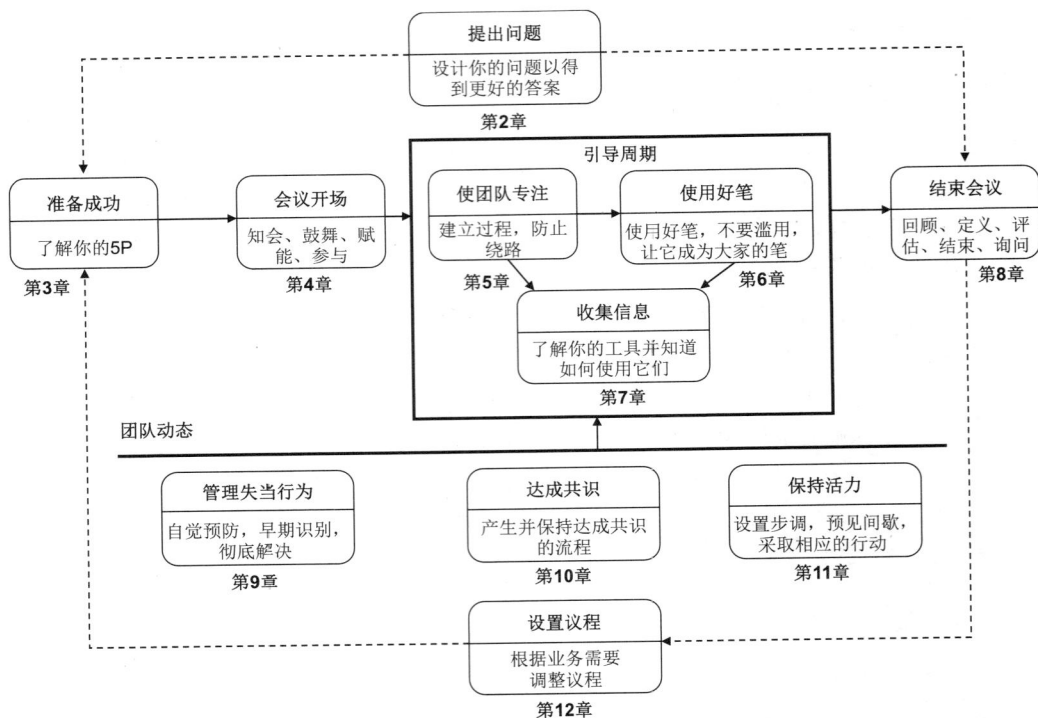

图 0.5　各章所涉及的 SMART 引导原则

很多引导师害怕失当行为并且寻找很多技术去发现这些行为，然而 SMART 引导师知道处理失当行为的关键是在它发生之前就觉察到它（自觉预防），一旦出现就及早识别（早期识别），并且在它造成大的影响之前彻底地解决掉它（彻底解决）。第 9 章将回答下列问题：

- 什么是失当行为？
- 在准备阶段如何识别潜在的失当行为？
- 在会议开始前可以采取什么策略来防止失当行为的发生？
- 如何尽早发现失当行为？
- 不同沟通类型的需求和典型失当行为是什么？
- 如何解决较为常见类型的失当行为，如拒绝参与、唱反调、私下讨论、口头攻击？
- 如何应对会议中出现的一些意外情况，如情绪失控？
- 当一个或多个参与者指出你犯了一个错误，或者建议改变流程，而你并不希望这样做时，你应该如何应对？

↘ 第 10 章：达成共识的秘诀

产生并保持达成共识的流程

SMART 引导师知道关于达成共识的好消息和坏消息。好消息可能是：大家不能达成共识是由于三个原因。坏消息可能是：如果你采用了不合适的达成共识的策略，你可能会失败。第三级的不同意见不可能用第一级的技术解决，同样，第一级的不同意见也不可能用第二级的技术解决。SMART 引导师知道人们反对的三个原因，他们就可以用不同的达成共识工具来解决每个问题。第 10 章将回答下列问题：

- 共识的定义是什么？
- 为什么达成共识不是团队推荐的目标？
- 人们不能达成共识的三个原因是什么？
- 如何应对不合逻辑的分歧？
- 如何放慢谈话，以确保每个人都能接受事实？
- 如何解决基于不同价值观或经验带来的分歧？

↘ 第 11 章：能量的秘诀

设置步调，预见间歇，采取相应的行动

不论你是在领导一个两小时的会议还是一系列半天的会议，能量的水平对于保持团队兴趣和参与都是非常重要的。第 11 章将回答下列问题：

- 会议议题、参与者以及参与者对引导师的看法，这些对于会议的能量会产生什么影响？
- 如何开启一个有能量的会议？
- 一天中容易困倦的时间是哪些时候？如何对待它们？
- 如何在整个会议期间始终保持高能量？
- 什么时间开展团队建设活动最合适？如何利用好它们？

↘ 第 12 章：设置议程的秘诀

根据业务需要调整议程

核心原则的最后一条结束于开场之前，使用我们在其他章介绍的技术构建会议的议程。第 12 章将回答下列问题：

- 什么是标准的议程？为什么你需要它？
- 如何根据具体需要去制定一份标准的议程？
- 怎样从头创建一份议程？
- 如何确保议程得到落实？
- 一份议程与详细引导指南有什么区别？
- 引导指南应该包括哪些内容？

● 如何预估时间？

第 2～12 章奠定了 11 个组件和相关原则的基础，余下各章将专注于应用秘诀的一些特定的题目和特定的领域。

↘ 第13章：引导虚拟会议的秘诀

保持每个人的专注与参与

虚拟会议已经成为当今业务活动中的常态。人们从世界的各个角落通过电话、手机、电话会议系统或者互联网参加会议，尽管这些技术可以降低会议的成本，但是它们也为会议引导师带来挑战：如何让参与者保持专注和高效？第 13 章将回答下列问题：

● 如何帮助不在一个会议室当中的人"看到"正在发生的事情？
● 支持虚拟会议的常用技术手段有哪些？
● 如何保持人们对虚拟会议的参与和全程投入？
● 召开虚拟会议应遵循哪些特定的基本规则？
● 如何在虚拟会议中应用各种引导秘诀？
● 当你是唯一不在会议室中的人时，如何引导一个虚拟会议？
● 如何找出虚拟会议中的匿名者？

↘ 第 14 章：引导大型团队和会议的秘诀

使用流程的力量来引导和介入

你可以将很多技术用于一个 16 人或者更少人参加的会议中，也可以用于引导一个 100 人或者更多人参加的大型会议中。然而，如何使用这些技术会由于团队的规模、会议的目的、是否有引导合作者等而有所不同。这一章将描述在大型团队中最大可能鼓励参与而同时保持总体控制的最佳实践。第 14 章将回答下列问题：

● 引导大型团队的核心策略是什么？
● 大型会议的引导计划和小型会议有何不同？
● 什么时候最好由专业引导师而不是志愿者来领导团队分组？
● 如何准备团队分组的负责人？
● 引导大型会议的最佳实践是什么？
● 当你安排发言时，如何使参与者保持高水平的投入？
● 在很多发言者发言超时的情况下如何管理会议时间？

↘ 第 15 章：引导多元文化团队的秘诀

认识自己的偏见，适应其他人的文化

如何引导来自不同文化背景的团队？在第 15 章我与其他三名经验丰富的引导师一起提供一些方法来认识自己的文化偏见，并且使用合适的秘诀去调整你与你引导的团队

之间的文化差异。这一章还包括一个非常强大的部分，介绍通过引导对习以为常的力量进行阻断的效果。第 15 章将回答下列问题：

- 多元文化能力意味着什么？
- 国家文化与组织文化和团队文化的区别是什么？
- 传世文化对于引导有什么样的影响？
- 如何发现自己的文化偏见？
- 定义不同文化的主要标准是什么？
- 如何应用文化引导的秘诀？
- 如果团队文化鼓励参与者与领导者唱反调，该如何引导？
- 什么是显性效应？它在引导的团队中如何发生作用？

↘ 第 16 章：建设内部引导师能力的秘诀

建立案例，提升认识

很多大公司几年前就发现，建立一个内部顾问团队可以帮助公司在很多领域里显著提升业绩，同样地，越来越多的公司也在建立内部引导骨干力量，他们可以设计和引导各种重要会议。第 16 章将回答下列问题：

- 什么是内部引导师能力？它如何发挥作用？
- 一个企业拥有内部引导骨干的好处是什么？
- 如何建立引导骨干力量？
- 你需要多少引导师？你如何聘用并培养他们？
- 谁来管理引导骨干？如何给引导师分派任务？
- 内部客户如何了解引导骨干？他们怎么为这项服务"付费"？
- 需要防范哪些隐患？

↘ 第 17 章：特殊专题

在最后一章中，我们讨论使用秘诀来应对一些特殊情况，如召开简单会议，与很小的团队一起工作，作为顾问或者专家进行工作等。第 17 章将回答下列问题：

- 如何使用秘诀召开一个简单会议？
- 参与者如何使用秘诀？
- 如何在一个小型团队中使用秘诀？
- 顾问或专家如何使用秘诀？
- 如何成为一个合格的引导师？
- 引导师保持中立：事实还是想象？

更多使用秘诀的方法

从 20 年前开始我们的引导师培训课程"高效引导师"以来，我们已经培训了来自全世界的超过 15 000 名引导师、管理者和顾问，教会他们使用引导的力量与他们的团队一起工作。我们知道这个课程对于听众来说有巨大的帮助，特别是提升了他们引导各种会议的能力。然而超乎我们想象的是，参与者对于在业务活动之内和之外使用引导技能的热情。

- 在一个早期的课程上，一位来自 IBM 的顾问认为这些技能对他们的销售队伍来说可能也非常有效。她觉得，如果她的销售代表在与客户沟通中多使用引导方式，就可以避免犯很多错误，如误解客户需求、不现实的期待以及来自客户的抵触情绪等。
- 人才发展协会（ATD）的一个分会认为，引导技能特别适合培训师和演讲者，他们要求我们举办一个专门针对新培训师的研讨会，教给他们在教室里如何使用引导技术。从那时起，我们就应邀给全美的培训机构讲授类似的课程。
- 在课程当中，管理者经常提出问题，请教如何发现他们工作中遇到的人身攻击和失当行为。
- 一位来自软件公司的学员透露，刚刚完成三天课程的第一天，她就开始使用学到的技能来调整她和丈夫之间的关系。她对于他所表现出的不同反应非常高兴。

来自课程学员共享的如何在工作和生活中使用引导技术的案例越多，我们就越坚信人们可以从理解如何使用引导工具中受益更多，不论他们是引导师、管理者、分析师、咨询顾问或者其他任何普通人。通过《引导的秘诀》，我希望这些概念和技术可以被世界上更多的读者接受。

本书可以为你做什么

引导工作：当解决方案由受到其影响的人产生、理解并接受时，你将获得更加高效的工作产出。你将会更加成功，拥有更加高效的团队互动并取得更好的成果。本书就是教给你如何实现这些。

本书给出了如何使你的引导工作更加高效的概念和策略。本书究竟能带给你什么呢？

- 一套综合方法论——原则。截至目前，还没有一本书针对专业引导师和外行来介绍在各种引导场合使用的综合方法论。不论领导一个跨职能的工作团队还是领导教堂的一个委员会，本书都将教给你引导团队的一步一步的方法，你会变得非常自信，因为你知道要做什么和怎样做。

- 详细的技术——秘诀。本书详细介绍了我称为秘诀的 70 个概念，每个秘诀代表一个你可以与团队和个人一起使用，最终达到神奇效果的工具或技术。这些秘诀放到一起，构成了一套你可以从明天就开始使用的最佳实践。不论在一对一的交互、简短会议、整日的静修，还是由很多部门参与的任务组中，都可以使用。

- 潜在的观点——团队动态。本书有很多重要观点，如人们不能达成一致的三个主要原因，产生失当行为的原因，以及提出问题并让参与者可以预见答案的方法。这些观点已经不仅是对它们本身的解释，而且会启发你深入理解它们，让你可以产生自己的技术去发现在不同的引导会议中出现的问题。

- 真实环境学习——案例分析和案例对话。大量的案例分析和案例对话将带你进入引导师的生活。你将学习引导师如何去做，为什么这样做，团队是如何回应的，引导师犯下的错误以及错误的后果。

- 及时可用性——应用技巧和备忘录。书中有很多秘诀的使用介绍和备忘录，并且每章都描述了在工作和生活中使用它们的典型环境。每章末尾的练习你的技能和备忘录以及第 12 章中的会议案例议程将帮助你思考如何在工作和生活中使用这些信息。

简而言之，本书教给你 SMART 引导师使用的、能够始终帮助他们与其团队不断取得辉煌成果的秘诀。

从哪里开始

第 1 章定义了引导和引导师的角色，之后本书带你浏览每个重要原则。每章逐个介绍 SMART 引导师使用的方法，而那些引导师对于结构化的会议和关系处理技术非常精通。

从第 2 章开始到第 16 章，这些章总体来说是按照相似的结构组织的。

- 章首包括一个问题列表，而问题将在后面的内容中得到解答。

- 大多数章以案例分析开始，从这些引导会议的案例分析中可以体现出该章内容所要展示的秘诀的强大力量。

- 每章都会展示多种引导秘诀。

- 每章末尾都以使用秘诀的备忘录结束，并且有一个可以锻炼你技能的练习。

最后一章是特殊专题，讨论了一些如何使用秘诀的特殊场景。

为了更好地使用本书，请考虑下面的建议：

- 从第 1 章开始阅读，因为它会给你一个引导工作的总体介绍和理解引导工作如何操作的总体框架。

- 如果经常与团队一起工作并且刚刚接触引导工作，建议你逐章阅读本书。尽管每章内容是相对独立的，但是引导方法论是建立在这个基础上的。因此，我经常会参考之前各章介绍过的技术。

- 如果你是一个经验丰富的引导师，就会希望看到每章前面的问题并且快速扫描该章包含的秘诀（它们在各章中都明显地以同样的字体标识出来）。如果可以回答那些问题，完全熟悉秘诀并知道如何使用它，那么可以直接跳到下一章。当发现某个秘诀特别吸引你时，你可以回到该章开始的案例分析，了解这个秘诀的特点，然后从这里读下去，以理解 SMART 引导师是如何使用他的技术的。

我最大的希望是，本书可以鼓励你像我们一样使用秘诀，和你的团队一起获得非凡的成果。

目　录

案例分析目录

秘诀目录

第1章

什么是引导师的角色

本章回答的问题

- ▶ 什么是引导会议的定义？
- ▶ 为什么参与者必须产生、理解和接受结果？
- ▶ 什么是引导师的角色？
- ▶ 什么样的态度组成了引导师的灵魂？
- ▶ 什么时候引导是不适用的？
- ▶ 引导的下一个领域是什么？

案例分析 引导师在市政领导团队中的角色

在美国的主要城市，都有一些市政组织，如亚特兰大领导组织和纽约领导组织，他们擅长将商业、宗教、社区和政府领导每月一次组成一个小组讨论城市面临的主要问题。设计市政领导组织是为了打破分界线，产生跨越种族、社会经济和业务部门界线的网络。参与者在为期一年的时间里作为小组的成员，"毕业"之后还可以回来授课并给所在组织提供帮助。

小组通常由一位"毕业"的本地志愿者来引导。这些志愿者之前的引导水平往往天差地别。我们被一个市政领导组织请去通过给团队引导师提供引导培训进行支持。

通过我们收到的第一组培训团队的反馈以及接下来的八个月引导，我们意识到每位引导师所扮演的角色差别很大。

- 在有些案例中，引导师仅仅担当了会议顾问的角色。在这样的角色中，引导师并没有领导会议的计划或执行，而仅仅坐在一边并且只在被要求或发生了参与者无法处理的情况下才介入会议。

- 在另一些案例中，引导师担当了会议管理者的角色。在这样的角色中，引导师设定了会议流程，建立了基本规则并引发了讨论，但只在需要的时候才介入会议。

- 我们见到的第三种角色是会议领导者的角色。在这种角色中，引导师设定了会议流程，建立了基本规则并引发了讨论，正如会议管理者所做的一样。除此以外，会议领导者还一直主动促进会议参与者积极参与会议。引导师依据全面领导经验描述了会议的目的，以便给会议参与者描绘一幅更大的图画来强调会议的重要性。另外，当会议讨论停留在概念层面而没有深入到具体应用时，引导师对参与者提出了挑战。引导师非常积极地确保所有参与者参加了讨论。

- 最后，我们看到一种参与者领导的角色。在这种角色中，引导师从开始就更像一名会议领导者，设定了会议流程，建立了基本规则并引发了讨论。但是，引导师还积极地作为一名参与者参与了讨论，经常发表自己的观点，对论题提出自己的意见，还对很多意见表达了不同观点。

我们相信对于机构来说，确定他们希望引导师扮演的角色非常重要，以便增加每个小组感受的一致性。在参与者反馈的基础上，机构做出如下总结：

- 参与者领导不是一种合适的角色，因为这让参与者的自信心降低并对参与者的经历产生负面影响。

- 引导师最好以会议管理者的角色开始一个会议，帮助团队参与并建立较高的活跃度和互动性。

- 随着时间推移，引导师应该转入会议管理者和会议顾问的角色，以便参与者可以更多地控制会议的流程和执行。

什么是引导师的合适角色？是会议顾问、会议管理者、会议领导者，还是参与者领导？让我们从一些最基本的信息开始。在我介绍一名引导师的责任之后，我们再回过头来看这个问题。

案例分析　需要团队的解决方案

如果面临下面这些情况，你会如何去做？

人力资源组织——招聘流程

人力资源总监已经厌倦了她收到的关于招聘流程问题的投诉。有些部门抱怨招聘人员的时间太长，有些部门担心他们的人员在筛选过程中参与得不够，还有一些部门认为我们雇用的人员缺少取得成功所需的基本业务技能。总监指定你去领导一个12人的跨部门的团队去研究这些问题并推荐改进的招聘流程，包括一个实施计划和时间表。

食品加工厂——质量计划

你们厂总经理宣布："我们最大的客户（一个快餐连锁机构）要求我们制订并实施一项计划，以保证我们的牛肉饼、小圆面包和酱汁可以跟上客户不断提高的质量标准。如果我们的计划他们不能接受或者我们的人员不能成功实施这个计划，我们将失去超过50%的业务。我知道这不是一件小任务。不过，我要求你将它作为最重要且最紧急的事去做，你需要什么帮助请尽管告诉我，只要做好这件事。"

运输公司——系统项目

你在领导你们运输公司的一个系统开发项目。咨询公司开发了电脑程序并估计系统将要花费 1 000 万美元并需要三年的时间来实施。经过两年半时间并投入 1 200 万美元之后，咨询公司估计还需要 1 000 万美元和两年时间才能完成这项工作。两天以后，首席信息官需要一份建议书给公司执行委员会。你和你的八人管理团队需要决定公司是应该继续在这个项目上投资，还是尽可能从已经完成的部分回收利用，抑或是完全取消这个项目。

私营企业或公共部门的管理者经常会遇到处理上述问题的情况，然而他们也经常被错位地去计划、执行并将这些努力坚持到底。很多人不知道该采取什么步骤以及避免哪些陷阱。如果面临这样的情况，你将如何回答下面的问题：

- 总体上，你要采用什么方法来发现问题？特别是团队应该最先做什么？第二步和第三步做什么？一个"战略规划"的方法什么时候有用？一个"问题解决"或"流程改进"的方法会更好吗？
- 哪些人是正确的参与决策的人？
- 当参与者见面时，你如何能从最开始就让他们进行互动并一起工作？
- 你要如何去做才能防止一个人主宰讨论，或者防止有人中途退出，甚至防止两个人的争执扰乱整个会议？
- 怎样确保团队专注在任务上？
- 当人们试图把注意力放到一些细枝末节或者幕后的动机上时，你会做什么？
- 如何做到在整个会议期间让团队都充满活力？
- 使用什么技术来鼓励参与者在最终解决方案上达成共识？
- 如何确保在工作结束时每个人都清楚地了解什么事情已经完成？结果带来的收益是什么？下一步要做什么？

什么时候适合使用引导

尽管前面描述的三个情景并不完全相同，但是它们有几个共同的元素。

- 发现了一个重要问题。都有一个问题需要确定：一个没有效率的流程，一个客户寻求持续质量保证，一个超过预算的项目。

- 明显没有解决问题的方案。如果解决方案是显而易见的，很可能早就已经实施。制定一个解决方案需要对具体情况进行更加深入的理解和分析，同时需要一些人的意见和建议。

- 解决方案如果成功，就需要得到认可。解决方案需要被一些人接受，而且通常伴随着行为的改变。没有这种接受，再好的解决方案也会失败。
  - 如果改进的招聘流程不被招聘部门或个人接受，招聘流程仍将是低效的。
  - 如果总经理允许质量总监完成一个质量计划而没有工厂基层关键人员的参与，成功实施的可能性将明显降低。
  - 决定是否继续或停止系统开发项目必须考虑所有问题相关各方的相关信息。如果关键信息或关键方被阻挡在决策流程之外，那么决策将失去基础和支持。

我相信，具有这些特征的情况都迫切需要一个推进解决方案，而这个方案应该来自一次或更多次的引导会议。我发现，引导技术适合任何需要理解和认可以使团队获得成功的场景。

秘诀 2　**何时使用引导的秘诀**：如果有几个人以上参与，并且需要理解和认可，那么这时候就需要引导了。

定义：什么是引导会议

尽管已经听到"引导"用来定义很多活动，但为了本书我对引导会议做出如下定义：

> **引导会议是一个高度结构化的会议，在会议中领导者（引导师）引导参与者通过预先设定好的步骤达成所有参与者产生、理解并接受的结果。**

让我们来看看这个定义的几个关键组成部分。

- 每个引导会议都有特定的目的或需要达成的结果。例如，一个引导会议的目的可能是产生一个机构的战略规划，改进一个流程的效率或者定义一个难题的解决方案。

- 为了产生成果，参与者要执行一系列预先定义好的步骤。例如，在制定战略规划的案例中，引导会议可能包括以下这些步骤。
  - 形势评估：我们现在在哪里？
  - 愿景和目标设定：我们要去哪里？
  - 战略制定：我们如何到达那里？
  - 行动计划：我们如何监控我们的进展？

- 引导师的角色是引导参与者执行这些步骤。引导师不去支配解决方案，而是利用他们对于流程步骤和团队动态的理解，根据参与者特定的需求和特点，帮助团队达成希望的结果。如果团队是成功的，那么最终的结果就是所有参与者共同产生、理解和接受的。

| 为什么
这样做？ | **为什么必须要参与者产生、理解和接受结果？**
回顾前言中所述，一个高效的决策等于正确的决策乘以决策获得的承诺水平，将垃圾收集团队由三人一组改为两人一组可能是一个正确的决策，但是如果没有环卫工人的承诺，它的效果就会受到极大的阻碍。同样地，即使你作为任务团队领导知道正确的解决方案，但是如果没有任务团队其他成员对解决方案的承诺，解决方案的效率就会被大大抵消。如何建立承诺，这就是引导所要教给你的。 |

一个引导师的责任是什么

在本章开始的案例分析中，我清晰地表明了对于引导师角色的四个定义。

| 引导师角色
的不同定义 | • **会议顾问**。引导师帮助会议领导者规划会议，但是在会议期间，引导师坐在一边并且只在被要求或者发生了参与者无法处理的情况下才介入会议。
• **会议管理者**。引导师设置议程，建立基本规则，引发讨论让会议进行，只在需要的时候介入会议。
• **会议领导者**。引导师像会议管理者所做的一样，设置议程，建立基本规则并引发讨论。此外，引导师提供了一个会议为什么如此重要的愿景，让参与者为他们的参与感到兴奋。引导师还保持对讨论的专注，在合适的时间提出挑战的问题并确保所有参与者都有机会参与讨论。
• **参与者领导**。引导师开始的时候很像一个会议领导者，设置议程，建立基本规则并引发讨论，但是引导师还作为一个参与者积极参加了讨论，经常发表自己的见解，对话题发表意见，对很多意见发表不同看法。 |

尽管本书中的工具和技术将在这四种角色中帮助你，但是本书还是假设你所要承担的角色是这里所说的会议领导者。

作为引导师，你要积极参与计划和执行会议。在这种角色中，你要激励和挑战其他人。根据会议领导者的定义，你的责任如表 1.1 所示。

在完成这些责任之后，你就不奇怪为什么完成会议引导的引导师会筋疲力尽了。

表 1.1　引导师的责任

推动者	从热情洋溢的开场白到充满感激的结束陈词，你必须在团队心中点燃一把热火，建立良好的势头并保持一致的步调
引导师	你必须知道团队需要执行的从头至尾的流程步骤，你必须引导好参与者执行每一步
询问者	你必须仔细聆听讨论，能够快速分析和比较意见，并形成能够帮助管理团队讨论和在适当的时候挑战团队的问题
桥梁搭建者	你必须建立并保持一种可以分享观点的安全和开放的环境，当出现分歧的时候，你必须发现并利用共同点去建立一个基础，作为达成共识的桥梁
观察员	整个会议期间，你必须仔细观察，发现潜在的压力、疲倦、危机、失控的征兆，并且提前做出反应，防止失当行为的发生
秩序维持者	尽管最好总是避免参与者之间的直接对抗，但是如果这种情况出现了，你必须马上介入，重新建立秩序，并且引导团队朝着建设性的方向努力
监督者	你的职责是让会议始终保持在正轨上，这就势必要求你得体地打断一些不相关的讨论，防止偏离主题并且在会议期间保持详细程度的一致性
赞美者	利用每个机会，你都应该不遗余力地去表扬参与者，为他们做出的努力，为他们取得的进展，为他们达到的结果，表扬要艺术，要经常，还要具体

引导师的灵魂

担当这些角色需要相当多的技能和大量你在本书中可以发现的专业知识，然而 SMART 引导师都知道，仅仅拥有使用技能的知识和经验还不够，SMART 引导师在工作中还需要具备关怀体贴的品质，那就是我所说的引导师的"灵魂"。那么，这种灵魂具有什么特点呢？

- 引导师关心别人。他们尊重别人，尊重别人的观点和意见。他们希望每个人离开引导活动时感受到了被欢迎、被倾听和被理解。他们树立正面、肯定的楷模，并且通过他们的语言和行动展示关怀与体贴。
- 引导师愿意帮助别人。"引导师"一词来自拉丁语"facil"，意思是"让……变得更加容易"。引导师从对他人的支持中获取极大的快乐，从使用自己的专业技能帮助他人成功中得到真正的享受。
- 引导师将自我意识放到一边。引导师意识到他们是团队的服务员，他们理解他们的出现是次要的，他们的个人意见无足轻重，而他们的价值是由他们帮助团队达到目标的能力来决定的，而不是由他们个人的成功来衡量的。他们不会因为参与者找别扭的行为而沮丧，他们不会顾及自己的个人利益，他们愿意扮演所需要的或小或大的角色来帮助团队成功。

《引导的秘诀》将提供众多的工具和技术用来执行成功的引导会议，同样的方法如果没有与构成引导师灵魂的特点连接在一起，也可以用于团队或个人操作。引导师不会去"辅控"会议，意思是他们不会用自己的引导技能试图去控制团队去接受一个事先准备好的结果。

当引导一个团队时，试着问自己这样一个问题："我是不是在试图达成我自己的结果？或者我是不是在寻求一个最大化团队认可和成功的结果？"操控者和引导师本质的区别是其灵魂的意图。

什么时候不适合使用引导

回顾引导会议的定义：一个高度结构化的会议，在会议中领导者（引导师）引导参与者通过预先设定好的步骤达成所有参与者产生、理解并接受的结果。从这个定义中可以看出，在有些情况下引导会议是不适合的。

- 当没有什么可以"产生"的时候
  案例：经理已经决定一个特定的方向。在这个案例中，关于选择哪个方向的引导会议就是浪费时间并且很接近操控了。事实上，参与者会觉得这样的会议是欺骗和误导，因为决策已经"产生"了，然而召开一次如何去实施决策的引导会议却是合适的。
- 当情况或相关信息过于复杂或太过机密，无法被团队"理解"的时候
  案例：一个机构在开发电脑系统，用于跟踪客户订单，从电话接线生通过电话下订单一直到订单交付客户手中。通过引导会议，团队确定了系统需要完成的任务，可能还有屏幕和报告的总体设计，然而由于牵涉的信息太过复杂和庞大，设计分析师将独自工作定义用于支持屏幕和报告格式的细节。分析师随后召开引导会议与其他团队成员一起审阅设计。
- 当参与者没有理由或不愿意接受一个通用解决方案的时候
  案例：参加一系列会议的一组随机组员在讨论各自要参加哪些会议，讨论的结果是每个人都"产生"了一个要参加会议的清单，并且每个人都"理解"了别人将参加哪些会议，然而任何人都没有必要去"接受"别人的选择，因此本质上就这个问题引导会议就不适合。相比之下，如果团队成员都是一个部门的，并且需要至少一个人参加那些重要的会议，在这种情况下，一个引导会议就可以帮助确定哪些是重要的会议并且选择合适的人去参加。
- 当时间不允许引导方法的时候
  案例：一个项目组正在讨论一些改进招聘流程的建议，另一家《财富》500强公司的人力资源总监恰巧这天在城中，答应会见团队领导和有空的团队成员，介绍他们公司的招聘流程。尽管其他决策都已经由团队做出，但时间不允许团队集中讨论是否需要会议。团队领导接受了邀请，告知所有团队成员，并要求所有可以参加的团队成员参加会议。当然，如何使用会议获得的信息进行决策还是需要引导会议做出的。

提示：引导是用来建立共识的。在有些情况下，尽管时间紧迫，认可仍然是非常重要的，必须通过引导来获得它。

当引导没有被恰当地使用时，其结果也就非常令人沮丧，效率低下。然而，当恰当地使用时，就可以产生更好的结果、更多的认可及对行动更强的承诺。表 1.2 总结了什么时候适合使用引导以及什么时候不适合使用引导。

表 1.2　一份清单：什么时候使用引导以及什么时候不使用引导

决策是否已经做出？	是→	不使用引导
	否→	使用引导
问题是否足够重要，需要花费时间和费用使用引导方法？	是→	使用引导
	否→	不使用引导
解决方案的产生是否需要对形势做出更深的理解和分析，以及是否需要更多人的意见？	是→	使用引导
	否→	不使用引导
解决方案是否需要一些人的认可或者行为改变？	是→	使用引导
	否→	不使用引导
参与者是否持开放态度或者有理由接受一个通用解决方案？	是→	使用引导
	否→	不使用引导
外部形势或者相关信息是否不过于复杂或不过于保密，无法让团队了解？	是→	使用引导
	否→	不使用引导

第一个问题的重要性高过其他所有问题。如果决策已经做出，那么召开引导会议产生一个决策就根本不合适了。然而，在第一个问题的答案是"否"而其他问题的答案都是"是"的情况下，你最好使用引导会议。

如果上述问题中只有一两个答案是"否"，该怎么办？这意味着不是使用引导的最佳时机。你可以选择不使用引导，也可以改变一些焦点或条件，以使引导的使用更加恰当。

引导：行业的今天何在

引导行业自从 15 年前国际引导师协会（International Association of Facilitators，IAF）成立已经走过了很长的一段旅途。

- 全世界的人们都在广泛的应用环境中使用引导会议和引导团队，包括战略规划、整体质量管理、问题解决、绩效改进、精益流程、系统设计、沟通、愿景呈现、合作管理、系统开发、讨论组、市政会议等。这里仅仅列出了其中的一小部分。
- 2012 年之前，全球 46 个国家已经有了接近 500 名认证专业引导师。
- 专家级认证也已经在 2012 年之前由国际引导学院（International Institute for Facilitation，INIFAC）创建，并且已经有 18 人获得认证专家级引导师称号。

- "认证引导师"一词已经开始出现在招标书和政府询价中。加拿大政府已经将持有引导证书作为提供政府服务的签约引导师的一条基本要求。
- 每年，全球各地都在召开国际会议，将引导师和非引导师召集到一起建立联系与增进技能。
- 各种机构也开始培养内部引导骨干力量——那些可以请来引导他们自己专业领域以外的重要会议的专业人士。尽管有些情况下，这些骨干力量是全职引导师，但是更多情况下他们是某个部门的全职人员。为了机构的利益，他们会分配一定百分比的时间去引导其他领域的会议。这些机构意识到内部拥有这种能力的好处，即它可以通过公正的专业引导使其他人受益。
- 围绕引导的一个完整的分行业已经成长起来。今天你可以雇用一名引导师来召开会议，接受面对面的引导技能培训，参加关于引导的在线研讨会，接受引导辅导，进行在线引导培训，对引导技能进行在线自我评估，成为认证引导师，购买引导工具和模板，购买引导软件和应用，接受帮助准备通过认证，对材料进行许可管理以便可以培训其他人进行引导等。

引导的下一步会怎样

我向 15 位引导行业领袖征询了他们对于未来 10 年引导行业的前景的预期，下面是其中的几个主题。

- **引导会成为一项技能而不是一种角色**。在大多数情况下，今天的引导是被看作一种在流程设计和管理团队动态方面拥有专业技能的角色。我希望在未来引导可以被看作一项技能，就像领导力一样，人们可以通过培训而在各种组织和机构中担当各种角色。你不希望你的孩子被老师教会使用引导技能吗？你不希望你公司的经理在领导员工的时候使用引导技术吗？你不认为政府官员可以理解对于他人和相互之间授权提供公正的信息从而提升知情权是很棒的事情吗？（好吧，我真的是梦想实现最后一条。）关键是引导行业的很多领袖都认为引导正朝着一个技能方向发展而不是作为一种角色发展。
- **扩展对于引导及其价值的认知**。为了逐渐将引导发展成一项技能而不仅是一种角色，整个行业都应该学会专注于提供价值和投资回报，并且让更多的人知道引导是什么。即使今天，当我告诉别人我在运营全美国最大的会议引导公司的时候，我看到的是茫然的目光。很多人都以为我们是管理建筑物、工厂和其他不同商业设备的设备管理公司。之后我解释说，当他们的决策者消失两天而我们就是冲在前面帮助他们进行战略规划或问题解决的人时，他们就会认为我们是安排房间并提供水供给的那些人。可是，当最终他们知道我们设计流程、提出问题并且管理团队动态时，我经常听到："对不起，你就是那个让大家握着手、互相拥抱之后高唱 *Kumbaya* 歌曲（一首精神歌曲，但最近它也引用或暗示讽刺或虚假的道德说教、虚伪或天真乐观的世界观和愤世嫉俗的方式）的人啊!"今天很少人知道什么是引导,更少人理解引导的价值。今后的 10 年里,我希望这个行业可以改变这种状况。现在已经有一个非竞争性奖励项目对这个行业给予了巨大的支持,强调使用引导的机构产生了神奇的结果。我希望最终会有出版的研究报告来展示相对于没有经过引导过程的解决方案,经过引导的解决方案所带来的正面影响。

- **专注的领域**。行业领袖们相信,在未来的 10 年里,引导将被使用在更多的领域,而不仅是现在通常使用引导的场合,包括:
  - 处理道德伦理的问题以及其他分歧,以便去除目前使沟通和政治流程严重对立的"非此即彼"的思维方式。
  - 建立对抗经济动荡的弹性。
  - 引导最高级别的政府会议,包括联合国会议、七国首脑会议和内阁级别的决策。
- **虚拟化**。随着时间的推移,更大比例的会议将采用虚拟会议的方式进行。如果未来 10 年结束前虚拟会议的数量超过面对面会议,我想我一点都不会感到惊讶。这意味着引导师需要掌握更多的技术和策略以使得虚拟会议更加高效、富有成果并保持参与度。
- **年轻一代**。第一代的认证引导师已经开始变老,在今后 20 年中,这个群体中的大多数人都不太可能再活跃于专业领域。我们需要努力把更多的年轻一代引入引导行业。引导技能需要嵌入学院、大学和其他教育领域,以提升认知度并吸引年轻的专业人员。

我邀请你加入我和其他人的行列,帮助引导在未来的 10 年中在认知度、应用和影响上取得蓬勃的发展。

应用秘诀在一次战略规划中获得认可

在战略规划中如何使用秘诀? 假设你是一家 250 人的公司的首席执行官,你和你的 12 人高管团队要进行一次战略规划,规划将要建立公司三年愿景、可以衡量的目标、第一年的里程碑、具体的策略和行动时间表。

- 你已经读过了本书的前言及第 1 章,并且认识到了获得对规划有影响的人的认可的益处。
- 你已经认识到公司的 250 名员工都会受到这个规划的影响。
- 你深信如果规划由受到规划影响的人"产生、理解和接受",公司就将更加有效地实施这个规划。
- 你还相信让 250 名员工与你和高管团队一起参与战略规划不是一个有效的举措。他们不会理解所有的问题,他们也许只是担心他们所关注的领域（接受）,并且这会让这个团队花费太长的时间来产出这个规划。

引导的基本秘诀在这里完全适用。当解决方案由受到其影响的人产生、理解和接受时，你可以获得更加有效的结果，而你只需在不同的形势下变通使用秘诀而已。

↘ 他们理解它（战略规划）

召开一次员工会议介绍战略规划的流程，确认他们了解流程的步骤和他们的角色，给全体员工概要介绍关于公司现状、未来机会、挑战和威胁的信息。

↘ 他们产生它（战略规划）

在介绍会议上，让员工（匿名、分组）列出一个他们认为公司战略规划需要解决的重要问题的清单。通过给每名员工一份提供具体建议和意见的书面调查来收集更多的信息，需要进一步意见时可以使用员工专题组来讨论。最后，为战略规划小组成员提供员工调查结果、提出的问题和建议。

↘ 他们接受它（战略规划）

一旦规划团队完成了规划的草案，就可以召开第二次会议让员工大概看一遍建议的规划。针对员工提供的问题清单，员工可以找出规划中哪些地方涵盖了这些问题。如果他们的问题没有被涵盖，那么请他们决定那个问题是不是足够重要（相比较规划中涵盖的其他问题）。如果确定问题足够重要，就请员工团队提出详细的建议，包括预期的成本和理由，供高管团队考虑。最后，请员工确定他们愿意参与工作完成具体行动计划的战略。

引导师理解引导和引导师角色的备忘录

- □ 引导会议是一个高度结构化的会议，会议领导者（引导师）通过一系列预先定义好的步骤指导参与者达成一个结果，这个结果由所有参与者产生、理解并接受。
- □ 引导师的角色包括推动者、引导师、询问者、桥梁搭建者、观察员、秩序维持者、监督者和赞美者等。
- □ 引导师带着他们关怀体贴的性格进行工作，他们关心别人，乐于提供帮助并且把他们的自我意识放到一边。
- □ 引导技术适用于任何需要团队理解和认可的情况。
- □ 引导不适用于下列的一种或者多种情况：
    - 没有什么需要产生，决策已经做出了。
    - 形势或相关信息过于复杂，或者对于团队来说过于机密。

－参与者没有被授权接受解决方案。

－时间不允许使用引导方法。

✐ 练习你的技能

如果要做出一个决策、完成一项计划或者实施一个项目、战略、倡议，请问自己表 1.2 中的问题，以决定引导方法是否合适。如果答案是合适，你要采取什么步骤以保证受影响的人产生、理解和接受要做的事情？需要建议吗？回顾本章在战略规划中使用秘诀获取认可部分的内容和前言中的两个案例分析，就可以找到答案了。

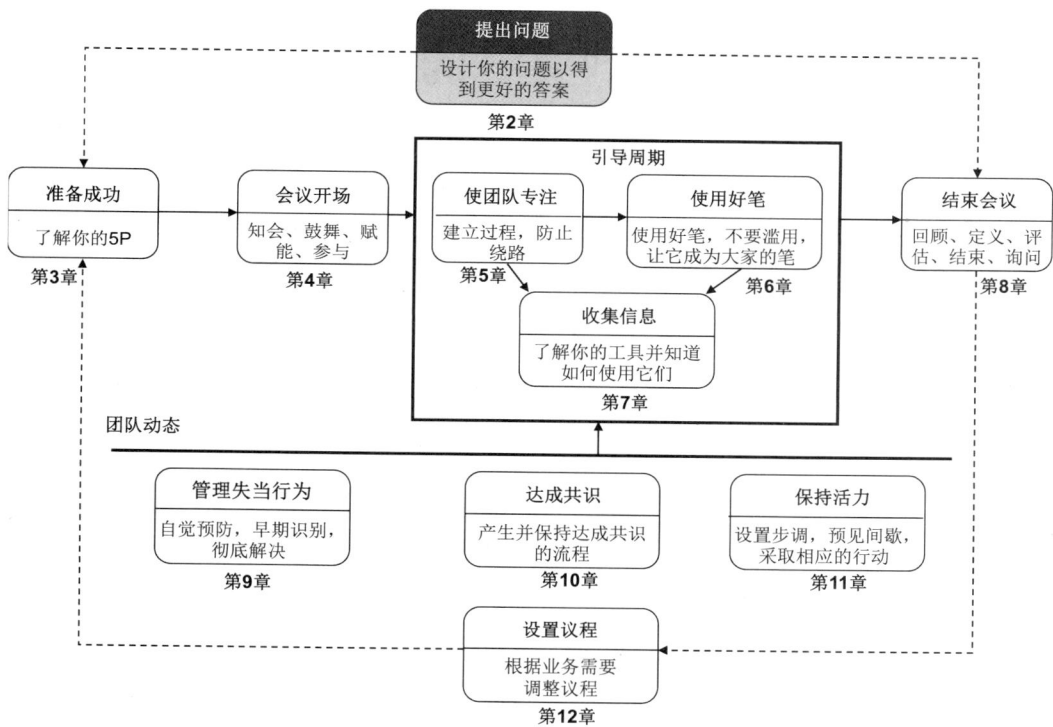

提出问题

设计你的问题以得到更好的答案

第2章

引导周期

准备成功

了解你的5P

第3章

会议开场

知会、鼓舞、赋能、参与

第4章

使团队专注

建立过程，防止绕路

第5章

使用好笔

使用好笔，不要滥用，让它成为大家的笔

第6章

收集信息

了解你的工具并知道如何使用它们

第7章

结束会议

回顾、定义、评估、结束、询问

第8章

团队动态

管理失当行为

自觉预防，早期识别，彻底解决

第9章

达成共识

产生并保持达成共识的流程

第10章

保持活力

设置步调，预见间歇，采取相应的行动

第11章

设置议程

根据业务需要调整议程

第12章

第2章

提问的秘诀

设计你的问题以得到更好的答案

本章回答的问题

▶ 怎样措辞你的问题以获得积极的回应？

▶ 当问一个问题时，何时使用"可能""应该""必须""将要"这些词汇？

▶ 如何使用提问引导团队？

▶ 如何处理回应而不会对团队产生压制？

▶ 如何提出一条意见而不过度影响团队？

▶ 在没有引导会议时如何使用提问技术？

案例分析 开场提问

在早期的一次引导公开培训课程中，我们了解到引导师最重要的一项技术，我们称之为开场提问的秘诀。

我们那时使用的案例是一组学校的计划人员，通过引导确定一所新学校课程安排流程的需求。在一次练习会议上，每个学员通过引导一个三人小组产生课程安排流程所需要使用的输入清单。

在这次课上，第一个引导学员问了如下一个问题：

"我们首先要谈的是输入。那么，什么是课程安排流程的输入？"

在这个学员完成练习并收到反馈之后，我转向了第二个练习小组。第二个练习小组的引导学员在使用相同的案例，可是她用不同的方式提问："如果你要进行学校的课程安排，那么你将需要哪些相关信息？"

当我听到这个问题的时候，我中断了练习并要求所有小组都来听这两个问题。我解释说，我相信如果我们花几分钟进行一个质询，我们所有人都会有一个很大的收获。（当然，我也不知道这个收获是什么，所以我准备跟大家一起学习。）第二个问题明显是一个更好的问题，我请求大家同意我们所有人一起花些时间去探讨原因。

作为讨论的结论，我们发现了一项重要技能。在之后的每年中，我们都把这项技能教给数百名学员：开场提问的秘诀。

SMART 引导师展示的是一种特有的表现为提出正确问题的能力，他们使用提问技术去准备、开场、专注主题、收集信息、建立共识，并在 SMART 引导流程的每个阶段去使用。考虑到引导师在引导流程中一直需要提出问题，所以让我们首先从第一个问题开始，也就是所说的开场问题。

开场问题

如果我只能教给引导师一个工作或一项技能，就是开场提问的秘诀。为什么？因为如果每次我们都问了好的问题，就可能得到好的答案。

我所说的开场问题是指引导师开始一个讨论时间的问题。通常在引导流程的每项议程开始都使用一个问题。例如，当与团队工作产生改进招聘流程的计划时，引导师可能使用下列议程：

改进招聘流程的议程	A. 会议开始
	B. 现在的招聘流程是如何工作的？
	C. 存在的问题和根本原因是什么？
	D. 可能的改进措施有哪些？
	E. 如何对这些改进措施进行优先级排序？
	F. 新的流程如何工作？
	G. 如何实施这些新流程？
	H. 回顾和总结

议程项 B ~ G 反映了引导会议的主要工作。这里的每个议程项都有时间让引导师提出一个问题，并且期待参与者回应。团队回应问题的能力明显受到引导师提出问题质量的影响。开场提问很像点一把火。当引导师使用错误的题材问问题时，他们会得到摇曳的火苗，只能不停地吹火并一直加柴火让火焰持续。当引导师使用了正确的题材提问时，他们很快就得到一堆篝火，人们会迫不及待地做出自己的贡献。

什么是开场提问的秘诀？如何得到热烈的回应？我们通过分析一下本章开始提出的两个问题来理解这个秘诀。

A 类提问："我们首先要谈的是输入。那么，什么是课程安排流程的输入？"

B 类提问："如果你要进行学校的课程安排，那么你将需要哪些相关信息？"

为什么 B 类提问更好

是什么让第二个问题比第一个问题更好？当我们问参加引导培训的学员同样问题时，以下是我们得到的一些回答：

为什么第二个问题更好？	• 使用他们的语言（"学校课程安排""信息"） • 更加针对个人，直接让他们参与（"你"） • 行动导向（"将"） • 开放问题（"哪些信息"）

尽管这些观点都有一些道理，但是它们都没有直接切中提问的秘诀。当我们让学员进行这个小练习的时候，他们理解了这个秘诀，并将帮助他们在今后掌握这个秘诀。引导师要求学员闭上眼睛来听 A 类提问，问完问题以后，引导师请大家睁开眼睛，并让那些在听问题时看到了一些什么的学员举手。有一两个人说他们看到了流程图、示意图或者类似的东西，而大多数人说什么都没看到。作为对比，当引导师第二次让他们闭上眼睛并且听 B 类提问时，结果大不相同。超过 2/3 的人看到了一幅图画，多数人描述的图画是他们当坐在桌前面准备课程安排时放在他们桌子上的东西。这就是开场提问的秘诀所在。

秘诀 3 开场提问的秘诀：好的问题描绘出一幅答案的生动的图画。

为什么生动的图画对于开场提问这么重要？当你画出生动的图画时，参与者可以立即看到答案并马上给予回应。

A 类提问对比 B 类提问

相对于 B 类提问以绘制一幅图画来开场提问，A 类提问仅仅是问出你作为一名引导师想要了解的内容。如果想知道课程安排流程的输入，你就问："课程安排流程的输入是什么？"如果想了解当前招聘流程的步骤，你就问："现在招聘流程的步骤是什么？"A 类提问对于引导师非常容易，他们确定自己想要知道的内容并且简单地问出问题。

遗憾的是，当引导师问出一个 A 类提问"什么是课程安排流程的输入"时，参与者就会开始把手放到脑袋上思考问题的答案。他们在做什么呢？他们可能试图想象他们回到学校，上一次他们做课程安排的情景。他们可能试着去勾勒出一幅引导师没有帮他们勾勒出的图画。遗憾的是，他们的努力常常会让房间内出现令人尴尬的一阵沉默，而这时引导师正在期待大家的回应。这实际上是引导师由于提出了一个不太好的开场问题而造成的沉默。而这种沉默有时候会让参与者不自觉地产生一种不好的感觉："我们应该知道答案，我们做错了什么吗？"当我们作为引导师没有尽到我们的职责时，参与者（而不是我们）经常面露难色。我们问了一个不太好的问题，他们却面露难色因为他们不知道答案。

认识到 A 类提问是一种"自然反应"非常重要。如果事先不能仔细思考问题，更多的时候，你就会问出 A 类提问。例如，如果会议日程要求团队找到当前招聘流程存在的问题，而你事先又没有准备一个可以勾勒图画的 B 类提问，你可能就会问："你在招聘流程中遇到了哪些问题？"

↳ 如何做到在每次提问时都问出 B 类提问

如何确保你的开场问题是 B 类而不是 A 类？下面的列表描绘了提出好的开场问题的步骤。

提出好的开场问题

第一步	**使用可以构建图画的词语。** 可以勾勒图画的词语包括"考虑一下""想象一下""假如""如果你是"，把参与者放到情境中，让他们即将看到答案。
第二步	**把图画延伸到他们的答案。** 再提供两个或更多的词句，给参与者的答案一幅图画。不要直接给出答案，只是给出一幅图画，鼓励参与者清楚地看到他们的答案。
第三步	**问出 A 类提问。** 现在参与者看到了他们的答案，这时直接问出问题，提示他们说出他们的答案。

这里的步骤描绘出怎样提出一个好的开场问题。然而，当构建开场问题时，你是从第三步开始的。为了说明，我们假设你正在教授一个引导技能课程。在课程的开始，你要了解学员想要从课程中学习到什么。让我们来一起构建 B 类提问。

构建好的开场问题

- 从第三步确定 A 类提问开始。在这个案例中，因为你要了解学员想要从课程中学到什么，A 类提问就可以是："你们想从这个课程中学到什么？"（A 类提问就是很简单，不是吗？）

- 接下来，让我们回到第一步并产生可以勾勒图画的词语。如果你希望学员看到他们想要从课程中学到的内容，那么你用什么词语帮助他们看到这幅图画呢？下面这个怎么样："想象一下一次噩梦一般的引导会议——你的所有引导缺点暴露无遗，你不擅长的所有情境都出现了。"

- 接下来，你将这幅图画延伸到他们的答案。为了做到这点，我们来玩一个同义词小游戏，找两三个相同含义的描述来表达"你最想从这个课程中学到的东西是什么"。下面这几个怎么样："那些你知道你可以做得更好的事情。""你想改进的技能。""可以让你成为一名更加出色的引导师的技术。"

- 现在你已经准备好 B 类提问了：

    我需要了解你们想从这个课程中学到什么。想象一下，一次噩梦一般的引导会议——你的所有引导缺点暴露无遗，你不擅长的所有情境都出现了。考虑一下，那些你知道你可以做得更好的事情，你想改进的技能，或者可以让你成为一名更加出色的引导师的技术，并防止噩梦的再次发生。你想从这个课程中学到什么呢？

这个案例中有几个需要注意的地方。

- 开场问题的三个部分是如何编织在一起的。
- 在案例中我如何用问题中的第一句话让学员明白我的问题"我需要了解你们想从这个课程中学到什么"。这让学员理解我的问题是在说什么。
- 开场问题的难点是在第二步：把图画延伸到他们的答案。这是最关键的部分，你通过两三个词句让参与者看到他们的答案，最后问出 A 类提问。

为什么
这么做？

为什么使用 B 类提问？

　　如果你曾经问团队一个问题而遇到的是沉默，你知道这会对你的引导会议造成多么负面的影响吗？可能你遇到沉默是因为没人听见你的问题，而更大可能是你问了 A 类提问而不是 B 类提问。当出现沉默的时候，室内的热情正在被挤出房间，而且参与者很容易感觉他们并不太聪明。我好多次听到引导师应对沉默的时候说一些这样的话："大家快一点啊，你们知道答案的！"

　　然而，当你问出 B 类提问时，参与者可以看到他们的答案。作为结果，他们立刻举手因为他们已经等不及要做出反应了。对 B 类提问，通常很多人准备好了答案。我非常诚实地说，自从我学习了 B 类提问以后，在问开场问题以后还从来没有遇到过冷场的情况，除非我又问了 A 类提问。

↳　B 类提问的常见错误

有些错误是人们最开始在形成 B 类提问时常常会出现的。使用下面列出的开场问题的三个组成部分作为参考，看你是否可以找出后面的每个问题错在哪里。

- 以勾勒图画的词句开始
- 把图画延伸到答案
- 问出 A 类提问

这些开场问题每个都有什么错误？

问题 1：我想从了解你们想从这个课程中学到什么开始。你们参加课程的目的是什么？

问题 2：我想从了解你们想从这个课程中学到什么开始。想一下，当你们第一次看到这个课程的电子邮件时，你们参加课程的目的是什么。

问题 3：我想从了解你们想从这个课程中学到什么开始。想一下，当你们第一次看到这个课程的电子邮件时，想一下它们的字体，邮件写得多好啊，邮件的语气多好啊！你们参加课程的目的是什么？

问题 4：我想从了解你们想从这个课程中学到什么开始。什么是你们想学到的东西？什么可以使你成为一名更加出色的引导师？什么是你觉得最有帮助的？你们参加课程的目的是什么？

上面的每个问题都代表了人们在最初学习开场提问的秘诀时通常容易犯的错误。

问题 1：没有以勾勒图画的词句开始，直接进入 A 类提问。

问题 2：没有用两个语句延伸图画。

问题 3：给了一幅错误的图画，图画和延伸与 A 类提问完全没有关系。

问题 4：问了太多问题，唯一的问题应该是 A 类提问，做其他任何事情都用图画勾勒词句（如"想象一下""设想一下""假如"）。

↘ 开场问题举例

基于改进招聘流程的案例，让我们快速浏览以下几个 A 类提问和 B 类提问的例子。

A 类提问：现在的招聘流程是如何工作的？有哪些步骤？

B 类提问：让我们列出一个现在招聘流程步骤的列表。想象一下，你的一名员工走进你的办公室，宣布他即将离职，并且告诉你他将坚持最多 30 天，以便你雇用他的接替者并且对其进行培训。你知道你必须马上采取行动。于是，你开始列出你要雇用一名员工直到其到岗的步骤清单。你要列出所有你和其他人需要采取的行动。让我们列出这些行动。雇用一名员工需要哪些步骤？

A 类提问：什么是现有流程存在的问题？

B 类提问：我们现在将注意力转到当前招聘流程存在的问题上。回想一下，上一次你不得不雇用新员工。考虑一下，那些实际存在的问题，那些令你抓狂的事情，那些效率低下的事情，有些事要拖太长的时间，或者看上去就是浪费时间。还有些事情可能让你抱怨："应该有更好的办法来做这件事。"什么是现有招聘流程中存在的令你抓狂的问题？

A 类提问：我们可以做什么来改进现有流程？

B 类提问：我们已经准备好列出一个改进现有招聘流程的行动清单。看一下我们需要解决的问题，以及为了解决问题可以采取的行动，结合你们在其他地方看到的实施情况，以及可以用来改进招聘流程的技术手段，或者为了更好完成工作所需的组织结构，让你们看到所有我们可以考虑的可能性……让我们列出一些可能实现的改进我们流程的清单。谁愿意先开始呢？

贯穿本书，你将看到很多引导师对话的实例。你可能希望对这些案例做一些注释，包括更多的开场问题的案例。

↘ 避免"错误图画"开场问题

如前面所强调的，需要注意开场问题中出现的"错误图画"。在热情洋溢地创造图画的问题时，我们可能使用勾勒图画的词句，但是没能产生引导参与者看到他们答案的效果。我们确实让他们看到一些其他东西，因此他们不得不保持沉默，以便产生找到他们答案的图画。下面就是一个开场问题产生错误图画的案例。

A 类提问：我们应该对招聘流程进行哪些改进？

B 类提问：（错误图画）想象一下，你公司总裁走进你的办公室，交给你一张空白支票，并对你说："我要你不惜代价去创造一套世界顶级的招聘流程！"你要对现有流程做出什么样的改变呢？

这个 B 类提问描绘了非常生动的图画。遗憾的是，这幅图画（总裁给你空白支票）没有帮助参与者看到他们要对招聘流程进行改变的图画，看到的反而是总裁、支票和总裁递给他们支票时他们脸上的微笑。请记住：好的开场问题的核心是你建立一幅图画，帮助参与者看到问题的答案。

↘ "可能""应该""必须""将要"这些词汇的影响

在几种不同类型的引导会议中，很多情况下你需要让团队通过一些流程去发现可能的机会。例如，在战略规划会议中，参与者经常在战略头脑风暴中确定一些可能的机会；在解决问题会议中，参与者通过找到一些可选项确定一些可能的机会。这个概念同样适用于我们通过参与者确定潜在的改进招聘流程的案例（流程改进）。

在开场问题举例部分，关于确定招聘流程改进方案的 B 类提问的结束语是这样的："让我们列出一些可能实现的改进我们流程的清单。"如果引导师使用下面的语句，参与者的回应会是怎么样呢？

"让我们列出一些应该实现的改进我们流程的清单。"

"让我们列出一些必须实现的改进我们流程的清单。"

"让我们列出一些将要实现的改进我们流程的清单。"

选择合适的词语对于引导师想要达成的结果是非常关键的。

选择提问的词语

可能	"可能做的事情"表示没有限制和限定，使用"可能"来产生尽可能多的建议。
应该	"应该做的事情"表示道义上的义务，没有意味着行动的责任，在团队还没有对行动做出承诺的时候使用"应该"。
必须	"必须做的事情"表示团队应该仅仅确定那些必要的项目，项目的数量应该会少一些并且表示一定水平的承诺。

| 将要 | "将要做的事情"表示我们应该只关注我们愿意承诺去做的行动，结果是数量较少的我们承诺的行动。 |

案例分析 让第二位副总裁参与的开场提问

麦克·杜卡斯是一个位于波特兰的电子技术巨头公司的内部顾问，当他在使用 B 类提问与一位公司高管进行会议时取得了立竿见影的效果。

我与一位副总裁一起为一个公司的评估项目工作。我已经根据他的意见重新设计了项目，我们正在试点一种新的工作方式，所以这个项目实质上就是他的"孩子"。我被要求在今后推广项目的员工面前进行演示，但是结果这位副总裁（他是公司评估的捍卫者）不能出席这次会议，这意味着我将独自面对员工而无法借助他对这个项目的支持。

另一位副总裁将出席会议。我有个印象，这个人不是非常支持这个项目的推进，这非常重要，因为他对评估的效率会有巨大的影响。

在会议的开始，我决定冒一点风险，通过对第二位副总裁使用介入策略，让员工决定是做这个评估、不做这个评估，还是延期。我知道如果他的回应是肯定的，我们就会开一个成功的会议。如果他的回应是否定的，我就准备建议暂时搁置这个评估等待以后进行。我愿意冒这个险，因为即使事情出现了偏差，至少潜在的问题暴露了出来。

我们公司的会议文化是，当你走进一个会议室时，每个人的笔记本电脑都打开并运行着。在有些业务场合，这被认为非常不礼貌，但在我们公司，这是正常的事情。我的演示进行了大约 10 分钟以后，我使用了我刚刚从引导课程中学到的技巧。我想确认我所讲的事情关系到每个人，所以我停下来对团队说："接下来的 5 分钟，我需要大家全神贯注，因为这关系到你个人和你的公司对你的信任。"

然后，我对第二位副总裁说："假设你在电梯里遇见一位为你工作的工程师，工程师看着你说：'我们为什么浪费时间做这个评估？我们已经为了几个流程认证忙得不可开交，而你现在要我们参与这个评估，为什么？'"

我知道他的回应将为余下的演示定下基调。令我非常惊讶的是，他居然讲了一个非常幽默的俏皮话。这非常不寻常，因为之前我甚至从来没有见过他在会议中讲过笑话。他的回应强调了进行评估对于公司的巨大价值，并接着详细解释了这样做的目的。结果他的这个练习最终给了他一个机会完成"电梯间讲话"，介绍为什么我们召开这次会议，以及会议的参与者对于公司将产生什么样的影响。获得这个关键人物的支持以后，剩下的会议就进行得非常顺利了。对于我个人来说，我取得了一个突破，获得了他那样的个人回应。因为在我和他一起参加过的任何会议中，他都是非常强硬、难以被说服的。通过使用 WIIFM（What's In It For Me？对我有什么好处？）模式帮助团队关注目标本身并且明确了他们的介入对于这个项目的重要性。

回应问题

前面的部分讨论了如何使用开场问题激发团队的回应，这个部分专注于如何对参与者的回答做出回应。SMART 引导师通过使用回应问题引导团队告知、澄清、挑战、确认、探测和改变方向。一旦提出了开场问题，参与者通常就会开始回应。有些回应正好符合讨论的主题，有些意见可能含混不清，还有一些可能根本就和讨论无关。你可以使用回应问题帮助团队更好地处理参与者的意见。

表 2.1 介绍了六个典型的回应问题，让我们来比较一下引导师和非引导师如何应对他们对于形势的观察或者参与者的陈述。

表 2.1　引导师与非引导师的回应

现　象	非引导师回应	引导师回应	问题类型和目的
你不认为刚才所说的是正确的	"我不认为这是正确的。"	"为什么那件事情很重要？"	对挑战的**直接询问**
你不相信每个人都理解所说的，可是你认为你自己理解	"我来跟大家解释一下所说的……"	"听上去你是想说……对吗？"	**重述问题**，澄清你认为你知道的事情
你不理解刚才所说的话，也不确认其他人理解	"我没明白你的意思。"	"这件事是因为……所以很重要吗？"	**间接询问**，给参与者一个澄清的途径
有一个潜在的适合的解决方案被忽略了	"我认为我们应该……"	"这些解决方案是在……领域吗？"	**引导问题**，寻找其他解决方案
这个观点与现在的讨论不相关	"那个观点与讨论不相关，我们继续。"	"这是一个很好的观点，我们可以先把它放到问题清单上，免得我们忘记了，好吗？现在我们回到……"	**重新引导问题**使对话回到正题
团队已经停滞不前了	"让我们继续下一个题目。"	"我们已经谈过了（a）（b）（c），我们还有什么可以做的来改进招聘流程吗？"	**提示问题**让团队继续前进

注意，在每个现象中，非引导师都发表了一个陈述而引导师都问了一个问题。通过问问题，引导师鼓励参与者发现他们自己的解决方案——他们产生解决方案，他们理解它们，他们接受它们。

六个回应问题（直接、间接、重述、引导、重新引导、提示）提供了帮助引导师保持团队专注于正题的方法——都是通过提问题。在本章末尾，我推荐一个练习帮助你有意识地练习回应问题的使用。

　引导一个团队的秘诀：通过提问而不是说教引导团队的流畅。

为什么
这样做？

为什么要扩展你的回应问题的工具箱？

想象一下，你是一位只有一件工具的木匠：当你只有一把锤子时，每个问题看上去都像一个钉子。类似地，我们中的大多数人都只会知道一两个问题类型并且经常使用。在我学习这本书之前，我的绝大多数回应问题是直接询问（"为什么那件事情很重要？""能告诉我更多的信息吗？"）和提示（"还有呢？"）。这意味着很多更适合使用重新引导问题（"这是一个很好的观点，我们可以先把它放到问题清单上，免得我们忘记了，好吗？"）、问一个引导问题（"这些解决方案是在……领域吗？"）或者使用重述问题（"听上去你是想说……对吗？"）来引导团队继续前进更为合适的时候，我失去了帮助团队的机会，仅仅是因为我的工具箱里缺少工具。

提出一个想法

为了产生拥有感和认可度，团队一起提出一个想法总比你告诉他们一个想法要好得多，这就是为什么 SMART 引导师使用提问技术来挑战和询问。然而，有些时候即使最好的提问技术也不能帮助团队发现一个特定的想法，团队看起来就是忽略它了。记住，如果你认为一个潜在的合适的解决方案被忽略了，你应该问引导问题。如果引导问题还是不能见效，那么考虑一下下面的案例对话。

↘ **案例对话：毫无结果的引导问题**

一个女会计师协会的委员会在审阅当前形势评估的信息并制定未来三年的战略重点。

引导师：　看来我们已经得出结论，我们组织的成员对于组织的主要需求是提供一个培养领导力技能的论坛，帮助大家成为各自会计师事务所的合伙人。我们现在花几分钟时间考虑一下针对这个需求可能采取的方法。想象一下，我们已经成为我们的成员培养领导力技能、扩展个人在会计师行业职业发展的首选资源。为了使这个想法变为事实，我们应该扮演什么样的角色？我们现在应该做什么？如何才能实现那样的目标？让我们列出一个可以满足成员领导力培养需求的可能的方式清单。谁来提供第一条？

项目副总裁：我建议我们可以投入时间和精力自己建立一套培训课程。

引导师：　　　这是一种方法。让我们再听听其他人的建议。其他人还有什么选择吗？（提示问题）

引导师相信协会可以和一个专门从事领导力培训的组织建立合作关系，专门设计一个项目给女会计师。

候任总裁：　　如果要提供领导力培训项目，我们应该把它做成可以支持网络的，这样我们全国的成员都可以使用它。

引导师：　　　这个想法也不错。有没有和培训机构合作的机会呢？（引导问题）

财务主管：　　如果让一些大型会计师事务所提供培训场地，我们就可以节省大量资金。

引导师：　　　还有没有其他方式可以满足我们成员领导力培训需求的？（提示问题）

沟通副总裁：我们可以在我们的网站上保留一个可以提供领导力培训的机构清单。

财务主管：　　可能的话，我们可以对清单上的机构收取相关费用。

引导师：　　　好吧，我们已经列出了好几个潜在的解决方案。还有没有其他的，还是我们现在就讨论我们如何从这个清单里进行选择？

引导师最终放弃了自己的想法！

SMART 引导师相信他们有责任尽自己所能帮助自己的客户，这包括当存在潜在的解决方案但团队没能自己找到时对他们提供辅助支持。然而，引导师必须使用公平、公正的方式提供建议，这就带领我们认识下一个秘诀。

秘诀 5　　**影响观点所有权的秘诀**：当你提出一个想法时，让参与者确定它带来的好处及如何记录它。

"抛出一个想法"这个技术是应对问题的第七种选择，相对于把这个想法留在心里不说出来，你有向团队提出想法的选择。针对提出想法，你可以采用一个问句："大家觉得……怎么样？"如果参与者给予积极的回应，就可以问出这个问题的第二部分："你们如何看待它带来的好处？"如果参与者看到了它带来的好处，就通过最后的问题确定观点的所有权："你们想让我如何记录下这个想法？"在下面的案例对话之后，我会对提出一个想法是否会破坏引导师不介入会议内容的惯例发表一些我的意见。

↘　　**案例对话**：提出一个想法

这个案例选自前面的对话（一个女会计师协会的委员会在审阅当前形势评估的信息并制定未来三年的战略重点）刚刚结束之前。

沟通副总裁：我们可以在我们的网站上保留一个可以提供领导力培训的机构清单。

财务主管：　　可能的话，我们可以对清单上的机构收取相关费用。

引导师：　　　好吧，我们已经列出了好几个潜在的解决方案。如果大家同意的话，我想把我的会议引导师身份暂停一会儿，可以吗？我来问一下，如果我们和一家已经提供领导力培训的公司合作，我们提供协会的高级会计师与他们的员工共同授课，这个想法如何？

项目副总裁：这是个好主意，我喜欢。

引导师：您觉得这样会带来什么好处？

项目副总裁：课程的基础框架是现成的，我们只要稍做调整确定所有的案例和练习适用于会计师就可以了。

候任总裁：这还是一个很好的办法，帮助我们的高级会员参与协会活动，并且对于实施一个教练项目打下了基础。

财务主管：另外，如果培训合作伙伴是知名企业，我们还可以收取更多费用。

引导师：这些听起来都是很好的收益，你们希望我怎么记录这些想法呢？

注意事项：很多引导师都有可能额外提出一些想法甚至问出引导问题，这非常不符合学院派所说的引导师的角色是管理会议流程，而会议内容是由参与者负责的。因为，根据这种观点，任何来自引导师并且影响会议内容的观点都是对这种角色的混淆。这种学院派观点还解释说，引导师介入会议内容是一种对于角色权力的滥用：参与者会沿着引导师的想法走下去，仅仅是因为引导师在团队中是一种领导者角色。

我相信这种担心是有道理的，它必须被认真考虑并且视情况而定，事先与会议负责人或参与者讨论。在第 17 章中，我会更加详细阐述关于内容中立的话题。

为了防止角色混淆，特别要考虑三个行为：

- 引导会议之前，询问会议负责人如果团队看起来忽略了一些东西，你是否适合提出自己的想法，解释原因以及如何使用。
- 在介绍基本规则的时候，描述你的角色并且解释也许有时候你会提出想法供大家考虑，但是仅限于你意识到有些事情没有被讲出来的时候，解释你要说什么及为什么。
- 当你注意到有些可能对团队产生帮助的关键想法没有被提到时，首先问提示问题，然后问引导问题。如果这些办法都没有效果，那么发出指令引起大家注意（"我这里要提出一个想法……"），然后使用三个部分提出你的问题。

我的经验是当 SMART 引导师问出引导问题并提出想法时，参与者会接受这种信息并且给予适当的回应。但是，刚刚使用引导技能和技术的引导师要小心避免使用这些高级问题类型。

应用提问秘诀

你可以在众多场合使用本章讨论的提问技能。在这一部分，我引入了两个案例：在分歧中深入分析和在访谈中使用开场问题。

> **使用问题深入探寻一个分歧的根源**

当会议中出现分歧时，经常是由于没有很好地理解其他人所持的立场。

> **案例对话**："是的，我会"与"不，我不会"的争斗

乐天派：　我认为解决这个问题的最好办法就是找一组人一起开发一个一致的解决方案，然后向管理层汇报并获得批准。

唱反调者：那是个糟糕的主意。

乐天派：　不，不是的。在我过去的公司，有很多次我们都用了同样的策略并且取得了相当大的成功。

唱反调者：不行，这在别处行，但在这里，根本没机会。

乐天派：　我不理解你为什么这么消极。

唱反调者：我不是消极，我只是告诉你，你的那个想法根本行不通。

当唱反调者脱口而出"那是个糟糕的主意"的时候，乐天派很自然地感觉到他受到了攻击。当一个人受到攻击的时候，基本的反应就是逃避（观点上让步）或者反击（拒绝）。乐天派选择了反击，于是我们看到了争斗。乐天派相信他的撒手锏是他的方法在别处取得的"相当大的成功"，不幸的是，唱反调者很轻易地躲开了，而争斗还在继续。

SMART 引导师通常知道逃避和反击都不是恰当的应对方式。当分歧发生时，通常恰当的应对方式是通过深入探寻分歧的根源并寻求相互理解。如果有人认为有些事情是一个"糟糕"的主意，那么引导师的目的就是确保团队有机会了解这种想法的原因。让我们再次尝试一下之前的讨论。

> **案例对话**：深入探寻避免争斗

乐天派：　我认为解决这个问题的最好办法就是找一组人一起开发一个一致的解决方案，然后向管理层汇报并获得批准。

唱反调者：那是个糟糕的主意。

引导师：　你很可能是正确的，帮我们解释一下，为什么你觉得这是个糟糕的主意？（深入探寻）

唱反调者：两年前，我们浪费了六天时间开会研究改进招聘流程，然后管理层没有实施任何行动。

引导师：　你觉得是什么原因让管理层没有实施任何行动呢？（深入探寻）

唱反调者：他们说他们没有看到任何收益。

乐天派：　好吧，听起来如果要我们完成这个团队计划，我们必须确认管理层承诺实施我们的建议，只要我们展示足够的收益。

唱反调者：我怀疑他们是否愿意做出那样的承诺。不过如果他们可以，我愿意接受他们的挑战。

↘ 使用 B 类提问面试求职者

B 类提问开场非常有用，因为它帮助参与者看到他们答案的图画。当问一个人难题时图画技术可以非常有效。例如，在面试过程中，求职者通常都不太愿意批评自己或者透露自己的缺点，而 B 类提问可以用来帮助缓和这个问题。

↘ **案例对话：面试**

面试官：杰瑞，想一下你曾经经历过的组织里最了解你的经理，她了解你的长处并且她总是希望你成功。设想一下我现在坐在她的右侧并且问她你的长处，你哪些事情做得好。当她回忆你的技能和你的主要成绩时，她可能会面带微笑，她会说哪些你的主要长处呢？

杰瑞：　她可能会说我……

面试官：在她告诉我这些之后，我会对她说："你已经把这个家伙捧到了天上，我们让他回到地上好吗？肯定有那么一两个领域他可以改进或者他可以做得更好的，所以告诉我，哪些地方是他可以更好或者做得更出色的，让杰瑞可以比现在更强。"这个经理会怎样说？

杰瑞：　她可能会说她希望我可以……

在这个案例中，把求职者放到过去的一位喜欢他的经理的思维模式中，可以帮助他缓解在描述自己缺点时的不舒服感。求职者有机会从其他人的角度观察自己，并使用其他人的语言描述自己需要改进的地方。

关于提问的最后一点提示

考虑所有可以使用的提问技巧，你可能会感到被淹没其中。这里有一些使用这些技巧的建议。

- 你可能已经有意或无意地使用了这些技巧，通过给它们命名并明确在何种场合最适合使用它们，我希望你在需要的时候能够更加系统地使用这些技巧。
- 对于你不太熟悉的问题类型，先选择一两个你立即需要的技巧开始使用。每周阅读这些技巧的内容，保持对它们的新鲜感。在对话中，寻找机会使用提问技巧。
- 如果在考虑从哪些问题类型开始，你可以考虑一下下面的内容：
  - 开场问题
  - 重新引导问题
  - 深入探寻
  - 提出问题

引导师提问备忘录

☐ 当你问一个问题并期待众多的回应时，确定你勾勒出了一幅生动的图画，参与者可以看到他们的答案。

 − 以一个勾勒图画的词语开始（如"设想一下……"）。

 − 延伸图画以使参与者可以看到答案。

 − 提出直接的问题。

☐ 为你的问题选择合适的词语。

 − 使用"可能"，产生最大数量的想法。

 − 使用"应该"，表示道义上的义务并且不要分配责任。

 − 使用"必须"，表示一定水平的承诺。

 − 使用"将要"，锁定承诺。

☐ 通过使用回应问题引导团队告知、澄清、挑战、确认、探测和改变方向。

回应问题

对挑战的**直接询问**	"为什么那件事情很重要？"
重述问题，澄清你认为你知道的事情	"听上去你是想说……对吗？"
间接询问，给参与者提供澄清的途径	"这件事是因为……所以很重要吗？"
引导问题，寻找其他解决方案	"这些解决方案是在……领域吗？"
重新引导问题使对话回到正题	"这是一个很好的观点，我们可以先把它放到问题清单上，免得我们忘记了，好吗？现在我们回到……"
提示问题让团队继续前进	"我们已经谈过了（a）（b）（c），我们还有什么可以做的来改进招聘流程吗？"

☐ 对于团队没能提出的想法，引导师可以提出，让团队成员给出意见并描述意见带来的收益，而且用他们的语言记录想法，帮助团队获得拥有感。

☐ 当其他人不同意时，通过问"为什么"深入探寻找到分歧的根源。

✎ 练习你的技能

我们中的大多数人会在引导会议时自然而然地使用我们认为舒服的工具和技能，因此在你正式使用新的工具之前，让自己对它们感到舒服非常重要。在我们的课程中，有些学员在练习中使用开场问题和回应问题，以增加自己对这些技能的舒服感。

类似地，你也要花大量时间熟悉回应问题以改进你引导团队的技能。花上一个星期的时间在你日常对话中有意识地使用提问技巧来练习探寻、告知、澄清等，你会惊奇地发现这些技巧在日常生活交往中是如何被使用的。"真的，为什么这个事情重要？这就是你说……的原因吗？听上去你是在说……对吗？这些解决方案是关于……的吗？"这些例子只是帮助你开始——具体的词语并不重要。

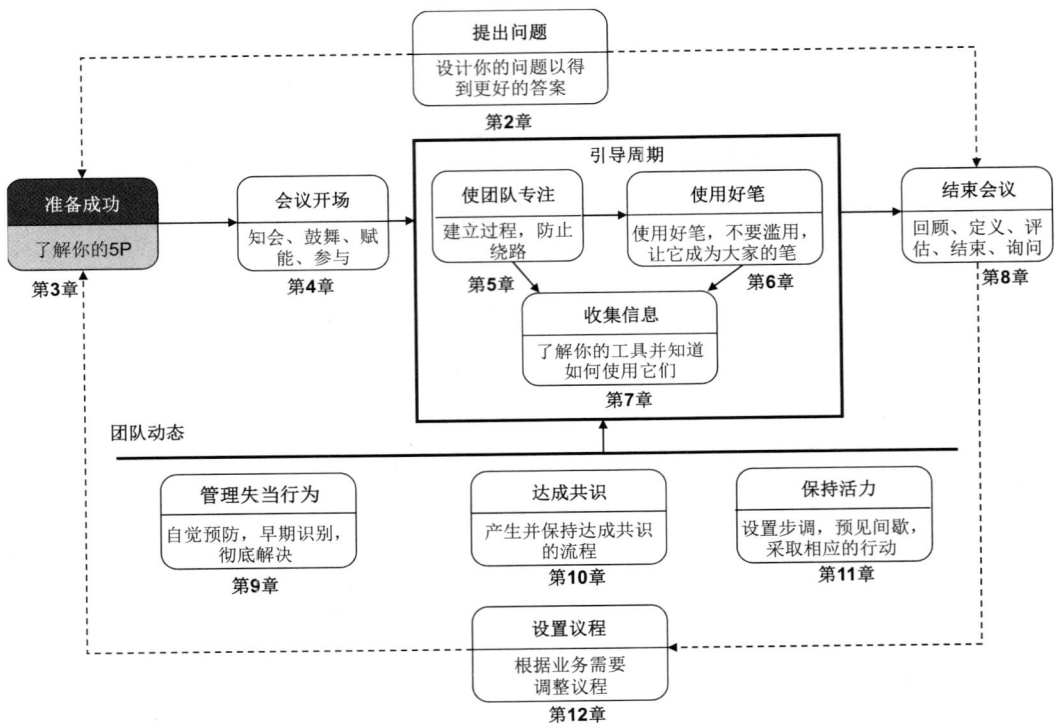

提出问题

设计你的问题以得
到更好的答案

第2章

引导周期

准备成功

了解你的5P

第3章

会议开场

知会、鼓舞、赋
能、参与

第4章

使团队专注

建立过程，防止
绕路

第5章

使用好笔

使用好笔，不要滥用，
让它成为大家的笔

第6章

结束会议

回顾、定义、评
估、结束、询问

第8章

收集信息

了解你的工具并知道
如何使用它们

第7章

团队动态

管理失当行为

自觉预防，早期识别，
彻底解决

第9章

达成共识

产生并保持达成共识
的流程

第10章

保持活力

设置步调，预见间歇，
采取相应的行动

第11章

设置议程

根据业务需要
调整议程

第12章

第3章

准备的秘诀

了解你的 5P

本章回答的问题

▶ 计划一次引导会议最重要的步骤是什么?

▶ 需要回答的最关键的问题是什么?

▶ 准备阶段应该和谁去沟通?

▶ 关于会议要问参与者什么问题?

▶ 如何确定已经准备好了?

案例分析 领导的会议

我们曾经在一个大城市的公立学校工作。一位主管让我们参加了一个会议,参加会议的团队已经为了设计一个关于教育标准的领导会议工作了几个星期。我们将审议会议流程,目的是增加参与环节以便吸引大家的兴趣并保持气氛活跃。

会议委员会已经在会议之前根据委员会成员的建议准备了非常详细的会议流程,确定了每个部分的发言者。然而,当阅读完会议流程时,我却无法推导出会议的目的,也无法确定会议将要完成的结果。非常明显,领导们更多的是被告知一些作为会议结果的题目,而对于这些信息他们要做什么并不清晰。

会议开始20分钟以后,我举起了手,解释说我有几个问题,并请求允许团队进行一个15分钟的小练习。我认为,这可以让大家更加聚焦我们的工作。我们分成三个小组,每组有5分钟的时间,目标是生成一个会议目的陈述。陈述必须回答的问题是:"为什么我们召开这个会议?我们要达成的目的是什么?"我一点也不惊奇,三个小组产生了非常不同的目的陈述。又花了 10 分钟时间并且经过一些争论，我们对整体目的达成了一致。

接下来我问团队："我们完成会议的时候，你希望我们手上拿到什么东西？如果有的话，会议的产出是什么？"尽管花费的时间比我预期的要长一些，我们还是对会议的关键交付达成了一致：对于制定教育标准的总体方法达成共识，理解主要战略，一个包括角色和职责的高阶实施时间表。

完成这些以后，我建议我们再看一下会议流程，确定每个部分都会对会议的目的和产出有直接贡献。我可以感觉到，会议室内大家的兴奋情绪正在上升。委员会成员已经花了几个星期时间在这个会议的讨论上却一直没有一个清楚的指导目标，告诉大家是否在朝正确的方向进行。当目的和交付清晰以后，团队就可以决定哪些是合理的而哪些是不合理的，对超过半数的会议项目做出了修改。

故事的结尾出现了一个插曲。一位校董事会成员意外地出席了会议并参加了整个过程。当会议结束时，她解释说她之前听说了这个会议并且认为这将是对学校经费的一个巨大浪费，然而接下来她说，她认为这是她在教育系统 20 多年以来参加过的最富有成效的会议。

准备工作的 5P

对于一个无论是启动大会、任务组会议、讨论会还是一组人员的工作会议，你需要做哪些准备呢？

> **秘诀 6**　**准备的秘诀**：在会议准备阶段定义好你的 5P：目的、产出、参与者、可能的问题和流程。

SMART 引导师知道无论是召开工作团队会议、做演示还是与客户开会，准备的秘诀是相同的——他们必须清楚地理解 5P。

5P

- **目的（Purpose）**：为什么召开这个会议？会议的主要目标是什么？
- **产出（Product）**：会议结束的时候我们需要完成什么？我们如何知道我们取得了成功？
- **参与者（Participant）**：谁需要参与会议？他们的观点是什么？
- **可能的问题（Probable issues）**：可能产生的问题是什么？有没有什么事情会妨碍我们达成我们的产出和目的？
- **流程（Process）**：考虑到我们需要的产出、参与者和将要面临可能出现的问题，我们应该在会议中采取什么步骤来达成目的？

当然，引导会议需要很多组织保障方面的准备，如时间、地点和材料，然而这五个关键点仍然是非常重要的。SMART 引导师关注这些点以便对会议的核心内容获得清晰的理解：要完成什么？为什么？谁来完成？如何完成？

关注的核心是目的

SMART 引导师知道清晰的目的是会议高效的必要保证。无论何时一个团队集合到一起，SMART 引导师一定会特别确认大家都理解目的，并且所有参与者都已经对会议的目的沟通清楚了。

确定目的的 问题	• 我们为什么召开这次会议？主要目标是什么？ • 是什么告诉你需要这样一个会议？你要试图解决什么问题？ • 你如何知道出现问题了？问题的表现是什么？ • 如果不解决这个问题，后果是什么？

会议的目的将回答这些问题："我们为什么做这些？什么是我们的主要目标？"不论你是在计划一个会议、发表一个讲话还是规划你的假期，有一个清晰的目的描述并且与参与者共享都是非常重要的。当目的不清晰或者没有共享的时候，活动就很容易误入歧途。

秘诀 7　**目的的神秘力量：** 清晰的目的为决策提供坚实的基础。

回顾之前介绍的领导的会议，委员会在会议目的达成共识之前生成了全部会议流程。结果他们有了一个不够聚焦并且可能不大高效的会议流程。一旦委员会定义了目的，他们就可以确保所有的活动都专注于达成他们的目标上。

确定目的到底有多么重要？让我们来看看下面这些案例。

- 一个公司在考虑推出一个新产品，并且试图决定是马上发布这个产品还是推迟四个月等待行业年会的时机。哪个是更好的策略选择？
- 一个部门领导在考虑给每个员工相同的年薪增长而不是区别对待，领导相信这将有助于减少关于调薪的闲言碎语。相同幅度的涨薪是个好主意吗？
- 一个家庭在考虑度假的不同选择，包括到海边玩七天、到意大利旅游、到迪士尼乐园游玩，或者全家人一起徒步穿越山区。哪个会是全家人的选择呢？

上面这三个案例的答案都存在于对于活动目的的理解。

- 在新产品推出的案例中，答案与产品推出的目的相关。如果推出产品的目的是赢得公司作为行业领导者的曝光率，推迟到行业年会就是合适的。但是，如果推出产品的目的是尽快帮助公司增加收入，立刻发布产品就会更合理。
- 对于部门领导考虑给大家相同的年薪增长还是区别对待，问题就是："年薪增长的目的是什么？"如果目的是为了奖励业绩优秀的员工，那么相同的年薪增长就只在大家的业绩都完全相同的时候适用。如果目的是为了提高团队合作，并且基于公司的整体业绩奖励员工，那么相同的年薪增长就是合适的选择。

- 对于需要决定假期去哪里的家庭，答案同样存在于目的的问题中。如果度假的目的是为了全家人休息和放松，就去全家没有去过的地方，确定孩子们自得其乐，一起体验一些挑战的经历，可以是某种选择的组合，或者全家人在一起做一些与以往不同的事情。尽管有些家庭成员可能会对度假的目的有不同的观点，但一旦全家人对于度假的共同目的达成共识，去哪里的决定就变得非常简单了。

SMART 引导师知道，决定的大和小都建立在一个清晰确定的目的基础上。当团队专注于目的时，他们的决策就会比较一致、清晰和有效。

定义会议的产出

SMART 引导师还理解清晰定义会议产出的重要性，确定需要的产出可以把非常模糊的会议目的陈述转变成一系列清楚的交付，从而定义会议目的成果。

让我们再次回到领导的会议的案例分析中，会议的基本目的是获得领导对于制定教育标准实施方法的认可。像大多数目的陈述一样，这是一个对于会议意图的总体陈述。通过确定会议的产出定义目的的成果，领导的会议变得更加专注。

领导会议希望的产出

- 对于制定标准大致方法的认同
- 关键策略
- 已经明确了角色和职责的高阶实施时间表

对于大多数引导会议，有些产出是具体的交付，如一份报告或行动计划，有些产出可能是智力型的或关系型的。智力型产出可能包括关于一个专题的知识或者对于一个观点的理解，关系型产出的例子包括部门之间更好的沟通或增强的信任。当需要关系型产出的时候，SMART 引导师试图去发现一些迹象作为达成关系型产出的证据。例如，在部门内部更好沟通的案例中，改进的证据可能是更加频繁的相互协作以及规划过程中早期的参与请求。

定义会议产出的秘诀：3H

秘诀 8

为了定义引导会议需要的产出，可以问 3H 的问题：你希望人们的手上（Hand，意味着交付物）、头脑中（Head，意味着知识）、心旦（Heart，意味着信念）在会议结束之后会有哪些在开会之前没有的东西？

为了更好地定义你希望从一次引导会议中得到的产出，你可以考虑问下面的问题。

确定产出的问题	• 你希望这次会议能达成什么结果？ • 当会议结束的时候，人们手上应该有哪些具体可见的产出或交付物？ • 当会议结束的时候，你希望人们了解哪些他们在会议之前不了解的内容？ • 当会议结束的时候，你希望人们相信哪些他们在会议之前不相信的内容？ • 还有哪些产出是你希望从会议中产生的？ • 会议之后的三个月里，你如何知道你是成功的？

选择参与者

在引导师的世界里有一句很有名的话："如果你不在餐桌旁，你可能就在菜单上。"这句话的含义是如果你没有参与决策，那么决策就有可能朝着对你产生负面影响的方向做出。

在帮助一个机构考虑选择合适的人参与团队这个过程中，SMART 引导师会问三个关键问题。

确定参与者的问题	• 谁是将要受到决策影响的人？ • 他们对于过程的参与程度如何？ • 哪些人的观点、参与和认可非常重要，他们或者他们的代表应该坐在桌边？

第一个问题鼓励你考虑所有那些受到决策影响的人。第二个问题帮助你区分参与的程度。例如，有些人可能只是需要事后被告知做出的决策，有些人可能需要在决策之前提供意见，而有些人可能需要被邀请参与决策。最后一个问题帮助你考虑选择坐在桌边的人的基本条件。

↘ 团队规模

团队规模的目标很大程度上取决于需要完成的工作量、工作性质、受到工作影响的部门或机构的数量、参与者的技能和可用时间等因素。表 3.1 列出了一些建议的团队规模和大致的指导原则，这是从我与不同团队工作的经验中总结出来的。

表 3.1　团队规模示例

会议类型	规模目标
决断模式	3～9 人
你在几个特定的行动选项中通过决策选择解决问题	小型团队以确定听取每个人的意见，并且他们的观点都经过详细讨论，以便考虑潜在问题的各种状况
创造模式	7～16 人
你在生成一个解决方案或产生一个新的方法（如流程改进）	小型团队在潜在的难题中形成决策，同时也要足够大，以使所有受到影响的领域都有代表参加
方向确定	12～24 人
你在选择大致的方向（如战略规划）	比较大的团队可以帮助获得各种意见，但是也不要太大，否则决策会难以管理
审阅模式	2～100 人
你在审阅并对以前的工作听取意见（如工作状态汇报会议）	由于会议主要是审阅和听取意见（不是决断、创造或方向确定），因此会议规模只是受后勤安排的限制（如会议室的大小）

↘ 团队成员需要的特征

　　哪些人适合参加引导会议，同样取决于会议的类型。如果不是参加工作状态汇报会议，我建议参与者应该具有下列特征。

选择参与者的标准示例	**所有的参与者都应该：** ● 理解需要研究的问题 ● 与会议成果相关 ● 有权决策或者做出推荐 ● 被别人认为能左右舆论的人 ● 对于解决方案开放而不是固执己见 **作为一个团队，根据会议的类型不同，参与者应该：** ● 表现不同的沟通类型 ● 对研究问题的所有相关活动具备深入的了解 ● 跨部门并代表所有与会议成果有主要利益关系的团体 ● 从组织结构的不同层级抽调（如经理、主管和工人等）

　　在选择参与者时，其他需要考虑的方面还有技能和权力。你可以考虑问一个问题："谁具有需要的知识、技能和权力去达成会议的目标？"技能可以包括与问题相关的技术技能。有时你需要参与者具有一些软技能，如在情绪激动时的"维和者"，或者在困难和复杂问题上能力排众议帮你建立一致的人。

↘ 给参与者的情况简介

SMART 引导师喜欢在引导会议之前给参与者做一个情况简介。跟参与者的事先沟通有几个好处。

事先给参与者做情况简介的好处	• 你可以在会议之前发现参与者存在的与引导会议或会议主题相关的问题。会议之前发现这些问题，可以帮助你对将要使用的会议流程做出及时调整以达成会议的目的。 • 参与者可以就会议流程和将要产生的会议产出达成共识，在会议之前完成这些，参与者可以有更好的主人翁感。 • 参与者可以了解会议的步骤及需要的信息，以便更好地为会议做准备。这对于有些类型的会议是必需的。例如，战略规划会议，一个小组需要在会前收集并给参与者大量的参考信息。 • 上述所列的好处还可以帮助你在增加参与者的认可和承诺上得到更大的收益。

在给参与者进行情况简介时你如何去做？请考虑涵盖以下的内容。

给参与者做情况简介时需要问的问题和涵盖的要点

描述：会议的目的和产出。

问题：为了达成这个目的和产出，你认为有哪些问题需要处理？

描述：会议流程。

问题：你发现的问题在会议的哪个部分将进行讨论？

问题：这个议程可以达成会议的目的和产出吗？或者，这个议程怎么样？你有什么建议来改进会议流程？

问题：有哪些潜在的问题可能会浮出水面，有可能阻碍我们达成会议的目的和产出？

问题：我们如何确定我们的这次会议不是在浪费时间？

提供：一个包括后勤安排的备忘录（如日期、时间、地点、建议着装、需要携带的物品等）。

要求：参与者同意提前至少 10 分钟到达会场，可以在准时开会之前有时间喝点咖啡和彼此寒暄。

发现可能的问题

一旦你了解了会议的目的、产出和参与者，下一步就是发现可能出现的问题，而这些问题可能对会议的成功产生影响。可能的问题包括三种类型。

三种可能的问题	• **主题**。为了产生会议的产出并达成会议目的需要在议程中涵盖的问题和其他项目。 • **陷阱**。必须在会议上解决的，若不能很好地处理，可能会颠覆会议的难题。 • **题外话**。会议上可能出现的与主题没有直接联系并且不需要解决的问题。

与负责人进行访谈和向参与者做情况简介，如果你事先做了这些，就会发现可能的问题。你可以在参与者情况简介中问类似的问题，特别是：

发现可能问题的问题	• 哪些是达成会议目的和生成会议产出必须讨论的主题？ • 什么是参与者对于会议目的或产出的问题和担忧？ • 哪些是达成会议目的和产出可能遭遇的潜在的陷阱与题外话？

准备会议流程

你在引导会议中使用的流程或议程将取决于另外四个 P——目的、产出、参与者和可能的问题。流程中还将应用本书中使用的很多秘诀，因此这里不再详述，我们在第12章中会详细讨论。

会议通知

会议通知中定义那些参与者需要在到达会场之前做好准备的重要信息。如果可能，在会议一周之前发出会议通知。会议通知应该包含以下几个关键项目：

会议通知的内容	• 会议目的、期待的产出和建议的议程 • 会议地点、集中时间、会议开始和结束的时间 • 被邀请列席会议的人 • 建议携带的东西

对于重复发生的会议，如工作状态汇报会议，如果每次会议涵盖的内容是相同的，就不需要会议通知了。对于其他会议，会议通知可以是口头的（如语音信箱留言）或书面的。

为了帮助会议准时开始，会议流程上第一项设一个会议集中时间，然后才是正式开始时间。这样参与者会知道为了会议准时开始他们被要求提前到达。如果会议之前需要参与者审阅材料或采取行动，需要在会议之前通知参与者这些项目。

图 3.1 是一个会议通知示例。

会议变革小组

××××年××月××日，集中时间 8:50/结束时间 11:30

第一次会议——A 会议室

会议目的

- 确认项目目标并对如何完成我们的工作达成共识

期待的会议产出

- 工作流程、操作规范、会议安排

建议的议程

8:50 会议集中

9:00 会议开始

A. 致欢迎词，会议目的和议程

B. 审阅小组目标

C. 确定完成小组目标的关键问题

D. 审阅建议的工作流程（总体计划）

E. 定义小组规范和决策方法

F. 决定会议的后勤安排

G. 开始小组工作流程（如果时间允许）

H. 定义下一步工作

11:30 会议结束

被邀请列席会议者

- 克里夫——小组领导
- 比尔——记录员
- 卡特琳娜
- 凯恩
- 范尼萨——执行负责人
- 安德鲁

会议之前：审阅上周发送给你的小组机构图，确定任何你认为需要会议解决的问题

携带：小组机构图和问题清单

图 3.1　会议通知示例

案例分析　准备愿景委员会会议

这个案例来自戴博·克莱福特，一位独立咨询顾问，同时是俄亥俄州哥伦比亚戴博·克莱福特咨询公司的所有人。她参加引导培训的时候是中俄亥俄联合之路的健康总监，并且被要求引导和规划一次愿景协商会议。会上来自这个团体不同部门的不同区域的代表和专家聚集一堂，组成一个团队商讨事项。

愿景委员会参与很多团队决策、问题解决和重大事件的优先级设定，会议被定义为引导会议的形式。我记得在培训课程上引导师告诉我们，很多引导师不理解为什么他们

需要在会议准备上的时间比会议时间还要长。这次对于我来说是第一次在会议准备上的时间和会议本身的时间一样重要，我发现这使我受益匪浅。

我花费了很多时间搞清楚会议负责人想要什么，但是会议负责人并不是非常清楚他们能从会议中得到什么重要结果，而这并不是什么罕见的情况。既然会议负责人也不清楚，我们就需要安排讨论，弄清楚为什么开会，到会议结束时我们需要完成什么，并且对这些达成共识。我已经知道，如果负责人和引导师都不清楚会议需要有哪些产出，那么会议注定会失败，而作为引导师的我也会"死"得很难看。因此作为会议引导师，我要去完善流程和确定会议的产出。我像看搭积木一样看待这次会议，如果这是一个由很多会议组成的流程，那么我们从每个会议中能够得到什么，以通过需要的流程达到最终结果。

自从参加培训后，我很容易发现负面的引导行为。有些技术不但可以用于复杂的引导项目，同样适用于产生重大成果的简单会议。后来，很多人告诉我相对于很多他们经历过的没有顺利进行的会议，我的会议非常富有成效。

特殊话题：管理一个负责人

你从哪里获得 5P 呢？答案是会议的负责人。会议负责人往往是要求召开会议的人或者对会议的目的和产出的达成承担整体责任的人。但通常不是绝对的，如果你在引导你自己的会议，那么你就是会议负责人。

但是如果你在为别人引导会议，那么让会议负责人告诉你会议的目的、产出、参与者和可能的问题，这些在本章早先已列出的内容就非常重要了。你应该考虑事先与负责人开个会讨论主要的问题和其他话题，包括负责人在会议中的角色。与负责人开会的主要目的就是获得一个清晰的图画，描绘负责人对成功的定义，如何取得成功的建议，以及你可能遇到的问题和其他后勤安排上的信息。在与负责人的会议中，可以考虑问下列一些补充问题。

关于参与者的补充问题

- 参加会议的人互相认识吗？需要相互介绍吗？
- 参与者中是否有些人不支持召开这个会议或者会因为会议的成功而失去什么？
- 有没有一些参与者的观点或沟通方式需要特别去了解？
- 这些参与者中是否有人不喜欢其他人的表达方式？

关于可能的问题的补充问题

- 有哪些潜在的问题可能会浮现出来？解决这些问题你可能会遇到哪些挑战？
- 有没有一些特定的话题你认为不应该在会议上讨论？
- 如何改变方向回到会议主题和讨论的问题上？

关于流程的问题

- 这个团队过去经历过哪种类型的引导活动？结果如何？
- 已经采取了什么步骤来确定会议的目的和产出？
- 我们应该考虑在会议上进行的步骤是什么？

关于后勤安排的问题

- 会议的日期、时间和地点是什么？会议室是否可以事先布置？
- 会议的着装要求是什么？
- 引导会议需要的材料（如活动挂图板、笔、便笺本和姓名标牌）是否可以提供？
- 哪些信息需要事先分发给参与者？谁会去做这件事？
- 谁会为会议做开场讲话？
- 会议结果如何记录？谁负责记录？会议后多久需要这些信息？

↘ 会议负责人应该在会场上吗

什么是会议负责人在会议中合适的角色？团队会议期间负责人应该留在会场上吗？如果你正在引导改进招聘流程的会议，人力资源总监也就是会议的负责人应该在会场上吗？

简单的回答是"看情况"。让我们从分析每种选择的优点和缺点开始，通过找到建立在关键因素上的答案来搜寻更加复杂的答案。

让负责人留在会场上的优点

- 负责人显示了对于努力的支持和承诺。
- 负责人可以解释做出决策的历史和依据。
- 负责人可以防止工作团队把时间浪费在那些与公司蓝图有明显差距的潜在的建议上。
- 会议结束的时候，负责人可以第一手地理解工作团队讨论的问题和做出推荐的原因。

让负责人留在会场上的缺点

- 负责人在场可能会限制讨论和创造性。参与者可能在对现有流程和问题提出意见时感觉不太放松。他们可能还会限制自己，只提出他们认为负责人会接受的潜在的解决方案。
- 负责人可能会主导讨论并且限制他认为不可接受的想法。
- 负责人在场可能会妨碍工作团队取得工作的拥有感。工作团队可能会决定他们的工作只是给负责人提供建议，之后负责人的工作是决定采纳哪些建议。与此相对的是，工作团队获得工作的拥有感，提出一系列详细的建议，每个都有数据支持，并且记录将要获得的收益。通常情况下，获得拥有感的工作团队会投

　　人时间、精力和信念在他们的建议中，如果推荐没有被实施，通常需要给团队一个合理的解释。

　　让我们通过下面的指导原则来总结这些优点和缺点：如果负责人必须是团队工作成果的关键实施者或者会议的性质是战略性的，那么可以让负责人出席大多数会议的讨论。当负责人主要是审批者时，就要限制负责人对会议的参与。

↘ 最小化负责人出席会议可能造成的负面影响

　　正如前面部分所说的，很多会议让会议负责人留在会场上都是恰当的。你如何防止负责人的出席造成负面影响，如打压讨论或者限制创造力等？

> **秘诀 9**　**管理负责人出席的秘诀**：获得负责人的同意，在任何问题上都不要第一、第二或第三个发言。

　　为了管理负责人参加会议，事先和负责人开会讨论负责人的角色及合适的参与度，描述负责人在会议期间留在会议室中的好处和可能的负面影响，要求负责人同意以特定的方式参与会议，如下面的案例对话所示。

↘ 案例对话：负责人在会议中的角色

引导师：即将到来的会议是一次非常好的让你听到下属声音的机会，但我有点担心，如果你对一个问题第一个发言，那么你发言以后可能会影响其他人要说的话。因此在会议期间，如果你同意在你发言陈述你的观点之前先让别人发表他们的意见，就会对会议非常有帮助。举例来说，在任何一个具体问题上，请避免第一、第二甚至第三个发言。如果你对某个立场表示支持，尽管说出你的支持并解释为什么。如果你支持多个立场，那就更好了，因为这可以鼓励团队成员全方位思考。但是再次强调，在提出你的意见之前，请允许其他人说出他们的意见。如果团队看起来漏掉了一些想法，那么在几个人发言之后，请尽管提出你的想法。关键是，我们希望团队知道你是在参与而不是在驱使会议。

高管：　确实是这样，我会非常感兴趣看看谁会发言以及他们要说什么。

　　在大多数情况下，我发现这些意见会被接受，并且提供给了负责人足够的提示。然而在会议中，负责人会不时地忘记他们的角色并开始主导讨论。在第 9 章中，我会教给你对付主导会议的参与者的技能。

↘ 当心代理负责人

　　有几次，作为机构领导的负责人因为太忙没有时间和我一起开会，而二把手要我引导会议。二把手或者我所说的"代理负责人"通常会做大量的工作解释负责人需要的成果。有时候，代理负责人甚至能够很好地回答关于 5P 的问题。然而，我知道如果我不能花 30 分钟到 1 小时和负责人讨论会议的事情，我失败的风险就会显著增加。在这个压缩的负责人访谈中你如何去做？

压缩的负责人访谈	• 在此期间，请你对代理负责人告诉你的内容进行确认。如果代理负责人和负责人之间没有沟通好而你也没有与负责人核对，你的会议可能就会成为一次代理负责人认为负责人需要的会议。 • 让负责人对你计划的流程给予反馈，特别是要问负责人对于计划的流程有哪些喜欢的地方和哪些担心的地方。负责人可能对代理负责人解释的流程完全满意，但是对你要去执行的流程并不满意。 • 记住，问负责人他如何理解会议会成功，以及如果会议失败，负责人认为可能会出现的早期征兆。

如果负责人无法在会议之前和你开会，也许取消这次引导是明智的选择，因为失败的风险大大增加了。

应用 5P

本章介绍了 5P 及其在高效会议中的重要性。但是，你怎样处理定义这些元素？谁负责回答你关于 5P 的问题？正如你将要见到的一样，这些需要根据当时的形势来确定。

↘ 与任务团队应用 5P

如果你被要求领导一个任务团队去确定招聘流程或其他一些问题，回答 5P 主要问题的人可能就是活动的负责人。这通常是请求、发起并监督这个活动的人。这个负责人通常可以告诉你会议的目的、产出、参与者和可能的问题，然而流程问题（我们如何达成目的和产出）经常需要你和任务团队成员来回答。

↘ 在与客户的销售电话中应用 5P

如何在销售过程中应用 5P，仅仅转变以下问题就可以了：

- 为什么我要见这个客户？（目的）
- 作为会议的结果，我要获得什么样特定的成果？（产出）
- 客户方谁会参加会议？我们公司谁会参加会议？（参与者）
- 客户想要听到哪些关键话题？（可能的问题）
- 我需要采取哪些步骤来确认获得这样的成果？（流程）

可能最好的销售人员本能地思考了这些问题并且凭直觉知道答案，然而对于我们其他人来说，明确地专注于这些问题对于有效达成结果非常重要。

> ↘ **在一个简单会议上应用 5P**

如果你是会议领导，你需要事先确定会议目的和需要的产出，理解这两点将帮助你决定合适的参与者。为了发现可能的问题，你将要考虑会议的主题、参与者和相关话题的过往历史。一旦你确定了 4P，你就可以产生一个会议的高阶流程（会议流程）。会议流程要达成你的目的，产生会议产出并且涵盖你发现的问题。如你将在第 4 章中看到的那样，在会议开始阶段就和你的参与者确认会议流程非常重要。

引导师会议准备备忘录

☐ 通过访谈项目负责人确定回答目的、需要的成果、潜在的障碍、会议的参与者和任何会议中的特殊人物。

☐ 生成并且分发一份详细的会议目的陈述和议程。

☐ 准备一份交付物样本以确定参与者可以很容易理解目的。

☐ 选择和制定需要使用的流程，决定你的开场问题、案例和记录方法等。（见第 12 章）

☐ 确定会议中关键角色的责任人（如负责会议后勤安排的人、负责记录会议内容的人）。

☐ 教育项目团队（如果存在这样的团队）关于流程和每个人需要承担的角色。

☐ 访谈参与者，建立对于会议的认可并了解他们关于如何确保会议成功的想法。

☐ 接受一个业务相关领域的培训，以免浪费会议时间。

☐ 准备你需要的材料。

☐ 准备会议室房间和其他的后勤安排。

☐ 准备你的开场文字。

✎ 练习你的技能

第 17 章包含了一个启动会议的表格。为了习惯使用 5P，请在计划你接下来的三四个会议时使用这个表格。

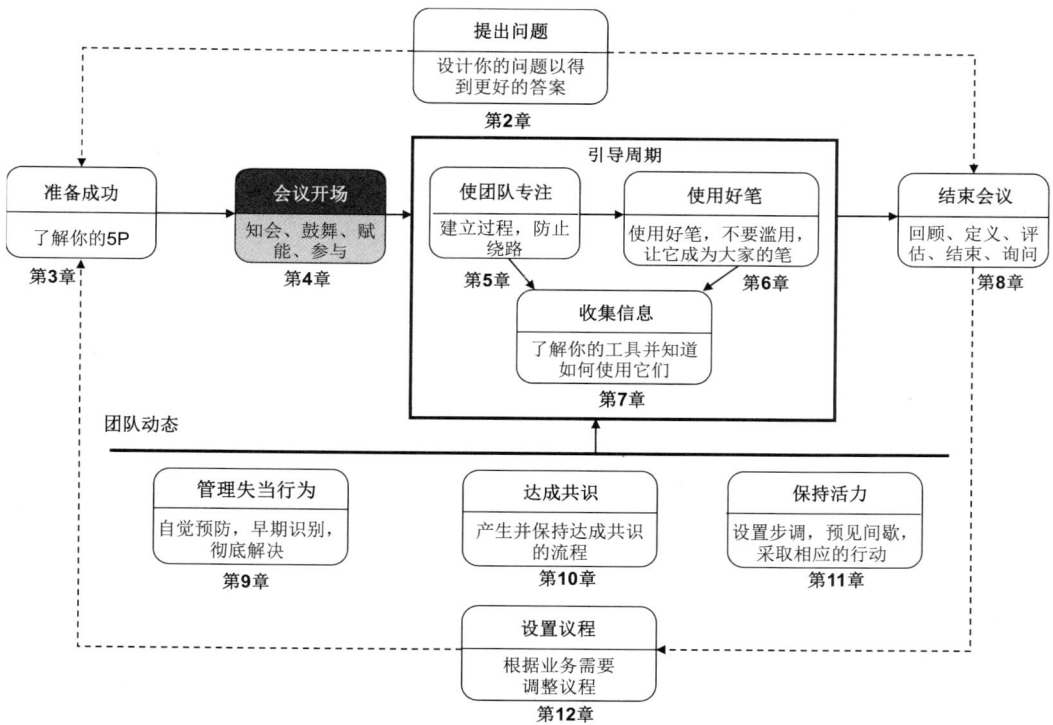

第 4 章

开场的秘诀

知会、鼓舞、赋能、参与

本章回答的问题

- ▶ 会议开始时最重要的四件事情是什么?
- ▶ 如何让参与者因为参会而感到兴奋?
- ▶ 如何让会议流程获得认可?
- ▶ 基本规则的目的是什么?
- ▶ 应该使用什么停车板?
- ▶ 如何让会议准时开始?
- ▶ 什么是会议开始时合适的步骤?

案例分析 启动愿景 2020

　　我曾经在一个大城市的区域规划委员会工作,进行一个叫作愿景 2020 的项目。项目的目的是进行一个战略规划,设想社区在 2020 年之前会是什么样子。这个由 10 个县组成的城市区域拥有超过 300 万居民。区域规划委员会希望这次规划采用社区参与的流程,而不是传统的少数执政者来做决策。他们开始就印刷了大量调查问卷发表在区域内的主要报纸上,包括主要日报、非裔美国人周刊、拉美日报和各种亚洲人日报。

　　为了收集输入并制定战略以形成愿景,区域规划委员会建立了 10 个他们称为协作组的机构,每个协作组负责愿景的一个特定领域的战略规划,如经济发展、环境、住房、健康和交通等。委员会邀请 60～100 人参加到每个协作组,协作组在 12 个月的时间里,每月花 3 小时召开会议,制定相关领域的战略。

作为领导这 10 个协作组的引导团队的负责人，我认识到第一次会议是至关重要的。在第一次会议上，我们需要完成几个任务。每个协作组的成员都必须清晰地理解协作组的目的和要达成的目标，每个协作组在愿景 2020 流程中扮演的角色，以及在历时 12 个月的时间内要使用的流程。我们还意识到更加重要的是，我们要让所有的参与者因为参加这个项目而感到兴奋，这样他们才能把会议安排到他们的日程中，并且在一年中把参加会议变成第一优先级的工作。

在团队计划会议的时候，我们对所说的话反复斟酌，并且考虑营造一种环境保证参与者会再次回到会议中来。我们的开场发言包括：“感谢你们做出选择成为愿景 2020 协作组的成员，我们的任务具有神圣的责任，在未来的 12 个月里，我们将制定在这个特定领域里达成我们愿景的规划。我们从这个地区 300 万人中选出 100 人来扮演关键角色，制定这个领域战略规划，你们就是这精选的 100 人之一。你们的意见、观点和创造力将让这个过程变得不同。你们有机会对这个城市未来 20 年的发展产生影响。我们要求你们给予全部的承诺，严肃地负担起这份责任——参加每次会议，除非发生人力所不能及的状况。”

尽管不是所有的协作组结束时都保持了一个完整的信守承诺的团队，但它们中的大多数保证了相当大的核心团队在 12 个月的时间里热情参与这个项目。

开始会议

如马上将要看到的，你用来开始一次引导会议的顺序很关键。你的开场首先要明确参与者最显著的需求，而这是至关重要的。根据我数百次引导会议的经验，我发现下面的顺序可以用于大多数会议。（“知会、鼓舞、赋能和参与”的意思将在后面介绍。）

开始一次引导会议的推荐顺序	1. 致欢迎词
	2. 会议目的和产出（知会、鼓舞、赋能）
	3. 参与者的目标（参与）
	4. 会议流程
	5. 基本规则
	6. 停车板
	7. 相互介绍
	8. 开场结束……进入第一项议程

根据团队的规模，标准的开场时间可以短至 20 分钟，也可以长至 90 分钟。如你所看到的，SMART 引导师非常认真对待会议开场。

↘ 力量的转移

当领导走进你所引导的会议时，他们具有一种力量。在你引导师的角色里，你通常需要最多 15 分钟就让他们自愿把这种力量转移给你。如果这种力量的转移没有发生，就是一个严重的问题了。

当领导没有把力量转移给你时，他们如何反应	● 好的领导简单地就忽略你，他们花些时间检查手机上的电子邮件，与其他领导闲聊几句然后做一些其他的事情，结果就是他们根本没有把他们宝贵的注意力放到你的身上。 ● 不太好的领导会怎么对你？他们会与你战斗。如果他们认为你的流程对他们没有效果就会挑战你的流程，如果他们认为你在一些不相关的问题上浪费时间就会挑战你的内容，如果他们认为你根本不知道自己在做什么也会挑战你。

↘ 实施一个强有力的开场

常识告诉我们好的会议应该从会议流程开始，原因是议程回答了"我们将要做什么"的问题。然而，SMART 引导师知道在讨论议程之前，引导会议的参与者还要知道几个问题的答案。

参与者需要回答的问题	● 我们为什么开这个会议？ ● 我们会议结束之前需要完成什么工作？ ● 我们在决策中的角色是什么？ ● 我为什么要花时间在这上面？

SMART 引导师在一次引导会议的最开始 15 分钟里就应该回答这些以及更多的问题。

秘诀 10	**一个强力开场的秘诀**：在会议最开始的 15 分钟知会、鼓舞、赋能和参与。

开场会为余下一天的会议设定一个基调、节奏和期待。你的开场词应该包含四个部分：知会、鼓舞、赋能和参与。

IEEI：开场的四个部分	● 知会（Inform）。通过回顾会议的**目的**和将要达到的**产出**，知会所有参与者开会的原因。 ● 鼓舞（Excite）。通过给出会议**结果**的一个清晰愿景和带给参与者的**收益**，**鼓舞**参与者的热情。

- 赋能（Empower）。通过讨论参与者在会议中扮演的重要**角色**、选择他们的原因和赋予他们的权力，**给予**参与者力量。
- 参与（Involve）。通过确定参与者的个人目标、需要涵盖的问题、需要克服的挑战或者其他对于会议总体目标有贡献的题目，让参与者参与会议，确认使用 B 类提问。

你可以考虑使用 IEEI 作为你开场的一个大纲。例如，如果你在引导一个团队改进招聘流程，你可以这样使用 IEEI。

↘ **案例对话：使用 IEEI**

引导师：感谢各位参加这次会议。我想首先告诉你们我们今天为什么来这里。正如大家都知道的，我们的招聘流程有了很大的困难，我们流程的时间有很大问题，同时经常有不合适的人被录用。结果，因为这种人员和岗位的不适合我们就出现了人员快速流失的现象。我相信还有其他的问题存在。我们被召集到一起来产生一个新的流程缓解像这样的担心。当我们完成工作的时候，我们需要设计一个新的流程和实施计划。

对于这个工作，有什么让我们兴奋的呢？今天你的员工里面可能有些人不具有你所需要的技能或态度，结果你不得不加倍工作弥补他们没有做好的事情。现在你的机会来了，你可以制定策略确保录用你需要的能完成工作的员工。

我希望确认你们知道你们已经被赋予了权力来做这件事。你们每个人都由领导团队挑选出来完成这个任务。他们相信你们具有制定一个更好的招聘流程所需的知识和愿景，他们在期待你们的建议。

在我们开始计划的议程之前，我想让你们先想一下这个过程中我们需要讨论的问题，让每个人都充分参与进来。乔，我们就从你开始吧，然后房间里的其他人顺序发言。想想那些招聘流程中你们知道需要关注的事情，或者你们在其他公司经历过的解决方案，或者你想让我们谈论的话题。如果我们可以改进招聘流程，哪些是你希望我们谈到的最关键的事情？乔，我们开始吧。

为什么这样做？	**为什么你需要以 IEEI 开始会议？**
	IEEI 开场是一个非常强大的工具，确定你的参与者理解他们为什么去那里，他们要达成什么，以及他们将如何受益。IEEI 让参与者知道他们可以把他们的力量转移给你，因为你所做的非常重要而且考虑了这些问题对于他们的重要性。

鼓舞参与者

尽管所有知会、鼓舞、赋能和参与这四个步骤都很重要，但我认为鼓舞步骤意义最重大并且对引导师来说也是最困难的。因此，让我们通过两个鼓舞的案例进行更深一步的研究。

下面的两个案例中，你认为哪个更好地鼓舞了参与者？

鼓舞案例 1	鼓舞案例 2
早上好，今天很高兴来到这里，我们未来两天的目标是完成一个招聘流程的改进计划。（知会） 为什么我们对此感到兴奋呢？如果我们成功了，就可以完成一个新的招聘流程，帮助公司录用到合适的人员并且更快地录用他们。	早上好，今天很高兴来到这里，我们未来两天的目标是完成一个招聘流程的改进计划。（知会） 为什么我们对此感到兴奋呢？今天你的员工里面可能有些人不具有你所需的技能或态度，结果你不得不加倍工作弥补他们没有做好的事情。现在你的机会来了，你可以制定策略确保录用你需要的能完成工作的员工。

大多数人告诉我第二个案例更好。他们的原因是，第二个案例更加人性化并且更好地解释了参与者可能从何受益，而这正是鼓舞的关键所在——描述参与者的受益。第二个案例如何做到的呢？非常简单，你注意到第二个案例中用到了多少个"你"和"你的"吗？

什么是鼓舞？今天**你的**员工里面可能有些人不具有**你**所需的技能或态度，结果**你**不得不加倍工作弥补他们没有做好的事情。现在**你**的机会来了，**你**可以制定策略确保录用**你**需要的能完成工作的员工。

秘诀 11 | **开场鼓舞参与者的秘诀：** 在开场鼓舞听众阶段，至少使用四次"你"和"你的"确定让参与者感觉到他们的存在。

让参与者真正参与会议

SMART 引导师从会议一开始就让参与者参与到会议的正式工作中，然而很多情况下引导师把开场的宝贵时间花在了基本规则、相互介绍和让人们知道洗手间的位置上。当然，这些也很重要，但是这不是让参与者参与会议并承诺达成会议目的最重要的事情。

在告知以后，鼓舞、赋能并让参与者立刻参与到工作中。通常，在参与阶段我要求参与者陈述他们参与会议的目标或他们想要讨论的最重要的话题。在会议的参与阶段，问这种问题可以达到下面几个目的。

为什么 这样做？	**为什么问参与者的个人目标？** • 立即让参与者参与到会议中。 • 让参与者知道有人在考虑他们的需要和需求。 • 如果有可能，提供一个修改议程的机会。

快速小窍门！

　　当会议开始轮到参与者陈述他们参加会议的个人目标时，把参与者分成每组 3～7 人的小组，给每个小组限定时间（如 2 分钟）让他们在小组内陈述个人的目标或问题，让小组负责人用大家都能看到的白板笔在大的便笺纸上单独记录每个人的问题，引导整个团队将这些问题分类归纳到不同的专题领域。使用小组讨论的方式还有助于收到很好的效果，从会议一开始就提升会议室内的热烈气氛。

↘　准备你的开场

　　大多数引导师知道他们在完成开场并转入团队互动的时候该说些什么。然而，我们中的很多人还是对如何开始会议感到犯难，我们在寻找合适的词汇沟通我们的主要观点的时候可能会吞吞吐吐，有时我们可能没有完全说清我们要表达的观点。尽管我们中的有些人能够做到在听众面前百分之百即兴发挥，但是对于其他人来说我们有更好的办法。

　　为了取得最好的效果，SMART 引导师将他们的开场词背诵下来以便可以更专注于通过眼神、动作、手势等与团队最有效地建立联系。你是否能准确地说出你背诵的内容并不重要，关键是你预先知道接下来要说什么，因此你不用花太多的注意力在你说话本身。

获得议程的认可

　　在完成开场词以及通过确定参与者的个人目标让他们参与会议之后，你应该回顾会议流程。你的议程应该包括团队接下来要经历的步骤以及团队在每个步骤需要产生的交付物或产出。关于议程的回顾还应该包括每个步骤对于会议整体目标的贡献。

秘诀 12	**获得议程认可的秘诀：**通过让参与者将他们的个人目标和会议计划建立联系，获得对会议流程的认可。

如何建立个 人目标和议 程的联系	• 回顾会议流程以后，应该逐一回顾或者根据快速小窍门中介绍的那样进行分类以后，回顾参与者的个人目标。 • 让参与者找出涵盖每个人个人目标的会议流程。

- 考虑找出那些没有被建议的会议流程涵盖的个人目标。
- 在回顾所有参与者的个人目标之后，回到那些没有被涵盖的个人目标。
- 与团队一起决定是把这些项目暂时保存起来供以后的会议讨论，或者修改会议流程确保这些议题在本次会议中讨论。

在回顾会议流程并且建立参与者的个人目标与会议流程的联系之后，通过下面的方式与团队确认采用的议程。"我有意考虑采用经过团队修改的会议流程，有没有人愿意采纳这个意向？……还有没有其他选择？……需要其他讨论吗？……所有同意采用这个修改后议程的参与者请举手，我们已经做出了今天的第一个决定。"

为什么 这样做？	**为什么建立参与者的个人目标和议程的联系？** 建立参与者的个人目标和议程的联系有两个重要目的：它帮助我们确认他们理解了会议流程上的项目，同时展示他们的担心在哪里被涵盖，增加他们对议程的认可。

在会议开始的这个阶段，我们已经知会参与者关于会议的目的和产出，通过告诉他们会议为他们做什么来鼓舞他们，通过解释他们扮演的角色给他们赋能，并通过找到他们的个人目标和建立目标与议程的联系让他们参与会议。我们还有三个另外的开场步骤需要你完成：建立基本规则、使用停车板和相互介绍。

使用基本规则

基本规则是一组规范，用来设定大家认可的行为，以指导参与者之间的互动。尽管有些团队已经一起工作一段时间，并且建立了他们自己之间有效的不成文的基本规则，我发现大多数的团队还是会从认真确定"界内球"和"界外球"的行为中受益。随着时间的推移，基本规则可以帮助团队自我修正，团队成员将开始根据他们建立和加强的规则开始自我修正自己的行为。

➥ 基本规则举例

1. 每个人都要发言
2. 保持单一对话
3. 持有一个立场
4. 首先提问
5. 够了，让我们继续
6. 电子静音状态
7. 重新充电

8. 你的角色/我的角色
9. 准时开始和结束
10. 使用停车板
11.
12.

秘诀 13　**使用基本规则的秘诀：从一个规则列表开始，让他们去完成它。**

SMART 引导师通过建议一套基本规则开始，仔细解释每条规则的含义，然后要求参与者用他们团队的知识来建议其他的基本规则，提升团队的成功。最后他们正式让团队参与流程采用这些基本规则。

为什么这样做？

为什么先有一个基本规则清单然后让参与者补充?
- 从一个起点开始可以减少花在制定基本规则上的时间。
- 让团队补充因为他们互相之间更加了解，可以给他们赋能。
- 要求采用基本规则可以建立对于规则的一致服从。

简单解释每条基本规则的意思以及如何应用它。下面是我之前给出的每条基本规则的详细解释。

解释基本规则	
每个人都要发言	会议中听到每个人发言很重要。我们最不愿意发生的事情就是某个人整整一天一言不发，最后走出会议室并说："唉，这是浪费时间。"我们希望你在会议上说这些。如果你认为我们在讨论不需要讨论的问题而浪费时间，请你举手，或者我们在应该花更多时间的问题上太过匆忙，也请你举手。我会跟小组核对，看团队是否应该提升或放慢速度。对于这些，我没有问题。我的目标是尽可能利用我们的时间一起达成我们所能达到的最好结果。
保持单一对话	我们希望每个人都发言，但不是同时！我的妈妈告诉我，如果有人在对我讲话而我却和邻座聊天，那么我就是在告诉别人我的话比别人的都更重要。我的妈妈还告诉我这是无礼的，并且要求我不要那样做。所以，如果你听到有人在其他人讲话的同时讲话，你就对他说："迈克尔的妈妈不高兴啦！"所以今天让我的妈妈高兴吧！
持有一个立场	为了帮助推动对话向前进行，你持有一个立场是很有帮助的。例如，如果你说："我们可以做 X，可以做 Y，也可以做 Z。"我会回应你："请你持有一个立场，你觉得我们应该选哪个？让我们专注在那上面。"或者，如果你说："那根本不管用。"你会听到的我的回复："持有一个立场，你认为什么管用？"

解释基本规则	
首先提问	我们希望总是用平静的方式进行互动，尊重就像让想法和沟通流动起来的润滑剂。当有人说一些我们不同意的事情时，不要说："那不管用！"而要首先提问："请帮我解释一下——怎样才管用？你怎么处理……的问题？"
够了，让我们继续（ELMO）	我们在一起的时间有限，我们需要把时间花在最重要的话题上，我们不想事倍功半。如果有人认为我们在一个话题上花费了太多时间，就应该高喊"ELMO"。ELMO 意思是够了，让我们继续吧。然而，如果因为一个人喊"ELMO"并不能就停止讨论。如果出现这种情况立即进行一次团队投票，决定是否停止讨论，我们根据团队大多数人的意见行动。
电子静音状态	当在会议室中时，我们需要每个人全神贯注，所以我们需要电子静音状态，这意味着手机静音并且开会期间只做会议的工作，不要检查手机信息，不要回复邮件。每个人都能做到吗？
重新充电	我不得不承认这有点笨，但是很管用。重新充电是意在提升会议室里热情的小活动，让我问问你：下午一点半会议室里的热情程度会是怎样？是的，热情在显著下降，可是我们要每个人保持思维敏捷，所以我希望创造一些重新充电的活动。任何时间任何人如果感觉到会议室内的气氛昏昏欲睡，都可以发起一个重新充电。重新充电可以是任何我们希望的活动，它可以是简单的肢体动作加上你要说的话，可以只需要 15 秒钟，让我们主动发起重新充电活动吧。（重新充电的详细讨论见第 11 章）
你的角色/我的角色	你在会议中的角色是积极参与，分享你的想法并且确认我们是有效地利用了时间，我的角色是澄清目的和交付物，实施帮助我们高效达成目的的流程，保持一个每个人都有机会发言的环境。
准时开始和结束	我们希望准时开始和准时结束会议，我们每 90 分钟左右休息 10 分钟。如果时间到了，我就接着重新开始。如果没人回来我也会接着重新开始，我希望我不是在自己引导自己。
使用停车板	我们这个会议中有三块停车板，如果你确实有些话需要事后或者在会议之外讨论，我们先继续并把它们记在问题清单上，让我们把今天做出的决策都记录在决策清单上，需要采取的行动都记录在行动清单上。（本章后面还有更加详细的有关停车板的叙述）
补充的基本规则	这些是我建议的基本规则。你们相互之间都更加了解，你们还有没有其他建议，帮助我们更加有效和有创造力地管理我们在一起的时间？
采用基本规则	我有意考虑采用经过团队修改的会议流程，有没有人愿意采纳这个意向？……还有没有其他选择？……需要其他讨论吗？……所有同意采用这个修改后议程的参与者请举手，我们已经做出了今天的第二个决定。

案例分析 避免高管的疯狂

    在20世纪80年代和90年代初期，差不多每个巨型计算机生产商都在面临相同的严峻考验：机构不再大量购买巨型机而是转而投资在个人计算机和服务器上。这些厂商的结构和定位都是销售与交付巨型计算机（如他们都有全球销售和专门的安装人员）。大多数大型计算机公司都没有很好地定位在个人计算机市场并获得成功。

    我们被一家主要的大型机厂商请去引导一个一天的会议，会议的参与者包括公司的首席执行官，他的8名直接下属以及他们的31名直接下属，一共40名公司高管。会议的目的是研究一个计划解决他们已经发现的公司发展的三个主要障碍，三个工作小组已经受命在会议之前对这些障碍进行分析，给出改进建议并在会议上向高管团队做汇报。

    首席执行官之前和团队有过多次不成功的会议，特别是使用分组讨论以及对需要采取的行动不完全统一的情况下，因此在设计这次会议的时候，他设定了两条"规矩"：（1）40人的团队必须一整天都在会议上；（2）只有40人都一致同意的改进建议才会实施。

    这些限制条件本身就非常具有挑战性：让团队一整天都在会议室里会很难保持高管的注意力，为了获得每个人的同意而避免过于深入地在某个子话题上长时间地讨论也是非常困难的。但是当我们进行会议准备工作访谈了六位高管的时候，我们发现了一个更大的问题。我们了解到，这些高管有一种倾向会把交给他们的建议撕扯成碎片，有时他们会因为谁找到的汇报中的漏洞多而感到自豪，他们会一个接着一个地开始这种疯狂，而会议成功的关键之一就是要避免这种事情的发生。

    因为在会议准备阶段获得的这个信息，我们为这次会议制定了一项特殊的基本规则。在会议的开始阶段，我这样描述了这项基本规则："今天我们要听到三个小组的改进建议，在第一个小组完成之后，我们可能找出七条不同理由指出建议为什么不行，之后我们再听第二个小组，我们也可以花很多时间指责为什么他们的建议是无法接受的，类似的事情也可能发生在第三个小组，然后我们这一天就过去了，而我们并没有比早上会议开始时向我们的解决方案更进一步，因为我们花了一天的时间在讨论什么不行。本质上，在这里讨论什么不行是在浪费我们的时间，因此让我们都同意不要浪费时间了。我喜欢把讨论什么不行叫作'向下看'，因为它阻碍了我们向上看和向前进，所以我们制定了一条基本规则叫作'总是向上看'，意思是任何时候我们听到改进建议时，我们只能说两件事：我们喜欢它什么以及如何让它变得更好。这样我们才能不断改进解决方案而不会把时间浪费在什么不行上面，大家都同意吗？"高管认可了这条规则。

    在第一组汇报之后，我们继续讨论我们喜欢它什么以及如何让它更好。后来轮到了达利尔，事先我知道他经常是疯狂的发起者，他开始说："让我告诉你为什么这个建议不行——"我打断了他并提醒他："达利尔，请记住我们的规则——向上看。你是要对建议提出改进意见吗？"他回答说："哦，是的，抱歉，等下我再说吧！"会议室里的人都发言完毕以后，我又转向他："达利尔，对这个还有什么补充吗？"他说："没有了，我的担心都已经基本上提到过了。"可能其他人的改进建议已经涵盖了他的担心，于是我们继续进行下一个小组讨论。当我们再次问达利尔时，他说了他对建议满意的地方。在我们继续进行讨论时，达利尔举手问道："什么时候我能说我不喜欢这个建议的地方？"我可以感觉到会议室内的空气开始有些紧张，我的回答是："达利尔，那可能是在浪费时间，不是吗？"达利尔回答道："是的，我猜是的。"他随后大笑起来，我也笑了，整个团队都笑了，之后我们继续讨论。

当然，改进建议存在很多问题，但是讨论专注于如何解决它们，而不是为什么它们不行，很多建议作为会议的结果都做出了相当大的改变。

总而言之，会议非常有效。事实上，首席执行官事后说，这是他们很多年来最好的一次高管会议。

如你在案例中所见的，基本规则是一个有力的工具可以帮助你暂时搁置一些问题。如果你在准备工作中发现团队很难处理一个特定的问题，就设定一条基本规则，推动团队行为更加有效。使用基本规则暂时搁置一个问题可以分三个步骤：

使用基本规则暂时搁置一个问题	<ul><li>预先提出问题，不要等参与者说出或者做出行动。（在之前的案例分析中，引导师说出这个行为："我们可以找到各种理由说出建议为什么不行。"）</li><li>给出参与者一个理由做出不同的行动。（"这是浪费我们的时间。"）</li><li>明确需要的行为。（"总是向上看，告诉我们你喜欢它什么以及如何让它变得更好。"）</li></ul>

快速小窍门！

对于一天或更长的会议，在会议进行一半的时候（午饭之后或第一天结束的时候）重申基本规则是个不错的办法，让团队讨论大家遵守规则的情况，或者需要改变规则还是调整行为。

使用停车板

在引导会议中，有大量的议题需要依次覆盖，然而大多数参与者并不会依次思考。例如，当我们正在讨论招聘流程改进时，其中一个较早的议程项可能是："现在的流程是如何工作的？"在讨论这个议题时，参与者有时也会发现问题和潜在的解决方案。与其告诉参与者"先记住你的想法，我们今天晚些时候再讨论"，不如在把团队带回到当前的主题之前记下那个想法——但是你需要一个地方记录，引导师通常称这个地方为停车板。

秘诀 14　**使用停车板的秘诀：**对于那些在你还没有开始讨论就冒出来的决定、行动和关于其他题目的意见，找一个地方暂时保存它们。

为什么
这样做？

为什么使用停车板？

- 停车板帮助团队避免偏离主题，同时也提供一个地方记录那些突然冒出来但又不与当前正在讨论的主题相关的意见。
- 使用停车板帮助参与者在会议中自我修正自己，而方法是通过提升他们的意识，认识哪些类型的内容不是正在讨论的内容。
- 参与者可以通过回顾停车板很容易确认他们讨论了之前提出来的议题。
- 通过使用停车板记录意见，你传递给参与者一个信息，他们的输入是有价值的。

在大多数的会议中，我引入了三种标准停车板。

标准停车板

- 问题清单记录需要之后讨论或者其他会议讨论的议题。
- 决定清单记录团队做出的需要记录下来以备今后查阅的决定。
- 行动清单记录会议结束之后需要采取的行动。行动清单应该是一个三列的图表，分别明确行动、执行人和时间。

尽管对于大多数会议我推荐大家使用这三种标准停车板，但你可以根据会议的特点增加其他的停车板。例如，对于解决问题的会议，你可以增加称作"潜在的选项"或"需要额外进行研究"的停车板；对于战略规划会议，你可以增加一个叫作"可能的策略"的停车板。

在会议开始时或介绍完议程之后的某个时间，我们要介绍停车板并解释如何使用。更多关于在结束时如何使用停车板的详细讨论请见第 8 章。

快速小窍门！

　我通常把使用停车板作为基本规则的最后一项，这会提醒我在每个会议阶段开始时与团队一起回顾停车板上的内容。

相互介绍

作为会议开场的一部分，参与者需要有一个机会相互熟悉，这在参与者中的一些成员互相不认识的情况下特别重要。对于成员已经相互认识的团队，根据会议流程，会议正式开始之前的 5～10 分钟的寒暄时间就已经足够了。如果参与者之间互相不认识，那么就需要一个正式的介绍认识过程。

　　有很多技巧来增加参与者的相互熟悉程度，你使用的技巧应该和会议的目的紧密相连并服从于分配的时间。例如，如果团队将一起花 12 个月在一个复杂项目上，就可以事先考虑进行半天的初始团队建设活动。相反，对于一个仅仅一起工作召开半天会议的团队，最多只能允许 10～15 分钟的相互介绍。

　　为了增加熟悉程度，引导师经常鼓励参与者自曝一些个人的详细信息。具体的例子可以包括揭示一些会议室内没人知道的你的情况，介绍你喜欢的电影，或者分享你最出丑的时刻。然而，我推荐一种介绍方式，可以要求参与者提供关于会议目的的更多信息。例如，你可以让参与者介绍他们带到会议中来的，将对会议成功做出贡献的信息或内容。

快速小窍门！

　　我个人喜欢的相互介绍活动之一就是"礼物和钩子"，因为从中获得的信息会对团队成员产生启发，从而对会议的成功做出贡献。使用"礼物和钩子"时，让团队成员找出三件他们带来的可以对团队成功产生贡献的礼物，还有一个钩子——一件必须发生才能让他们保持参与并再次返回会议的事情。（我第一次学习"礼物和钩子"是从戈莱戈·柏亭翰那里，当时他正在弗吉尼亚公共健康大学公共政策中心工作。）

　　遗憾的是，在相互介绍时常常发生的是，当第一个人介绍他的信息时，其他还没有发言的人都在忙着思考他们将说什么，而且第一个人可能只要 20 秒钟，到了最后一个人的时候，可能就需要 3～4 分钟了。

| **秘诀 15** | **有效进行相互介绍的秘诀**：让参与者先写下来，设定每个人介绍的时间限制。 |

　　如果你要花时间在详细的相互介绍上，考虑下面的步骤。

| 相互介绍的步骤 | 　　1. 在准备阶段，确定你的目的、时间和相互介绍时你要使用的流程。
　　2. 在白板上记录下问题并确定大家都理解他们在说什么。
　　3. 给参与者时间（如 1 分钟）在第一个人开始说话之前写下他们的想法。
　　4. 给每个人设定介绍的时间（如 30 秒钟），可以考虑用一个计时器提示时间。 |

为了向团队介绍时间限制，我尽量尊重团队以获得他们的同意。例如，我说："我们房间里有 16 个人，如果我们每个人花 3 分钟相互介绍，我们就需要超过 45 分钟的时间。我们不要那样，大家是否同意把介绍时间限制在 30 秒钟之内？为了做到这一点，我会使用一个定时器。如果你听到它响起，就说明你已经超过 30 秒钟了，请继续完成你没说完的那句话，但是就不要再多讲新的内容了……而且我不相信分号！"

非引导会议的开场

回顾本章开始，我解释了如下的引导会议的开场顺序：

开始一次引导会议的推荐顺序	1. 致欢迎词 2. 会议目的和产出（知会、鼓舞、赋能） 3. 参与者的目标（参与） 4. 会议流程 5. 基本规则 6. 停车板 7. 相互介绍 8. 开场结束……进入第一项议程

那么，不需要引导的会议呢？这些会议如何开场？非引导会议本质上也应该以相同的方式开场，介绍目的和产出，但是有几个后来的步骤可以省略，如下所示。

开始一次非引导会议的推荐顺序	1. 会议领导致欢迎词并且在开始阶段清楚地陈述会议**目的和产出**："这次会议的目的是……当我们结束时，我希望我们可以得到……大家同意吗？" 2. 会议领导之后重申并确认会议**流程**并设定时间限制："为了达成会议的目的我们建议下面的议程……有什么意见吗？" 3. 开场结束……进入第一项议程。

应该什么时候到达会场

SMART 引导师知道，他们需要在第一个参与者到达会场之前完成会场布置和准备好开始会议。如果你对使用的会议室很熟悉，可能需要计划好在会议开始前 15 分钟完成会场布置，这样在参与者按照你的要求在会议开始前 10 分钟到达会场时，你已经布置和准备好了。

然而，如果你对使用的会议室不熟悉，可能要计划好在会议开始之前 30 分钟完成会场布置，预防需要对会议室重新安排或者你要找到白板架、椅子或其他东西。

所以，你应该什么时候到达会场呢？计算这个时间的时候，首先估计你布置会议室需要的时间。如果熟悉的会议室加上 15 分钟，不熟悉的会议室加上 30 分钟，然后以会议开始时间减去这些时间推算出你到达的时间。

你应该什么时候到达会议室？	熟悉的会议室=会议开始时间–布置时间–15 分钟 不熟悉的会议室=会议开始时间–布置时间–30 分钟

例如，如果会议 9:00 开始，而你估计要花 10 分钟布置一个你熟悉的会议室，你应该在 8:35（9:00 减去 10 分钟再减去 15 分钟）到达。根据这个到达时间，你应该在 8:45 完成会场布置准备，而第一位参与者应该在 8:50—9:00 到达。如果布置会议室花的时间比你估计的时间稍长一点，你也可以准时开始会议。

准时开始

准时开始会议对于很多引导师来说都是一个挑战，成功应对这个挑战可以考虑下面三个策略。

秘诀 16	**准时开始的秘诀：** 把会议集中时间列在会议流程的第一项；确定第一位发言者已经准备好了；留出 2 分钟的暖场时间。

↳ 设定一个集中时间

会议之前发给参与者的议程上第一个时间应该是会议集中时间，第二个时间应该是开会时间，设定一个单独的集中时间有三个好处。

在议程上设定会议集中时间的好处	• 参与者趋向于关注议程上的第一个时间，并通常试图在那个时间到达。 • 单独的集中时间暗示你希望人们早些到达会场。 • 单独的集中时间告诉那些需要提醒的人，会议将准时开始。

↳ 包含会议集中时间到达会议的议程示例

会议目的：　　• 确定招聘流程的改进建议

今天的议程：　　7:50　　会议集中

　　　　　　　　8:00　　开场

　　　　　　　　现在的招聘流程是如何工作的

问题和根本原因

11:50　　总结和结束

↳ 确定第一位发言者已经准备好了

第二个准时开场的策略是确定第一位启动会议的发言者已经事先意识到他的角色，而且你们两个已经就时间达成共识。在集中时间，通常提醒他的角色和同意开始的时间会很有帮助。

↳ 留 2 分钟暖场时间

在会议开场之前，留 2 分钟暖场时间。宣布或请项目负责人宣布会议马上开始，让大家就座，在预定的时间让开场发言者发言开始会议。

应用开场秘诀

开场秘诀适用于很多专业和私人场合，看看下面的示例。

↳ 建立操作原则

SMART 引导师使用基本规则帮助团队自我调整，基本规则描述期待和需要避免的行为。同样，公司可以使用基本规则或操作原则告诉每个人期待和需要避免的行为。如果你的员工不理解操作原则，他们就不会按照你希望的那样做出决定或回应。通常，当没有清晰的操作原则时，人们就会按照自己的原则去行事，而他们的原则与你的原则是否相匹配就不得而知了。

↳ 获得认可

引导的基本秘诀告诉我们：当解决方案由将受到其影响的人产生并被他们理解和接受的时候，往往可以达成更加有效的成果。然而很多情况下，当解决方案已经产生而你在寻求认可时，引导技术是否还适合呢？

让我们来看一个公司的案例。公司的高管团队已经产生了一个战略规划的草案，这时高管渴望同中层管理者分享这个规划并得到他们的认可，之后中层管理者将在他们的部门和部门之间一起产生行动实施计划。

在与中层管理者的会议上，高管可以使用秘诀来获得议程的认可：

- 他们首先要求中层管理者提出他们想要在规划中看到的最重要的问题，这些问题将被汇总和分类。
- 在一步步介绍规划内容之后，高管将要让中层管理者对他们的问题类别与规划中涵盖这些问题的部分进行匹配。

● 在我以前所做的大多数案例中，规划草案涵盖了全部或绝大多数中层管理者提出的问题，那些没有被涵盖的内容将被标记出来供高管审议草案时考虑。

使用这种方法获得认可，可以让中层管理者看到规划涵盖了绝大部分对他们来说非常重要的内容，而那些没有涵盖的内容也可以在后来的规划中进行考虑。

引导师开始会议的备忘录

☐ 预留充足的时间到达会场，在会议开始之前完成 15~30 分钟的会场布置工作，让你可以处理意外情况并且可以迎接参与者的到来。

☐ 布置会议室：桌椅、图表、停车板、白板笔、胶带、姓名标牌等。

☐ 复习你的开场陈述。

☐ 与会议负责人开会，简要讨论谁将第一个发言和计划的开始时间。

☐ 给参与者 2 分钟的暖场时间。

☐ 仔细聆听会议负责人的开场讲话以便在你的开场或后面的会议中参考其中的意见。

☐ 让你的开场做到：知会、鼓舞、赋能和参与。

　　– 回顾会议目的和产出。

　　– 通过解释会议对参与者的受益激励参与者。

　　– 通过向参与者说明选择他们的原因或他们扮演的特定角色来进行赋能。

　　– 询问参与者的个人目标或他们想要会议涵盖的主要问题。

☐ 完成开场发言。

　　– 回顾建议的议程。

　　– 建立会议流程与参与者的个人目标的匹配；需要的时候就修改议程，使参与者有接受议程的愿望。

　　– 回顾初步的基本规则，要求补充可以更好地帮助团队完成工作的基本规则，使参与者有接受议程的愿望。

　　– 检查停车板和它们的使用。

　　– 要求大家相互介绍。

☐ 开始下一项会议流程上的项目。

✎ 练习你的技能

第 17 章包含了一个准备和开始会议的表格，为了定制你的 IEEI 框架，请使用这个表格写下你以后的 3~4 个会议的开场陈述。

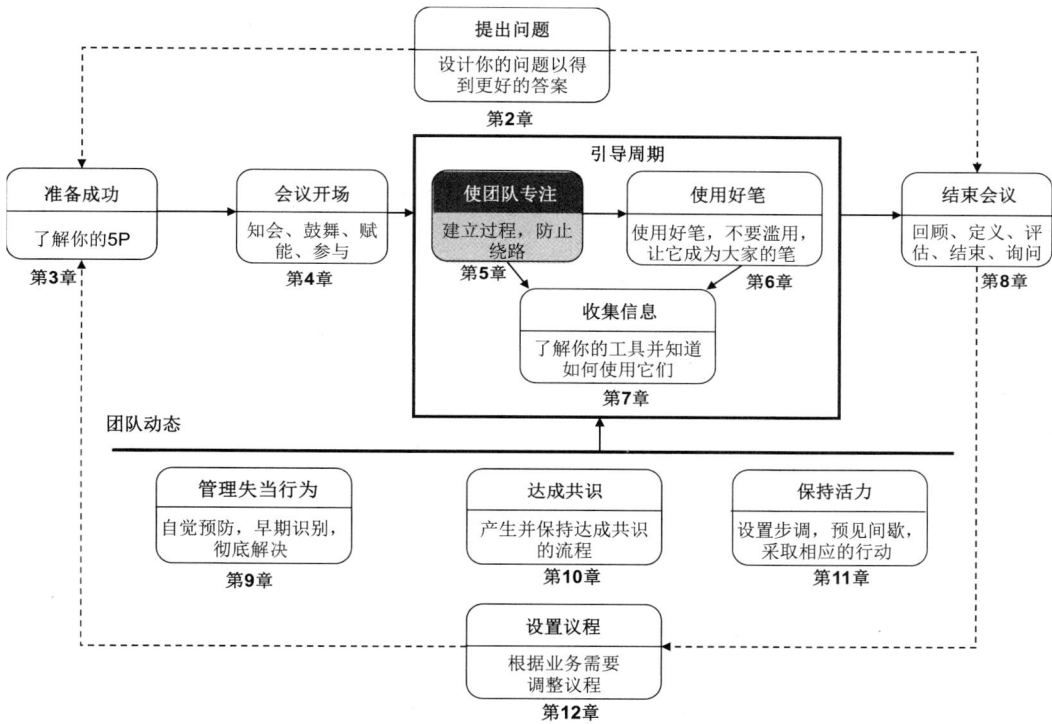

提出问题

设计你的问题以得
到更好的答案

第2章

引导周期

准备成功

了解你的5P

第3章

会议开场

知会、鼓舞、赋
能、参与

第4章

使团队专注

建立过程，防止
绕路

第5章

使用好笔

使用好笔，不要滥用，
让它成为大家的笔

第6章

收集信息

了解你的工具并知道
如何使用它们

第7章

结束会议

回顾、定义、评
估、结束、询问

第8章

团队动态

管理失当行为

自觉预防，早期识别，
彻底解决

第9章

达成共识

产生并保持达成共识
的流程

第10章

保持活力

设置步调，预见间歇，
采取相应的行动

第11章

设置议程

根据业务需要
调整议程

第12章

第 5 章

专注的秘诀

建立过程，防止绕路

本章回答的问题

- ▶ 在每个议程项的开始，应该做些什么保持团队的专注？
- ▶ 上次会议已经过去很久了，如何重新开始会议并让团队专注？
- ▶ 怎样避免第一个问题导致全场一片沉默？
- ▶ 怎样发出准确、清晰和简明的指令？
- ▶ 哪些技术可以让团队保持在正轨上？
- ▶ 如何有效使用分组？
- ▶ 在分组会议之后的汇报会议上，如何保持团队的专注？

案例分析 为参议员和他的人事总管进行引导

一位美国参议员正在考虑在他所在的州进行一系列的商务研讨会以刺激经济发展，尽管他已经考虑了如何去做，但他意识到他还需要一些时间思考并做出一个实施计划。我被请去引导他和他的人事总管进行一个 3 小时的会议，呈现他的想法并建立一个实施计划。我把这个会议称为"引导两个人"。

我们坐在一个很小的会议室里，没有窗户，而且更糟糕的是，没有白板架。我进行了 IEEI（见第 4 章），开始告知他们并对会议的目的和将要产生的产出与他们达成共识。我口述了会议的议程，因为没有地方写下来。当我们开始第一项议程的时候，我发现让参与者专注主题有点困难。尽管只有我们三个人坐在会议桌旁，讨论却一次次地偏离到其他话题上。"这两个都是非常聪明的人，为什么让他们保持专注这么难呢？"

我最终发现缺少白板架对我们有很大的影响，两个参与者不能看到我在记录什么，他们看不到他们的意见已经偏离了话题。气急败坏之下我决定要接管会议的控制权，我把我的写字板举到我的肩膀上，标记图表并用一支黑笔在写字板上记录他们的意见。

这是个恶作剧，经过了最开始我们都觉得完全混乱的半小时之后，余下的会议进行得很顺利，我可以让参议员和他的助手专注在每项会议流程上。这个"白板架"真是与众不同，无论形状还是大小。

在第 4 章，我们讨论了如何开始会议以及在会议的最开始 15 分钟知会、鼓舞、赋能和参与是多么重要。在会议的这个阶段，你已经准备好进行会议的第一项议程，你这时要做什么？你如何专注于团队并让他们也保持专注？你怎样避免团队长时间、无效率的跑题？在本章中，我介绍保持专注和防止跑题的策略。在本章结束前，你会掌握提高团队效率和帮助他们达成他们渴望结果的工具。

本章包括四个保持团队专注和三个防止跑题的技术，如你马上将要看到的，我会用下面的段落展示这些技术最重要的地方——检查点。

秘诀 17	**使用检查点的秘诀**：在每项议程或引导流程的开始阶段，进行回顾、前瞻和鸟瞰。

保持团队专注：使用检查点

在每个议程项或引导流程的开始，设置如下检查点非常重要。

检查点的 三个部分	• **回顾**：快速回顾已经完成的事情。 • **前瞻**：简单描述团队将要做的事情。 • **鸟瞰**：解释前瞻的议程项如何服务于会议的总体目标。

我将使用下面的议程作为示例展示检查点的使用。

↘ 议程示例

目的：　　　定义为了提高招聘流程的效率而进行的必要改进

议程：　　　A. 开始。

　　　　　　B. 现在的招聘流程是如何工作的？

　　　　　　C. 存在的问题和根本原因是什么？

　　　　　　D. 可能的改进措施有哪些？

　　　　　　E. 对改进措施进行优先级排序。

　　　　　　F. 制订一个实施计划。

　　　　　　G. 回顾和总结。

假如你正要开始第二项议程"现在的招聘流程是如何工作的"，你的检查点可能是这样的：

↘ 检查点示例

引导师：我们刚刚完成了会议开场部分（回顾，引导师在白板架上议程的第一项后面画上了一个对钩）。我们下一步是确定现在的招聘流程是如何工作的（前瞻）。这非常重要，因为如果我们可以了解流程中的每个步骤，就可以检查哪些步骤出现了问题，并且找到方法改进流程（鸟瞰）。我们会这样来做……

为什么 这样做？	**为什么设立检查点？** 　　检查点的作用在于确保所有参与者意识到议题将要发生转变，同时通过解释下一步骤与会议总体目的的关系告诉大家下一步骤的重要性。

引导师一般都很擅长检查点的回顾和前瞻部分，遗憾的是，他们有时会遗漏关键的部分——鸟瞰。鸟瞰解释了为什么下一步骤重要以及为什么参与者需要投入他们的时间在下一步骤上。鸟瞰通过解释下一步骤如何对会议的目的做出贡献而与会议目标紧密联系。你可能会发现，鸟瞰与开始会议中 IEEI 技术的鼓舞步骤的意义相当。本质上，对于每个议程项，SMART 引导师都通过重申会议的收益来重新鼓舞参与者。

快速小窍门！

　　如果一个议程项有超过一个引导过程，你也应该使用多个检查点。例如，一个像"现在的招聘流程是如何工作的？"这样的议程项可能包括三个引导过程：一个事实收集过程用来确认主要的步骤，一个分类过程夹把步骤汇总成主要活动，一个检查过程来确认我们已经找出了每个主要活动中的所有步骤。你应该在你从每个引导过程转变时以及开始下一个议程项之前都设立一个检查点。

如果你跳过了鸟瞰会怎么样呢？让我们回到招聘流程的案例。假如你正准备第二个议程项"现在的招聘流程是如何工作的"，那么你只是进行了回顾和前瞻而遗漏了鸟瞰。

↘ 案例对话：忽略鸟瞰的危险

引导师：我们刚刚完成了会议开始部分，下一步就是要了解现在的招聘流程是如何工作的。我们将要这样来进行……（这个时候，你的噩梦开始了。）

参与者：对不起，引导师女士，我同意参加这个工作组的原因是我们的目的是产生一个新的工作流程，让我们搞清楚，我们将不会再用旧的工作流程了，我们要做新的工作流程。所以花精力谈论旧的流程是在浪费我们的时间、你的时间和我的时间，我们不要浪费时间了。如果我们是要产生新的流程，我们就开始吧。

引导师：（快速反应随之而来）我很感激你不要浪费时间的担心，如果我们不讨论现在的流程，当然可以节省时间跳过这一步。但是通过对现在流程进行一些讨论的原因是，它可以帮助我们更容易发现问题所在，这可以帮助我们确定新的流程是否解决了这些问题。不过，也许其他人也同意我们不再谈及现有的流程，您认为呢？让我们和大家确认一下……

参与者：我们还是别浪费时间跟大家确认了，我现在理解你要做什么了，我们开始吧！

在这个案例中，引导师没有给出鸟瞰，她准备开始一项议程但是没有解释为什么这项议程很重要。这个参与者恰巧是对时间很珍惜的人，他立刻就反对这个浪费时间而对会议目标没有贡献的活动。

注意接下来发生的事情：引导师接受了建议甚至给出了这么做的原因（详见第 8 章），但是她紧接着给出鸟瞰以努力改变当时的形势！一旦引导师给出了鸟瞰，参与者就感到满意了，然而现在空气有点紧张了。有些其他的参与者可能感觉到了那位畅所欲言的参与者有一些负面的征兆，而他说出来的原因是引导师没有给出鸟瞰。再次注意，当我们没有完成我们作为引导师的工作时，参与者看起来就会很糟糕。如果引导师在开始时就给出了鸟瞰，这种情况可能就可以避免了。

检查点的另外一个好处是，它提供了从一个议程项到下一个议程项的顺利转移，鸟瞰是一个帮助人们理解议程的每个部分是如何构成会议的总体目标的很关键环节。记住：如果人们问你："我们为什么做这个事情？"可能就是你忽略了鸟瞰。

扩展检查点

从一个议程项转移到下一个议程项时都要使用检查点，然而如果当团队完成上一个议程项时间间隔较长时（如当你在新的一天重新开始会议或经历了一次较长时间的中间休息），那么可以使用一个扩展检查点让参与者"回到会议室"。扩展检查点有四个步骤。

扩展检查点的四个步骤

1. **提醒**参与者会议的总体目标。
2. **回顾**已经完成的所有议程项。可以考虑在会议室内来回走动，同时指示白板架上或墙上张贴的其他会议产出内容。
3. 对所有没完成的议程项进行**前瞻**。
4. 如果会议剩余项目中只有一部分当天需要完成，**解释**这些需要完成的项目与会议总体目标的关系。

让团队活跃起来

我前面已经谈过检查点和扩展检查点，第三个让团队保持专注的技术是让团队活跃起来。通常会议的参与者起初都比较保守并且愿意让其他人首先发言，结果并不罕见的情况就是你的第一个问题会遭遇完全的沉默，这可能会让你感到沮丧，特别是在会议的一开始就发生这种情况，而这时你正期待着高涨的热情和热烈的互动。

> **秘诀 18** 让团队活跃起来的秘诀：问两个不需要语言回应的问题。

为了避免你的第一个问题之后遭遇一片沉默，通过问至少两个不需要语言回应的问题让团队活跃起来。仔细计划这些问题之前的问题，让它们可以为你的主要问题做出铺垫。

↘ **案例对话：让团队活跃起来**

在这个案例中，引导师的主要问题是"规划的好处是什么"，注意，引导师问的问题和问主要问题之前引导师采取的行动。

引导师：这里有多少人参与过一个从开始就没有很好规划的项目？（自己举手）

这多少有点困难，不是吗？（自己点头）

你可能遇到过这样的问题，如对目的缺少理解，人们不清楚自己的角色，对行动缺少承诺等，所以规划确实是有些好处的，对吗？（自己点头）

让我们说出来一些，什么是规划的好处？谁可以说一下？（自己举手，你找举手的人回答）

让团队活跃起来的技术可以有效让参与者回应你的问题，先是非语言的，然后是用语言的。通过两次让参与者点头和举手，你已经极大地增加了当你提出第一个问题并举起自己的手的时候，一个或更多人会举手回答你的可能性。

你做动作的次数对于活跃团队非常重要，你应该在提出问题时举手或点头，这样参与者就会在你结束问问题之前知道你想要他们做什么动作，并且可以马上做出回应。

给出准确、清晰和简明的指示（PeDeQs）

使用检查点和扩展检查点以后，引导师通常给参与者一些指示开始引导流程。引导师给出指示的好坏常常会影响到参与者理解、执行和享受流程，准确、清晰、简明地给出指示是一门科学。SMART 引导师使用一个称为"PeDeQs"的标准流程。

秘诀 19　给出清晰指示的秘诀：当给出指示时，使用你的 PeDeQs。

当给出复杂的指示时，总使用你的 PeDeQs。

PeDeQs—— 给出指示	1. 描述行动的总体目的（Purpose）。 2. 如果合适，用一个主题之外的例子（example），帮助参与者理解如何完成行动。 3. 使用语言和动作给出常规指示（Direction）。 4. 解释特定的例外（exception）和特殊情况。 5. 问问题（Questions）。 6. 问开场问题（starting）让参与者看到答案。

　　假设你想让参与者找出公司招聘流程中出现的问题，你还想让参与者找出每个问题的症状和根本原因。需要完成的表格有三列，如下所示：

问题	症状	根本原因

为了给出你的 PeDeQs，你可能会说出如下的内容。

↘ **案例对话**：PeDeQs

引导师：我们刚才找出了招聘流程的步骤，下一步讨论招聘流程中存在的问题，这非常重要，因为这将帮助我们理解存在哪些问题以及问题的根本原因是什么，这将引导我们做出改进招聘流程的策略。（检查点）

我们将使用一个表格来帮助我们确定问题、症状和根本原因（目的）。例如，如果我们在做火鸡大餐，我们的问题可能是"一只烤煳了的火鸡"，症状可能是"火鸡黑了"，根本原因是我们烤的时间太长了。还有没有其他可能的根本原因？是的，其他的根本原因可能是烤箱的温度太高了，烤箱的温度表坏了，或者厨师太差了。（举例）

现在，我们不是在做火鸡大餐，是在分析招聘流程存在的问题。我们采用的方法是：首先列出所有的问题，一旦列出了所有问题之后我们就可以找出每个问题的症状和根本原因。（指示）

现在，还有一些事情你们需要了解。当我们列出问题时，你们头脑中可能会冒出一个根本原因，我们可以把它放到根本原因这一列，然后找出相关的问题。同样，我们列出了所有问题并且找到了症状和根本原因之后，你可能又发现了一个问题，那就把它加到表格最后……（特例）

有什么问题吗？（问题）

好吧，让我们回忆一下上一次你录用了一个人，考虑一下那些让你沮丧和心烦意乱的情况，还有那些让你不得不说："我们必须要修改这个流程了。"

我们来列出现有流程存在的所有问题，谁先来开始？招聘流程存在什么问题？（开场提问）

为什么
这样做？

给出指示的时候为什么要用 PeDeQs？

当你要参与者做一些不那么简单的事情时，通过给出准确、清晰和简明的指示而赋能给他们非常重要。通过遵循 PeDeQs，你可以确保你已经解释清楚了你要他们做什么，你为什么要他们做以及怎样才能做得成功。如果你听到"我们为什么做这个"或者"你能再解释一遍吗"，可能你还没有完成你的 PeDeQs。

PeDeQs 提供一种系统的方法确保每次你给出的方法准确、清晰和简明，使用 PeDeQs 时有一些小窍门。

使用PeDeQs
的窍门

- 会议开始前，确认产生一份清单，用来给团队指示。一旦你产生了清单，问问你自己："哪些地方可能会引起混淆？"你可以补充文字图片、示例或类比来进一步引导理解。
- 陈述会议目的之后，你可以使用一个示例或类比来帮助参与者更好地理解需要他们做什么。在给出示例时，由你来开始（"例如，如果我们在做火鸡大餐，我们的问题可能是'一只烤煳了的火鸡'。"），让大家完成它（"还有没有其他可能的根本原因"）。这可以帮助他们恰当地理解流程并获得活动的拥有感。不要记录他们对示例的回应，记录通常会花费过多的时间。
- 确定你使用的示例与会议的目的和内容完全没有联系，与主题相关的示例可能会让参与者陷入示例回答准确性的争论。
- 描述示例之后，首先给出引导流程如何工作的所有常规的指示。为了避免混淆，在所有常规指示给出之前先不要涉及任何例外和特殊情况。
- 你的开场问题是你用来开始会议的问题，这是你要对参与者说的最后的话，它对于后面的回应是否在主题范围内有很重要的影响，请仔细斟酌这个问题的用词。

记住，对于复杂的流程，你可能会用到 PeDeQs 的所有部分，而对于一个简单的列表或头脑风暴练习，你可能只需给出目的然后直接跳到开场问题就可以了。

让团队保持在正轨上

鉴于之前部分的技术是帮助团队专注，我这里讨论的技术是为了帮助团队保持专注并且高效工作，SMART 引导师有几个简单的技术让团队保持在正轨上。

| 让团队保持
在正轨上的
策略 | • 标注图表
• 问扩展的提示问题
• 问重新定向的问题 |

秘诀 20 让团队保持在正轨上的秘诀：标注、提示、重新定向。

↘ 标注图表

在给出检查点或执行你的 PeDeQs 之前，你应该总是在你的白板架上或其他记录介质上标注出议程项的标题，如图 5.1 所示。这个简单技术帮助提示团队正在讨论的题目，它还可以在讨论的主题和记录的信息偏离这个题目时让所有参与者看到。

招聘流程的步骤

图 5.1　白板架上的标注

↘ 问扩展的提示问题

在第 2 章中，我介绍了问提示问题的技术。例如，"还有什么"提示问题足以提示处于停滞状态的团队，为了帮助确认你收到的回应专注于主题内容，你还应该问扩展的提示问题。

| 扩展的提示
问题示例 | 如果团队在讨论招聘流程的步骤并且参与者在给出一些回应后处于停滞状态，不要仅仅问"还有什么"，而应该问"在招聘流程中还有什么其他步骤"。 |

扩展的提示通过重复 A 类提问更好地让团队保持专注。

↘ 问重新定向的问题

当参与者在开场问题之后开始回应时，你应该仔细观察讨论以确保所有的意见都是跟正在进行的流程相关。如果团队开始跑题到一些不相关的讨论上，你可以通过重新定向的问题把团队带回正题。

> ↘ **案例对话：重新定向的问题**

引导师：招聘流程中还有什么其他步骤？

卡尔：　我认为我们需要改进的一件事是流程的长度，招聘一个人从头到尾的流程太长了。

引导师：流程的长度听起来好像一个我们需要解决的问题，但我们现在把它放到问题清单上以便在后面讨论问题时记住它，可以吗？那么，还有其他需要列出来的招聘流程中的步骤吗？

卡尔：　好吧，我们继续。我只是想确认我们没有漏掉它。

重新定向问题的传统方法是确定内容的价值，并请求将它放在问题清单上，然后提醒团队当前的主题："那是个很好的观点，我们可以把它放到问题清单上以免忘记，之后回到我们的主题上，好吗？"

当你问改变方向问题时，得到允许记录问题非常重要。通过提问，你可以得到参与者的认可。如果你只是告诉参与者你将要记录问题，你也可能会得到同意。但是如果有人不同意，你就会陷入权力的争斗。

如果你请求记录的时候，参与者不同意怎么办？如果合适的话，把问题交给团队或会议负责人来决定。

> ↘ **案例对话：重新定向问题被否决！**

引导师：流程的长度听起来好像一个我们需要解决的问题，但我们现在把它放到问题清单上以便在后面讨论问题时记住它，可以吗？那么，还有其他需要列出来的招聘流程中的步骤吗？

卡尔：　不，我认为这是一个我们现在就需要讨论的问题。

引导师：这会让我们偏离主题，但是如果大家都支持，也可以现在讨论。卡尔，你觉得我们需要多长时间？

卡尔：　只要 10 分钟。

引导师：让我们来跟大家确认一下，我们计划是，讨论招聘流程之后是流程存在的问题。卡尔希望花大约 10 分钟来讨论流程长度相关的问题，然后再回到其他步骤的讨论上来。卡尔，这个说明清楚吗？或者，你还有什么要补充的？

卡尔：　没有，你说的对。

引导师：我们通常就通过一个简单的投票来做出这种改变流程的决定。还有人有其他意见吗？好，那么同意花 10 分钟时间讨论流程长度相关的问题的，请举手……不同意的呢？

管理分组团队

到目前为止，在专注的秘诀这个题目下，我已经谈到了好几个技术：检查点、扩展检查点、PeDeQs、活跃团队、白板标注、扩展的提示问题和重新定向的问题。我们下面继续最后一个专注技术：使用团队分组。如你将要看到的，团队分组是增强团队参与和提示效率的很好的工具。

团队分组个别适用于议程需要引导流程多次重复一个过程的情况（如当团队需要对招聘流程存在的 10 个问题拿出解决方案时）。在团队分组会议中，参与者被分成若干个小组，每个小组负责引导流程中的一个或几个项目。

秘诀 21	**高效团队分组的秘诀：实施、分组、指导：** 集中一起工作；分成若干小组；给出最终指导。

如果使用得当，分组会议可以非常有效，步骤如下：

使用团队 分组的步骤	1. 让参与者知道他们将要被分成小组。 2. 与全体团队一起完成第一项工作。 3. 划分小组。 4. 指定小组负责人、负责记录和汇报的人。 5. 给各个小组最后的指示。 6. 监控分组活动。 7. 让每个小组汇报结果。

让我们具体来看一下每个步骤。

↳ 第一步：让参与者知道他们将要被分成小组

告诉参与者，在全体一起完成第一项工作之后，他们将被分成小组完成其他工作。当你事先告诉他们时，参与者通常会在下一步的工作中更加注意。

↳ 第二步：与全体团队一起完成第一项工作

你应该首先引导整个团队一起完成流程中的第一项工作。例如，如果每个小组将要找出针对现有招聘流程问题潜在的解决方案，你就应该在分组之前带领全体参与者完成第一个问题。这样做，可以提高每个小组最终工作结果的质量，因为这给每个参与者一个机会看到达成的产出和产生结果的过程。

有时仅仅全体参与者一起完成第一项工作还不够，因为还没有给分组提供足够的提示。例如，在战略规划中，一个常见的过程是 SWOT 分析，在这个过程中团队分析公司的优势、劣势、机会和威胁。理论上，可以全体参与者一起分析优势，然后分成三个小组分别完成余下的部分：劣势、机会和威胁。然而，团队一起分析优势并不能指导分组团队的工作：知道如何分析优势并不能指导团队如何分析劣势、机会和威胁。

在这种情况下，每个分组完成的是不一样的活动，应该考虑采用不同的方法。相对于全体参与者完成一项工作，更好的办法是领导他们在每个小组分配的任务上花几分钟时间做头脑风暴寻找答案，这样所有人都获得了指导和分组会议的起点。

↘ 第三步：划分小组

确定小组的数目。尽管有时更大数量是必要的，但是最好考虑分组的数量是 3 ~ 7 个。通常，小组越小，每个组员的责任和参与程度越高。

分组根据你的目的不同通常有几种不同的方法。例如，会议室里面有 30 个人，而在你完成第一个招聘流程的问题之后，还有五个需要完成，这样你就需要五个小组。

完成团队分组的方法	• 如果你的目标是尽快完成分组，你可以根据大家坐的位置分组。 • 如果你的目标是拆散大家现在坐在一起的位置，你可以让大家从一到五（根据你需要的小组数量）报数，之后让所有数到一的参与者一起完成第一个问题，数到二的一起完成第二个问题，以此类推。 • 如果你的目标是让每个组的组员具有多样性，你可以选择事先分配好组员，当分组的时候宣布各个小组组员的名字。预先分配小组组员的做法通常适用于参与者代表了同一个机构内部多个部门的情况。 • 如果你的目标是让参与者完成他们最擅长和关心的问题，你可以让参与者自己选择他们希望工作的问题。为了避免出现某个小组只有一个或两个人的情况，你可以征得参与者同意设定每个小组最多和最少的人数限制。

在我从事的与战略相关的工作中，我发现最后一种方法用得最多。假设我在与一个公司的 20 名员工一起在五个目标领域里工作：成长和利润、客户服务、品牌认知、产品和文化，而我们已经作为一个整体完成了文化目标。当我们分成小组时，我希望有最强的市场专业背景和兴趣的人从事品牌认知的工作，具有最好的产品开发技能和兴趣的人参与产品目标的工作。下面的案例对话描述了我在分组时所说的话。

↘ 案例对话：分组

引导师：现在我们已经作为一个团队一起完成了第一个目标领域的过程和目标定义，现在准备进行分组，这样可以在每个小组里面对于这些目标进行更加详尽的讨论。我们将分成四个小组讨论余下的四个目标，我马上会公布这四个目标的列表并请你们确定你们将要选择的目标。但是在这之前有件事情我们需要先达成共识，我们现在有 20 个人，因此每个小组平均会有五个人，大家是否同意我们不要出现少于三个人或多于七个人的小组？另外，大家是否同意我们需要每个人都进入到某个小组？好吧，我们先来回顾一下我们的目标，如果你想要加入这个小组，请举起你的手。

↘ 第四步：指定小组负责人、负责记录和汇报的人

缺少领导会让小组浪费时间，还会引起角色的模糊，领导不明确时，团队成员可能会在开始流程的时候出现困难。另外，在团队领导随机产生的时候，更加强势的人可能会处于控制地位，限制团队分享的可能。如果其他角色从开始的时候没有确定，负责汇报和记录的人可能会到流程的后期才被告知他们的责任。

作为引导师，你应该帮助团队从开始就定义好角色以避免出现上述问题。当我使用分组会议时，我从开始分组就寻找志愿者并让志愿者选择第一个小组负责人。有时我建议负责人右边的人负责记录，左边的人负责汇报。我还鼓励小组根据具体的需要调整自己的流程。在随后的分组中，我让前任小组责任人任命他们的继任者。

↘ 第五步：给各个小组最后的指示

给各个小组指示时，确定他们了解了下面的内容：

最后指示中需要解释的项目	• 什么是最终的交付物 • 如何判断交付物的质量 • 产生交付物的流程是什么 • 完成的截止时间是什么时候

考虑设置一个临时截止时间（如"你们应该在……之前把结果都记录在白板架上"）帮助小组保持在正轨上。

↘ 第六步：监控分组活动

在分组工作时，你可以一个挨着一个小组地观察他们的活动，特别注意确保每个小组都取得预期的进展，能够按照需要提交交付物并且小组都在规定的时间内完成。

↘ 第七步：让每个小组汇报结果

每个小组的成果都应该记录下来并让其他小组看到。有时你可以使用白板架，也可以使用电子媒介或其他形式。

你可以考虑如下的标准汇报形式检查分组会议的结果。

标准汇报 形式	<ul><li>每个小组给出时间（如 3~5 分钟）汇报他们的结果，其他小组聆听但不发表意见，只是在报告完成时给予掌声鼓励。</li><li>其他小组先发表正面意见，然后是补充和删减。</li><li>所有可能的补充和删减完成后，全体对每个建议投票，对于每个有争议的建议，允许一段时间讨论，可以请一两个支持和反对者发言。</li><li>一旦决定了所有的建议，就轮到下一个小组。</li></ul>

很多年来，我采用了多种不同的汇总报告方式，它们在实现分组会议的工作成果高质量的汇总报告上非常有效。

秘诀 22　**轮转使用白板架的秘诀**：让小组从一个白板到另一个白板实现高质量的审阅。

通过轮转使用白板架，每个小组有 3~5 分钟时间审阅其他小组的工作内容，然后轮到下一个小组，如下所示。

轮转使用白 板架的步骤	1.　指定小组负责人并给他们不同颜色的笔和贴纸。 2.　让每个小组按照顺时针方向轮转他们的白板架。 3.　小组审阅其他小组的白板，在每个同意的项目上画"√"。 4.　如果小组不同意某个项目，小组负责人就在项目后面画一个"×"，然后在贴纸上记录下改进意见并贴上贴纸，贴纸的重点不是解释这个项目哪里错了，而是如何改进它。 5.　小组还可以在其他小组的白板下方添加新的项目。 6.　分配的时间结束后，小组轮换到下一个白板，进行相同的审阅同时看到之前小组审阅的意见。 7.　当小组轮转回到他们自己的白板时，他们可以看到很多不同颜色的对钩，表明同意他们报告上的项目，他们还看到不同意的结果以及不同意的小组数量。 8.　小组之后再检查所有的不同意意见（在贴纸上）并且决定他们同意（Yes）或者不同意（No）哪些不同意意见。 9.　这时，全部团队都检查了所有的 No，小组都写出了他们不同意的原因，之后全体团队做出最终的决定接受或拒绝这些书面意见。

轮转白板架流程让每个小组都接受其他小组的审阅，这个流程还增加了所有成员对全部工作的参与度和拥有感。令人惊奇的是，这与标准的汇总报告所花的时间基本相同。

为什么 这样做？	**为什么使用轮转白板架流程？** 　　标准的汇总报告流程有一个挑战，就是人们通常不太注意其他小组在说什么，有些人可能还在准备他们自己的报告。另一些时候，由于有很多人参与其中，有些人可能会觉得有种感觉，给出高质量的反馈是其他人的责任，结果标准汇总报告通常收到不多的意见并且来自那些愿意畅所欲言的人。如果你需要高质量的反馈，轮转白板架流程是非常好的选择。

↳ 关于分组会议的最后注释

注意，尽管分组会议的设计初衷是为了加强参与和节省时间，但它们不是总能节省时间。由于团队全体讨论和分析每个小组的结果，采用分组会议可能会比不分组需要更长的时间！通常，节省时间的决定因素是小组工作结果的质量。如果参与者中只有少数人专业背景比较强，也许不使用分组会议是一个更好的选择。

应用专注秘诀

专注的秘诀可以在各种正式和非正式场合下轻松使用，参看以下案例。

↳ 讲话中使用检查点

检查点是一个非常奇妙的帮助团队理解他们在整个流程中的位置的工具，引导师在每个新议程项开始前使用检查点来说明进展情况并解释接下来内容的重要性。在讲话中，如正式和非正式的演示，有意识地使用检查点可以快速回顾并告诉你的听众你已经完成的内容，对于接下来的工作给出简短的前瞻，通过解释为什么下一个主题重要来给出一个鸟瞰。在讲话中使用这个技术可以增加你征服听众和让他人看重你的能力。

↳ 让一次对话改回到正题

在会议中，参与者有让讨论偏离主题的倾向，引导师通过使用重新定向问题（"这是个好想法，我们把他放到问题列表上好吗？"）防止无关意见突然转移团队话题。就像引导师使用改回话题的问题一样，你在一对一的谈话中也可以使用相同的方法。当对方偏离对话的主题时，你可以等他停顿的时候或打断他说："你关于……的观点好像是个好想法，我不想丢掉它，但是你关于……的话我更感兴趣，我们先回到那上面好吗？"

引导师保持团队专注的备忘录

□ 在每项新议程或引导流程的开始使用检查点。

　　— 回顾：快速回顾已经完成的事情。

　　— 前瞻：简短描述团队将要做的事情。

　　— 鸟瞰：解释前瞻的议程项如何服务于会议的总体目标。

☐ 当团队完成上一个议程项的时间间隔较长时（如当你在新的一天重新开始会议或经过了一次较长时间的中间休息时）使用扩展检查点。

　　— 提醒参与者会议的总体目标。

　　— 回顾已经完成的所有议程项。可以考虑在会议室内来回走动，同时指示白板架上或墙上张贴的其他会议产出内容。

　　— 对所有未完成的议程项进行前瞻。

　　— 如果会议剩余项目中只有一部分当天需要完成，解释这些需要完成的项目与会议总体目标的关系。

☐ 为了避免你的第一个问题之后遭遇一片沉默，通过问至少两个不需要语言回应的问题来让团队活跃起来。

☐ 为了给出复杂的指示，总是使用你的 PeDeQs。

　　— 描述行动的总体目的（Purpose）。

　　— 如果合适，用一个主题之外的例子（example），帮助参与者理解如何完成行动。

　　— 使用语言和动作给出常规指示（Direction）。

　　— 解释特定的例外（exception）和特殊情况。

　　— 问问题（Questions）。

　　— 问开场问题（starting）让参与者看到答案。

☐ 为了让团队保持在正轨上：

　　— 标注图表。

　　— 问扩展的提示问题。

　　— 问重新定向的问题。

☐ 在需要引导流程多次重复一个过程的情况下，使用分组会议。

　　— 让参与者知道他们将要被分成小组。

　　— 与全体团队一起完成第一项工作。

　　— 划分小组。

　　— 指定小组负责人、负责记录和汇报的人。

　　— 给各个小组最后的指示。

　　— 监控分组活动。

　　— 让每个小组汇报结果。

☐ 在分组会议中，让每个小组审阅其他小组白板上的工作内容，记录具体的反馈，包括长处和修改建议，以此通过轮转白板架达到高质量的反馈。

✎ 练习你的技能

　　管理过渡和给出指示是保持专注的两个最重要的技能,对于你接下来将要引导的三到四个会议,你可以写下你管理两个议程项之间过渡的检查点。另外,对于需要指示的行动,你可以写出你的 PeDeQs。写出这些的目的不是让你照本宣科,而是有意识地培训自己涵盖每个元素。

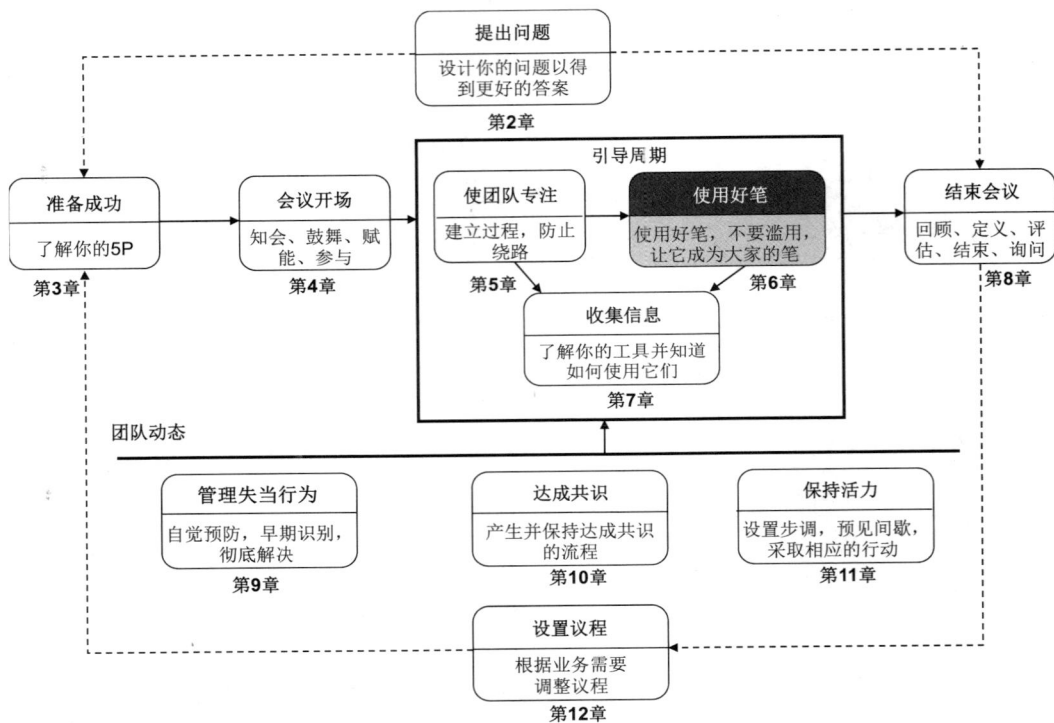

提出问题

设计你的问题以得到更好的答案

第2章

引导周期

准备成功

了解你的5P

第3章

会议开场

知会、鼓舞、赋能、参与

第4章

使团队专注

建立过程，防止绕路

第5章

使用好笔

使用好笔，不要滥用，让它成为大家的笔

第6章

收集信息

了解你的工具并知道如何使用它们

第7章

结束会议

回顾、定义、评估、结束、询问

第8章

团队动态

管理失当行为

自觉预防，早期识别，彻底解决

第9章

达成共识

产生并保持达成共识的流程

第10章

保持活力

设置步调，预见间歇，采取相应的行动

第11章

设置议程

根据业务需要调整议程

第12章

第6章

记录的秘诀

使用好笔，不要滥用，让它成为大家的笔

案例分析 公共安全协作

　　我们团队的一名成员曾经作为另一个公司引导师的教练和助手，那名主要引导师在和一个40人的团队一起工作，负责寻找一个大都市区域公共安全的改进方法。团队成员包括法官、警察主管、治安官员、地方检察官、少年法庭官员以及其他关心公共安全的人员。

　　在这次会议中，主要引导师启动了会议并让会议参与者提出他们认为在协作过程中需要讨论的主要问题。其中，一位警察主管说道："我们需要讨论一下犯罪率的问题。"主要引导师回应道："你是说我们现在的犯罪率太高了吗？"警察主管感到有些不高兴，回答道："不是，我所说的是我们需要讨论犯罪率的问题。"

　　没有简单地记录参与者所说的话，引导师再次回应："好的，那么你是说很多罪犯重

复犯罪吗？""不是！"警察主管说道，"我说的不是这个，我说我们应该讨论犯罪率的问题。"引导师这时转向其他参与者并且问道："我们对于犯罪率还有什么其他的问题吗？"

这个时候，你可以看到这位警察主管非常恼怒，他向后拉了拉椅子并在之后的会议中再也没有说一句话。引导师教练后来补充道："我可以看到警察主管的心烦意乱，我所想到的就是'写下来，写下来吧，那个家伙有枪的，写下来就完了'。"

引导师是如何滥用手中的笔的

你会发现本章的内容比本书中其他任何一章的内容更加挑战你对于引导的理解，因为我发现通常引导师不能真正理解笔的力量并且他们经常会滥用它。如在本章开始公共安全协作案例中看到的，一个引导师可能会导致参与者的失当行为，原因仅仅就是滥用了笔。滥用手中的笔非常容易导致参与者的退出、与引导师的争辩或者对于最终结果的不认可。

引导师有好多种方式会滥用手中的笔，而自己却没有觉察到。我们来看下每种情况。

引导师滥用 手中的笔的 常见方式	• 引导师选择哪些意见值得记录在白板架上。 • 引导师在记录某人的发言之前征求团队的同意。 • 引导师"翻译"了参与者的发言并记录了"翻译"之后的内容，而不是记录发言。 • 引导师征求发言者的同意，记录引导师的语言而不是发言者的原话。 • 引导师在记录之前等待一条意见变得"完美"。

↘ 引导师选择哪些意见值得记录在白板架上

不理解笔的力量的引导师经常会以这样的方式滥用它，他们很快记下他们同意的意见。当他们听到他们不同意的意见时，他们介入参与者的讨论希望参与者改变意见或者同意没有必要记录这条意见。如你将在本章中看到的，有很多种赋能技巧可以应对这种情况。

↘ 引导师在记录某人的发言之前征求团队的同意

有一个案例是我在一次别人引导的会议上，当莎莉和乔发表意见时，引导师立刻记录下来，但是当彼得发表一条引导师不太赞同的意见时，引导师没有记录彼得的话，而是转向团队问道："你们怎么看彼得刚才说的话？"我记得我当时想："怎么，彼得是一个另类还是怎么样？所有其他人的发言你都记录了，为什么只有彼得的发言需要团队的确认？"

↘ 引导师"翻译"了参与者的发言并记录了"翻译"之后的内容，而不是记录发言

　　引导师经常会有一个坏习惯，就是先听一个参与者的发言，之后把发言演绎成引导师比较接受的用词。为什么改变用词呢？有些引导师说改变用词是为了归纳意见，有些引导师说改变用词是为了提高准确度，还有些引导师说他们在简化意见以便容易记录。如你将在本章中看到的，改变参与者的用词是一种对参与者的夺权，它意味着"你们都不知道如何讲话，让我来替你们讲话"。这会令参与者失去对会议和结果的拥有感，因为结果代表了你说的话而不是他们的。

↘ 引导师征求发言者的同意，记录引导师的语言而不是发言者的原话

　　一种更加狡猾的滥用是在引导师征得发言者的同意使用他们自己的语言而不是发言者的语言，本质上这些引导师是在征得同意滥用发言者的权力，像之前对于笔的滥用一样，这会导致夺权和对于会议结果失去拥有感。

↘ 引导师在记录之前等待一条意见变得"完美"

　　这种对于笔的滥用形式中，引导师仅仅记录那些团队已经讨论并且同意将执行的意见。我发现，这会导致忽略一些很好的意见，因为它们根本没有被记录下来，同时会导致一些不够专注的讨论，因为人们看不到在讨论什么。记录意见作为一个专注工具帮助对话保持在主题上，当没有专注工具时，人们经常会偏离主题进入闲聊。

使用，而不是滥用笔

　　我发现防止滥用笔的最好策略就是养成习惯使用笔而不是滥用笔。

秘诀 23	使用，而不是滥用笔的力量：首先记录，之后再讨论；写下他们说的话；写下来以便大家可以看到；提问而不是告诉。

有四条基本策略可以为防止笔的滥用打下坚实的基础。

使用笔的策略	• 首先记录，之后再讨论，确保你没有选择性记录。 • 记录参与者所说的，而不是你所听到的，确保你使用他们的用词而不是你的。 • 写下来以便大家可以看到，用较大的、容易看懂的字体书写。 • 提问而不是告诉，这样你是扮演你的引导师的角色。

↘ 首先记录，之后再讨论

引导师防止滥用笔的一种方法就是首先记录，之后再讨论。这里有一些经验法则。

首先记录， 之后再讨论 的经验法则	• 如果发言还没有结束，也先把它写下来。 • 如果发言可以改进，也先把它写下来。 • 如果发言不是你期待的回答，也先把它写下来。 • 如果发言明显是错误的，也先把它写下来。

通过记录参与者的发言，作为引导师的你可以毫无保留地告诉他们："感谢你们的贡献。"给予团队积极正面的鼓励非常重要，无论他们的贡献是好是坏或者是无关紧要的。每次你记录下他们的贡献，你再说出你的感谢。如果你停止说出你感谢他们，参与者就会停止做出贡献。

首先记录，之后再讨论还有一些好处。

首先记录， 之后再讨论 的其他好处	• 首先记录防止你对一个意见的看法影响你是否记录这个意见。 • 首先记录防止你因为问"你又说什么了"而减慢整个活动的速度。 • 首先记录帮助你记录他们的语言而不是你的。 • 首先记录帮助你作为一个引导师保持在正轨上，在一个较长的讨论中，确保你可以通过看到你之前缩写的内容让团队保持专注。

↘ 记录参与者所说的，而不是你所听到的

首先写下来，之后再讨论对于赋能参与者非常重要，同样重要的另一项赋能技术是写下参与者说的而不是你听到的。无论任何原因改变参与者的用词，在赋能团队上产生的潜在负面影响都远远大于带来的收获。

为什么 这样做？	**为什么写下他们说的话，而不是你听到的？** 　　如果你试图通过记录发言者没有说出的话来整理加工他的发言，你作为一名引导师就是在明显表示："你不知道该怎样发言，让我来替你说。"时间长了，不够自信的参与者就会变懒而等着你"帮他们把话说得更好"，过于自信的人就会趋向于和你竞争，用更加合适的语言来帮助其他参与者发言。 　　用你的语言重新记录发言会降低经过一段时间以后参与者理解内容的可能性，这种后果通常发生在你使用自己熟悉的词汇和表达方式而不是参与者习惯的表达方式来描述同样的意见上。 　　记录你自己的词汇会降低参与者对于结果的拥有感，因为这些用词是你的，而不是他们的。

↘ 写下来以便大家可以看到

　　清晰地记录文档帮助团队保持参与和专注，由于你有责任确保参与者在会议结束之前同意会议记录文档的内容，因此让参与者看到你所记录的内容非常重要。然而，有时即使是最好的引导师也可能认不出自己的字迹，所以在白板架上记录的时候考虑以下的内容，方便你辨认记录的内容：

| 让你的板书容易辨认的策略 | • 使用较大的字体，一页纸上写大约十行内容。
• 横着书写，如果必要使用格纸。
• 在行与行之间留下足够的空间方便更正。
• 使用深颜色的笔书写主要内容（如黑色、深蓝色或墨绿色），避免使用浅颜色的笔（如橙色、红色或浅绿色）书写大块内容的文字，因为这些颜色从远处看不清楚。
• 如果需要在一张纸上书写较多的文字，可以考虑交替使用两种深颜色的笔。
• 为了清晰和专注，在每页上标注或插入标题，在标题上画个方框或者标识来与其他的文字进行区分。
• 为了增加可视性，使用浅颜色的笔进行修改和补充。 |

↘ 提问而不是告诉

　　回忆引导的基本秘诀，参与者需要产生、理解和接受解决方案。为了达到引导角色的效果，你必须坚持提问而不是通过陈述来告诉别人什么。告诉而不是提问可能会产生几个潜在的误区。

| 告诉而不是提问的误区 | • 你可能对你所说的得到了书面的认可，但是参与者永远不会感觉那是他们自己的。
• 你可能没有对你所说的获得认可，在你试图说服一个或更多参与者你所说的正确时，时间已经浪费了。
• 你可能被视为采取一种强势态度，因而失去了中立的作为团队引导师的信任度。 |

　　记住：如果你说出来的内容，他们可以不同意。如果他们自己说出来的内容，那是他们自己的。你作为引导师的职责就是确保达成的结论是由全体参与者产生、理解和接受的。即使你有引导师和参与者的双重身份，使用提问技术帮助团队产生拥有感也同样是非常重要的。如果你发现自己在陈述而不是提问，你可能已经跳出了引导师的角色而进入了参与者的角色。

　　参看第 2 章的案例，通过回应问题来体会提问和告诉的区别。

案例分析　笔、ELMO 和停车板的力量

查得·克莱克在一家大型石油公司的全球服务机构工作,他描述了他在使用"笔的力量"和其他技巧时发现的一些不同。

我个人学习到的最重要的东西(我甚至称为思考模式的转变)是我以前一直写下我所听到的而不是别人所说的。我不仅做了这些,而且将意见和输入做出了显著的变化以便与我自己即将演示的内容一致,而一直以来我自己都没有意识到这些。从我学习了引导课程之后,我完全改变了这个坏习惯,而结果绝对令人惊讶。我从参与者那里获得了十倍于以往的输入,并且我抓住了真正的问题,而不是我"感觉"到的问题。

另外,基于 ELMO(Enough, Let's Move On,好了,我们继续)卡片的故事,我决定在我引导的一次来自全球的系统用户的研讨会上让大家来尝试一次。参与者中有些人喜欢长篇大论并喜欢不停地讲述他们的"战斗故事"。我不太愿意介绍 ELMO 卡片,因为我不希望由于不恰当或过于频繁地使用而扼杀了参与者的热情,但是我还是决定冒险试试并收到了回报。

我收到了很多关于这个工具是如何有效并帮助我们保持专注和准时的赞美,我把卡片贴了膜以便能反复使用。根据团队规模的不同,我经常说如果我们使用卡片超过了 X 次,我们就把这个问题放到问题清单上。

另一个主要使用的工具就是问题清单。在学习课程之前,我曾经有过停车板,但是从来没有使用它来归纳一些内容,如问题、行动或决策。经常是停车板上的内容从来没有真正清空或处理掉。每天开始的时候,回顾问题清单并归纳每个项目很大程度上帮助参与者感觉到有人倾听他们的声音,而且他们的问题会得到积极的处理。

知道记录什么

SMART 引导师知道,引导师的责任是在会议结束之前确保参与者认可会议文件。为了完成这个目标,SMART 引导师会让参与者认可引导师在会议期间记录的信息代表会议的官方记录。这样的话,参与者才会密切关注,以确保会议期间所有的关键信息都被正确记录。会议之后,引导师将笔记誊写、编辑并发给所有参与者。

秘诀 24　**知道记录什么的秘诀**:记录所有的决定、行动、遗留问题、相关分析和意见。

会议中哪些内容需要记录? SMART 引导师知道记录四项内容非常重要。

1. 会议中做出的决定

如第 4 章介绍的,准备一个停车板记录会议中做出的决定非常重要。无论何时,当团

队做出一项决定时，你都应该通知团队已经做出了一个决定并把它记录在决定清单上。

2. 会议中分配的**行动**

同样，无论何时，当团队确定一项会议且需要执行行动时，你应该通知团队已经确定了一个行动并在行动清单上记录这个行动。在第 8 章中你将看到，接近会议结束的时候，你将要求团队确定保证每项行动发生的负责人以及需要行动发生的时间。

3. 作为会议结果的**遗留问题**

你必须注意参与者讨论本次会议或主题范围以外的问题的次数，使用第 5 章介绍的重新定向技术，你应该给团队指出这些问题可能非常重要但是偏离了当前的主题，你应该征得参与者同意在问题清单上记录这些问题，然后把讨论拉回到当前的主题上。在第 8 章你将看到，当你在会议结束前回顾问题清单时，所有的问题即将或者已经解决或者转移到了行动清单上，因此在会议记录上不会有遗留问题。

4. 会议中做出的**相关分析和意见**

当参与者执行会议流程时，你将记录关于讨论话题的意见。注意，引导会议的目标是让团队拥有决定、行动、问题和分析，因此非常重要的一点是，不要在文件中指出是哪个人给出的具体意见。

最终的文件还要包括你为了提高清晰度或为了读者了解背景增加的注释，可以考虑把你增加的注释采用斜体字以区别于参与者提供的信息。图 6.1、图 6.2 和图 6.3 展示了一个会议文档的样例。

招聘流程改进小组

会议日期：××××年××月××日

招聘流程改进小组于××××年××月××日上午 9：00—11：30 举行第一次会议，会议在 A 会议室举行。参加本次会议的有：

安娜	凯瑞
杰米	罗伯特
杰夫	桑德罗
杰伊	托尼

杰夫作为会议引导师和记录员，以下是本次会议记录。其中的斜体字部分是为了澄清或提供背景介绍而由引导师补充的信息。

小组目标
小组总体目标是改进我们寻找、面试和选择候选人的方法。

小组议程
A. 会议开始——哪些是需要讨论的最重要的话题？
B. 现在的招聘流程是如何工作的？
C. 存在的问题和根本原因是什么？
D. 可能的改进措施有哪些？
E. 对改进措施进行优先级排序
F. 制订一个实施计划
G. 回顾和总结

本次会议上，流程改进小组讨论了议程项 A、B 和 C。

图 6.1　会议文档样例（第一部分）

招聘流程改进小组××××年××月××日

A. 哪些是需要讨论的最重要的话题？

参与者被要求确定他们需要会议讨论的最主要的项目，这些项目的清单在下面列出。整个过程中我们将回顾这个清单，确保所有的话题都被涵盖。

- 流程持续的时间
- 雇用的候选人的质量
- 员工流失率
- 增加用工部门的参与程度
- 尽可能节省成本
- 想办法找到前一次搜寻中未被录用的优秀候选人的简历

B. 现在的招聘流程是如何工作的？

在讨论最重要的话题的时候，参与者勾勒出了现在招聘流程的步骤。

① 部门确定人员需求
② 人力资源帮助部门书写职位描述和需求
③ 人力资源帮助部门发布职位和广告
④ 人力资源审查简历选择面试人选
⑤ 人力资源面试候选人并选出参加复试者
⑥ 部门面试参加复试者并决定聘用对象
⑦ 人力资源准备并发出聘书
⑧ 候选人协商/接受聘书和入职时间

图 6.2　会议文档样例（第二部分）

招聘流程改进小组××××年××月××日

C. 现在的流程存在的问题是什么？

参与者审查了现有招聘流程的每个步骤并确定了出现的问题。

- 职位描述太长了没法写
- 部门希望在选择复试者的时候更多参与
- 内部转岗的职位浪费了太多广告费用
- 没有保留之前面试过的优秀候选人的简历
- 整个流程过长

下一步

小组将于××××年××月××日上午 9：00—11：30 再次召开会议继续工作。

决定清单

下面所列的是一份由小组做出的截至目前的决定清单，附带做出决定的日期。

招聘流程起始于用人部门确定需求，终止于人力资源收到候选人签字的接受信，等待负责人的接受。（××××年××月××日）

行动清单

下面所列是一份需要在会议之后采取行动的清单，附带预期的时间和负责人。行动完成之后，下次会议上就会标注"完成"并从以后的会议记录上去除。

1. 对于招聘流程的起始和终止获得负责人的认可。（罗伯特负责，××××年××月××日之前完成）
2. 记录并分发会议记录。（杰夫负责，××××年××月××日之前完成）

图 6.3　会议文档样例（第三部分）

管理记录流程

如果 SMART 引导师在会议中首先忙于记录，之后参与讨论，记下发言内容而不是他们听到的，他们如何管理记录流程？看上去，引导师好像在没完没了地记录。

SMART 引导师有几种技术可以管理记录流程。下面的案例决定你在招聘流程的步骤中要记录什么，实际的白板架记录结果会在本章的后面介绍。

↘ **案例对话：招聘流程的步骤**

引导师：　我们的下一步行动是确定招聘流程的步骤。我想建立一个这些步骤的清单。如果可能，给我一个"主谓宾"结构，如"人力资源做这个，用人部门做那个"。不用关心顺序问题，我们之后会对步骤顺序进行排序。现在回忆一下上次你雇用某个人时，为了让这个人入职，你做的事情，所有你需要经过的步骤、跨越的障碍。我们来建立这个清单吧，告诉我都有哪些步骤。

派特：　在流程的早期阶段我们人力资源在报纸上发布招聘广告。

引导师：　好的，我记下了，流程中还有哪些步骤？

克里斯：　在发布广告之前，用人部门确定招人的需求，然后我们请人力资源帮助我们撰写职位描述和招聘广告。

引导师：　这看上去应该是两件不同的事，两个我都记下了。还有没有其他招聘流程的步骤？

肖恩：　在我们发布招聘广告的同时，用人部门也在内部公布空缺职位，以便内部人员也有机会了解职位信息。

派特：　我们是同时做这两件事，还是我们首先在内部公布信息？

肖恩：　我很确定我们同时做这两件事，但是由于我们的大多数职位都是从内部补充的，可能同时发布广告有点浪费钱。

引导师：　这是个很好的观点，听上去应该是我们在谈论存在的问题时需要讨论的，我们是否可以把它放到问题清单上，以免我们忘记了？

派特：　当然可以。

引导师：　好的，招聘流程中还有没有其他我们遗漏的步骤？

肖恩：　是的，人力资源接收简历，他们确实收到很多简历。去年有一个空缺职位，他们收到了超过 500 份简历。他们不得不一份一份审查，来自全球的候选人都在争取这个职位。我甚至了解到有来自俄罗斯和吉隆坡的候选人。人力资源为了确定参加复试者要仔细审查所有简历，他们的工作真的很繁重啊。

引导师：　肖恩，你说了很多，你能总结一下吗？我们在讨论招聘流程的步骤，如果你所说的是一篇报纸上的文章，文章的标题是什么？

肖恩：　　我想应该是"人力资源筛选简历并选择参加复试者"。

引导师：　谢谢肖恩，我记下了，就这些了吗，或者还有其他步骤吗？

克里斯：　一旦人力资源选择了参加复试者，我们用人部门就对他们进行面试，人力资源进行个人证明材料检查，在这最后一轮的基础上，用人部门选择最合适的候选人。

引导师：　这是流程的终结吗，还是还有其他步骤？

派特：　　当然，人力资源发出聘书并协调和候选人的商谈，流程终结于候选人给我们签署的接受信。

这个案例展示了保持记录简明的几个秘诀，让我们来逐一详细解读。

秘诀 25　**保持记录简明的秘诀：使用模板、概括和缩写词。**

为了保持记录简明，可以使用以下技术：

保持记录 简明	• 给参与者一个反馈的模板。 • 只记录必要的词语，确保参与者的意见清晰、简明和独立。 • 合适的情况下使用通用的缩写词。 • 使用概括技术缩短意见。

↘ 给参与者一个反馈的模板

管理记录流程的一个技术就是给参与者一个反馈的模板。在案例中，引导师请参与者给出一个"主谓宾"结构，克里斯和派特对于模板都没有问题，过了一会儿，肖恩也用了同样的语句。

使用模板方法帮助参与者理解你需要的信息，它还帮助你听取你所需要的信息和帮助你了解需要记录什么。

↘ 只记录必要的词语

作为引导师，你要确保你所记录的是参与者说出的意见，对于读者是清晰和简明的。你记录的语言还要保证是独立完整的，不需要依赖之前的意见也能表述清楚。

为了达到这个目的，你不需要记录发言者的所有发言，实际上根据我们讲话的方式，记录所有的语言可能反而会降低清晰度。例如，你可以只记录发言的第一、第三、第四、第七和第十二个字，关键是保证你记录的任何词汇都确实是参与者所讲的。

在案例中，派特说"在流程的早期阶段我们人力资源在报纸上发布招聘广告"。引导师可以记录"人力资源在报纸上发布招聘广告"。参与者讲了 24 个字，而只有 14 个字记录下来，而每个字都是派特所讲的。

↘ 合适的情况下使用通用的缩写词

另一项管理记录流程的技术是使用缩写词。当使用缩写词时，注意那些缩写词必须被参与者准确理解并且日后文档终稿后也可以被其他人理解。在案例中引导师可以使用部门（Dept）和人力资源（HR）的缩写。

↘ 使用概括技术缩短意见

你是否面对过一个参与者给出你很长、很烦琐的意见？你站在那里，手中拿着笔，不知道该怎样记录。这种情况下使用概括技术，你可以说："如果你所说的是一篇报纸上的文章，文章的标题是什么？你能帮我概括一下吗？"在我们的案例中，概括技术非常有效地帮助肖恩把 100 多字的意见减为 16 字。

概括技术可以成为引导师避免犯错的一个机制。当其他的技术无法使用，而你又不知道如何记录时，你可以用它挽救你自己。但是请记住，这是一个你避免犯错的技术，而不要在每个参与者发表意见后都使用。之前介绍的其他技术应该可以防止你非常频繁地使用概括技术。

使用本章介绍的技术，"招聘流程步骤会议"的引导师就可以产生一个类似于图 6.4 所示的白板架记录。

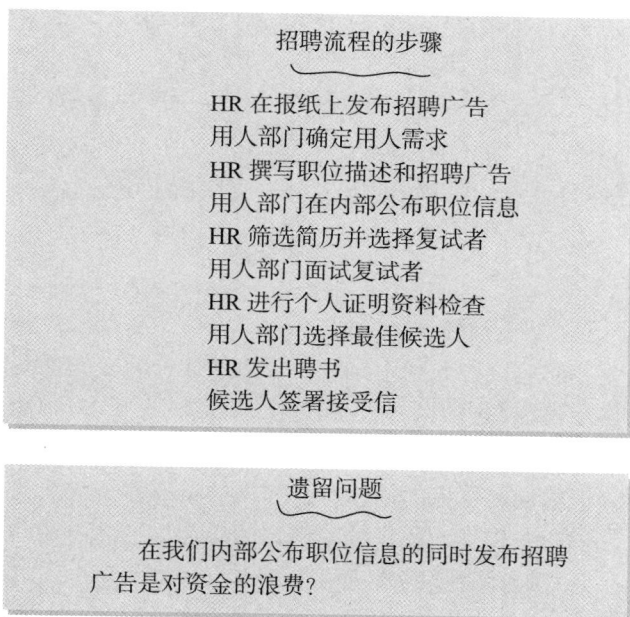

招聘流程的步骤

HR 在报纸上发布招聘广告
用人部门确定用人需求
HR 撰写职位描述和招聘广告
用人部门在内部公布职位信息
HR 筛选简历并选择复试者
用人部门面试复试者
HR 进行个人证明资料检查
用人部门选择最佳候选人
HR 发出聘书
候选人签署接受信

遗留问题

在我们内部公布职位信息的同时发布招聘广告是对资金的浪费？

图 6.4 白板架记录结果案例：招聘流程的步骤

使用策略避免记录时的间歇

如我们之前提到的，使用而不是滥用你的笔需要你首先写下来，之后再讨论，而且记录参与者所说的，而不是你所听到的。看起来执行这个策略会导致你在记录意见的时候造成比较长的时间间隔，而你还要保持会议的节奏，因此，在你记录时防止出现较长时间的间歇对于保持会议节奏至关重要。

当出现长时间和多次的间歇时会发生什么状况？失当行为！

在会议间歇期间会发生什么状况？	• 参与者可能会等待你完成记录。 • 不太耐心的参与者（通常是大多数人）可能会在间歇中给你更多的回答，而你却没有准备好，结果你不得不说："稍等，让我先记下上一条意见。" • 更加话多的参与者会开始相互交谈，因为你正忙着，他们没法和你说话。 • 更加强势的参与者会因为流程的低效而开始更加过分的失当行为：不满意的叹气，在会议中做他们自己的工作，对会议节奏发表负面意见。（关于这些失当行为的更多描述见第 7 章。）

> **秘诀 26** 在记录过程中防止出现间歇的秘诀：缩短间歇并让参与者在其中参与。

你如何在记录的过程中防止间歇的出现？让我们用下面的案例对话来展示你可以使用的技术。

↘ **案例对话：防止间歇**

参与者：我认为我们应该充分利用在线目录来增加求职人的规模。

引导师：所以你是说我们应该"充分利用在线目录……"来做什么？（一边在写）

参与者：增加求职人的规模。

引导师：好的……增加求职人的规模，这样做的重要性是什么？（仍然在一边写）

参与者：这个，求职人越多，我们就有更好的机会找到高质量的求职者。

引导师：记下了，我们还有哪些改进可以考虑？

为了缩短间歇并让参与者在间歇期间参与其中，你可以考虑以下五个技术。

在记录的同时如何避免间歇	• 靠近写字板站立。特别是当你组织头脑风暴或记录信息时，这可以让你很快开始书写。 • 从第一个可以记录的词开始记录。尽快开始书写记录对于缩短间歇时间非常重要。如果你等到参与者发表完意见才开始书写，就

自然会延长间歇时间。同时，由于参与者经常会在回答问题时有一些铺垫的话，听到第一个可以开始记录的词非常重要。在案例中，你想了解改进招聘流程的方法，在第一个参与者的发言中，你应该在听到"充分利用"的时候就开始记录。

- 记录的同时重述参与者的发言。一旦参与者完成发言，在你记录的同时重述他们的发言，你所说的话就会填补记录的间歇并让团队保持关注。

- 请参与者重述。在重复参与者的部分发言之后，在你记录的同时请参与者重述余下的部分。"所以你是说，我们应该'充分利用在线目录……'来做什么？"你可能已经知道余下的发言部分，但是通过对你提示的回答，参与者填补了你的间歇时间。

- 提问直接探寻。如果你还需要更多时间，一个诸如"这样做的重要性是什么"这样的问题可以在参与者在回答你的问题时让你完成记录。

随着练习增多，你可以毫不费力地使用这些有效的技术避免记录时的间歇。

更多记录的技术

这里我还介绍了更多帮助你记录信息的技术。

↘ 使用记录员的练习

有些引导师发现，当他们引导会议时请其他人帮助记录很有帮助，使用记录员减少了引导师的工作负荷并且有助于引导师保持与团队更好的眼神交流和更近距离的接触。

如果你使用记录员在会议期间在白板架上记录发言，记录员完全了解笔的使用而不是滥用将变得非常重要，可以考虑与记录员进行一次会议练习，使用一个或几个本章中使用的案例，确保记录员理解笔的力量。

↘ 建立墙面使用计划

建立墙面使用计划指导你如何张贴图表和记录。墙面使用计划给出一个统一的计划，指导你在会议进行中把图表和记录张贴在什么地方。你的使用计划可以包括以下内容：

- 需要展示出来的白板架内容放到房间前部（如基本规则、停车板、会议目标）便于随时使用
- 其他白板架的起始点（如右侧的墙面）和张贴的方向（如顺时针方向）

- 为了节省墙面空间，可以重叠张贴的记录

管理白板架页面

尽量安排足够的白板架以便会议流程可以随时不需要翻找就可以进行回顾。如果可以一次看到一个主题的相关观点，参与者可以轻松地参照之前的观点并避免重复提出意见。

通常的引导会议上，三个白板架可以让你有足够的地方看到所有流程所需的观点，两个白板架也是可以接受的，大多数情况下，一个白板架是不够的。

如果你事先准备了图表，在前面放一两张空白页，以便在你准备使用之前不会过早暴露出来。你可以在要用的图表之前的页面用一个遮蔽胶条或浅色随意贴做个标记，可以在前面的页面角上折一个印记，也可以用只有你自己可以看到的浅色铅笔写上一个提示记号。

通过补充进行编辑

在一个白板架上记录大量文字信息时，修改是很正常的事。因此，在行与行之间应该留下足够的间隔。当需要进行修改时，使用不同颜色的笔使其容易辨认。进行修改时，画掉不用的文字，增加修改的文字。如果你需要补充自己的意见，把它们放进括号里面以区分你的意见和参与者的意见。

拼写检查

很多引导师发现，在引导会议记录白板时有正确拼写的困难。有人说过："当你站在一群人面前手里拿着笔的时候，你的智商立刻就会降低 40 个点。"然而，如果你持续纠结于一个词的拼写，你的参与者的注意力就会开始分散。你可以考虑事先私下让你的参与者知道，拼写不是多么重要的事情。

快速小窍门！

如果你担心自己在白板架上的拼写，这里有个小窍门。在白板架右上角画一个浅红色的小方块并且介绍说："这是拼写检查按钮，会议结束时我会按下它，所有的拼写错误就会自动得到更正，所以不用担心它们。"

整齐地撕下纸张

为了整齐地从白板架上撕下纸张，你可以按住纸张的上部，用手在左右两侧各撕开一个小口（大约一寸长），然后双手抓住纸张两侧垂直向下拉拽。

引导七宗罪

本章的内容可以总结为引导七宗罪。很多情况下，引导师所犯下的这些错误都会引起一个或更多团队成员的失当行为。如果引导师继续他的行为，很可能会引起参与者更多的反感。我在这里介绍这些错误，你们可以看到前两个是跟笔的滥用有关。

引导七宗罪	1. 引导师选择自己认为值得的意见记录在白板架上。 2. 引导师翻译了发言然后记录翻译后的意见，而不是记录发言本身。 3. 引导师允许团队长时间偏离预定的目标。 4. 引导师允许基本规则被打破而没有采取看得见的矫正行为。 5. 引导师被认为失去中立并且倾向于某种方向。 6. 引导师对会议参加者讲了感情过激的言语或者允许一个会议参与者对另一个说了感情过激的言语而没有采取矫正行为。 7. 引导师允许自己和会议参与者之间出现了不信任或不尊重的氛围。

应用记录秘诀

除了在引导会议中应用记录的秘诀，你还可以在其他场合应用记录的秘诀。

↘ 记录会议

SMART 引导师知道在引导会议中有四项内容需要记录，同样在你召开的其他非引导会议中，也同样只记录四项内容：
1. 做出的决定
2. 需要采取的行动
3. 遗留问题
4. 相关分析和意见

↘ 记录决定

SMART 引导师知道使用白板架举例讨论是一个非常好的策略，它可以让团队保持专注并确保每个人都理解团队做出的决定。因此，不论你在一个正式或非正式会议上，都可以考虑使用白板、白板架甚至笔记本、平板电脑来记录决定，以确保所有参与者理解他们做出的决定。另外，当团队遇到阻碍，在不同选择中难以做出决定时，可以考虑记录对于每个选项相关的记录，以便每个人可以看到这些信息并且关注关键的区别。

引导师记录的备忘录

☐ 在引导会议中，记录下列信息非常重要：
 – 会议中做出的决定。
 – 会议中分配的行动。
 – 作为会议结果的遗留问题。
 – 会议中做出的相关分析和意见。

☐ 为了防止滥用笔的力量，你应该
 – 首先记录，之后再讨论。
 – 记录参与者所说的，而不是你所听到的。
 – 写下来以便大家可以看到。
 – 提问而不是告诉。

☐ 为了使记录流程可管理，你应该
 – 给参与者一个反馈的模板。
 – 只记录必要的词语，确保参与者的意见清晰、简明和独立。
 – 合适的情况下使用通用的缩写词。
 – 使用概括技术缩短意见。

☐ 为了防止记录时的间歇，你应该
 – 靠近写字板站立。
 – 从第一个可以记录的词开始记录。
 – 记录的同时重述参与者的发言。
 – 请参与者重述。
 – 提问直接探寻。

☐ 其他记录技术还包括：
 – 使用记录员的练习。
 – 建立墙面使用计划。
 – 管理白板架页面。
 – 通过补充进行编辑。
 – 拼写检查。
 – 整齐地撕下纸张。

练习你的技能

你要不断地练习才能习惯使用记录的技能，包括首先记录，记录参与者所说的以及记录时避免间歇。我给课程学员的一个建议是：在看晚间新闻节目的时候练习技能。你可以考虑每天这样做，坚持一个星期，在一段新闻开始时拿一支笔和一个便笺本，事先在页面上写下"故事梗概"。当播音员播讲新闻时，用他的语言记下故事的要点，你甚至可以假装重述他所说的内容"听起来你在说……是这样吗"，并让他重述。

这个练习的要点是养成习惯记录他们的语言，而不是你的语言，并且开始使用间歇防止技术。当你习惯在练习环境下使用这些技术以后，你会在与团队工作中越来越游刃有余。

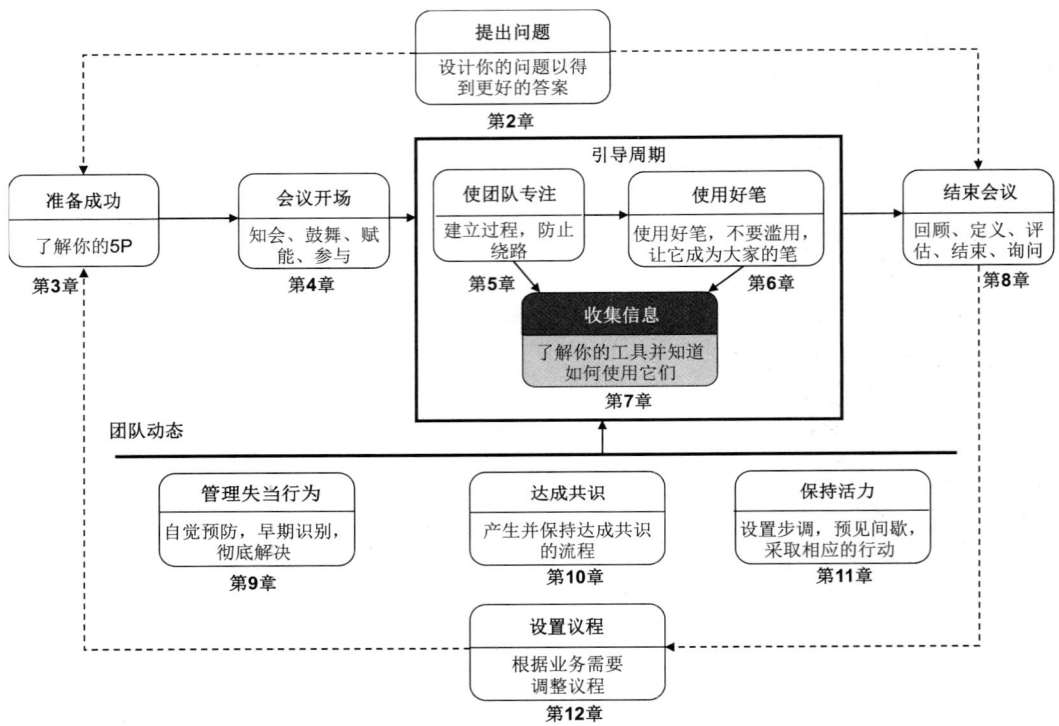

提出问题
设计你的问题以得到更好的答案
第2章

准备成功
了解你的5P
第3章

会议开场
知会、鼓舞、赋能、参与
第4章

引导周期

使团队专注
建立过程，防止绕路
第5章

使用好笔
使用好笔，不要滥用，让它成为大家的笔
第6章

收集信息
了解你的工具并知道如何使用它们
第7章

结束会议
回顾、定义、评估、结束、询问
第8章

团队动态

管理失当行为
自觉预防，早期识别，彻底解决
第9章

达成共识
产生并保持达成共识的流程
第10章

保持活力
设置步调，预见间歇，采取相应的行动
第11章

设置议程
根据业务需要调整议程
第12章

第7章

收集信息的秘诀

了解你的工具并知道如何使用它们

本章回答的问题

- ▶ 什么是主要的信息收集和处理功能？
- ▶ 如何充分利用问答环节确保最重要的问题得到了回答？
- ▶ 在头脑风暴部分要做的最重要的事情是什么？
- ▶ 在优先级排序的时候最关键的三个活动是什么？
- ▶ 如何在汇总汇报过程中确保得到高质量的反馈？
- ▶ 在进行会议评估的时候如何避免一两个人的意见误导反馈？

案例分析 零售会议

一个零售购物中心的全球开发商请求我们帮助他们开发项目并引导他们的全球内部会议，他们的项目称为"零售全球"。会议召集了他们的 225 位高管和经理，针对在全球开发购物中心的当前和未来战略进行为期三天的讨论。会议之前，我们和项目开发团队密切合作。工作了两个月，团队把选择高质量的发言者和项目内容作为会议的总体目标。我们的目标是建立会议的参与策略，确保团队获得高质量的产出。我们的压力非常大，因为这个全球公司的董事会将在会议最后一天来到这个城市，参与者要给董事会成员一个关于战略和建议的汇报供董事会批准。

你可以想象到，参与者都非常智慧并且保持高度的拥有感和对会议的参与度。全球战略确定之后，分组成员在最后一天晚上一直工作到很晚，评估高级成员，开发情景并准备幻灯片演示稿，建议最终获得了董事会的认可。

在听取项目小组情况汇报时，我们学到了一个非常有价值的教训。最初，我们都非常惊讶，参与者告诉我们最没有价值的活动就是让每个全球区域介绍他们这一年的成果，这个时候，团队成员谈论他们自己，其他团队的成员很少关心。根据反馈，我们意识到流程是有缺陷的，在那个阶段我们没有参与策略，只是纯粹的演示。事实上，那个部分只是信息展示，没有要求参与者做任何事情，这让我意识到了确保每个流程都应该让参与者以某种有意义的方式进行参与的重要性。如果汇报仅仅是信息展示，可能采取书面的方式提供更好。

SMART 引导师使用很多方法鼓励参与者参与会议。在本章中，我从各种信息收集功能（如收集事实和产生观点）的一个通用解释和一种不同处理方法（如小组赛、循环赛）开始描述，之后我会介绍用于引导会议的很多特定的方法，这些方法将为你提供一个构建和执行各种会议的工具箱。

| 为什么
这样做？ | **为什么使用不同的参与策略？**
正如案例中所揭示的那样，当没有参与策略的时候，结果往往是没有价值的。遗憾的是，我发现在大多数会议中，唯一使用的参与策略就是演示之后的提问和回答，一遍又一遍地重复。那么，团队会议经常被认为缺乏活力和参与的又有什么奇怪呢？ |

快速小窍门！

请注意，本章是本书中最长的一章之一，包含了 17 种信息收集和处理的方法，其中很多方法你可能已经使用过了。尽管我试图以一种消费品的方式表现信息，你可能还会被淹没在介绍的大量工具中。如果你发现自己陷入了这种境况，我建议你快速浏览一遍各种工具，以便你了解信息，之后你可以每周或每月在你的引导工具箱里增加一种新工具。

理解主要的信息收集和处理功能

一个高阶引导流程，如战略规划或流程改进，使用一系列的构建流程以达到其目标，如图 7.1 所示。有些情况下，参与者提供他们已经知道的信息，而另一些情况下，他们产生一些观点，还有一些情况下，他们进行信息分类或产生决策。

尽管有很多类型的信息收集和处理活动作为基本材料，为了本书的目的，我将它们划分为七个主要的功能，如表 7.1 所示。

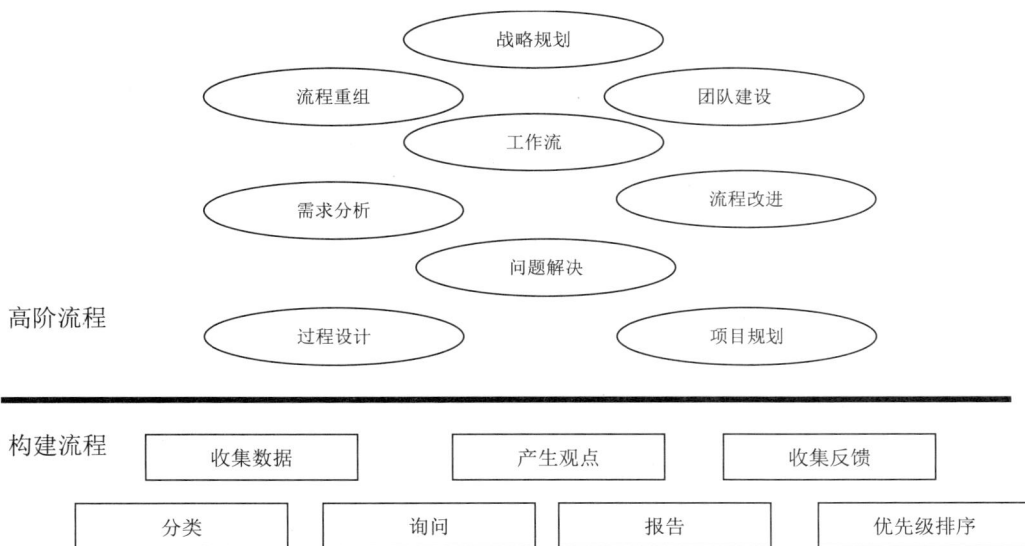

图 7.1 高阶和构建流程

表 7.1 主要的处理功能

功　能	问题示例	目　的
收集数据	现在的流程是如何工作的?	获取更加详细的信息,最适合有"正确"答案的情况
分类	这个信息代表的关键类别是什么?	将信息进行分类以便进一步处理
询问	哪些问题是我们想看到被回答的?	让参与者产生问题,或者问发言者、小组以及相互之间的问题
产生观点	解决这个问题的可能的方法是什么?	产生可能的解决方案或方法,最适合存在多种可能性并且需要创造力的情况
优先级排序	这些解决方案中哪个最好?	排列、评级或选择
报告	你们小组的结果是什么?	通报分组练习或其他活动的结果
收集反馈	今天会议的优点和缺点是什么?	评估会议或其他经历

理解处理分组

在选择合适的信息收集和处理功能时,SMART 引导师选择合适的处理分组执行。

全部团队　　　　在有些过程和情况下,更适合全部团队一起处理信息。全部团队通常用于全部参与者同时听到相同的信息且非常重要的情况,它同样适合每个个体都了解主题的一部分内容而需要提供全景(如绘制业务流程图)的时候。

划分小组	对于另一些过程和情况，可能划分为三个或更多的小组更适合。如我在第 5 章中介绍的那样，分组特别适合当议程需要引导流程重复多次（如寻找招聘流程中发现的 10 个问题的解决方案）时。划分小组可以减少需要的时间，增加参与的程度，以及提高对成果的责任感。
结对	有些时候，处理最好采用结对的方式进行。结对可以增加一对一的交互，在团队建设和其他活动中非常有效。
个人	有时处理最好由个人完成。个人处理可以有时间自我反省和思考。个人处理常常用于全部团队和划分小组处理之前，以便个人在与更大的团队分享信息之前有时间独立思考（如在确定需要讨论的关键问题时）。鉴于性格外向的人擅长在全部团队面前表现活跃，他们会发现在团队讨论之前进行个人处理可以帮助他们有时间整理自己的思路。

理解处理顺序

一旦选择了信息处理功能和处理分组，就要选择处理顺序了。

随机顺序	很多情况下，人们或团队被要求以随机顺序参与或发言。
循环赛	在另一些情况下，你可能会选择使用循环赛的方式确保每个人都有机会参与。执行循环赛方式，你从一个人开始，依次轮到房间里的每个人。循环赛方式可以有效防止任何一个人主导讨论并且鼓励参与者不要在会议上一言不发。
指定的顺序	你还可以选择指定的顺序，指定顺序经常使用在分组工作中，完成之前已经设定的题目，之后小组按照指定的顺序汇总报告。

快速小窍门！

　　当使用循环赛方式时，在你提问题之前先指定第一个回答问题的人，这会帮助这个人更注意你的问题并且有时间准备回答。

↘ **案例对话**：给循环赛第一个回答问题的人提示

引导师：　我想让每个人给我一个招聘流程的步骤。我们从桑德拉开始，然后每个人顺序进行。现在回忆一下上次你雇用某个人时，为了让这个人入职，你需要做的事情，所有你需要经过的步骤、跨越的障碍。我们来建立一个清单。桑德拉，你先开始吧，哪些是招聘流程的步骤？

收集和处理信息

SMART 引导师有一个装满各种方法的工具箱来实现每次的信息收集和处理功能。他们把这些工具与最合适的处理顺序和处理分组进行组合达成高效的结果,这就带给我们下一个秘诀。

秘诀 27 **收集信息的秘诀:**使用正确的工具以最有效的方式达成你的目标。

尽管罗列一份详尽的不同信息收集和处理方法清单并不是本书的范围,但在本章中我会提供针对七种基本信息收集和处理功能的方法,如表 7.2 所示。

表7.2 处理方法示例

功　　能	方法示例	目　　的
收集事实	列表	获取更加详细的信息,最适合有"正确"答案的情况
分类	分组	将信息进行分类以便进一步处理
询问	预提问	让参与者产生问题,或者问发言者、小组以及相互之间的问题
产生观点	头脑风暴	产生可能的解决方案或方法,最适合存在多种可能性并且需要创造力的情况
优先级排序	投票	排列、评级或选择
报告	汇报汇总	通报分组练习或其他活动的结果
收集反馈	反馈评估	评估会议或其他经历

作为这个讨论的背景,让我们回到确定招聘流程的小组,他们的议程如下。

案例议程

目的:定义提升招聘效率和效果的必要的改进。

议程

A. 会议开始。

B. 现在的招聘流程是如何工作的?

C. 存在的问题和根本原因是什么?

D. 可能的改进措施有哪些?

E. 对改进措施进行优先级排序。

F. 制订一个实施计划。

G. 回顾和总结。

我会使用这个议程检查收集和处理信息的方法。如果检查方法时,我引用了本书之前介绍的技术，我就用**加粗字体**显示这个技术。

收集事实

让我们来设定这样一个场景，你已经完成了议程项 A——"会议开始"，设定了一个**检查点**并告诉参与者你将准备好开始议程项 B——"现在的招聘流程是如何工作的"。为了引导这个活动，你需要一个收集事实的技术。在这个案例中，你需要使用列表技术。

> **秘诀 28** | **收集详细信息的秘诀**：提问、记录、回应。

列表是引导流程中最常使用的收集信息的方法，在**标注你的图表**之后，你将带领参与者进行下面的步骤。

收集事实：列表

1. 事先在你的白板架（或者其他记录设备）上列出标题。
2. 介绍活动和目的。（注意，你应该已经在**检查点**上做了这件事。）

"我们下一步要确定招聘流程的步骤，这会让我们能够在发现问题在哪里以及如何确定这些问题上保持一致。"

3. 使用 **PeDeQs** 进行通用指示，如果必要可以举个例子，也可以给一个回应的模板格式。

"我想让在座的大家从桑德拉开始，每人给我一个招聘流程的步骤。不用关心顺序问题，我们之后会对步骤顺序进行排列。如果可能，请给我一个'主谓宾'结构，如'人力资源做这个，用人部门做那个'。"

4. 问出你的"**开场问题**"帮助团队成员看到他们的答案。

"现在回忆一下上次你雇用某个人时，为了让这个人入职，你需要做的事情，所有你需要经过的步骤、跨越的障碍。我们来建立一个清单。桑德拉，你先开始吧，哪些是招聘流程的步骤？"

5. 记录回答，确定使用而不是滥用笔的力量，并且管理记录流程。
6. 使用**回应问题**恰当地对回答表示你的认知、澄清、挑战、确认、追寻和需要的重回方向。

"为什么这个重要？"

"听上去你是在说……是吗？"

"有没有关于……的步骤？"

"这和那个意见有关系吗？可以合并这两个意见吗？"

7. 继续使用**提示问题**和**扩展提示问题**，直到提供更多的信息。

"还有什么？"

"还有其他步骤吗？"

图 7.2 显示了从列表活动中产生的信息示例。

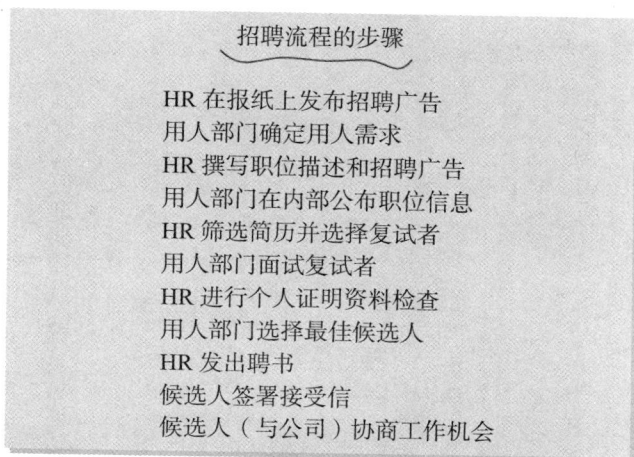

招聘流程的步骤

HR 在报纸上发布招聘广告
用人部门确定用人需求
HR 撰写职位描述和招聘广告
用人部门在内部公布职位信息
HR 筛选简历并选择复试者
用人部门面试复试者
HR 进行个人证明资料检查
用人部门选择最佳候选人
HR 发出聘书
候选人签署接受信
候选人（与公司）协商工作机会

图 7.2　招聘流程的步骤

分类

在很多情况下，一个收集事实的流程会产生大量信息，通常超过十条或更多。在这种情况下，考虑把信息划分成数量较少的类别供以后使用会非常有帮助。有很多方法可以进行信息分类，其中一种方法是列表分组技术，简称分组。分组的目标是为了将十个或更多的信息项目划分成不同类别，通常类别不少于三个不多于八个。

秘诀 29　分类的秘诀：提问：对每个议程项目"相同还是不同"？

在分组流程期间，你必须引领参与者通过一个发现的过程让你和你的参与者同时得到"答案"。因为这个中立的发现过程，很多引导师发现分组非常难以掌握。

让我们回到招聘流程的案例，针对该招聘流程我们已经有了一个步骤列表，并对这些步骤进行了分类。图 7.3 显示了分组操作的结果。

分类：分组

1. 为了准备分组，将需要分类的信息放到房间的前方，方便观看和标记。
2. 描述活动和目的。（注意，你应该已经在**检查点**上做了这件事。）

"下一步就要将我们已经产生的议程项分组到不同的类别中，可以划分 3~8 个类别，这样做是为了更好地确定问题和制定解决方案，最终产生一个更好的招聘流程。"

3. 使用 **PeDeQs** 给出通用指示和特别的例外。

"我会一个一个地过一遍这些议程项并让团队指出他们应该放到哪个类别中。如果类别不存在，就生成一个新的。最后我们来审查类别确定我们对它们都满意。"

4. 读出第一个议程项并让参与者定义它的类别。你可以为第一个议程项建议一个类别作为开始并征得参与者的同意。

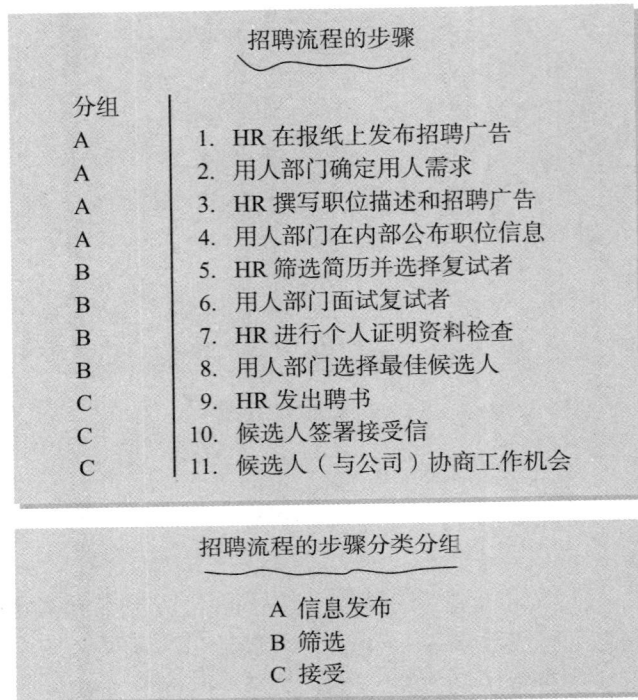

招聘流程的步骤	
分组	
A	1. HR 在报纸上发布招聘广告
A	2. 用人部门确定用人需求
A	3. HR 撰写职位描述和招聘广告
A	4. 用人部门在内部公布职位信息
B	5. HR 筛选简历并选择复试者
B	6. 用人部门面试复试者
B	7. HR 进行个人证明资料检查
B	8. 用人部门选择最佳候选人
C	9. HR 发出聘书
C	10. 候选人签署接受信
C	11. 候选人（与公司）协商工作机会

招聘流程的步骤分类分组

A 信息发布
B 筛选
C 接受

图 7.3   对招聘流程的步骤分组

"第一项是'HR 在报纸上发布招聘广告'。如果我想把其他信息和这个议程项划分为一个类别，类别的名称是什么呢？"

"听上去第一个议程项和信息发布有关，你们觉得'信息发布'这个类型名称可以吗？"

5. 在白板架上写下类别的名称并标注上 A；在头脑风暴的第一项前面也写下 A，表示它属于哪个类别；使用与原始清单不同颜色的笔标注类别以示区别。

6. 现在到原始清单上的下一项，让参与者决定它属于哪个已经存在的分组，或者需要另外一个新的分组。

"让我们来看一下下一项'用人部门确定用人需求'，这个应该放到'发布'一类中还是其他的类别？"

7. 如果项目属于已有的类别，用类别字母对项目进行标注。如果项目属于新的类别，让参与者对它进行命名，给类别分配一个字母，并把字母写到项目旁边。

8. 重复第 6 步和第 7 步直到所有的项目都分类完毕。

快速小窍门！

　　在分组过程中，有些参与者很容易走神，特别是当只有两三个性格活跃的人命名分类或者只有少数人可以看到白板时。一个确保全体团队保持参与的技术是把参与者按照座位位置划分为小组，然后进行每个项目分组时，轮流让每个小组决定项目属于已经存在的类别还是分配一个新的类别。

　　9. 检查分组来决定是否需要进一步合并或者拆分类别。有时，你会有一些类别的内容相对于其他类别非常"拥挤"，可能你想要把它拆分成两个类别。另一些情况下，你有一些类别中只有很少的项目并且可以与其他类别合并，通过合并过程你还可以发现有些项目放到了错误的类别中。

　　"我们来检查一下目前的进展，看起来我们有十一项进行了分类。

　　"A——信息发布，有四项内容；B——筛选，有四项内容；C——接受。我们是否可以考虑合并类别 C，还是保留它独立为一个类别？并且我们确实需要增加一项放在'候选人（与公司）协商工作机会'中。好吧，我记下了。"

　　10. 在对分组过程逐渐适应之后，你可能会发现随时提醒参与者考虑合并或拆分类别更加合适，而不必等到最后才进行。

询问

　　让我们假设你已经完成了前三个议程项：A．"会议开始"；B．"现在的招聘流程是如何工作的"；C．"存在的问题和根本原因是什么"。下一步是专注于 D．"可能的改进措施有哪些"。然而在做此之前，项目负责人安排了一名外部招聘专家为团队展示其他公司在使用招聘流程中的最近技术。

秘诀 30　问答部分的秘诀：事先利用小组确定问题。

　　询问过程的目的是让参与者产生问题，或者问发言者、小组以及相互之间的问题。预提问过程是一个让参与者准备聆听的询问技术，这个技术让发言者知道他们发言的重点在哪里。

询问：预提问

1. 描述活动和目的。（注意，你应该在之前的**检查点**已经做过这个。）

　　在听取专家讲述招聘流程之前，让我们花 1 分钟时间确定我们希望在这个演示中得到回答的最重要的问题。这会给我们一个机会明确我们最紧迫的问题并让发言者知道什么对我们最重要。

2. 根据所坐位置划分为小组并且根据就近原则选择小组长进行**分组讨论**。

"为了完成这个工作，让我们根据所坐的位置快速分成小组，安娜、杰夫和托尼，你们组成第一组，第二组包括……第三组包括……"

"我们需要每个组有个小组长，所以我希望每个小组座位离我最近的人担任小组长，小组长们请拿起你们的桌上的便笺本和笔。"

3. 每个小组有 2 分钟时间，使用 **PeDeQs** 方法在他们的便笺本上写下最重要的问题。

"小组长们，你们每组有 2 分钟的时间写下你们小组希望从演示中看到答案的最重要的问题。请用你们的笔将问题写在便笺纸上，每张纸只写一个问题。2 分钟时间一到，就不要再写了，我将给你们倒数计时，有什么问题吗？"

4. 提出你的**开场问题**，帮助团队成员看到他们的答案。

"我们即将看到一个其他公司使用的招聘流程的展示。为了对我们产生帮助，展示应该涵盖一些特定的题目和问题，回想一下我们的流程工作方式以及我们现在存在的问题。这位专家在招聘流程上经验丰富，可能会有一些你们想要学习的关键见解，想要听到的特别内容，以及专家可以回答的关于其他公司如何解决有些难题的方法。充分利用时间在你们的小组写下这些问题。记住，每张便笺纸写一个问题。哪些是你们希望在这次演示中得到回答的最重要的问题？你们有 2 分钟时间，现在开始。"

5. 通过检查和对每张便笺纸进行分组，使用**分组**技术产生问题类别。

"看来我们从第一组得到了六张便笺纸，第一个是这样的：'有没有公司有简历自动存储和提取流程？'让我们来给这个问题产生一个类别并且命名这个类别，这样其他类似问题就可以放到这个类别中了。第一个类别叫什么名字合适呢？好的，我们有了类别A——技术。那么，第二个问题是什么？它是这样写的：'对于一个职位，从定义用人需求到入职的平均时间是多久？'这个问题是放到技术类别中还是我们产生一个新的类别？好的，我们有了一个新的类别 B——时间。让我们继续下一个问题。"

6. 设置一个**检查点**然后把发言权交给发言者，提示发言者你收集到的问题。注意设定参与者和发言者的期望，演示不一定要回答全部问题。

"现在我们已经确定了需要回答的主要问题，很可能只有其中一些问题会在演示中得到回答。演示完之后，我们会回到这些问题中决定是否可以回答更多的问题，而哪些问题需要通过其他方式处理。我们今天的讲演者是……"

7. 演示完之后，把问题划分给原地分组的小组，每个小组指定一个小组长。每个小组有 3 分钟的时间，（a）回顾所有问题，（b）找出那些还没有得到回答的问题，（c）找出不超过三个他们认为特别需要发言者回答的问题。

"现在我们已经看了演示，让我们花 1 分钟时间检查一下我们的问题，并且确定还没有得到回答的问题。现在的小组长们请把你们的笔交给下一个练习中担任小组长的人员。新的组长们，你和你的小组将有 3 分钟的时间，拿着我分配给你们的问题分组的便笺纸，检查每张便笺纸确定是否有问题还没有得到解答。如果已经解答了问题就丢掉便笺纸；如果没有解答，判断你们是否需要发言者解答问题。你们可能只有时间关注在 1～

3 个问题。第一组，你们分配的问题是……请过来取回去。第二组，你们的问题是……好了，现在你们有 3 分钟时间确定你们要发言者解答的问题。小组长们，还有其他问题吗？让我们开始吧！"

8.　给每个小组不超过 4 分钟的时间，与发言者进行问答环节。

"好的，我们现在准备好了问题，让我们一个小组一个小组依次进行。每个小组有 4 分钟的时间和发言者进行问答。由于你们只有 4 分钟时间，我允许你们做的无礼一点。只要你们感觉问题已经得到满意答复，你们可以打断发言者并说：'抱歉打断你，但是你已经很好地回答了我们的问题，在时间截止之前我要再多问一个问题。'好了，让我们从第一组开始，小组长，请提出你们的第一个问题。"

9.　完成了问答环节，让各组再花几分钟检查剩下的问题，并且决定是否还有需要处理的问题，让小组在便笺纸上写下注释，说明如何处理这些问题（如在小组会议中讨论，而暂时搁置），收集这些问题供会议记录使用。

"现在我们已经完成了问答，我们应该再花 1 分钟时间检查一下我们剩下还没有解答的问题。小组长们，是否可以请你们和小组再检查一下那些问题，看看是否还有需要处理的问题。如果有，在便笺纸上标注处理问题的最好方法。例如，有些问题最好召开小组会议讨论，而有些问题可能需要分配给其他人处理。当然，有些问题可能并不那么重要，你们可能想要忽略它，这由你们做出选择。你们有 3 分钟时间回过头去检查问题并标注应该如何处理。所以我们要你们找出那些需要处理的问题并且在便笺纸上写上最好的处理办法。小组长们，还有什么问题吗？3 分钟，现在开始。"

产生观点

为了帮助招聘流程改进小组确定他们的第四个议程项 D——"可能的改进措施有哪些"，你将带领他们进行一个产生观点的流程。

产生观点和收集事实可能是在引导会议上被团队使用最普遍的功能。在很多会议中，对于团队寻求的问题的创造性解决方案的达成，产生观点环节至关重要。我通常使用头脑风暴作为产生观点的技术。

秘诀 31　**产生观点的秘诀**：提问、记录，而不要回应。

头脑风暴是一个在短时间收集大量观点的非常出色的工具。在头脑风暴环节，你说出目标，设定时间限制，使用白板架或其他载体记录会议参与者快速抛出的观点。图 7.4 显示的白板架示例表现的信息是这里介绍的头脑风暴环节可能产生的结果。

产生观点：头脑风暴

1.　描述活动和目的。（注意，你应该在之前的**检查点**已经做过这个。）注意鼓励创造力和非常规的观点。

"我们下一步是进行找出针对招聘流程可能的改进措施的头脑风暴，这非常重要。因为我们不想被我们现在的做法所限制，而是希望找到创造性的解决方案可以帮助我们找到和雇用最好的人才，快速而且高效。"

可能的改进措施

1. 如果事先发现内部候选人，允许使用基于 14 天内部公告的内部快速招聘流程。
2. 首先在内部公布所有空缺职位，内部公布 21 天未果后才发布外部招聘广告。
3. 将简历扫描入电脑供查询。
4. 允许用人部门自行决定参与筛选流程。
5. 公布面试安排，允许用人部门人员报名参加。
6. 跟踪面试官的意见和评分。
7. 对所有招聘经理和面试官提供面试培训。
8. 通过提供签约奖金吸引顶级候选人。

图 7.4   招聘流程的可能改进措施

2. 设定时间限制并使用 **PeDeQs** 方法进行通用指示。如果需要可以举例，也可以给出一个回应模板。

"我们准备花 5 分钟的时间做一轮认真的头脑风暴。我会要求房间里的参与者从乔开始，每个人告诉我一件事情，让我们可以去做，目的是朝着我们更好的招聘流程的愿景前进。如果可以，请给我一个'动宾'结构，如'实施这个，开发那个'。"

"我们可能会有 4 分钟或更长时间，所以如果你一开始没有想好，可以先说'过'。"

3. 防止对一个观点的任何形式的评估。

"因为我们需要营造具有创造力的环境，有一点非常重要，即在这个阶段我们不要花任何时间去评估或分析某个观点。我会尽我所能快速记录，并且很快从一个人转向下一个人。如果你发现自己在想'这个不起作用'，那么就问问自己：'什么会起作用？我可以怎样改进它？'有些很好的观点就是从不现实的建议开始的。"

4. 提出你的**开场问题**帮助团队成员看到他们的答案。

"让我们回到我们的问题清单，哪些是我们需要改正的事情，回想一下你看到其他公司的做法，你曾经想到的我们可以采取的做法，以及其他任何可以让我们的招聘流程更好的事情。乔，从你开始吧。让我们产生一个列表，找出那些我们可以做到的改进招聘流程的事情，都有哪些呢？"

5. 记录参与者的回答，确定**使用而不要滥用笔**并且**管理记录流程**。如果一个观点不符合目标，也先记录下来，提醒参与者目标然后继续。

快速小窍门！

　　在头脑风暴环节，速度可以帮助保持活力和观点的涌现。然而，通常你记录的能力会产生一个瓶颈，可以考虑在请求回答的同时让一两个其他人帮助你在白板架上记录。

---

　　6. 保持步调，继续前进，追求数量，观点越多越好。通过使用一些连接词（如再告诉我更多），避免沉默。如果需要可以使用**提示问题**和**扩展提示问题**。

　　"再告诉我更多。下一个是谁？更多观点，更多观点……还有什么办法可以改进招聘流程？"

　　7. 当时间到了或者有一轮每个人都"过"了的时候就结束头脑风暴，在结束之前再次问一下还有没有其他想法。

　　"我们到了预定的时间，还有没有最后 1 分钟的新观点？"

　　8. 在头脑风暴之后进行某种形式的**分组**或者优先级排序（后面介绍）来突出重要的部分。

优先级排序

　　引导师经常需要参与者从产生的列表或头脑风暴的结果中确定最重要的项目。例如，优先级排序可以确定哪些项目需要继续工作或哪些项目需要最先处理。如果你是一个战略规划的老手，你会知道很多规划的结果是：战略总是多于你可以立即实施的项目。经常是，一个战略规划得出 25 ~ 40 项战略，而很多公司如果在一年之内可以实施 6 ~ 12 项战略举措就已经很幸运了。你如何决定首先实施哪些战略？你如何确定你的优先级？对于优先级排序有很多方法。

　　有些公司采用记点的方法：每个参与者得到一定数量的胶纸圆点，数量由需要的战略决定。参与者被要求将圆点贴到他们认为应该首先执行的战略项目上，获得圆点最多的战略项目获得最高的优先级别。

　　另一些公司采用比较复杂的分析方法，如加权计分的方法。评判标准被赋予权重，每个战略的加权积分决定于战略的分值乘以标准的权重，最后相加得出结果。那些获得最高加权积分的战略得到最高的优先级别。我会在第 10 章更详细地介绍加权计分的方法。

　　还有一些公司采用混合的方法，如他们利用高、中、低的简单标准评估每个战略，然后用记点的方法决定最后的选择。

　　无论使用哪种方法决定优先级别，一定要把三个基本原则记在脑子里。

秘诀 32	**优先级排序的秘诀：**定义评判标准，允许游说，评分后进行一致性检查。

↘ 定义设定优先级别的评判标准

当团队设定优先级别时，即使使用记点的方法，也需要参与者确定一套通用的评判标准，至少要注意下面三点内容。

优先级别评判标准

- 影响。如果行为实施了，对于达成主要目标会产生什么影响？
- 成功的机会。如果我们决定执行它，项目成功实施的机会有多大？
- 性价比。从这个行为中期待获得的有形和无形的结果相对于实施消耗的成本与资源是什么关系？

为什么 这样做？	**为什么需要参与者确定一套通用的评判标准？** 　　没有一套通用的评判标准，人们就会使用他们自己认为重要的标准。遗憾的是，很多情况下个人标准与公司标准相去甚远。例如，一个人设定优先级别的简单标准就是"支持我部门的工作"。这个人可能就会给那些为他们部门提供最大支持的战略设定为最高级别，而这是一种相当短视的看法。

↘ 在投票或记点之前提供一段游说时间

　　每个参与者都应该有机会解释为什么某个特定的战略应该得到支持，我称这为游说。如果战略通过评判标准进行计分，应该把游说安排在评分之后但在记点或投票之前。我是这样描述游说流程的：

　　我们刚刚定义了优先级排序的评判标准，我们的下一步就是投票了。但是在我们投票之前，我想安排一段受控的游说时间。你们知道我最不希望发生的事情就是每个人都投了票，而最后保罗说："你们这些笨蛋，你们都怎么了？我是这里唯一有理智的人吗？很明显最重要的项目是……而我是唯一投了它票的人。如果我们希望哪怕一点点机会去达到我们的目标，我们就应该……而这个战略是唯一提到它的，你们为什么不投它的票？你们这些家伙都怎么了？"因此，我希望在投票之前给保罗和其他每个人一个机会，来阐述一下他们对于某个观点的支持。我们这样来做，从珍妮开始，每个人有 60 秒钟时间来告诉大家他认为最重要的战略和原因，关键是解释原因。当然，如果你不想游说，只要说"过"，我们就转到下一个人。每次有人对一个项目进行游说，我就做一个小的标记。只是为了每个人都看到有多少人为这个项目游说。游说完成以后我们就开始投票。有什么问题吗？

　　这个受控的游说过程给每个人一个影响他人意见的工具,这个过程还通过让参与者反复听到对少数行动的支持,帮助建立对某些解决方案的共识。另一个游说的明显收益是:一旦最高级别的优先级确定而需要有人报名来实施它们时,那些为项目游说的人会感觉"获胜"了,他们愿意成为志愿者确保这些项目的实施。出于这些原因,我几乎每次优先级排序之前都会使用游说。

↘ 评分之后进行一致性检查

　　不论你使用记点方法、加权计分或其他混合方法,结果都是一个评分,注明对特定战略的支持水平。有一点非常重要而需要认识到的,是评分不是决策,评分只是完成分析的结果,并且作为最终决策的依据。战略按照获得的评分进行排序之后,仍然需要参与者接受评分确定最终的优先级或者做出必要的调整。

　　例如,一个公司在优先级排序之后,发现没有任何内部行动(员工发展、技术改进等)获得足够高的评分而获得较高优先级,然而团队还是同意将其中一项战略放到优先行动的列表中,因为他们相信向全体员工传递一个信息是非常重要的,这个信息就是公司的内部发展和获得外部收入同等重要。

　　让我们来看一下使用记点投票方法时三个基本原则的实际操作,团队正在执行议程项E——"对改进措施进行优先级排序"。图 7.5 显示的信息展示了优先级排序产生的结果。

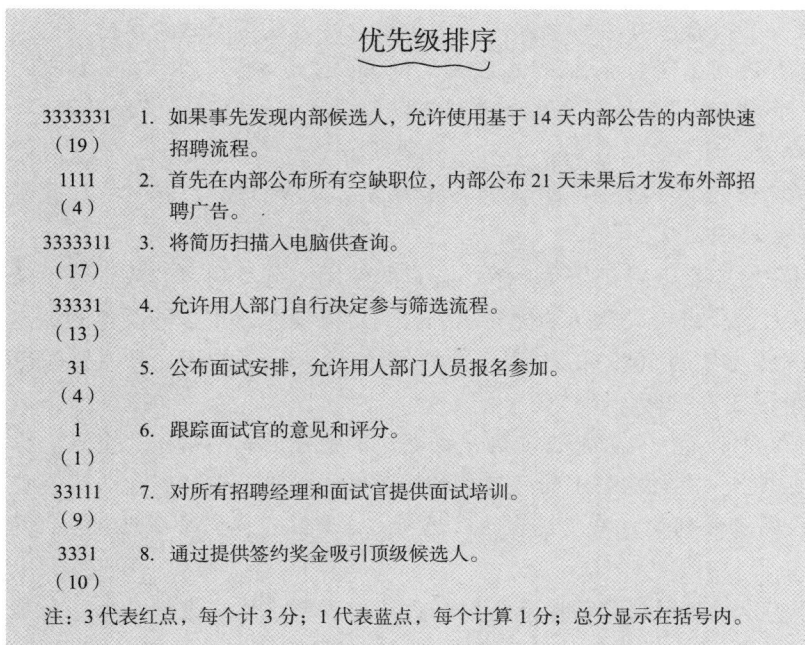

优先级排序

3333331 (19)	1. 如果事先发现内部候选人,允许使用基于 14 天内部公告的内部快速招聘流程。
1111 (4)	2. 首先在内部公布所有空缺职位,内部公布 21 天未果后才发布外部招聘广告。
3333311 (17)	3. 将简历扫描入电脑供查询。
33331 (13)	4. 允许用人部门自行决定参与筛选流程。
31 (4)	5. 公布面试安排,允许用人部门人员报名参加。
1 (1)	6. 跟踪面试官的意见和评分。
33111 (9)	7. 对所有招聘经理和面试官提供面试培训。
3331 (10)	8. 通过提供签约奖金吸引顶级候选人。

注:3 代表红点,每个计 3 分;1 代表蓝点,每个计算 1 分;总分显示在括号内。

图 7.5　招聘流程改进措施的优先级排序

优先级排序:记点投票

1. 描述活动和目的。(注意,你应该在之前的**检查点**已经做过这个。)

"我们下一步将要对这些改进措施进行优先级排序，以便确定那些需要首先开始实施的项目。"

2. 使用 **PeDeQs** 方法进行通用指示。

"我们将开始确定优先级排序使用的最重要的评判标准，我会给每个人一套带颜色的圆点，每个人将把这些圆点张贴在你们认为最能帮助改进招聘流程的改进措施上，获得点数最多的改进措施将成为我们最终考虑实施的措施。然而在我们开始投票之前，我们会有一个特别的游说过程。如果我是投票的参与者，我会希望每个人都和我投一样的票，我不希望我们记点后我认为最重要的项目只有我一个人投票。游说过程就是解决这个问题。在投票之前，每个人都将有 1 分钟时间与大家分享你们认为最重要的项目以及解释原因。每个人都用掉 60 秒之后，我们开始投票。重申一下：首先我们讨论优先级排列使用的评判标准，其次我们将有一个游说过程，最后我们投票并检查结果。有什么问题吗？"

3. 在寻求接受之前，向团队建议评判标准并征询其他标准。

"在优先级排序时，我们通常会考虑三个评判标准。影响的水平可能是最重要的：这个改进措施对于整个招聘流程的影响有多大，是高、中、还是低？成功的可能性是第二个评判标准。如果我们选择实施这个改进措施，综合考虑改进的性质、我们的能力和其他因素，我们成功的可能性有多大？最后，我们看一下性价比。这个改进措施的性价比相对于其他的性价比如何？你们还有没有其他评判标准需要我们考虑？"

4. 设置一个**检查点**并给每个人提供一个机会游说获得团队的支持。

"我们已经谈到了评判标准，现在在我们使用圆点之前，我们所有人都有一个选择，是否愿意花 1 分钟时间来说明哪些改进措施我们应该给予最高优先级并解释原因。原因是最重要的部分，因为它让我们每个人更好地理解一个改进措施的价值。我想从托尼开始，房间里每个人依次进行，每个人可以选择发言或者'过'。托尼，你觉得如何？你要'过'，还是游说团队？"

5. 使用完**检查点**以后，分发并解释圆点的使用。分发圆点的数量等于项目总数的 20%～30%。为了获得更大范围的优先级积分，可以考虑使用多种颜色的圆点。我个人喜欢给每个人圆点数的 50%～60% 用一种颜色（红色），余下的用另外一种颜色（蓝色），红色圆点每个记 3 分、蓝色圆点每个记 1 分。

"现在游说结束了，我们来设定优先级别，这将告诉我们明年的重点。你们每人都有五个圆点，三个红色的，剩下的是蓝色的。请把红色圆点张贴到你认为最重要的改进措施上，蓝色圆点放到你也希望发生的改进措施上。红色圆点每个记 3 分，蓝色圆点每个记 1 分。"

"你们有 5 分钟时间把你的圆点张贴到你认为最合适的改进措施上。每个项目上每人最多张贴一个圆点。投票的时候请考虑我们决定的评判标准。有什么问题吗？"

6. 检查结果并且让大家对投票的优先级别达成共识。如果没有达成共识，你需要使用后面介绍的建立共识策略解决这个问题。

"从头脑风暴产生的十五项改进措施中，总共只有八项获得了投票。八项当中投票前五位的明显胜出了——改进措施第一、第三、第四、第七和第八项。这五个当中最低获得了 9 分。除此之外，第二项和第五项获得了 4 分，少于 50% 的点数。"

"基于这个结果，我们的优先改进措施是……我们看一下房间里的内容来达成共识。如果你们同意这个优先级排序，请点头。"

报告

报告流程用来告知分组会议或其他活动的结果。在第 5 章，我提到了**轮转使用白板架**流程作为一个分组会议汇报的工具。在本章，我会谈及更加标准的汇总汇报流程。

在议程的这个阶段，招聘流程改进小组已经确定了将要实施的最高优先级的改进措施，并且已经到了议程 F——"制订一个实施计划"。使用分组会议，五个小组都分别产生了一个最高优先级别改进措施的实施计划，现在该汇总汇报了。

正如之前提到的，汇总汇报流程的一个挑战是人们在听取其他小组发言时总是不太专心，同时由于有那么多参与者在场，有些参与者就会缺少给其他小组高质量反馈的责任心。出于这些原因，我推荐在汇总汇报时使用第 5 章介绍的轮转检查流程。如果轮转使用白板架不是一个合适的选择，就使用下面介绍的汇总汇报流程。

秘诀 33 **汇总汇报的秘诀：**通过让小组检查汇总汇报提高反馈的质量。

报告：标准汇总汇报

1. 描述活动和目的。（注意，你应该在之前的**检查点**已经做过这个。）

"现在我们已经在分组讨论中有了一个实施计划的起始点，我们可以听听小组的成果了。在汇总汇报中，继续这个起始点并尽我们所能不断改进非常重要。"

2. 使用 **PeDeQs** 方法进行通用指示。

"每个小组有 4 分钟进行你们的汇报。你们可以自由支配这段时间，但是我们希望听到的内容至少包括行动步骤、职责责任和时间点。在一个小组汇报时，我要请另一个小组作为主要的评论者。这个小组的责任是给出最初的意见，第一，他们喜欢这个行动计划的哪些部分；第二，如何让这个计划变得更好。在主要评论小组给出意见以后，其他小组也可以有机会给出自己的意见。"

3. 在每个小组进行汇总汇报之前，请让主要评论者小组知道他们是谁。主要评论者小组最好不是当前报告的前一个或后一个汇报的小组，这样每个小组基本上每隔一轮就会有一个积极参与的角色。

"第一组马上就要开始汇报了，这次我请第三组作为主要评论者，注意认真听你们喜欢它什么和如何让它变得更好。"

4. 在每个小组完成汇总汇报之后，提示主要评论者小组说出报告的优点和改进方法，然后请其他小组进行评论。

"让我们先听听第三小组的评论。你们喜欢这个计划的什么地方，然后提出你们认为可以帮助它改进的建议。现在，我们请其他小组参与进来，说出你们喜欢它的地方和改进的方法。谁第一个来？"

5. 在提出所有改进建议之后，回过头来审视每个计划并且让团队决定是否实施。

"现在我们已经听取了所有的建议，让我们回过头来认真审视以达成共识。第一个建议是……还有什么意见吗？好了，由于这是一个简单的建议，大家是否同意我们采用简单的表决来决策？好的，同意实施第一个建议的，请举手。这个建议通过了，让我们继续下一个改进建议。"

收集反馈

在我们与招聘流程改进小组的议程中，你进入了最后一个议程项——"回顾和总结"。你已经回顾了流程中发生的步骤和做出的决定、遗留问题，以及会议之后将要采取的行动，你现在应该准备好了对会议本身的反馈。

进行反馈是持续学习、发展和应用的重要组成部分。人们通常不愿意给出批评的反馈，而且有时当反馈给出时，并不清楚是一个人的个人观点还是整个团队的意见。评级反馈流程是一个很好的工具，帮助我们确认收到高质量的意见，而且可以评估对这些意见的支持程度。

秘诀 34　**获得高质量反馈的秘诀**：询问优势，需要改进的领域和共识的程度。

评级反馈流程包括下列步骤：

- 请团队首先指出优势。首先谈论讨论的优势更容易让那些不愿意发表批评意见的参与者敞开心扉发表批评的观点，使用**循环赛**或其他技术让每个人都参与。
- 请团队指出改进的方式。注意，你不要问缺点，而是问哪些方式可以让会议得到改进。"改进的方式"这个说法让讨论更加具有建设性，使用的格式是"这是我喜欢的地方——这是如何让它变得更好的方法"。
- 测试每个改进建议。你获得改进方法之后，回过头去请大家对于每个改进建议举手表示同意。

为什么
这么做？

为什么测试每个改进建议？

　　当人们给出改进建议时，他们表示的是如何让会议对他们感觉更好。如果你按照每条建议进行改变，可以肯定的是，至少有一个人更加享受会议，但是其他人呢？通过读出要求的改变并让每个同意的人举手，你将知道对于每条反馈有多少人支持并据此做出反应。你可能会惊奇地发现，经常有些改进建议只有一两个人支持。

反馈：评级反馈

1. 描述活动和目的。（注意，你应该在之前的**检查点**已经做过这个。）

"我们已经接近完成整个议程了。列表上的最后一件事是评估会议，以便可以了解哪些地方做得好以及可以做出哪些改进，而公司也可以从我们学习到的经验教训中获益。"

2. 使用 **PeDeQs** 方法进行通用指示。

"我想这样来做，首先我们先找出优势——做得好的事情。然后，我们谈谈会议可以得到改进的地方。最后，我们回过头来看看会议改进建议并找出那些大多数人支持的来实施。"

3. 首先从优势开始，提出**开场问题**并使用**循环赛**技术让每个人参加，标记类似的意见。

"让我们从优势开始，我将让房间里的每个人轮流发言并从吉米开始。我希望针对会议流程和我们的工作方式每个人说出一个你们喜欢的地方。如果有人已经说过了你喜欢的地方，你可以说'同意第一条'，我会放一个标记表示有人同意这条意见。吉米，我们开始吧！回想一下整个流程，从第一天我们见面开始，到所有我们进行的活动——记录现在的流程，谈到存在的问题，可能的解决方案，优先级排序以及我们的实施计划。考虑一下你喜欢的会议流程，我们的工作方式和我们取得的成果等。我们来产生一个列表。开始吧，吉米。你喜欢什么？哪些地方做得好？"

4. 接下来到了改进的地方，让参与者随机提出建议而不是采用循环赛技术。

"我们说过了喜欢的地方，让我们接下来寻找改进的方式。我想采用开放的方式进行，我们不需要采用什么固定顺序。我们在一起的这段时间，可能有些事情会令你说：'嗯，我希望我们可以用不同的方式做那件事。'或者'那个当然做得不好。'可能还有其他你想到的改进建议。如果我们可以从头再做一次，你觉得你哪些地方会采用不同的方式去做？什么是你建议团队应该采取不同的方式去做以产生一个更好的流程？谁愿意第一个发言？"

5. 回过头去检查每个改进建议。请支持每个改进建议的参与者举手示意，如果你在与一个小型团队工作，你可以记下举手的人数；如果是和大型团队一起，可能估计同意人数的百分比会更快一些。

"现在让我们回过头来看一下每条改进建议。我想了解一下每条建议的支持程度。在我读出每条建议时，如果你们同意就请举手。第一条是……有多少人同意这条建议可以改进会议？看起来大概有 80%，我们继续下一条。"

更多的信息收集和处理策略

在之前部分，我介绍了七种信息收集和处理功能的不同方法。这里我简单介绍更多的十种对我们工作有帮助的方法。

简短的不期 而遇	**目的** 为参与者收集其他人对于他们想法的反馈。 **大致描述** • 引导师指导参与者产生一个私人问题（如"我如何给出建设性的反馈而不像在评判"）。 • 在 10 分钟的时间内，参与者进行尽可能多的一对一谈话，对话中提问并获得答案，特别不鼓励对回答做出反应。 **优势** • 让参与者行动起来。 • 让参与者收集对一个想法较多的输入。 • 给参与者一个机会听取其他问题并提出建议。
堆砌和分从	**目的** 收集和分类信息。 **大致描述** • 参与者分组把他们对一系列问题（如"什么是招聘流程的步骤""哪些是这次会议的目的"）或者头脑风暴问题（如"我们公司外出活动去哪里"）的回应记录在便笺纸上。 • 引导师收集便笺纸，然后使用分组活动让参与者把这些项目分组，用矩阵元素画在白板架上。 **优势** • 让很多人参与。 • 以快速和有效的方式组织海量输入。
电梯间谈话	**目的** 概括信息或准备一个会议内容的回应。 **大致描述** • 参与者单独或以小组准备一个电梯间讲话——一个简短的陈述，利用电梯从一个建筑物一层到顶层的时间（大约 60 秒钟），发言应该抓住别人的注意力并且用少言表达多意。 • 电梯间讲话的题目通常回答一个会议工作相关的问题（如"这个战略规划的不同是什么""会议最大的收获是什么""小组如何确定……的问题"）。 • 根据目标，在小组分开工作产生具体内容之前，参与者可以作为一个团队工作确定电梯间讲话的关键元素。 **优势** • 需要很短的时间并将所有的想法和观点都呈现出来。 • 防止参与者分享过多信息或啰唆。

非自愿类比

目的

帮助小组产生创造性解决方案。

大致描述

- 在第一轮头脑风暴之后，选择一个与当前活动完全没有关系的对象。如果团队正在寻找改进招聘流程的方法，引导师可以问："招聘流程和一杯咖啡有什么相似的地方？"

- 之后团队花 5~10 分钟回答问题。回答可能会是："你可能花了很多钱但是没得到你想要的东西。"或者"适合一个人的不一定适合另一个人，你要了解买主的需求。"

- 完成非自愿类比之后，通过提问再做第二轮头脑风暴："基于这个练习，还有什么其他解决方案我们需要考虑？"

优势

- 强迫小组跳出思维框架并考虑一些不明显和不是轻而易举可以想到的可能性。

未来的信

目的

帮助确定后续行动的实施。

大致描述

- 当会议结束并且人们已经产生了改变他们行为的行动或承诺时，让参与者给他们自己写一封信，说明：

- 他们现在的感受和原因。

- 他们刚刚做出的承诺以及为什么这对他们和他们的公司重要。

- 他们兑现承诺时可能会遇到的障碍以及他们克服困难的决心。

- 收集所有写给自己的信并告诉每个人，你将在三四个月后把这些信寄还给他们。

优势

- 尽管意愿是非常美好的，但是人们回到自己工作中以后常常被其他重要的事情淹没了，知道这样一封信的到来通常足够激励他们信守他们的承诺。收到这封信常常可以点燃已经熄灭的承诺。

最后的站立者

目的

在较短和精力充沛的时间找到独特的信息或想法

大致描述

- 参与者分组把他们对一系列问题（如"什么是招聘流程的步骤""哪些是这次会议的目的"）或者头脑风暴问题（如"我们公司外出活动去哪里"）的回应记录在便笺纸上。

- 小组长被要求来到房间前面，一组接一组，小组长每次把一个答案张贴到白板架上。例如，第一组组长张贴一个答案便笺纸，然后站到队伍最后，之后是第二组张贴一个答案便笺纸，之后再站到队伍最后，以此类推。

- 如果小组长给出了一个已有的答案，参与者用大声吵闹告诉他犯了错误。
- 如果第一次犯错，引导师收取那个便笺纸并让小组长站到队伍最后，然而第二次犯错，小组长就必须坐下了。
- 最后一个站着的小组长代表小组获胜（表示这个小组的答案最与众不同）。

优势
- 提供一个有竞争性和活跃的方式找到独特的回应。
- 在困倦的时候特别有帮助。

更多/更少

目的
找出创造愿景或变革的高阶需求

大致描述
- 完成愿景或需要的状态活动之后，参与者找出公司实现需要的状态，所需要的更多的东西和更少的东西。
- 找到的项目包括行动、行为、态度、价值等。

优势
- 提供一种方法在确定需要采取的行动之前找到高阶的变革项目。

开始/结束/继续

目的
确定为了达到需要的状态必须发生的更具体的变化。

大致描述
- 完成愿景或需要的状态活动之后，或者在一次更多/更少活动以后，参与者列出一个清单，标注他们为了达到需要的状态将要开始做的事情、马上停止做的事情和需要继续做的事情。
- 这个活动可以在任何适合的水平进行（如个人、小组、部门或公司）。

优势
- 提供一种方法让参与者思考他们对于一个变革应该采取的应对措施。

谈话棒

目的
提升讨论和聆听。

大致描述
- 参与者围成一圈，圈子中间放一个小棒子。

- 引导师问一个问题，回答的人走进圈子，拿起小棒，开始回答问题。当这个人拿着小棒时，其他人不能说话。
- 一旦这个人结束发言，他放下小棒。当下一个人进入圈子拿起小棒时，第一个人回到发言之前原来的位置。

优势

- 鼓励对一个想法仔细的思考和群体意识。

搅拌

目的

让参与者对一个问题快速做出反应。

大致描述

- 引导师问团队一个问题，可以用一个、两个或三个词回答。
- 问了问题之后，引导师检查确认每个参与者都已经有了答案。
- 之后引导师快速让房间里的人轮流回答问题。

优势

- 提供一种快速方法让团队升温或者发现团队对一个想法或方法的感觉。

应用收集信息秘诀

本章包括了很多信息收集和处理的技术，这些技术可以使用在广泛的活动中。让我们看一下其中四个，包括一个在教室里符合使用这些技术的案例分析。

↘　对你的客户预提问

SMART 引导师在一个演示之前使用预提问技术向参与者发问，找到他们想要演示回答的问题。这个技术让参与者准备仔细聆听，也让演示者预先知道参与者心里想什么。

你也可以在销售环节使用相同的技术，考虑问你的客户下面的问题之一，注意将问题转换为 B 类。

- 你今天想从我们这里听到什么？
- 你想看到哪些问题得到回答？
- 你有哪些担心的地方，而解决了这些担心你就可以得出结论，我们就是那个你希望合作的公司？

↘　发现问题

当面对一个职责是解决问题的团队时，SMART 引导师知道使用一系列首先扩展然后缩小可能的行动。参与者会从"可以做什么"向"将要做什么"转移。

同样，当与小型团队或一对一工作发现问题时，一定要使用流程。例如，聆听和头脑风暴，先扩展选择的范围。这些种类的活动让参与者产生广泛的选择范围，并鼓励他们寻求具有创造性的解决方案。分析各种选项以后，使用游说和优先级排序等流程缩小备选清单直到获得团队将要执行的选项。

↘ 收集反馈

为了获取对于引导会议的高质量的反馈，SMART 引导师不会直接问会议的优势和劣势，而是问优势和改进的方式，这样做让讨论比较积极并专注于改进。你可以在任何批评会带来帮助的场合使用相同的技术，不论是评论一顿饭、一部电影、一次会议还是某人的管理类型。

案例分析 教室里的引导

我要去引导 GRAD 项目下属分支机构的一次战略规划，这是一家专注于改进公立学校教育的机构。由商业团体提供财务支持，这个分支机构实施了一整套学校改革的方法，其基础是专注于阅读和数学，提供教师培训和支持，建立一套教室管理方法论，提供大学奖学金和实施一套责任流程。

这天，我在参观一所由 GRAD 项目支持的小学，亲自观察教室管理和阅读技术。在我走过校区去教室时，我注意到每个教室门的外面都贴着一张卡片，上面写着"第十七周，第四天，×××课程"，还有一个不同课程学习目标的清单。很明显，任何一个参观的人都可以确切地知道那个星期二在教什么课程。

当我走进教室时，课桌被组合成每组包括 4～6 人的小组。我注意到每个孩子都在阅读一个小册子，老师站在教室的前面，手里拿着一本手册和一个装着雪糕棒的开口的罐子。我听到老师说："提问时间！"她说出了第一个问题，之后说"结对"。学生们立刻抓住旁边一位邻座的手，教室里立刻充满了嗡嗡声，每对学生都开始讨论答案。很快，教室里的一对对学生举起握在一起的手，示意他们有了答案。这时，老师从小罐里抽出一根雪糕棒并念出上面的名字，念到名字的孩子站起来回答了问题。老师说："正确，让我们给托尼掌声鼓励。"所有孩子们立刻整齐地开始了持续五六秒钟的有节奏的鼓掌，托尼立即笑容满面。老师说："下一个问题。"老师说出了第二个问题，然后说："小组！"每个桌边的成员都互相手拉手开始讨论答案，再一次教室里举起了拉在一起的小手，老师抽出了雪糕棒念了一个名字，学生回答了问题，老师说："正确，让我们告诉凯瑟琳'好'！"所有的学生站起来，互相击掌，一起说："凯瑟琳，好！"

这个活动持续了整整 1 小时。我后来知道，是学生们自己选择和创造了他们自己喜欢的加油方式，而雪糕棒是为了让每个人都有机会发言。老师非常聪明，在小罐里面还有一个小罐，里面的小罐装的是念过名字的雪糕棒，而外面的小罐装的是没有念过的，这样老师就会总知道哪些孩子还没有机会发言。

我还了解到，每一天，相同的 60 分钟，在这个学校的每个教室，每个老师都会专注于孩子们的阅读课，而这些阅读课是根据那天孩子们的阅读水平特别设置的。如果老师没有完成当天的课程，老师就要转到下一个课上，防止整个课程的落后。我还被告知，那一天孩子们可以进入任何一个适合他们的教室，可能会有二年级的学生在四年级老师的课上，或者相反情况，取决于孩子的阅读水平。

作为一名引导师，看到如此高超的信息收集技术和激励策略由真正的引导老师使用，这给我留下了非常深刻的印象，而相同的技术在这所学校的每个教室中都在使用更让我受到鼓舞。毫无疑问的是，学生们都积极参与而学习正在实实在在地发生。考试成绩的显著提高反映了这个学校正在取得巨大的进展。

引导师信息收集的备忘录

- □ 为了取得高效，引导师必须理解不同的信息收集和处理功能，并且有一个装满方法的工具箱来处理它们。
- □ 收集事实——聆听。
  - 在通过聆听练习收集详细信息时，使用回应提问技术而不是陈述来根据需要认知、澄清、挑战、确认、探寻和重回方向。
- □ 分类——分组。
  - 当对意见进行分类时，每次拿出一条并问道："相同还是不同？这条属于已经存在的类别，还是需要一个不同的类别？"如果是不同的，产生一个新的类别并让参与者给它命名。
- □ 询问——预提问。
  - 在小组或发言者发言之前，让参与者找出他们的问题。在发言者听这些问题时对它们进行分组，最后只让参与者问那些演示没有回答的问题。
- □ 产生观点——头脑风暴。
  - 在头脑风暴中，一定非常小心不要允许评判或分析进入其中，保持头脑风暴简要和充满活力。
- □ 优先级排序——记点排序。
  - 优先级排序时，确定：（1）设定优先级排序时大家使用的评判标准；（2）设立一个受控的游说时间段让参与者可以互相影响；（3）投票之后进行一致性检查。
- □ 报告——汇总汇报。
  - 提高汇总汇报期间收到反馈的质量，可以通过每次指定一个小组主要负责提供正面和批评意见来实现。
- □ 获得反馈——评级反馈。
  - 为了获得引导会议或其他活动的高质量反馈，首先询问活动的优势。对于很多参与者来说，这会让他们更好地提出批评。之后询问改进建议，在收到所有建议以后逐一检查，让所有同意某条建议的人举手示意，这样你就可以了解每条改进建议的支持程度。

☐ 你可以改变你的处理分组（全体、分组、结对、个人）和你的处理顺序（随机、循环赛、指定）让参与者以各种方式参与会议。

练习你的技能

如在本章开始时介绍的那样，我发现很多会议中使用的参与方式仅仅限于演示之后的问答，一遍又一遍重复着。本章提供给你很多工具实现很多的功能，从收集事实到收集反馈。

为了练习你的技能，回想一下你最近主持或参加的一次会议。回顾每项会议流程，找出每项议程服务的功能和使用的方法，然后找出可以使用的替代方法，你可以从详细描述的七种方法或概括介绍的十种更多的方法中选择。如果可能，每个议程项使用不同的参与策略。

你将召开的下一次会议上做相同的练习，观察会议参与程度的不同。

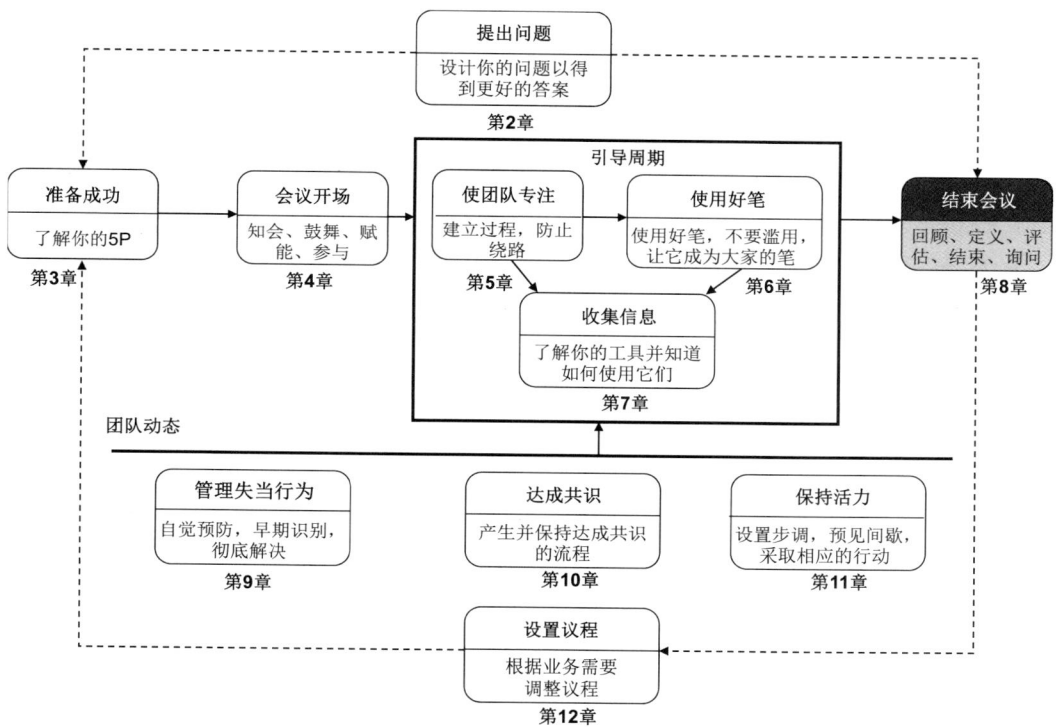

提出问题

设计你的问题以得到更好的答案

第2章

引导周期

准备成功

了解你的5P

第3章

会议开场

知会、鼓舞、赋能、参与

第4章

使团队专注

建立过程，防止绕路

第5章

使用好笔

使用好笔，不要滥用，让它成为大家的笔

第6章

收集信息

了解你的工具并知道如何使用它们

第7章

结束会议

回顾、定义、评估、结束、询问

第8章

团队动态

管理失当行为

自觉预防，早期识别，彻底解决

第9章

达成共识

产生并保持达成共识的流程

第10章

保持活力

设置步调，预见间歇，采取相应的行动

第11章

设置议程

根据业务需要调整议程

第12章

第8章

结束的秘诀

回顾、定义、评估、结束、询问

本章回答的问题

▶ 结束一个会议之前最重要的活动是什么?

▶ 怎样对待参与者在会议开始时确定的个人目标?

▶ 如何确认对于会议中做出的决策的认可和承诺?

▶ 如何处理问题清单上的遗留项目?

▶ 为行动清单分配责任的指导原则是什么?

▶ 从会议团队和负责人那里需要什么样的反馈?

▶ 如果看上去要超过预定的会议时间,你将怎么办?

案例分析 在结束时对共识投票

(注:这是第 4 章案例分析"避免高管的疯狂"的继续。)

回想在解决公司发展的三个障碍的高管会议之前,巨型机生产公司的首席执行官给我们定了一条基本规则,那就是只有所有 40 名参与者达成共识的改进建议才会实施。会议期间,当高管讨论问题和产生战略时,我们记录了做出的每条决定。那天结束之前,我们的一系列白板架上已经记录了很多建议和初步行动计划。

为了结束会议,我使用了"陪审团投票"技术。我提醒高管我们需要对计划的每个元素达成共识,因为我们只会对房间里的每个人都接受和支持的元素继续工作。在念出了我们张贴的决定和行动之后,我问团队前面的第一个人:"你接受这些建议并支持它们付诸实施吗?"第一个人给出了肯定的答复,这种肯定的回应在房间内持续直到我们完成大约 2/3 的时候，下一位高管说："我差不多可以同意吧！"我回应说："听起来你对计划的一个或更多方面有所保留啊。"高管说："嗯，也不是什么严重的问题，我想我同意。"我担心我们没有听到全部意见，于是我追问道："让我来问你一下，你是不是想建议些什么，这样整个计划就会让你感到更舒服一些？"他解释说，他确实质疑过计划的某个部分是否切实可行，之后他又建议做一些改变，他感觉那样可以增加成功的可能性。我也与团队进行确认："我们刚才听到了对于一个行动的改变建议，让我们来回顾一下……对于接纳这个变化大家有问题或者其他考虑吗？"有一个人建议对变化的一个小的修改，那位高管也觉得很不错。当整个团队表示接受那个变化时，我回过头来问那位高管："你接受这个并支持它们付诸实施吗？"他回答："绝对支持！"

很多会议都是在摇摆和松散的状态下结束的，而松散结尾的后果就是，才过了一两天，与会议实际发生的情况不同的意见就出现了。有时，分歧如此之大，以至于你怀疑是不是每个人都参加了同一次会议。

在会议结束时，参与者应该回答下列问题：

- 我们完成了什么事情？
- 我们做出了什么决定？
- 我们可以对其他人怎么说起这次会议？
- 会议如何被记录？
- 我们离开会议室之后会发生什么？
- 谁负责让这些事情发生？
- 我们如何知道这些事情已经发生了？
- 我们下次什么时候再回到一起？
- 我们再次回到一起的时候都做什么？

SMART 引导师通过依次使用五个步骤达成这些结果：

结束的次序	1. **回顾**进行的活动、参与者目标和停车板（问题、决定和行动）。 2. **定义**会议的哪些内容可以对外沟通。 3. **评估**会议的价值和达成的结果。 4. **结束**会议并提醒之后的步骤。 5. **询问**会议负责人关于会议的优势和需要改进的领域。

秘诀 35　**强力结束的秘诀**：回顾完成的内容；定义哪些可以沟通；评估价值；结束并提示下一步；询问负责人。

回顾完成的行动和个人目标

在结束会议之前，你首先回顾会议期间完成的行动。回顾提供给团队一个关于会议全部内容的集中提示。

两种回顾完成活动的方式	• 一种回顾已完成活动的方法是把会议流程一项接一项地梳理一遍。 • 我所推荐的一种不同方法称为"绕墙而行"。如果你已经把会议产生的信息都记录在白板架上并将它们都张贴在墙上，你可以在房间里绕墙而行，指点每个步骤的结果，回顾完成的工作。回顾通常花上两三分钟时间，这将帮助参与者看到他们花费时间工作的结果并且产生一种满足感。

回顾完成的活动以后，下一步就是回顾会议开始记录的参与者的个人目标。

回顾个人目标的步骤	1. 对于每个目标，问团队："目标实现了吗？" 2. 鼓励成员们以热烈的方式回应，活跃结束前的气氛。例如，让他们大喊欢呼表示"是"或者起哄说"没有"。 3. 用一支与记录文字不同颜色的笔在"是"的项目上画钩，在"没有"的项目上画圈。 4. 完成所有目标回顾之后，如果有画圈的地方，回到每个画圈的地方讨论后续行动中该如何去做。 5. 记住把后续行动加到行动列表上。

确认对做出决定的承诺

记住在整个会议期间，你使用了三个停车板记录重要信息。

停车板	• **决策清单**，记录了会议期间做出的决定或建议。 • **问题清单**，包括需要后续会议讨论或完全超出这次会议的话题。 • **行动清单**，记录会议结束之后需要采取的行动。

在会议结束时，检查三个停车板，从决策清单开始，回顾决策的目的是提醒团队做出的决策。另外，你可以通过回顾加强对行动的承诺，找到潜在的问题并找到克服这些问题的策略。

秘诀 36　**确认对决策承诺的秘诀**：记录主要决策的收益、障碍和成功策略。

SMART 引导师通过四步来回顾决策清单。完成第一步以后，你可以根据你的时间、决策的重要性、对于行动承诺的需要以及来自会议之外的可能的抵触程度，选择后面的一步或更多步骤。

回顾决策清 | 1. 简单回顾决策。
单的步骤 | 2. 记录决策和收益。
| 3. 找出潜在的障碍和策略。
| 4. 陪审团投票。

步骤 1：简单回顾决策

最直接回顾决策的方法是简单地念出决策清单上的项目并且问："这个清单是不是清楚地描述了我们这次会议做出的决策？还有没有其他的决策？"图 8.1 展示了一个决策清单的示例。

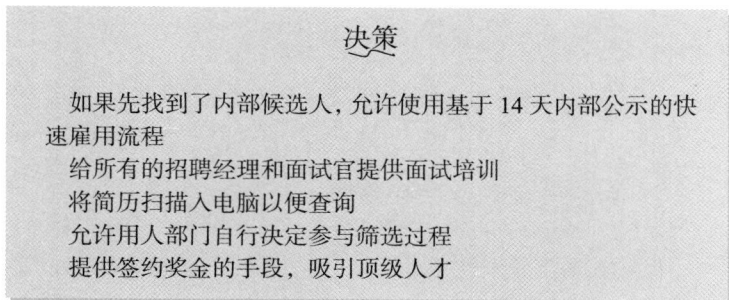

决策

如果先找到了内部候选人，允许使用基于 14 天内部公示的快速雇用流程

给所有的招聘经理和面试官提供面试培训

将简历扫描入电脑以便查询

允许用人部门自行决定参与筛选过程

提供签约奖金的手段，吸引顶级人才

图 8.1　决策清单

步骤 2：记录决策和收益

回顾决策清单之后，你可以记录每个决策的收益，帮助确保团队成员理解获得的价值。有些会议中，作为会议设计的一部分，你将记录每个决策的收益。如果没有，使用下面的步骤：

1. 确定清单上的决策已经编号。
2. 产生一个两列的表格，分别命名为"决策"和"收益"。"决策"列相对窄一点。
3. 在第一行写下"1"，并让参与者找出第一项决策的收益，如案例对话中所示。
4. 以此类推，直到团队记录下每个决策的收益。

↳ **案例对话：记录决策和收益**

引导师：现在我们已经回顾了决策，让我们花点时间记录每个决策的收益，这非常重要，因为很可能我们中的一个或多个人会被问到我们为什么做出这些决策。记录每个决策的收益可以帮助我们确保每个人可以对外传递相同的信息。

我们先看一下第一个决策，它说的是……让我们假设这个决策已经实施，考虑一下这个决策对于公司的影响，让我们来找出几点：什么是实施这个决策的收益？……

为什么 这样做？	**为什么记录决策的收益？** • 通过跟踪和回顾做出的决策，会议中的每个人都会对会议的结果有一个清晰的理解。 • 通过记录收益，参与者将对决策获得的价值有一个共同的愿景，这个共同的愿景可以让参与者在同会议以外的人沟通决策时受益。

图 8.2 是展示记录收益结果的白板架示例。

决策	收益
1.	为内部候选人产生一个快速招聘流程，而这个职位对于公司里的其他人依然有效
2.	增加了找到更强候选人和淘汰较弱候选人的可能性，降低了面试官在面试时提出违规问题的风险

图 8.2　决策和收益

↳ **步骤 3：找出潜在的障碍和策略**

在记录决策和收益以后，考虑让团队找出实施决策潜在的障碍。找出障碍会在实施复杂变革或面临较大阻力时特别有益。图 8.3 显示了潜在障碍讨论结果的白板架示例。

潜在障碍

1. 管理层缺少对建议的认可
2. 面试培训中缺少参与
3. 签约奖金预算浪费在了非顶级人才上

图 8.3　潜在障碍

↳ **案例对话：找出障碍**

引导师：我们已经找出了每项决策的收益，这些是要达成的重要收益。然而同时，可能有些障碍存在于我们实施决策的路途上，这些可能是内部障碍、外部障碍或其他阻碍决策前行的事情。让我们来列出一个清单：哪些会是我们实施这些决策的拦路虎？……

在你记录所有的潜在障碍之后，下一步是定义处理这些障碍的策略。

定义潜在策略	1. 产生一个四列的表格，标题分别是"障碍""策略""负责人""时间"。"障碍"一列可以相对窄一点。 2. 将"1"填进第一列，让参与者找出可以克服障碍的潜在行动。 3. 记录每项团队找出的成功策略。 4. 记录所有成功策略以后，让团队决定房间里谁来领导每项实施策略，让策略领导承诺一个完成策略的时间。

↳ **案例对话：潜在策略**

引导师：这些障碍肯定会为成功实施我们做出的决策制造困难，因此我们采取合适的步骤试图最大程度降低这些障碍的影响将会非常重要。让我们依次检查这些障碍并决定可以采取什么策略处理它们。

我们先看第一个障碍，它是说……让我们来假设，我们必须防止这个障碍给我们实施决策带来负面影响。思考一下，我们可以做什么来防范负面影响，可以采取什么行动。让我们产生一个列表。我们可以采取哪些行动防止这个潜在障碍影响我们的决策？……

现在我们已经找到了克服每个障碍的策略，让我们决定谁是最适合领导这些策略的人并确定策略实施的时间。让我们来看第一个策略，它是说……谁是最适合负责这个策略的人？……这个策略什么时候执行完毕？

对于团队来说，在记录障碍和潜在策略之前首先找出每项决策的收益非常重要。通过首先记录收益，团队更有可能看到克服障碍的价值。如果参与者没有记录收益而先找出障碍，他们很可能就会因他们需要克服的障碍而感到气馁，从而重新考虑决策的价值。图 8.4 展示的是解决障碍讨论结果的白板架示例。

障碍	策略	负责人	时间
1.	召开一次管理层会议介绍建议和收益的基本情况，获得管理层认可	罗伯特	三周之内
2.	向管理者介绍基本情况并请求他们的帮助，让他们提出他们希望在面试培训中看到什么内容；让管理者从人力资源部选择三个人作为顾问小组帮助设计培训	桑德拉	六周之内

图 8.4　成功策略

↘ **步骤 4：陪审团投票**

在几种不同类型的引导会议中，最基本的原则是在开始实施解决方案以前让所有参与者确认共识。与战略规划、流程重组和问题解决（如本章案例分析所示）相关的会议是三种典型的需要确保所有参与者达成共识的会议类型。有一种方法可以确保你得到全体共识，这就是陪审团投票。

1. 在开始阶段，定义共识，其含义为"我接受它，我将支持它"。（参见第 10 章关于定义共识的案例对话。）

2. 同样在开始阶段，声明在会议结束时你会询问参与者他们是否接受和支持他们产生的解决方案。

3. 回顾做出的决策、可能的收益、潜在的障碍和成功策略以后，询问房间里的每位参与者："你接受和支持这些决策吗？"

4. 如果有人提出自己的担心，你可以问参与者："为了能够接受和支持这个决策，你建议如何最小程度地修改它？"

5. 或者，如果你认为这个担心不是非常严重，你可以先问："这个担心会妨碍你接受和支持解决方案吗？"

6. 如果建议改动，设立一个时间限制讨论这些建议，并且征求参与者的意见是否进行这个讨论。

7. 一旦解决方案达成，就确定当继续进行陪审团投票的时候，之前进行的投票不受影响："我们刚刚听到了对于一个决策的改进建议，让我们来回顾一下……对于增加这个修改还有什么问题和担心吗？"

消除问题清单

问题清单记录的是那些或需要晚些时间进行讨论或与本次会议完全无关的话题，在会议结束时，清除所有问题清单上的遗留问题非常重要。

有些时候问题可能已经被谈及了，有些时候团队可能认为那些问题根本不用讨论，有些时候问题需要被讨论但是在以后的会议中，有些时候问题确实需要在会议结束之前被讨论。

秘诀 37 | **消除问题清单的秘诀：**询问："我们谈及它了吗？我们需要吗？现在需要吗？"

你可以快速而系统地使用下列步骤处理问题清单。当你检查问题清单上的内容时，按照顺序问下面的问题。

消除问题 清单	• "我们谈及它了吗？"（如果是，跳到下一条。） • "我们需要讨论它吗？"（如果否，跳到下一条。） • "我们现在需要讨论它吗？" 　　—是：设定时间限制并引导讨论。 　　—否：将问题转移到行动清单。

这个过程结束的时候，问题清单上将没有剩余项目，任何需要后续行动的项目将被转移到行动清单上。

分配行动

行动清单上记录这次会议完成之后需要采取的行动。作为结束会议的一部分，团队要确保每项行动都能够完成，还要为每项行动指定负责人，并且让负责人设定他完成行动的时间。

> **秘诀 38**　**分配行动的秘诀：**行动只分配给在场的人，让他们自己设定完成时间。

如第 4 章所介绍的，行动列表应该包含三个栏目，标题分别是"行动""负责人""时间"。处理行动清单时请考虑下列步骤。

处理行动 清单	1. 回顾所有行动，以确保每个人都清楚清单上的行动。 2. 分配行动之前，提醒团队下列指导原则： 　• 接受分配的行动并不意味着你必须自己完成，而意味着你将负责确保行动的完成。 　• 把行动分配给不在场的人不太合适，那个人可能无法对行动做出承诺或不能完全理解需要的行动。 　• 如果行动由不在场的人完成更合适，找一个在场的人负责，其职责是将行动委派给合适的人，并且跟踪确保行动的完成。 3. 每个行动征求志愿者或让团队选出一人负责。 4. 请这个人设定行动完成的时间，让负责人自己设定时间可以帮助他们建立对目标的承诺。

快速小窍门!

分配行动时，可以让参与者把自己的名字写到行动清单上，来加强他们接受时的责任感。任何空缺的项目都应该由志愿者或团队填补上负责人。

定义会议的哪些内容可以对外沟通

会议负责人希望整个会议的内容毫无保留地与需要信息的人或关注信息的人共享，这并不罕见；同时，整个会议内容都定义为保密并只能跟在场的人共享也是很平常的事情；然而更多的时候，我发现引导会议同时包含公开信息和机密信息。

在这样的情况下困难就出现了，因为有些参与者认为公开信息对另一些人可能是机密的，因此在会议结束时确定哪些内容可以对会议以外沟通非常重要。

根据会议的性质，我使用三种不同的流程产生我称为"沟通计划"的东西。

沟通计划的类型	● 简单清单 ● 双清单 ● 沟通计划矩阵

↘ 简单清单

对于简单清单，引导师产生一个一列的表格，标题是"沟通的项目"，设置检查点，并且询问如下 B 类提问。

> 引导师：我们刚刚完成了停车板的检查，下一步谈谈我们可以对外沟通哪些问题，这很重要，因为我们需要对我们这次会议做了什么统一口径。想象一下，你走出这道门，别人问你："你们开会都做了什么？"想一下你将要说的内容，你要强调的关键点，你想要留给这个人的思路。这些点是什么呢？

你应该将人们的回应记录在白板架上，通常这个清单上包括议程项（完成了什么）、做出的决策和下一步行动。

↘ 双清单

对于双清单，引导师建立一个两列的表格，标题分别为"可以沟通的项目""现在不能沟通的项目"。双清单适用于你怀疑有些特定的信息不能对外沟通的情况，你可以使用下面的内容介绍双清单。

> 引导师：我们刚刚完成了停车板的检查，下一步谈谈我们可以对外沟通哪些问题，这很重要，因为我们需要对我们这次会议做了什么统一口径。想象一下，你走出这道门，别人问你："你们开会都做了什么？"想一下你将要说的内容，你要强调的关键点，你想要留给这个人的思路。这些点是什么呢？
>
> 现在你们已经找出了那些你们认为需要沟通的事情，让我们来确定那些不能对外沟通的事情。思考一下可能过于敏感的话题或现在还不适合分享的内容，考虑一下我们已经完成的内容和做出的决策，哪些应该在清单上。

你应该将人们的回应记录在白板架上。注意，针对一个项目放到左边（可以沟通的项目）还是右边（现在不能沟通的项目）可能有不同意见，你可以使用第 10 章介绍的"明智的多数"流程来解决。

↘ 沟通计划矩阵

对于沟通计划矩阵，引导师产生如下五列的表格。

受众	信息	负责人	途径	时间

沟通计划
矩阵定义

- **受众**：需要会议信息的受众群（如招聘经理、员工、候选人）。
- **信息**：听众需要的特定信息（如新流程概要、详细介绍）。
- **负责人**：负责确保向听众进行沟通的人。
- **途径**：沟通信息适当的方法（如电子邮件、书面报告、演示稿）。
- **时间**：沟通发生的时间。

沟通计划矩阵最适合你有不同的受众群需要接受明显不同的会议信息的情况，或者需要明显不同的方式进行沟通。

完成沟通
计划矩阵
的步骤

1. 确定每种需要会议信息的受众。
2. 从第一种受众开始，找出需要的信息和最适合负责确保受众收到信息的人。
3. 负责人之后定义途径和沟通需要进行的时间。

评估会议

反馈是一个持续改进周期的重要组成部分，要坚持从你引导的每个会议中获得书面反馈。确定鼓励具体的意见，无论是正面的还是负面的，这些将告诉你继续做什么和你应该考虑的改变。如果书面反馈适合，图 8.5 提供给你一个会议评估表的示例。如果团队认为不需要匿名沟通，可以考虑在会议结束时花点时间进行团队评估。进行团队评估时，请考虑在第 7 章中介绍过的步骤获取高质量的反馈。

评估会议的
步骤

1. 使用循环赛技术找出他们喜欢会议的地方，对于很多参与者，这可以让他们更容易提出批评意见。
2. 询问改进建议（随机顺序）。
3. 回顾每条建议并让参与者举手示意他们支持的项目。

公司:			日期:		
引导师:			地点:		

会议	优秀	好	及格	差
1. 会议内容（话题、深度、准确性等）				
2. 会议话题的完整性				
3. 会议的节奏				
4. 会议时间的分配				
会议总体评估				

引导师	优秀	好	及格	差
1. 对于会议的理解（计划、分析等）				
2. 引导团队的能力				
3. 保持合适节奏的能力				
4. 对于问题的回应				
5. 对于团队需求的敏感性				
引导师总体评估				

会议效果	优秀	好	及格	差
1. 会议目标达成如何？				
2. 会议是否会带来积极的变革？				
3. 会议对你个人带来的收益如何？				
会议效果总体评估				

意见
1. 哪些话题对你最有价值？
2. 哪些话题对你最没有价值？
3. 会议有哪些需要改进的地方？
请用一两句话概括会议的整体收益（或缺失）以及是什么产生的收益（或缺失）。如果书写空间不够可以使用这张纸的背面。

图 8.5　会议评估表示例

快速小窍门！

考虑使用这里介绍的团队回顾技术在会议的任何时候来"给会场加温"，如在会议中间时段和多天会议每天结束时。

结束会议

在结束遗留问题、决策、行动项目的回顾，并且对会议进行评估以后，你可以正式结束会议了。

结束会议的步骤	1. 感谢参与者的参与，提醒大家这个会议在整体目标达成中所起的作用。 2. 提醒团队下一步的工作，包括： 　　● 谁来记录会议。 　　● 什么时间以及如何分发会议的结果。 　　● 下一次会议的地点、日期和目的。 3. 正式结束会议。

根据引导会议完成的内容，结束过程的"回顾—评估—结束"部分对一个简短会议可以短至 10 分钟，对于一个全天会议也可以长至 45 分钟或更长。确定给结束留下充足的时间。

询问

会议结束之后尽早与会议负责人见面，讨论会议流程和结果。询问过程可以回答下列问题：

询问的问题	● 会议的目标达成如何？ ● 参与者会议中的回应如何？ ● 会议的交付是否足够？ ● 需要哪些后续行动？

会议落后进度怎么办

准时开始和准时结束会议是对你的参与者表示尊重的一种重要方式。如第 1 章中介绍的，引导师的职责之一就是会议管理者，引导师对保持会议在正轨上负有最终责任，确保会议完成目标并准时结束。

但是有些延迟在所难免，SMART 引导师使用下列策略管理会议时间。

管理会议时间	• 必须有一个详细的议程，标明开始时间、结束时间和每个过程的持续时间。 • 会议进行期间跟踪每个过程的开始和结束时间。 • 如果会议开始就落后进度，向参与者宣布这件事。请求他们的帮助，保持发言简洁来让会议赶上议程。 • 如果会议持续落后进度，为后面的每个议程设定特定的时间目标，请求参与者同意新的时间目标，不时提醒参与者目标和进展。 • 如果会议继续落后，下一次休息的时候与会议负责人碰头决定应变行动计划并向团队提出建议。

警告：避免追赶进度！新手引导师可能会试图快速引导以便满足时间限制。SMART引导师知道更好的方法，他们理解加快引导速度会带来几个负面影响。

追赶进度的负面影响	• 对于那些比别人稍微慢一点的参与者，你的提速会让他们出现失当行为，他们产生、理解和接受解决方案的能力会受到损害。 • 通常当我们作为引导师提速的时候，我们会削减参与活动，减少反馈，并且放弃"不重要"的讨论。遗憾的是，即使减少这些活动会节省时间，但同时也会减少参与者的理解和接受。 • 当加快我们的节奏时，我们会增加会议室中的压力，让别人感到紧张，脾气暴躁和缺少热情。

会议超时怎么办

如果你决定要超出会议的结束时间，事先征得参与者的同意超过之前的结束时间非常重要。

为什么这样做？	**为什么要对会议超时征得同意？** • 这表现了对于参与者时间的尊重以及避免对超时的不满。 • 征得同意，并让参与者决定是否延长会议时间，这体现了流程的严肃性。 • 这提供了一个机会让有些必须按照原来时间离开的人提出要求。 • 征询意见可以在会议不超时的情况下产生团队同意的变更行动。

如果会议将要超时，请考虑下面的步骤：

会议超时采取的步骤	• 提醒参与者。 • 保守估计需要增加的时间。 • 询问变通方法。

- 评估继续进行的影响。
- 确认参与者的同意。
- 严格遵守新的约定。

如果决定延长时间，应该进行恰当的结束行动。如果下一次还将继续开会，可以进行下面介绍的暂时结束。如果没有后续会议，那么进行完所有结束活动，说明未完成的活动如何完成。

进行暂时结束

如果引导会议持续多天或还有后续会议，就像战略规划和流程重组项目，对会议应该进行一个暂时结束而不是完全结束。暂时结束会议时，你可能不用进行参与者目标的回顾，因为整个议程还没有结束。你可能还不需要正式评估流程，建立沟通计划或全面询问项目团队。通常你可以进行下面的介绍步骤。

暂时结束的
步骤

1. 回顾完成的活动和停车板（问题、决策和行动）。
2. 提醒参与者下一步骤并正式结束会议。

引导师结束会议的备忘录

☐ 通过"绕墙而行"回顾会议期间完成的活动。
☐ 回顾参与者的个人目标，对于每个目标询问团队："这个目标实现了吗？"
☐ 回顾决策清单，提醒参与者做出的决策。（下列第二、第三和第四步可选。）
  - 简单回顾决策：回顾每个做出的决策。
  - 记录决策和收益：对每个决策问："如果我们实施这个决策，收益将会是什么？"
  - 找出潜在的障碍和策略：找出实施决策潜在的障碍，并且产生克服这些障碍的成功策略。
  - 陪审团投票：询问参与者他们是否接受和支持团队已经同意的决策。
☐ 通过问下面的问题清除问题清单上的项目：
  - "我们谈及它了吗？"（如果是，跳到下一条。）
  - "我们需要讨论它吗？"（如果否，跳到下一条。）
  - "我们现在需要讨论它吗？"（如果是，设定时间限制并引导讨论。如果否，将问题转移到行动清单。）
☐ 对行动清单做出安排。
  - 确定把问题清单上的每个项目都分配给在场的人，让这个人设定一个完成的时间。

    – 如果行动由不在场的人完成更合适，找一个在场的人负责，其职责是将行动
委派给合适的人，并且跟踪确保行动的完成。

☐ 使用下列方法之一定义哪些会议内容可以与会议以外的人沟通：
    – 简单清单。
    – 双清单。
    – 沟通计划矩阵。

☐ 让参与者评估会议，使用评估表或团队反馈流程：
    – 首先询问团队他们喜欢会议的哪些地方。
    – 询问改进建议。
    – 回顾每条建议并让参与者举手示意他们支持的项目。

☐ 结束会议。
    – 感谢参与者的参与。
    – 提醒团队下一步的工作，包括文档如何处理，下一次会议的地点、日期和
目的。
    – 正式结束会议。

☐ 会议结束之后尽早与会议负责人见面，讨论会议流程和结果。

☐ 如果你决定要超出会议的结束时间，事先征得参与者的同意超过之前的结束时
间非常重要。
    – 提醒参与者。
    – 保守估计需要增加的时间。
    – 询问变通方法。
    – 评估继续进行的影响。
    – 确认参与者的同意。
    – 严格遵守新的约定。

练习你的技能

    如之前介绍过的，练习正式结束流程需要时间。对于下一个全天或多天会议，考虑
保留 30 分钟作为结束时间。在白板架上列出你使用的结束议程，尝试执行所有的相关
结束元素，记录每个元素的时间，以便以后你可以更好地估计你的结束时间。

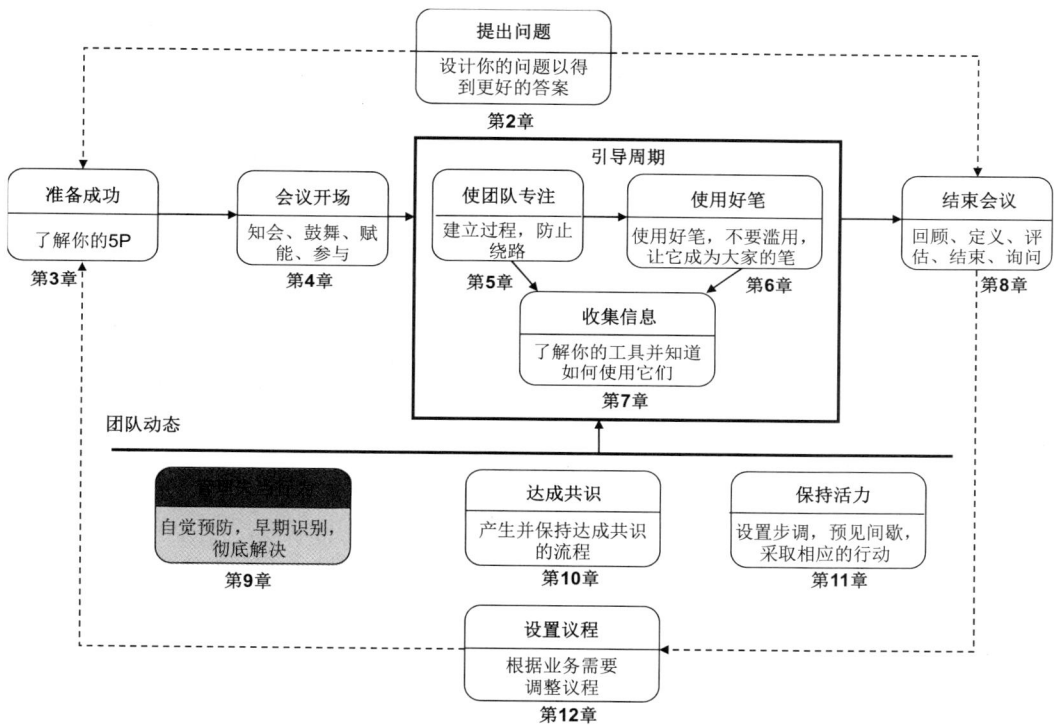

第9章

管理失当行为的秘诀

自觉预防，早期识别，彻底解决

本章回答的问题

- ▶ 什么是失当行为？
- ▶ 在准备阶段如何识别潜在的失当行为？
- ▶ 在会议开始前可以采取什么策略来防止失当行为的发生？
- ▶ 如何尽早发现失当行为？
- ▶ 不同沟通类型的需求和典型失当行为是什么？
- ▶ 如何解决较为常见类型的失当行为，如拒绝参与、唱反调、私下讨论、口头攻击？
- ▶ 如何应对会议中出现的一些意外情况，如情绪失控？
- ▶ 当一个或多个参与者指出你犯了一个错误，或者建议改变流程，而你并不希望这样做时，你应该如何应对？

案例分析 董事长和首席运营官

　　作为国家咨询公司的一名成员（在学习组成这本《引导的秘诀》的任何材料之前），我曾与西南地区的石油和天然气勘探公司合作。我们曾被召集指导一个内部团队开始实施一个高管信息系统。高管信息系统是新任首席执行官提出的。首席执行官是在不到9个月之前由母公司任命的，前任首席执行官被降职担任首席运营官。该系统最初由高管使用：首席执行官、首席运营官、八个执行副总裁。

　　在该项目的第一阶段，为了识别新系统所需要的每种信息类型，我们分别访谈了高管。　我们通过各种各样的访谈收集信息，并与高管团队召开了一个引导审查会议。会议的目的是确认所有的关键信息需求已被识别，并且决定哪些需求应该被纳入该系统的第一阶段。我担任小组审查的引导师。

在会议早期，我注意到每次首席运营官发言，首席执行官都会移动他的座位，双臂交叉，或者做出其他不安的叹息。随着会议推进，我注意到首席执行官越来越恼火。短暂休息之后，会议继续。当首席运营官做出下一个评论时，首席执行官爆发了："这是我听过的最愚蠢的事情。正是这种狭隘的思维造成了我们身处现在的境地！"房间顿时安静了。你甚至可以听到一根针落地的声音。每个人都看着我，想知道我将要做什么。而我却不知道应该做什么。我并没有接受过"引导的秘诀"培训。我问道："还有其他内容吗？"这次会议非常糟糕。

当引导师在会议中遇到严重的失当行为时，常常备感焦虑，这是有由来的。我们通常缺乏准备来应对失当行为情况。我们通常没有经过培训并缺乏工具和方法来应对这些棘手的情形。当确实遇到这种情况时，我们常常做出在案例分析中所描述的我所做出的反应；我们采用"鸵鸟战术"来解决问题：把头埋在沙子里，并希望这种情况自行消失！

不幸的是，就像案例分析一样，被忽略的失当行为不仅不会消失，有时还会以更糟糕的方式卷土重来。

本章重点讨论四个议题：

1. 失当行为：什么是失当行为？
2. 自觉预防技术：如何防止会议中出现失当行为情况？
3. 早期识别技术：如果失当行为确实开始出现，怎么确保尽早发现？
4. 彻底解决技术：如果发现失当行为，怎样有效地应对而不疏远个人或者削弱给团队的赋能？

失当行为

失当行为有许多不同的类型，如图 9.1 所示，从开小差和不参与，到厌恶地离开房间和对他人进行攻击，都属于失当行为的范畴。

请注意，随着失当行为情况的程度加剧，扰乱的严重程度也会加剧。例如，你可能没有识别轻微程度的失当行为，如在会议期间退场、做其他工作。中等程度的失当行为，如消极的肢体反应和不悦的叹息声，可能会有点恼人，但又不会完全干扰会议。然而，最极端的失当行为，如口头攻击和肢体攻击，将会对会议造成严重破坏。而且，随着失当行为程度的加剧，干扰也会严重加剧，失当行为情况的严重加剧需要引导师更高水平的干预。

好消息是，人们不会走进一个房间，坐下，然后立即开始厮杀。这样的情况发生通常是有逐步升级的阶段，人们越来越恼火，越来越有压力，越来越不耐烦，更愿意让自己的情绪濒临峰值。因此，作为引导师，我们必须了解失当行为的特性，并有工具用于预防、识别和解决它。让我们开始定义什么是失当行为，并解释它是如何起作用的。

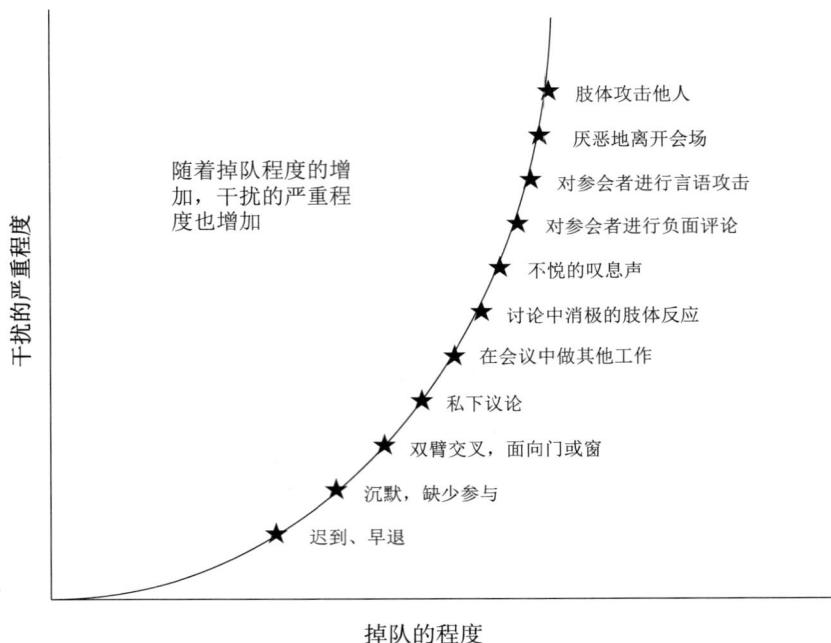

图 9.1　失当行为

　　失当行为是参与者对会议内容或目的、引导流程，或者外部因素自觉或不自觉地表示不满的任何表现。失当行为是一种表面征兆，而不是根本原因。

> **秘诀 39**　**解决失当行为的秘诀：**失当行为是替代和表面现象，而不是根本原因。

　　这个定义有三个重要的含义。

　　1. 失当行为的是行为，而不是人。在一次会议上，一个人可能积极合作参与，但在下一次会议中，同一个人的行为可能会是失当行为。事实上，从有效行为转变为失当行为，可能出现在同一次会议上，而且是多次！

　　2. 失当行为可能是有意识的，也可能是无意识的。通常情况下，人们表现出失当行为迹象时，自己并没有意识到这种行为。其他时候，失当行为是故意为了带来变化、打扰，或者一些其他的举动。

　　3. 失当行为是一种替代，表示对会议内容或流程或外部因素不满。例如，内容问题可能是参与者强烈反对评论。如果不满是针对流程的，可能是参与者认为步伐太快或者流程干扰实际工作。如果不满与外部因素相关，它可能是参与者的个人生活问题造成参与者分心，无法专注于会议。

⤷ 有效行为与失当行为

如何区分有效行为与失当行为？
请看以下案例。

⤷ **案例对话：这是失当行为吗**

卡拉： 我非常生气。这正在开始变成辩论无关紧要问题的徒劳会议。我们需要停止正在进行的讨论，因为我们远离议题，专注于错误的内容。

引导师：我明白了。你觉得我们应该专注于什么问题？

卡拉： 看看你的挂图！我们所有的备选解决方案只是改进目前的招聘流程。我们需要跳出这样的局限。我们应该讨论可以将我们业绩提升 10 倍或 100 倍的方法……而不只是那些会给经费节省 5%或时间减少 8%的事情。

引导师：你很可能是正确的，重要的是，我们跳出局限，并拿出可以带来卓越绩效的解决方案。我们可能已经做到了，或者也可能还没有做到。让我看看团队中是否有其他人与你有共同的想法。卡拉好像有话要说……

SMART 引导师知道卡拉做出的是有效行为。卡拉提醒主持人她不满意。没有替代事件发生。她给引导师一个机会来解决这个问题，引导师回应了：问一个直接的问题来澄清；重复听到的；将其作为输入移交给小组，并由小组最终决定如何回应卡拉的意见。

相反，当不满没有被直接表示出来时，就会出现不利于本次会议总体目标的行为，即失当行为。举例来说，如果卡拉不是做出评论，而是向后推开桌子，双臂合抱，保持安静休息一天——这将是失当行为。或者汤姆和雪莉亚窃窃私语，"真是浪费时间"，或者鲍勃忙于在他的智能手机上回复电子邮件，没有集中精力关注会议，或者金姆起身离开座位，摔门而出——这些都被认为失当行为。

⤷ 表面现象与根本原因

SMART 引导师认为失当行为是参与者正在寻求帮助的标志。事实上，参与者正在挥舞着红旗说："我不喜欢正在进行的一切，但我不打算告诉你。"当然，参与者可能不会口头告诉你，直到他们失当行为的程度已经达到极限！正如你将看到的，在失当行为程度达到极限之前，识别它并且用更温和的方式解决，对引导师非常重要。

引导师也必须承认，失当行为是一种表面现象，用来掩盖真实问题（根本原因）。如前文所述，根本原因通常来自这些问题：会议产生的信息（内容）、会议进行的方式（流程）或一些与会议无关的外部因素。

⤷ 案例：是表面现象还是根本原因

引导师注意到卡拉向后推开桌子，双臂合抱，转身远离人群并面向门口。她似乎已经对会议丧失兴趣。

引导师：卡拉，请原谅。看起来我有点忽略你。你介意放下双臂，身体前倾，双腿转过来冲向团队中央吗？谢谢。

虽然例子有点滑稽，但是我相信这能让你明白。引导师试图通过解决表面现象（行为）来处理失当行为情况，忽略了根本原因（可能是与会议相关的问题）。当我们仅仅解决表面现象，而不是试图直抵根本原因时，稍后我们可能被置于更糟糕的失当行为情况中。事实上，引导师含蓄地鼓励参与者变得更糟！这好似引导师说："失当行为还没有糟糕到让我解决真正的问题。再来一些！"有时候参与者真的就那样做。

↘ 随着时间推移，失当行为情况恶化

如果失当行为没有得到解决，它往往随着时间的推移变得更糟。原因之一是每增加 1 分钟，参与者都觉得你是在浪费他们的时间，不耐烦的程度升级。因此，如果你忽视了失当行为，并希望它消失，你可能为自己在稍后预埋了一个更大的问题。幸运的是，失当行为的初级阶段远比后期阶段容易处理。

自觉预防技术

现在我们明白了什么是失当行为，让我们继续看一看如何防止失当行为情况发生。

> **秘诀 40** | **预防失当行为的秘诀**：在准备阶段识别潜在的失当行为，然后实施预防策略。

↘ 识别潜在的失当行为

正如第 3 章中提到的，在准备阶段，你应该与会议的发起者（如果可能的话，还有会议参与者）进行交谈。在这些交谈中，你应该询问会议期间可能导致问题的注意事项和相关信息。具体来说，你应该寻求以下内容：

- 任何不赞成举办会议的参与者的顾虑。
- 认为如果会议或项目实现目标，他们的利益会受到损失的参与者。
- 与他人具有利害冲突的参与者。
- 倾向于指出问题而不是创建解决方案的参与者。

↘ 实施预防策略

根据准备阶段获得的信息，在会议开始前你应该制定并实施消除失当行为情况的策略。我经常使用下面的五个预防策略。

分配座位

在引导会议上，注意参与者的名牌。我使用的名牌采用 8.5 英寸×11 英寸纸张纵向

对折，黑体大字号写上参与者的名字，名字下方用较小字号印上他的全名及相关信息。

在参与者到达会场之前，把所有名牌摆放在单人桌上，并使用彩色圆点或彩笔标记每个名牌。颜色代表该人被分配到的团队和座位。当参与者到达会场时，他们会知道你将以团队形式开展会议，人们可以选择与他们的颜色一致且桌面空闲的任何座位。（在此过程中，将彩笔放在每张桌子的正中央，以示意桌子的颜色。）

这样分配座位的方法有几个优点。一是，它为参与者提供了选择座位的机会。二是，你可以谨慎地组建团队，来应对你在准备期间识别的潜在失当行为情况。例如，有利害冲突的两个不太支持会议的参与者可以被分配到不同的小组中。同样地，大嗓门参与者可以被分散到多个团队。

如果有必要，你可以把名牌放在座位前面来安排特定的座位。但是我发现，这种安排座位的方式不能给参与者赋能。因为参与者会考虑预先安排的理由，这样做还会导致他们注意力分散。一些参与者甚至会调换他们名牌的位置，选择自己更喜欢的座位！

增加基本规则

正如第 4 章所描述的，基本规则为保持参与者高效参与提供了自我纠正的机制。案例分析"避免高管的疯狂"描述了如何增加基本规则"总是向上看"，来应对这些高管倾向于推翻而不是建立的情形。考虑把在准备阶段识别任何潜在问题作为一个基本规则的候选。表 9.1 给出了一些示例。

表 9.1　增加基本规则来防止失当行为

如果潜在的问题是……	考虑增加一项基本规则
参与者喜欢在较高层面进行讨论，但是很少触及实质问题	讨论根本原因，而不是表面现象
由于参与者以为他们理解了而事实上他们没有理解，因此引起争论	在陈述反对意见前进行回放和确认
参与者宁愿保持沉默，也不发表异议	所有重大决策通过民主投票达成共识
参与者倾向把时间浪费在推倒备选方案上，而不是寻求解决办法	只评论优势，或提出改善建议
会议结束时没有明确共识——做出了什么决定或下一步是什么	预留 15 分钟进行会议回顾和制订行动计划

与特定人员互动

如果事先知道有人不想到场，或者认为如果会议成功会让自己有所损失，你一定要在会议前与他们进行互动。正如第 3 章所描述的，你将询问以下关键问题：

- 为什么要举行本次会议？真正的目的是什么？
- 应该实现的主要成果是什么？
- 可能会出现哪些潜在的问题？

● 我们如何才能确保会议不浪费时间？

你的首要目标是把这些参与者的问题公开出来，并让他们参与进来一起探讨应对这些问题的策略。这种会前活动往往有助于让参与者看到你关注他们所关心的事，以及与他们一起应对潜在的问题。会前活动也可以鼓励他们在会议期间有效互动。

密切关注特殊反应

如果你注意到某个参与者不支持会议，或者有两个观点相左的参与者，你应该在会议期间密切关注他们的行为和反应。例如，如果你发现当某人发言时，有两个参与者以后倾身体靠向椅背的方式来表达怀疑或轻蔑，你就应该采取行动，把这个潜在的失当行为状态调整为有效参与。我将在本章稍后的内容里介绍你应该采取的行动。

休息间歇进行非正式谈话

休息间歇是通过私下讨论问题来防止失当行为情况的绝好时机。例如，出现了参与者后倾身体靠向椅背但是不发表评论这种情况，你可能在休息间歇与他们每个人私下交谈："你觉得会议进行得如何？"或者更加直接："我注意到你在兰迪发言时的反应。你认为他提出的建议是现实的备选方案吗？……你的观点可能非常正确。你介意把它提交给团队吗？这样我们可以得到一些不同的视角。"再次重申，我们的目标是鼓励有效参与，而不是以失当行为的方式应对问题。

早期识别技术

我已经谈过了预防失当行为，尤其是可以在会议前采取一些预防步骤。现在，让我们来谈谈会议开始后如何识别失当行为。

秘诀 41　发现失当行为的秘诀：定期检查失当行为。

↘ 理解失当行为的早期征兆

引导师必须一直对失当行为的早期征兆保持警觉。有哪些征兆？让我们做一些比较明显的对比，当参与者积极参与感觉良好时他们做什么，当处于游离状态感觉不佳时他们做什么，如下面的列表所示：

当人们积极参与时	当人们处于游离状态时
参与讨论	很少参与讨论
鼓励的言辞	抱怨、反对
欢笑、微笑、点头	皱眉、摇头
身体前倾，双腿交叉朝向房间的中心	身体后斜，双腿交叉远离房间的中心

根据列表所示，你必须在整个会议期间留意：

- 不发言的参与者。
- 向团队公开抱怨或表示反对的参与者。
- 可能通过窃窃私语向旁人抱怨或表示反对的参与者。
- 外表看起来不认同的参与者。
- 肢体语言表现出对会议感到不自在，如双臂合抱、盘腿交叉，或者身体倾向远离房间中心的参与者。

注意！ 当然，只是因为参与者双臂合抱，并不一定意味着他们即将出现失当行为。这可能是他们觉得房间的温度太低了。同样，仅仅因为参与者双腿交叉远离房间的中心，也不一定代表他们对会议不满。这可能是那个姿势让他们的腿更舒服而已。但是在会议过程中你可以树立个人"基线行为"的理念。你将对变化保持警觉。例如，一人发言后，有人后倾身体或转身离开房间，或者一些通常面带微笑不住点头的参与者突然皱眉或没有动作，你就应该注意了。

↘ 定期检查失当行为情况

为了发现这些失当行为迹象，你可以经常定期对失当行为情况进行检查。为了你能够记得进行失当行为检查，建议你把失当行为检查和议程关联起来。例如，在每次宣布休息前，做一次失当行为情况检查：环视房间，特别是观察你之前已经错过的任何非言语线索。

↘ 识别参与者的最佳和最糟沟通风格

作为引导师，你应该有一个模型来识别不同的沟通风格。在会议中，人们的沟通方式不同，需求也不同。通过掌握一个包含不同沟通风格的心理模型，同时理解各种风格需求和相关的典型失当行为迹象，你可以更好地预防、发现和解决失当行为。

有许多可以用来理解行为和沟通风格的模型，包括迈尔斯–布里格斯类型指标（MBTI）、赫尔曼大脑优势指标和 DISC 沟通风格。在我们的组织中，我们使用来自 TTI绩效系统的 DISC 沟通风格来关注沟通中的风格。我们发现，这是一个有见地却十分简单的模型，便于非正式的用户理解、掌握和应用。

在这个模型中，有四种基本沟通风格，简称支配（Drive）、影响（Influence）、稳定（Steadiness）、服从（Compliance）（DISC）。虽然我们在沟通中都会用到这四种风格，但是使用程度不同。而对于大多数人而言，大部分时间倾向于使用四种沟通风格中的一种来自然地沟通。表 9.2 是对每种风格非常简短的摘要总结。该总结描述了在引导会议中每种风格的最佳和最糟的表现，并列出了针对每种沟通风格特点来预防失当行为的策略。

表 9.2   引导会议中的 DISC 风格

风格	在会议中的最佳状态	在会议中的最糟状态	预防策略
D	高效驱动 参与 指挥 直接评论 先给出最终观点	因强势造成关系疏远 不允许他人超越 仓促决策 扼杀创造力 对团队正在发生的事情没有认知	保持会议节奏紧凑，详尽规划 展示出流程和成效 让他们站在你这边按照流程进行
I	参与 创造 讨论 保持活力 啦啦队队长和支持	不停讲话 不倾听 不想在重要细节上花时间 空想、不切实际	创造很多发言机会 征求创造性思维的帮助，并让其他人发言 设定基本规则：保持讨论紧扣主题，先给出最终观点，避免酒吧式闲聊 进行现实性检查
S	友好 支持、点头、同意 关注、良好地倾听 宽容 扮演和解人	同意他们不相信的东西 成为沉默的殉难者 离场 以消极反抗的方式回应变化	确认团队达成共识 不要把这个人放在焦点上 多使用参与者的名字 使用赞扬来强化
C	查看细节 建设性的批判 发掘决策的影响 持续谈论 提供现实性检查	陷入细节 给出某事行不通的百般理由 不允许直觉判断 对质量、细节抱有不切实际的期望	设定期望，在会议后才去完成详细的分析，以确认方向性的决策 提醒团队注意每个决策所需的细节的程度

彻底解决技术

你将根据不同情况来决定如何处理失当行为。例如，失当行为的特性，它是什么时间发生的，受影响的人数，以及可能的根本原因。但是解决失当行为问题的常规方案是我们的下一个秘诀。

秘诀 42   **解决失当行为问题的秘诀：**私下或公开接触参与者；理解表面现象；应对根本原因；就解决方案达成共识。

↘　**解决失当行为的步骤**

让我们来看看公开方案的每个步骤。贝瑞忙于签订采购订单，并没有充分重视会议，让我们使用他的例子作为讨论背景。

步骤 1：私下或公开接触参与者

面对参与者的众多失当行为，你想要在休息间歇与其私下谈话，因为公开呼吁关注参与者的失当行为可能会阻碍问题的解决。正如贝瑞忙于签订采购订单的情况。

对于其他失当行为，你可以面向整个团队做常规处理，不用特别指出有失当行为问题的那个参与者。例如，如果失当行为是一个或几个人开会迟到，你可以说："我想花一点时间提醒团队一致认同的基本规则。我们是开一个会议，按时开始和按时结束，避免闲聊。"

这些你意在批评的参与者可能会意识到，你通过包含一些其他基本规则的提醒，避免将他置于难堪的境地。此外，你可以在休息间歇与此人交谈，以确保不会有其他问题。

步骤 2：理解表面现象

当人们的行为处于失当行为的状态时，如贝瑞在会议期间忙于签订采购订单，我们很自然地倾向说："停下！请放下手中的事情，高效投入会议。"遗憾的是，大多数成年人对这样的做法不会给予良好的反应。

我强烈建议你从理解他们的处境入手。你可以对他们自己注意到的行为处境表示关注，或者表扬他们行为的恰当方面。在贝瑞的案例中，你可能会说："你看起来似乎在做一些重要的工作，本次会议已经使你拖后了。"请注意，这一评论既不指责贝瑞，也不说明行为是不可接受的。

步骤 3：应对根本原因

现在你已经理解了失当行为的表面现象，下一个步骤是应对根本原因。你应该努力找到真正的问题。尝试提出问题，并由得到的回应来确认真正的问题。

在贝瑞的案例中，他在会议期间做其他的工作，他的行动似乎表明，他的手头工作比团队任务更重要。这可能是因为他虽然重视团队任务，但是他正面临着一个紧迫的截止期限（外部因素）。或者，还可能是由于他并不看重团队的任务，试图做一些其他工作填补时间（会议内容或流程）。也有可能是其他的原因。要获得根本原因，可以考虑顺着这样的思路提问："如果可以的话，我们非常需要你的充分参与。我们正在应对的问题对你重要吗？"

步骤 4：就解决方案达成共识

最后一步是如何处理当前情况并继续向前达成共识。当然，达成共识取决于真正的问题是什么。

让我们回到贝瑞的例子。我们首先会采取简单的行动。如果真实的情况是贝瑞确实有一个重要的截止期限，谈话可能会是这样的。

↘ 案例对话：达成共识之一

> 引导师：如果可以的话，我们非常需要你的充分参与。我们正在应对的问题对你重要吗？
>
> 贝瑞：　这个会议很好，迈克尔。只是我需要在中午前签完这些采购订单，这样他们才能赶上本周的支票签发。
>
> 引导师：我明白了。我猜想有些人已经因为你正在做的工作有点分心，并且其他人可能会受到鼓励回到自己的本职工作中！请告诉我，你认为完成这些采购订单需要花多少时间？
>
> 贝瑞：　我需要至少 20 分钟，最多 30 分钟。
>
> 引导师：嗯，我们再有 10 分钟就休息了。你为什么不现在出去，把它做完，然后尽快回来。我会让团队知道，你有一个最后期限截止到中午的工作，并且我会在下次休息时让你赶上进度。
>
> 贝瑞：　这样行得通。我肯定我会很快回到这里。

现在，让我们处理更棘手的问题。假设，贝瑞并不想参加会议，他留在这里只是因为他被告知别无选择。

↘ 案例对话：达成共识之二

> 引导师：如果可以的话，我们非常需要你的充分参与。我们正在应对的问题对你重要吗？
>
> 贝瑞：　首先我不知道为什么他们要我到这里来。真是浪费时间。没有什么会改变。
>
> 引导师：你知道，我也非常不愿意浪费我的时间。我的工作职责之一就是找出方法确保这种情况不会发生。所以请给我一些帮助，你为什么认为这是浪费时间？
>
> 贝瑞：　这个管理团队从来不会去实施一个不是源自他们的想法。这种情况我已经看到很多次了。我试图离开这个团队。但是我的经理告诉我必须到这里来。
>
> 引导师：我真希望我能够向你保证，来自团队的建议肯定会被落实，不过我做不到。但是听起来可能团队里有其他人与你有同样的担忧。我需要你帮助我把这个问题摆到桌面上来。这样，它就成为团队的问题，我们可以把问题提交给组织的管理团队，并让他们做出回应。我们休息结束时，我会公开这个问题，并询问有多少人认为这可能是一个让人担忧的问题。当我们开始谈论解决方案时，我需要你的建议，不管你觉得建议是否有意义。关于我们把这个问题提交给管理团队，也请自由发表建议。这样处理这个问题，你觉得可以吗？
>
> 贝瑞：　嗯，我不确信这会产生什么差别。但我愿意去尝试。

当然，我并没有获得贝瑞的完全认同。很有可能，在下一个休息间歇我会继续与他互动使他保持参与。不过，现在我了解了这个问题，并为解决这个问题打下了基础。

↘　处理失当行为的详细要点

这是一些有助于消除失当行为的详细要点。请牢记这些。

- 时机。
  - 一旦你确认发现失当行为，当条件允许时就要立即着手处理。
  - 利用每个休息间歇，处理所有遗留问题。
  - 如果失当行为情况严重，就要提前休息。
- 避免这些可能会激化问题的行动：
  - 公开纠正失当行为。
  - 自己变得愤怒或带着情绪讲话。
  - 失去你的客观性或中立性。
- 持续监控。在失当行为的早期阶段处理问题，可能完全可以消除失当行为的影响。当然，解决问题后，对参与者定期做失当行为情况检查，以确保消除失当行为问题发生的根本原因。如果根本原因得不到消除，失当行为情况可能以另一种形式再次发生。

各种失当行为的建议处理方式

我已经介绍了处理失当行为的一般方式。现在，让我们来看一些非常具体的失当行为，以及如何解决这些失当行为。接下来会针对 15 种常见失当行为给出一些处理建议。题目是选自 M.G. 拉什的《快速会议领导者参考手册》和我的《驾驭会议的秘密》。针对每种失当行为，我提供了描述、常见原因、预防策略、当失当行为情况发生时"即刻"做什么、"事后"如何进一步解决失当行为问题。虽然大多数是个人的失当行为，但是最后两个是与整个团队相关的失当行为。

- 手机迷恋者。
- 摔门而去者。
- 放弃参与者。
- 插话者。
- 迟到或早退者。
- 高谈阔论者。
- 唱反调者。
- 肢体攻击者。
- 长篇大论者。
- 在话题间跳跃者。
- 言语攻击者。
- 私下议论者。
- 工作狂。

- 低能量的团队。
- 时间压力下的团队。

研究各种失当行为，了解其常见原因、预防策略，以及当下采取的行动。提前准备可以帮助你预防失当行为的出现，并在需要时做出适当的反应。

手机迷恋者

描　述	参与者的手机铃声不断响起，或者参与者频繁打开手机看。
常见原因	- 参与者有一个高优先级活动需要在会议期间保持关注。 - 参与者没有意识到手机会如何大幅降低所有参与者的效率。 - 参与者认为会议没有意义，并试图充分利用出席会议的时间。
预　防	- 建立一项基本规则：在会议期间禁止使用手机。
即　刻	如果允许进行一次私下谈话： - "看起来人们似乎并不知道你正在进行一个重要的会议，所以他们一直打扰你。你已经能够把这个问题处理好了吗？在接下来的会议中关闭手机好吗？" 如果不允许进行私下谈话： - "托尼的手机铃声提醒了我，我们尽量保持手机关闭。我要检查整个团队，确保铃声不会打扰我们。"
事　后	私下讨论这件事，确保不会存在其他问题。

摔门而去者

描　述	参与者离开房间时表现出厌恶。
常见原因	- 参与者有一件与会议无关的事件需要立即处理。 - 参与者认为会议不值得再投入更多的时间。 - 参与者对会议的内容或流程感到不满。
预　防	- 建立一项基本规则：每个人都在房间中讨论有关问题；我们可以讨论哪些问题，不可以讨论哪些问题。
即　刻	- 命名该行为，然后花几分钟向团队总结情况。总结有助于形成对该事件达成共识的团队观点：发生了什么事情、为什么会发生、怎样处理，以及我们将如何防止其他人突然想要离开。 "喔，比尔刚刚起身离开了房间。这会给我们什么感觉，我不认为这是因为他不得不去卫生间。" "我们可以继续会议，但是我敢打赌，很多人都想着比尔的离席。所以我想花几分钟来澄清到底发生了什么。谁可以解释发生了什么，以及你认为为什么会发生？" "这样我们谈到了另外两个问题。我们应该对比尔做些什么呢？需要做些什么不一样的，避免其他人做出比尔刚才的行为。"
事　后	- 然后，稍事休息。会见项目发起人或项目经理讨论该问题，如果有必要可以选择一个替补人员。 - 跟进并确保认同的行动发挥作用。考虑与有失当行为的参与者进行私下交谈。

放弃参与者

描　述	参与者不参与讨论。
常见原因	• 参与者是内向的沟通风格，很少在小组讨论中发表意见。 • 参与者通常是健谈的，但是由于工作压力或其他会议之外的因素较少参与讨论。 • 参与者对会议正在讨论的内容或推进的方式感到不满。
预　防	• 建立一项基本规则：每个人都要发言。
即　刻	• 提醒小组遵守基本规则（每个人都要发言）。 • 另外，采用循环赛形式的头脑风暴活动，让每个参与者都参与。从拒绝参与者身边的第三位或第四位开始，这样让拒绝参与者的第三位或第四位发言，避免把他放在首位，给他时间准备答案。 "让我们来听听大家的下一个观点。带着这个问题，我想从某某（给出位于拒绝参与者右侧两个席位的参与者名字）开始，然后从她左侧大家依次循环回答。现在的问题是……"
事　后	• 私下讨论这件事，确保不会存在其他问题。

插话者

描　述	参与者打断其他人发言或接话。
常见原因	• 参与者同意他人的评论，激动起来，并且希望表示支持。 • 参与者对发言者的讲话速度没有耐心。 • 参与者认为他要说的更重要，或者个人不同意其发言。
预　防	• 建立一项基本规则：只有一个人谈话，尊重发言者。
即　刻	• 认可插话者的发言欲望，然后把话题转给被打断的人。 "你可以先保留一会儿这个想法，以便发言者有机会完成讲话，好吗？当你真正想要说些什么的时候停下来确实很困难，但是请记住我们的基本规则。"
事　后	• 私下讨论这件事，确保不会存在其他问题。

迟到或早退者

描　述	参与者在会议上习惯性迟到或早退。
常见原因	• 参与者有其他会议或承诺，使他们难以按时出席或全程参与会议。 • 参与者认为本次会议不值得全勤出席。
预　防	• 提前发布会议通知；建议开始前10分钟集合；表明会议目标和结果的重要性。 • 提前联系参与者，确认他们将出席整个会议。与各位参与者达成共识，不论谁不在场，本次会议将准时开始。
即　刻	• 以尊敬的方式提醒小组基本规则。 "感谢大家能够如约出席会议，并且竭尽所能安排日程，才让我们可以准时开始。我们的下一个话题……"
事　后	• 私下讨论这件事，确保不会存在其他问题。

高谈阔论者

描　述	参与者主导讨论。
常见原因	<ul><li>参与者是外向的沟通风格，没有意识到由于自己频繁发言，限制了其他人发言的时间和机会。</li><li>参与者意识到了上述问题，并需要获得帮助，以平衡说与听的时间。</li><li>参与者故意想要占据主导地位，以限制讨论其他观点的时间。</li></ul>
预　防	<ul><li>建立一项基本规则：只有一个人谈话，充分分享。</li><li>提前告之，让参与者了解你会让其他人发言。</li></ul>"感谢你愿意发言。但我需要让其他人发表更多意见，这样才能把他们的意见拿出来。因此在会议期间，有时候你可能会听到我说：'想法不错。让我们来听听其他人的建议。'这样我们可以得到每个人的意见。"
即　刻	<ul><li>在下一个流程开始时，采用循环赛的方式进行讨论，让每个参与者都参与。指示循环讨论从高谈阔论者身边的席位开始，让其他人都能够先发言。</li></ul>"让我们来听听大家的下一个观点。带着这个问题，我想从（高谈阔论者左边参与者的名字）开始，然后向左循环。这个问题是……"
事　后	<ul><li>在休息间歇，争取这名参与者的协助，以让其他参与者发言。请记得理解失当行为的表现。让这名参与者知道，你会不时地有意不叫他发言，以鼓励其他参与者发言。</li><li>偶尔表明认可这个参与者想要发言，但让其他人发言。</li><li>持续关注，确保不存在其他问题。</li></ul>

> **案例对话：寻求帮助，让其他人发言**

　　引导师：我很感谢你愿意发言，特别是考虑到大多数人一直相当安静。我需要你的帮助。我需要让其他人也发言。关于我们如何做到这一点，你有什么想法吗？

　　马克：　你说得对。我经常发现自己主导讨论，因为没有其他人出来说话。

　　引导师：我们为什么不这样做：休息后，我将使用很多轮流的发言方式来促使更多的人参与讨论。你可能时不时想要说些什么，但我会有意让其他人发言。你看这样如何？

　　马克：　好的。谢谢你提醒我。

唱反调者

描　述	参与者发出不悦的叹息或给出消极言论，如"这是行不通的"，而不提供解决方案。
常见原因	<ul><li>参与者的沟通风格是专注于发现问题和风险。</li><li>参与者反对所建议的这个想法，并正在寻找反对的理由。</li><li>参与者反对所建议的这个想法，并正在尝试制造障碍来阻止采纳。</li></ul>

续

预　防	• 建立基本的准则：好处为先（在寻找问题之前先说明好处）；采取正面立场（说明什么是可以的，而不是描述什么是行不通的）。
即　刻	• 反对者常进行负面表达，而不是提供可选方案。通过把他们的注意力集中在创造一些更好的方案上，来避免关于什么是错误的争论。 • 乐观地说："你可能是正确的。我们怎样做才能使它更好？"
事　后	• 寻求达成共识：总是在说问题之前说明好处。

肢体攻击者

描　述	参与者肢体攻击其他人。
常见原因	• 在会议期间产生的分歧升级为肢体对峙。 • 源于会议之外的紧张局势或问题在会议期间升级为肢体对峙。
预　防	• 在会议前确定可能的问题。 • 建立基本规则：讨论不能被讨论的问题；要对人宽松但对想法严苛。 • 积极保持对话聚焦，寻求解决方案，而不是责怪。
即　刻	当发生肢体攻击时，一定要加以控制。 • 立即暂停会议。 • 让团队知道下一次会议时间确定后，他们会收到通知。 • 试图稍后就重新安排会议是非常不可取的，因为在尝试重新安排的会议上肢体攻击可能会再次出现。
事　后	• 考虑与各方分别会谈，找出问题和适当的行动方案。

长篇大论者

描　述	参与者喜欢讲冗长的故事。
常见原因	• 参与者是外向的沟通风格，没有认识到自己讲话长篇大论的倾向。 • 参与者认识到自己的倾向，需要得到帮助才能直指主题。 • 参与者认识到自己的倾向，认为每个故事都是值得团队花时间的，并且应该进行充分交流。
预　防	• 建立一项基本规则：分享发言的机会（充分分享）。 • 提前约见让这个参与者知道，你将在会议中利用有限的时间进行讨论。 "我很乐意看到你用一个比较富有画面感的故事来表明观点。我的一个顾虑是，我已经注意到，当你开始讲故事时人们会脱离会议。可不可以采用一种方式，你先表明最终的观点，然后再缩短故事，让大多数人能够跟随你？这也意味着，我们可以在会议中收获更多。所以，在接下来的会议中，如果我注意到你可能会开始讲故事，你也许会听到我说：'让我们先给出最终的观点，以便人们能够更好地跟随你。'"

续

即　刻	让这名参与者知道，他需要缩短发言。 • 如果可能的话，站在这名参与者旁边，悄悄地向他做出"环绕手指"，暗示他应该迅速完成发言。 • 提醒团队注意基本规则（首先表明最终的观点）。 "让我们记得基本规则，首先表明最终的观点，并且使它简明扼要，以便人们能够更好地跟随。"
事　后	• 持续关注，确保不会存在其他问题。

在话题间跳跃者

描　述	参与者经常带领团队跑题。
常见原因	• 参与者的沟通风格是在完成一个主题之前，频繁地跳转到新的主题。
预　防	• 建立一项基本规则：只有一个人谈话；在一段时间内只有一个主题。
即　刻	• 通过把参与者的观点加到问题清单中确认其观点，然后把对话拉回到主题上。 "这个观点很好。如果不介意，我们可以把它列入问题清单稍后再讨论，现在回过头来谈论……"
事　后	• 考虑寻求与这名参与者达成共识，当涌现出新的主题时尽量使用问题清单。

言语攻击者

描　述	参与者做出的负面评论涉及某人或完全针对某人。
常见原因	• 在会议期间产生的分歧升级为语言攻击。 • 源于会议之外的紧张局势或问题在会议期间升级为语言攻击。
预　防	• 在会议前确定可能的问题。 • 建立基本规则：讨论不能被讨论的问题；要对人宽松但对想法严苛。 • 积极保持对话聚焦，寻求解决方案，而不是责怪。
即　刻	• 走到双方中间，切断争辩，然后放慢讨论节奏并重新建立秩序。 "让我们到此为止吧。我们有重要的问题要讨论，而且我们已经建立了基本规则来帮助我们做到这一点。我们的基本规则之一是要对人宽松但对想法严苛。如果我们的重点是批评或指责，那我们将很难成功。如果可以，我希望继续讨论，但前提是我们要做到尊重彼此，理解问题并专注于创建解决方案。我们可以做到吗？"
事　后	• 考虑进行休息，稍后重新召开会议。 • 考虑与各方分别举行会议，以确定问题和适当的行动路线。 • 如果你认为攻击行为可能会持续，考虑把这名参与者排除在本次会议之外。

私下议论者

描　述	参与者在会议期间私下交谈。
常见原因	• 参与者没有听到或听懂之前的评论，寻求某人澄清。 • 参与者听到之前的评论后向某人做出评论。 • 参与者正在进行不相关的讨论。
预　防	• 建立一项基本规则：只有一个人谈话。
即　刻	以尊重的方式采取行动，让这名参与者知道该行为是破坏性的。 • 走过去站在这名参与者旁边。往往你靠近这名参与者就足以使他停下来。 • 如果私下讨论仍在继续，可能的话，用一个手指接近你的嘴唇，悄悄给他"嘘"的暗示。 • 提醒团队注意基本规则（尊重发言者）。 "让我们记得基本规则，我们希望房间中只有一个人谈话，我们要尊重发言者和其他听众。"
事　后	• 私下讨论这件事，确保不会存在其他问题。

工作狂

描　述	参与者在会议期间做其他工作。
常见原因	• 参与者有一个高优先级的活动需要在会议期间给予关注。 • 参与者认为会议没有价值，并正在努力最大限度地利用出席会议的时间。
预　防	建立一项基本规则：只允许会议工作（仅可以做与会议相关的工作）。
即　刻	如果可以，进行私下谈话： • "看起来你好像有一些重要的工作要做，而本次会议已经让你很紧张了。如果可以，我们非常需要你的充分参与。这手头的工作可以稍后再做吗？" 如果不能进行私下谈话： • "我知道我们建立了会议期间仅做与会议相关工作的基本规则。我要确保这个基本规则对每个人都是有效的。"
事　后	• 私下讨论这件事，以确保不会存在其他问题。（请参考本章"彻底解决技术"一节中的案例。）

低能量的团队

描　述	房间处于低能量状态。
常见原因	• 该团队的成员通常具有内向的沟通风格，很少在团队讨论中提供意见。 • 主题不够吸引团队，发言者或引导师呈现出低能量的状态。 • 在低能量时段进行讨论（如午饭过后）。
预　防	• 确保主题和演讲者是适合听众的。 • 规划议程，确保团队在低能量时段高度参与。 • 让团队建立一个简单的充电活动（如挥挥手），以备能量下降时使用。

续

即　　刻	• 结合高度参与的活动来提高能量水平,如第 7 章所介绍的"搅拌"和"最后的站立者"。 • 为了让每个人都参与进来,考虑使用循环赛的方式(如"让我们环绕房间,每个人都依次回答下一个问题……"　)。 • 使用团队充电这一基本规则。 "我感觉到房间里的能量非常低。让我们快速进行充电活动来补充能量。"
事　　后	• 在会议评估阶段,寻找其他可能导致低能量的原因,如话题缺乏趣味性。

时间压力下的团队

描　　述	你的时间快要到了。
常见原因	• 议程挤满了太多的项目,以至于时间不够用了。 • 会议期间太多的时间花在了一些不太重要或主题之外的话题上。
预　　防	• 在会议开始时回顾议程,为每个议程项建立目标时间。 • 使用计时器来追踪花费的时间,当接近议程项的预定时间时提醒团队注意。 • 保持灵活性,批准团队认为必要的和可接受的额外时间,但是在适当的时候要结束讨论。
即　　刻	• 让团队知晓这个问题,并且就如何继续进行与参与者达成共识。 "我们已经用完了这一项规定的时间。我们的讨论是到此结束,还是需要额外的时间继续讨论?……好吧,我们给额外的 5 分钟,让我们看看能否尽快结束这个问题。" "看起来,按照我们的现有速度,我们无法在规定时间内对最后的议程项进行充分的讨论。把这项挪到我们的下一次会议中再做讨论可行吗?或者有其他更加适合的建议吗?"
事　　后	• 在会议评估期间,寻找时间超限的原因。 • 认识可以获得的知识,这个团队在一次单独的会议可以做多少事情。

当发生意外时

　　有时会发生意想不到的事情,而你作为会议的引导者对于如何推进会议感到茫然,特别是涉及强烈情绪时。例如,下面这些情况出现时:

- 开始喊叫或哭闹
- 在会议中间出现了紧急医疗状况
- 进行披露性发言,使一人或多人极为尴尬

SMART 引导师如何应对呢?这是我们的下一个秘诀。

秘诀 43 **发生意外时应对的秘诀**：让参与者谈出个人体验。

引导师经常提及突发事件，如一个人情绪发作，就像"大象在客厅里"却没有人愿意谈论它。当然，错误的做法是继续进行，好像什么也没有发生过。相反，SMART 引导师会立即控制和引导团队去解决。

当会议中发生意外时，SMART 引导师通过以下步骤恢复秩序：

1. 要求团队同意在议程上进行变通。

2. 引导循环赛形式的提问，邀请每位参与者回答这个问题："针对刚刚发生的状况，你此刻的感受是什么？"

3. 引导第二轮循环提问，邀请每位参与者回答这个问题："接下来做什么能让我们继续？"

4. 休息一会儿，并与会议发起者简短会面，确保即将进行的行动符合发起者的目标。

快速小窍门！

在第一轮循环提问时，你要求参与者回答："你的感受如何？"考虑从表现出表达倾向的参与者开始，如影响风格明显的某人（请见表 9.2 中对 DISC 模型中四种沟通风格的描述）。到第二轮循环提问时，问题是："需要做什么？"考虑从表现具有行动倾向的参与者开始，如支配风格明显的某人。具有这些风格的参与者可能会发现给他们的问题比较容易回答，能够使讨论进行得更加顺畅。

↘ **案例对话**：应对意外

引导师：我不知道其他人会怎样，不过我现在觉得有点不舒服。与其当作什么也没有发生一样继续会议，如果大家觉得可以，我想还不如让我们在这件事情上花几分钟时间。我想要从克里斯开始，环绕房间的每个人都回答这个问题：对于刚刚发生的状况，你此刻的感受是什么？我们中间有些人可能感受很多。但是请分享你脑子中涌现的最主要的感受，我们将围绕房间依次进行。克里斯，从你开始，尽可能真实地描述此刻你的感受是什么。……

好了，我们已经讨论了对每个人的触动，现在让我们回答，我们需要做什么才能让我们继续进行。……

好吧，我们已经清楚接下来需要做什么来继续进行。我们现在先休息一下，当我们再回来时，让我们看看是否可以向前推进。

应对错误与攻击

我刚才介绍了如何应对针对参与者的言语攻击。那么，如何应对针对引导师和流程的攻击？或者，当你犯了一个引导错误并且一个参与者指出了这一点时，你该怎样呢？你会做些什么？请看下面的案例分析。

案例分析 引导师犯错

一所大城市的学校举行了为期一天的团队建设会议。上午的时间，这个团队有一名引导师与他们一起工作，我被指派引导下午的会议。因为这是我第一次与这个团队一起工作，所以我选择了列席上午的会议。上午的会议引导师显然具备熟练的团队建设技巧。不过，很明显她在活跃团队方面比较薄弱。当她进行包含了告知、激发及赋能内容的非常高调的开场时，我注意到其中一位董事会成员在她的整个开场过程中都在看报纸。他似乎是故意无视引导师，当然，其他董事会成员也注意到了。引导师宣布了标准的基本规则后，就直接开始进行第一个议程项。这时，那位一直看报纸的董事会成员尖声说道："你没有让我们就基本规则达成共识。"

我认为这是一个绝好的机会，可以让那位看报纸的董事会成员加入讨论，对他说："你绝对正确。感谢你指出这一点。让我来补正。我想接纳一个动议来正式通过这条基本规则，你会介意提出这个动议吗？"

但是引导师没有承认错误，而是回应："这些都是最基本的准则，我认为我不需要让大家达成共识。甚至三年级的孩子都会接受这项准则。"这位董事会成员接话："哦，我们可不是小孩子。"这时，另一位董事会成员跳进来试图帮助引导师："你应该放下报纸，成为团队的一员，而不是在向引导师扔砖头。"对话氛围由此变糟。此时，我很担心下午的会议。幸运的是，在房间里的讨论只进行了1小时，引导师规划的团队练习证明是非常有帮助的。

引导师的角色是让团队工作"变得轻松"。通过摆正自我的位置并时时检查是否支持团队的最大利益，引导师的这个角色就扮演成功了。当遭到攻击或有人指出他们的错误时，引导师应该如何应对呢？

秘诀 44 **应对错误和攻击的秘诀：**承认对方正确，给予支持，如果恰当，把它交给团队进行解决。

↘ 参与者指出错误

当一名或多名参与者指出你犯了一个错误，并且他们是正确的时，有一个简单的方法来改正它：

- 承认他们是正确的，并感谢他们纠正错误。你可以说："你绝对正确。感谢你指出了这一点，让我来改正。"

也许你认为他们不正确。请记住，引导师的精髓是无我。如果所谈到的错误是之前发生的，并且无论你正确与否都不会影响会议继续进行，避开争论。

- 感谢他们的纠正，并表明你一定会考虑它："谢谢你指出这一点。现在就不为此多花时间了，但是我会为今后的会议仔细考虑你的建议。"
- 如果合适，稍后联络他们进一步讨论。

↘ 参与者认为应该改变流程

有时，参与者会建议改变流程。虽然这本身不是失当行为，但是很多引导师可能经历过对流程攻击这样的请求。

如果你赞成变更：

- 感谢参与者的建议。
- 向团队表明你希望变更，并且征得团队的同意再相应实施。

如果你不赞成变更，考虑下面不同的步骤：

1. 感谢参与者的建议。
2. 至少指出一项进行变更的好处。
3. 解释你为什么认为保持现有流程更好。
4. 表明你愿意遵循团队的意向。
5. 询问团队是否同意变更。（为了避免先入为主的倾向，不要问他们是否同意保持现有流程。）

↘ **案例对话**：应对流程变更请求

引导师：非常感谢你指出了这一点。你建议我如何修改？……采取这一行动是可行的，因为……让我与你分享我为什么这么做。如果小组认为需要不同的行动，我会很高兴去做。

↘ 一个参与者认为应该更换引导师

当一个或多个参与者都在质疑你是否适合作为该团队的引导师时，不可否认这更加难以保持无我。SMART 引导师会竭尽全力。他们知道，他们的角色是使大家"更加轻松"，如果他们真的成为阻碍，他们会谦虚地让位。

当你的角色受到威胁时，重要的是表现出没有自我辩解，而且将言语聚焦在你对团队的关切上。考虑以下步骤：

1. 为一个或多个成员因为你的引导感到不舒服道歉。
2. 表明你愿意谦逊地让位。
3. 表明你愿意在团队所需要的基础上进行调整。

下面的案例对话为处理这个非常敏感的对话提供了措辞。

案例对话：应对更换引导师的要求

引导师：首先，让我向整个团队道歉。很明显，我没有尽到职责，即使只有一个人觉得没有我的引导角色团队会更好。如果这是团队的意愿，我非常愿意让位。即使只有少数人觉得我的表现不能胜任，我相信团队也应该考虑一位替代者。当然，如果有机会明确我需要有哪些不同的表现，我会坦诚地采纳纠正措施，并且仍然愿意担当这个引导师的角色。由于这是团队关于我的决策，我将暂时离开房间，除非有问题提给我。请考虑指派专人指导这次讨论，并且考虑我们经常使用的优势和劣势合并的流程（详见第 10 章）。

奖励有效行为

当人们不再以失当行为参与会议，并开始展现出有效参与的迹象时（如他们开始参与，或者他们提出问题而不是让它们烂在腹中），请多给他们正向鼓励。

- 给予他们更多的关注。
- 向他们点头并微笑。
- 当他们要求发言时，给他们机会。
- 在随后的休息间歇，可以对他们的参与给予好评。

本章小结

让我们回到本章开篇的案例分析"董事长和首席运营官"。回想一下，董事长在诸位执行副总裁面前大声呵斥首席运营官："这是我听过的最愚蠢的事情。正是这种狭隘的思维造成了我们身处现在的境地！"

让我们提出这样的问题："作为引导师我将会做些什么？我应该在自觉预防、早期识别和彻底解决中采取哪些步骤？"

自觉预防

我是完成了我的准备工作，并且了解到首席执行官是新任命的，而前任首席执行官已被降职，现在担任首席运营官。然而，我没有实施任何预防策略。为了在会议开始前预防失当行为，我应该提前与首席运营官私下交谈。一如既往，我应该首先记得表示理解。

↘ 案例对话：理解首席运营官

引导师：这足以说明你非常在意公司，以至于你继续愿意担当第二把手来支持公司。会议期间，如果你保证不会成为任何问题的第一个或第二个发言者，我将不胜感激。这将清楚地传达给大家，不再扮演领导的角色让你感到自在，并将给首席执行官一个展示权威的机会。你当然应该把你的想法说出来，但是如果你是第三个或第四个发言，而不是首先发言，它才可能会有所帮助。你觉得这样合适吗？

我在高层战略会议上会对首席执行官说与之类似的话。但在这个案例中，因为先前的领导位置问题，与首席运营官分享这个版本也许会起到帮助。

↘ 早期识别

我注意到董事长焦虑不安，但是我并没有解决这个问题。经过第一次和第二次不愉快的表现，我应该提出以下问题："让我们看看我们听到了什么。乔伊，你有什么感想？……珍妮，你呢？……博德（董事长），你的想法呢？"这有助于将焦虑不安转化为有效参与的方式，而不是失当行为的方式。

另一个方式是，在爆发争论发生前的休息间歇，我可以将董事长拉到一边进行一次简短的谈话："我注意到了我认为的一些不自在的东西出现在发言中。这里有问题吗？你觉得我们应该怎么做呢？如果……怎么样？"

↘ 彻底解决

通过在会议前自觉预防是我解决这一问题的第一次机会，但是我错过了。通过在会议期间早期识别，我还有第二个机会，但是我也错过了。因为我没有了预防，并且遗漏了失当行为的早期迹象，当它变成飓风袭来时，失当行为变得十分难堪。因为没有在早期解决问题，我后面还会有更大的麻烦。

但是即便争论发生了，我仍然至少有两种方法来解决它。第一种方法是直接且正面的。我可以回答说："这话讲得相当有激情。请帮助我理解：你认为我们应该被怎样看待？……为什么这件事情很重要？……让我们围绕房间去看看是否有其他类似事情我们应该考虑。"

循环回答结束后，我会休息一会儿，借此会见董事长。在这样的位置上人们会更愿意平息风波，并且为他针对首席运营官的行为公开道歉。

另一种解决问题的方法是要做出这样的反应：就像面对任何意外爆发的常人一样，正如本章前面所描述的："这话讲得相当激情。我不知道其他人感觉如何，但是我现在有点不舒服。不如就像什么都没有发生过一样继续会议……"

应用管理失当行为秘诀

多数人在和职业人士互动中都会发生失当行为。这里的案例关注的是愤怒的客户。

无论你的产品和客户服务有多好，如果你已经从事业务工作有一定的时间，你都会遇到一位愤怒的客户。客户会因为你或你的组织所做的或没有做到的事情愤怒。客户的顾虑可能是对的或不对的，但此时此刻，对于客户来说，这并不重要。

来谈一个爱唱反调的情形。让我们假设这是一通电话，由于"私下接触"的要求已经达成，因此其余步骤如下：

1. 理解表面现象。
2. 应对根本原因。
3. 就解决方案达成共识。

你可能需要以很多方式来理解表明现象。关键是，客户应该感觉到你理解了他的痛苦。这通常需要很多言语表达！

↳ **案例对话：理解客户**

客户代表：如果花钱去上课而课程没有交付他们所说要交付的内容，我也会很不高兴。我不仅在没有达到预期效果的课程上浪费了培训预算，我还浪费了路费，更重要的是，我浪费了三天时间，再也无法弥补。我可不是一个乐呵呵的旅行者。

一旦客户觉得你理解了他的问题，而此前并没有，你就可以继续了解根本原因，并制定解决方案。

↳ **案例对话：获取根本原因**

服务代表：我们确实需要解决这个问题。我需要你的帮助。我需要理解发生了什么导致我们安排你进入了不适合你的培训班。你可以花 1 分钟向我解释你想要从培训班获得什么。……

　　　　好的，我明白了，你是想学习如何与客户建立信任以及如何管理你的客户关系。你看到了什么让你觉得引导培训班是适合你的课程？……

　　　　好的，所以你阅读了课程说明，并在线报名了。我们的一位客户经理与你联系确认报名了吗？……

　　　　好的，所以你在这几周出国导致没有机会回电话。

　　　　我们已经找到了问题的根本原因。这个人是在线报名参加培训的，是基于课程的描述进行选择的。然而，根据客户需求描述，我们可以看出，引寻培训班无法满足这个客户。我们的客户经理很可能在跟进电话中发现了这一问题，但跟进联系没有做成，因为客户出国了。现在，我们可以继续就解决方案达成一致。

案例对话：就解决方案达成共识

服务代表：我们很乐意为你退款。如果我们根本没有满足你的需求，我们不应该收费。我有一个建议，不过需要你的支持。你注意到我们导师的授课方式：我们称之为 PDI——实用技术，动态指导，全程互动……

好的，所以你对指导和动态课程环境感觉不错，只是主题错误。根据我所听到的内容，我认识到我们可能为你安排了错误的课程。我们的引导课程教授团队引导技术，我认为我们应该为你安排我们的咨询课程，它专注于客户关系管理技能、建立信任、确定客户的需求等，让我给你举几个课程中的案例……

如果你觉得这个建议适合你，而不是进行退款，我们会将你的报名费转到下一期咨询课程，因为它听起来能够教给你真正想要的技能。这样，你无须支付任何额外费用，你得到了想要的课程，我们也得到了一个满意的客户。你觉得如何？

引导师管理失当行为的检查备忘录

□ 理解什么是失当行为：失当行为是参与者对会议内容或目的、引导流程，或者外部因素自觉或不自觉地表示不满的任何表现。失当行为是一种表面征兆，而不是根本原因。

□ 在会议准备期间，通过了解以下信息，识别潜在的失当行为：
　－任何不赞成举办会议的参与者的顾虑。
　－认为如果会议或项目实现目标，他们的利益会受到损失的参与者。
　－与他人具有利害冲突的参与者。
　－倾向于指出问题而不是创建解决方案的参与者。

□ 实施策略防止失当行为发生：
　－分配座位。
　－增加基本规则。
　－与特定人员互动。
　－密切关注特殊反应。
　－休息间隙进行非正式谈话。

□ 识别不同沟通风格的需求：
　－支配（D）——保持会议节奏紧凑，详尽规划。
　－影响（I）——创造很多发言机会。

- 稳定（S）——确认团队达成共识；不要把这个人放在焦点上。
- 服从（C）——设定期望，在会议后才去完成详细的分析。

☐ 为了尽早侦测失当行为，主动进行失当行为情况检查并定期寻找失当行为迹象：
- 不发言的参与者。
- 向团队公开抱怨或表示反对的参与者。
- 可能通过窃窃私语向旁人抱怨或表示反对的参与者。
- 外在表现看起来不认同的参与者。
- 肢体语言表现出对会议感到不自在，如双臂合抱、盘腿交叉，或身体倾向远离房间中心的参与者。

☐ 快速和例行消除失当行为：
- 私下或公开接触参与者。
- 理解表面现象。
- 应对根本原因。
- 就解决方案达成共识。

☐ 使用具体的技术来应对常见类型的失当行为：
- 手机迷恋者。
- 摔门而去者。
- 放弃参与者。
- 插话者。
- 迟到或早退者。
- 高谈阔论者。
- 唱反调者。
- 肢体攻击者。
- 长篇大论者。
- 在话题间跳跃者。
- 言语攻击者。
- 私下议论者。
- 工作狂。
- 低能量的团队。
- 时间压力下的团队。

☐ 当会议期间发生意外时，如情绪爆发，采取以下步骤恢复秩序：
- 要求团队同意在议程上进行变通。
- 引导循环赛形式的提问，邀请每位参与者回答这个问题："针对刚刚发生的状况，你此刻的感受是什么？"
- 引导第二轮循环提问，邀请每位参与者回答这个问题："接下来做什么能让我们继续？"
- 休息一会儿，并与会议发起者简短会面，确保即将进行的行动符合发起者的目标。

☐ 当一个或多个参与者指出你犯了一个错误，或者建议变更流程时，采取以下步骤：
- 承认他们可能是正确的。
- 感谢他们的建议。
- 如果你同意这个变更，要在征得团队同意后执行。
- 如果你不赞成变更：

- 至少指出一项进行变更的好处。
- 解释你为什么认为保持现有流程更好。
- 表明你愿意遵循团队的意向。
- 询问团队是否同意变更。

☐ 当你的角色受到威胁时，重要的是表现出没有自我辩解，而且将言语聚焦在你对团队的关切上。考虑以下步骤：
- 为一个或多个成员因为你的引导感到不舒服道歉。
- 表明你愿意谦逊地让位。
- 表明你愿意在团队所需要的基础上进行调整。

☐ 当人们不再以失当行为参与会议，并开始表现出有效参与的迹象时，请多给他们正向鼓励。

✎ 练习你的技能

自觉预防、早期识别和彻底解决是有效管理失当行为的三个关键。为了高效率地彻底解决，你需要识别每种失当行为，并且知道在其发生后如何应对。练习你的技能，考虑采取以下两个步骤：

- 首先，阅读本章强调的失当行为，密切关注建议"即刻"采取的行动。如果你领导的会议中发生其中一种失当行为，你就知道应该采取什么应对措施，直接去做。这一步可能需要你花几周的时间来完成。
- 然后，在接下来你作为参与者参与的几次会议中，观察房间中团队的动态，并假定你是引导师考虑应该采取的行动。

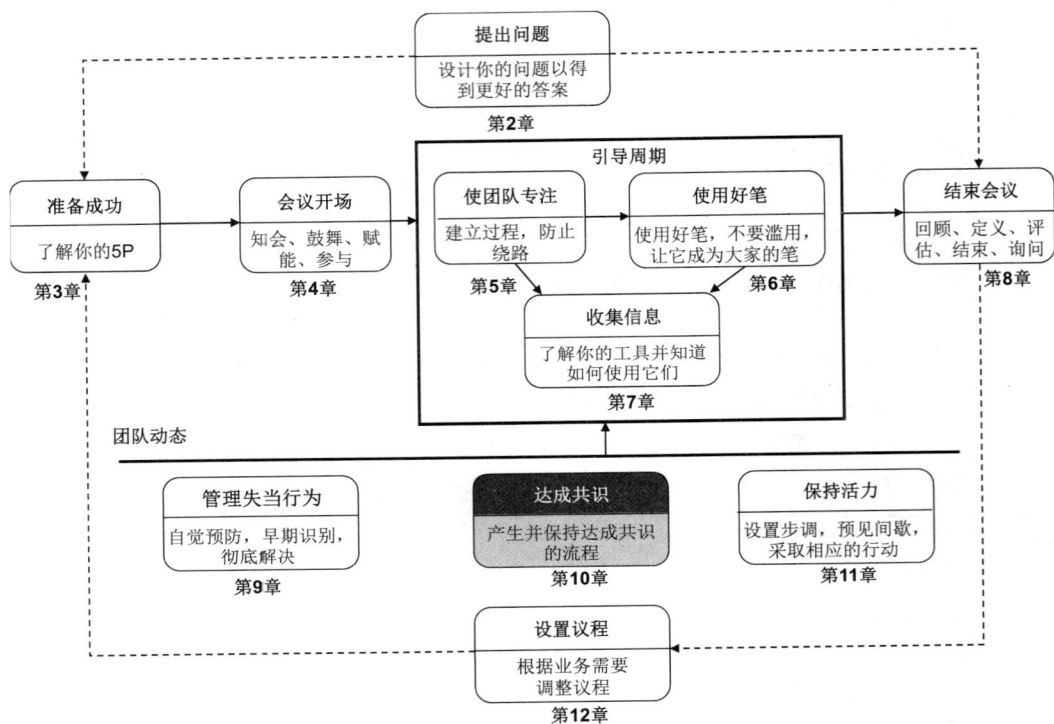

提出问题

设计你的问题以得到更好的答案

第2章

引导周期

准备成功

了解你的5P

第3章

会议开场

知会、鼓舞、赋能、参与

第4章

使团队专注

建立过程，防止绕路

第5章

使用好笔

使用好笔，不要滥用，让它成为大家的笔

第6章

收集信息

了解你的工具并知道如何使用它们

第7章

结束会议

回顾、定义、评估、结束、询问

第8章

团队动态

管理失当行为

自觉预防，早期识别，彻底解决

第9章

达成共识

产生并保持达成共识的流程

第10章

保持活力

设置步调，预见间歇，采取相应的行动

第11章

设置议程

根据业务需要调整议程

第12章

第 10 章

达成共识的秘诀

产生并保持达成共识的流程

本章回答的问题

▶ 共识的定义是什么?

▶ 为什么达成共识不是团队推荐的目标?

▶ 人们不能达成共识的三个原因是什么?

▶ 如何应对不合逻辑的分歧?

▶ 如何放慢谈话,以确保每个人都能接受事实?

▶ 如何解决基于不同价值观或经验带来的分歧?

案例分析 基于价值观达成共识

在办公楼和工厂建筑领域有两家公司,其中一家主要植根于欧洲和美国,另一家主要植根于澳大利亚和亚洲,合并成为全球最大的建筑公司之一。虽然组织文化有所不同,但是合并的原因之一是他们具有非常相似的价值观和信念。

这两个组织都认识到,确立一套明确表述的组织价值体系,并且通过定义支持这些价值观所需要的行为进行支持,是很重要的。来自两个组织的经理和高管聚集在一起来组成团队,进行为期两天的会议,要把两个组织的价值观合并为一套体系。这次会议旨在产生两个清晰的可交付成果:(1)对一套价值观陈述达成共识;(2)一系列在组织、区域和个人层面的行动计划,以确保这个价值体系被集成到该组织。

随着会议的进展,很容易发现,尽管存在组织文化的差异,他们的抱负和价值观却有相当大的共性。会议进展迅速,并且在议程的各个阶段富有成效,直到我们进行到正直这一话题。房间里的每个人都同意正直确实是"没有商量余地的"。当讨论由这个价值观产生的行为时，却存在明显的差异，主要取决于参与者所来自的开展业务活动的区域。

我引导团队经过了我们的共识建立模型（将在本章中讨论）。我们描绘出关于正直的备选方法，识别了每个方案的强项和弱项，合并强项来创建融合原有备选方案的关键强项的新解决方案。

讨论很热烈。许多在欠发达国家运营的管理者相信你必须根据那个国家的习俗进行运作。如向决策者提供间接的报酬和丰厚的礼品是一个国家的商业习惯，这些管理者认为如果他们不这样办事，会极大减少这个组织成功的概率。然而，在一些较发达国家经营的管理者认为，该组织需要给正直一个不会根据经营地点而改变的定义。

作为讨论的结果，大家对作为名副其实的全球运营的企业有关正直的问题有了更清晰的认识。该组织对正直和整个公司适用的一套运营行为达成共识。经过共识建立的流程，他们能够定义出运营行为应尊重道德和透明度同时尊重不同国家的文化。

你知道人们不能达成共识只有三个原因吗？世界上的每个分歧都可被划分为一级分歧、二级分歧或三级分歧。作为引导师，我们需要了解这些分歧类型和解决分歧的方法。不幸的是，如果你试图使用解决一级分歧的方法解决三级分歧，你很可能会失败。同样，如果你试图使用二级技术解决一级分歧，你成功的机会也非常、非常低。

在本章中，你将学习人们产生分歧的三个原因和帮助团队达成共识的四个具体技术。通过达成共识的流程案例，你也可以了解到可操作的建立共识的流程。

定义共识

我的经验使我得出这样的结论，共识是一种被广泛误解的概念。很多人认为对于一个决策达成共识，他们就必然相信这个决策是最好的决策。带着这个定义参加会议，他们认为辩论必须继续下去，直到他们说服别人或别人说服他们。

这样的共识的定义对组织效率的影响可能是惊人的。请允许我使用类比的方式来解释。在美国，陪审团由 12 人组成。任命陪审团主席后，陪审团成员只需要做一个决定。他们必须决定被告是否有罪。考虑做出这个决定需要多久：有时几小时，通常好几天。而且，很多时候，这个过程耗时太久，以至于他们退出并宣布无效的审判。

让我们回到工作环境，关注招聘流程改进团队。关于招聘流程的每个步骤和如何使整体流程更好，他们不只需要做出一个决定，而是要做很多决定。让我们假设如果团队只有两个成员，他们不断争论，直到他们两人一致认为解决方案的各个方面都达到最佳，这可能会花费他们三天。如果你把第三个人增加到团队中，现在就需要五天。大概不止，可能会需要更长的时间，因为直到全部三个人认同了解决方案的各个方面，讨论才会终止。因此我们说，如果团队有三名成员，这个过程将需要七天的时间。然后让我们增加第四个人、第六个人和第八个人等。当你使团队达到十名或十二名成员，而且他们都需要讨论解决方案的各个方面，直到团队所有成员一致认为，解决方案的每个部分都好得不能再好了时，这会需要多久？至少数周，更可能是几个月。而且很有可能像徘徊不前的陪审团一样，永远也无法达成共识！

为了避免花费大量时间和精力在解决方案的各个方面达成 100% 的认同，SMART 引导师对一致采用了一个不同的定义。

> **秘诀 45** | **理解共识的秘诀**：共识意味着"我可以接受并且支持"。

这个定义与"我认为这是最好的解决方案"的区别是什么？关于共识，我们希望房间里的每个人都能够做出如下声明。

如果是我自己做这个决定，我就没有必要跟进这个团队的方向了。但是，我有机会表达我的想法，人们花时间理解了我的观点。虽然我一直无法让大多数人转向到我的观点，但是我相信我一直得到倾听，并且我的需要已经被考虑了。因此，现在和未来，我愿意支持这个团队的决定。

让我们回到改进招聘流程的 12 个人的团队，并且让我们假设他们已经完成了他们的建议。

- 可能有三四名团队成员认为团队以各种方式想出了最佳解决方案。
- 也可能有两名或三名团队成员强烈支持前三条建议，但是希望看到最后两个有所改变。但是听到其他队友的建议后，他们明白了为什么会有人提出最后两条建议。尽管他们仍然不认同最后两条建议，但是确实能够接受这两条建议存在于众多建议之中。
- 另外两名成员可能会认为，最后这两个建议将会带来最大的改进。他们认为前三条建议应该得到增强。但是经过讨论，很明显，团队大多数成员希望保持不变，于是这两名成员又觉得没有必要改变。
- 尽管存在不同的观点，所有团队成员一致认为，他们将全力支持实施该计划的所有方面。他们甚至表示，如果有人问他们："你认为这是能够做出的最好的计划吗？"他们会痛快地回答："如果只由我来做决定，我可能会做出一些改变。但是为了组织的成功，我们需要一个每个人都可以接受和支持的计划。我相信这个计划是可行的，并且会得到我的全力支持。我们能够得到你的支持吗？"

决定如何进行决策

工作初期，每个接受引导的小组应该选择它将做出决策的方法。这里介绍几种备选方案。

为什么
这样做？

为什么要决定如何进行决策？

无论你是想要提出一个建议，改进一个流程，解决一个问题，还是要产出任何其他团队做出的成果，在某些时点上这个团队都要同意他们的工作完成了。如何定义这样的同意呢？是所有人都同时点头同意，还是 2/3 的人同意，或者多数人同意，又或者由领导者来决定？

通过预先确认决策是由什么组成的，该团队将会知道决策如何做出，并且通常能够更有效、更快速地推进做出决策的流程。

↘ 领导者进行决策

团队将讨论各种备选方案的优点和缺点，领导者会做出最后的决策。

↘ 领导者一票否决

该团队会根据下面的方法之一进行决策，但是领导者有权否决。

↘ 少数服从多数

在一些团队中，根据少数服从多数原则进行决策。多数参与者所希望的就是最终决策。多数原则可以快速做出决策。然而，由于没有花足够的时间去调查可能更好的备选方案，它也可以导致得不到最佳的解决方案。依据少数服从多数原则做出决策，由于没有达成全体共识，也可能导致事倍功半的实施效果。

↘ 绝对多数

根据绝对多数原则，团队持续辩论直到绝对多数的参与者同意一个备选方案。绝对多数的目标通常是 60%、70%或者 75%。通常这不如多数原则的决策方法快速，而且使用绝对多数原则可能仍会由于与多数原则同样的原因，导致得不到最佳、最有效的解决方案。

↘ 全体一致

如前所述，SMART 引导师定义一致为，"我可以接受，并且支持"。全体一致的优势在于它鼓励讨论，直到我们已经创建了大家都愿意接受的解决方案。因为我们达成全体同意，一致通常会增加执行的有效性。然而，一致也会带来重大挑战。通常一个潜在的几乎每个人都支持的解决方案，可能由于一个或两个人不同意而大打折扣，而且不得不继续讨论，直到他们达到目的。尽管打了折扣的解决方案得到一致通过，我们结束时得到了一个显然不是团队意愿的解决方案。

↘ 五指一致原则

与我刚刚描述的五种决策方法相比，我发现五指一致原则对团队的帮助更加巨大。

秘诀 46　**五指一致原则的秘诀：** 使用五指一致方式达成协议不会影响解决方案的高质量，但不会获得全体一致的支持。

这是五指一致原则的工作原理。

1. 当一个备选方案被提出和讨论过，并且团队已经准备好来检查共识时，引导师说明，数到三，每个人都应该在桌面上举起一到五根手指表示对建议的支持程度。

5——完全同意

4——同意

3——可以看到优点和缺点，但愿意去配合团队

2——不同意

1——完全不同意，也不能支持

2. 在第一轮投票中，如果每个人都显示了 5、4 或 3，说明已达成共识，我们可以继续推进。如果出现任何数量的 1 或 2，这些人有机会向团队其他人解释他们为什么给出这样的评估，并且给出他们可接受的修订备选方案的建议。备选方案的发起人可以选择变更或保持原样，并且向团队其他人做出说明。如果决定变更，就进行新的第一轮投票。如果不进行变更，就继续进行第二轮投票。

3. 在第二轮投票中，如果每个人都显示了 5、4、3 或 2，表明达成共识，我们继续推进。做出表决 2 的参与者通常暗示："我可不认为这是一个好主意，我以这样的方式提出我的表决，但如果这是团队的意愿，我不会阻止它。"但是，如果出现任何数量的 1，那些做出投票 1 的参与者有额外的机会向团队其他人解释他们为什么做出这样的表决，并且给出他们可接受的修订备选方案的建议。原有备选方案的发起人再一次选择更改或保持原样，并且向团队其他人做出说明。如果决定变更，就进行新的第一轮投票。如果不进行变更，就继续进行最后一轮投票。

4. 在最后一轮投票中，执行少数服从多数原则。根据大多数参与者做出决定。

为什么
这样做？　　**为什么使用五指一致原则？**

五指一致原则鼓励团队在遇到分歧时认真倾听，必要时鼓励再一次认真倾听。但是这种方法不允许因为少数人不同意，而对解决方案打折扣。尽管不可以否认将会有一名或两名参与者不喜欢这个解决方案，但是五指一致原则可以帮助每个人倾听，并且是认真的倾听，团队的意图胜出。

理解人们为什么产生分歧

通过我们在过去十年里帮助数百个团体，关于领导策略我们得出的结论是，分歧可分为三种基本类型或级别。为简单起见，我将使用两个人的分歧案例。相同的原则和技术同样适用于团队分歧。双向分歧解决技术与团队分歧解决技术有着显著区别，我将强调这一区别。以下是分歧的三个层级：

一级：参与者缺乏信息共享。

二级：参与者持有不同的价值观或经验。

三级：受外部因素影响。

> **秘诀 47**　**理解分歧的秘诀**：分歧的产生是因为参与者缺乏信息共享，持有不用的价值观或经验，或者受外部因素影响。

↳　一级分歧：缺乏信息共享

根据我的经验，我发现更多时候团队分歧处于一级：缺乏信息共享。幸运的是，一级分歧也最容易解决。

产生一级分歧的原因是什么

在一级分歧中，产生分歧的人没有仔细倾听或认真理解对方的备选方案以及支持它的理由。一级分歧往往是由于假定理解对方的话语或表达造成的。让我们看看案例。

↳　案例对话：关闭总部办公室

乔伊：我已经考虑了一段时间。我认为我们应该关闭丹佛的总部办公室，只是基于洛杉矶、芝加哥和纽约的卫星办公室运营业务。

拉里：你疯了吗？那样不行。

乔伊：当然可以。你自己说过，有总部办公室的心态会导致有时忘记了客户。我们取消总部办公，这个问题就会消失。我们也可以节省很多钱，这正是我们刚好需要现在做的。

拉里：不，我不这么认为。乔伊，我们已经合作了一段时间，但这是你在须臾时间里想出的最疯狂的想法。

乔伊：我不明白为什么你不喜欢这个想法。

拉里：嗯，首先，我们需要一个总部办公室，因为有某些行政性的活动需要进行。所以，天哪，难道是要停止向我们的客户发放账单吗？而且法律支持怎么办？难道我们要让每个当地办公室自设法务部？我认为这听起来毫无效率。

我们通过集中采购得到的全部价格优惠怎么办？由于当地办公室自行采购，我们最终会花费更多？还有……

乔伊：等一下。我不确定你是否在听我说。我说的是关闭总部办公室，而不是权力下放。我们仍然需要集中某些职能，但是让它们集中在当地。例如，我们可以让纽约接管发放账单活动和其他行政职能。我们可以让洛杉矶负责人力资源工作。他们那里的人力资源协调人比我们在丹佛这里曾经聘请的任何人都要好。而且……

拉里：我明白了。然后你让芝加哥处理客户服务和运营。你可能摸到门道了。我们甚至可以为那些愿意进行交接的人提供职位。通过做这一切，我们取消了第四个办公室的开销，同时增加了我们的顾客关注。我喜欢它。但是你为什么不首先说明呢？

乔伊：我说了，只是你没有听。我说我想基于三个卫星办公室运营业务。那你认为我是什么意思？

很明显，拉里想过乔伊的意思。拉里假设"关闭丹佛的总部办公室，只是基于我们的三个卫星办公室运营业务"意味着乔伊想关闭丹佛，让各区域负责自己的经营。他没有想到的是乔伊的意思是继续集中职能，并且让每个当地办公室为整体业务负责一个或更多的职能。一旦他明白了乔伊的意思，他很快就同意了。

你注意到什么时候谈话的语气变了吗？是一个陈述语句转变了整个对话。人们往往认为这是乔伊所说的："等一下。我不确认你是否在听我说。"但实际上，在此之前转变已经发生了。通常当两个人争论时，会话中正在发生的是每个人都在陈述：喋喋不休向对方讲话，而不是和对方谈话。如果任何一方退后一步并开始发问，彼此喋喋不休的发言会停下来，倾听可能会开始。我们作为引导师的角色是通过提问带来倾听。

谈话是在何时发生变化的？乔伊说"我不明白你为什么不喜欢这个想法"。请注意，尽管它是一个陈述，但是它的确包含一个问题："你为什么不喜欢它？"拉里给予回应，而这让他们认识到他们根本不存在分歧。他们只是没有相互理解。

我们使用术语暴力共识来描述一级分歧。当事人实际是同意的，但他们并没有意识到，所以他们继续争论。其中，听到的一级分歧解决后的一句常用语句是："哦，这就是你的意思吗？你刚才为什么不说呢？"

怎样解决一级分歧

为了解决一级分歧，SMART 引导师使用提问技巧来放慢谈话，鼓励认真倾听和理解。当分歧完全由于缺乏信息共享所导致时，双方很快就会知道他们根本不存在分歧。他们没有倾听对方，听到但是不理解彼此，或者没有分享相关信息。

在我们的例子中，当拉里开始解释为什么她听到的建议不可行时，拉里和乔伊发现了他们的错误共识。幸运的是，乔伊足够警觉，意识到拉里没有听到他正在提出的建议。否则，这种错误认同可能会持续一段时间。

在本章后面的部分，我将专注于解决一级分歧的结构化技术。但是，讨论这些技术之前，让我们来看看其他两个层级的分歧。

↘ 二级分歧：不同的价值观或经验

二级分歧取决于不同的价值观或经验。很明显，这些分歧更加难以解决，因为这个分歧基于并非由各方共享的信念和经历。回想一下，一级分歧是一旦双方识别出了非共享信息即可解决。与此相反，二级分歧是一旦双方认识到了非共享经验或价值观，他们在解决的道路上才刚刚开始！

产生二级分歧的原因是什么

一级分歧是基于缺乏信息共享，但是二级分歧相当不同。在二级分歧中，各方都充分听取并了解了彼此的备选方案，但是由于他们有着不同的经历或持有不同的价值观，致使他们更喜欢其中一个解决方案胜过另一个。

政党之间常常是有二级分歧。当事人通常理解对方的政纲和举措。他们常常从根本上反对一个国家、州、城市、乡镇或部落应该如何运行。以澳大利亚为例，工党重视社会民主和确保社会公正，特别是针对低收入人群。因此，成员往往认为政府应该介入，以提供更公平的结果。与此相反，自由党重视社会传统和鼓励自由市场。一般情况下，他们倾向于支持业务扩张和有限的福利安全体系。

婚姻是另一个出现二级分歧的舞台。我和妻子认同一致的事情很多，但是每隔一小段时间，我们就会出现重大的二级分歧。

↘ 案例对话：规划家庭出游

雪莉：　我一直在考虑我们明年的假期，我已经有了主意！就是意大利十日游，我们将游览八个城市，包括罗马、威尼斯、托斯卡纳和佛罗伦萨，太完美了。你觉得呢？

迈克尔：这听起来像一个美好的旅程。但是我真的一直期待着今年去海边。

雪莉：　哦，来吧，思奴抗（音译）（这是当我的妻子真的想要什么时对我的昵称）。让我们一起去意大利吧。我们之前还没去过那里。

迈克尔：哦，甜心，亲爱的，宝贝（模仿我印象里最好的低音歌手巴里·怀特）。让我们一同去海边吧。那将会很安静和悠闲。

雪莉：　迈克尔，你今年已经外出了很多次，这使得我留在家既要忙我的工作又要独自照顾孩子们，所以我们真的应该做我想做的事情。让我们去意大利吧。

迈克尔：你说的对，雪莉。我今年已经外出了很多次，这已经让我烦透了。我真的需要休息一下。让我们一起去海边吧。

雪莉：　不，我们去意大利。

迈克尔：不，我们去海边。

雪莉：　意大利！

迈克尔：海边！

雪莉：　　意大利！

显而易见，我妻子喜欢旅游。她看重假期能够使她见识许多东西，并且拥有很多新鲜不同的经历。对她来说，十天、八个城市是理想的。然而对我来说，一年之中大多数时间都是携带简便行李箱外出。当我度假的时候，最不想要做的事情就是每天早上收拾行李去拜访另一个城市。（这听起来像我在工作时所做的！）我想要安静、沙滩。我希望大多数早晨能够睡个懒觉，我想起床的时候再起床，如果我什么都不做就什么都不做。

需要注意的是，我们了解对方的备选方案及支持它们的理由。据我了解，我理解妻子看重新的和多种多样的经历，她明白我很看重休息和放松——一个经典的二级分歧。

怎样解决二级分歧

解决二级分歧的关键是分离出最重要的基本价值并且创建融合这些价值的备选方案。

在前面的例子中，我妻子和我都有立场。如果争论停留在立场层面（意大利与海边），我们其中一人会赢（最有可能是我的妻子），另一个人会输。真正的问题不是立场，而是支持这些立场的理由。在构建一致中，如果我们可以能够超越立场，专注于真正的问题，我们也许能够创建出解决方案，满足每个人的最重要的需求。

想象分歧很像一座冰山。冰山的顶端——你看见的部分——是立场。但是，水面之下的才是真正重要的，这些都是我们必须识别的核心问题。SMART 引导师如何识别核心的基础价值？他们会提出这样的问题："你这样做可以得到什么好处？""为什么这对你很重要？"通过分析回答：SMART 引导师可以帮助识别满足核心利益的解决方案，并提供核心利益给所有当事者。

顺便说一句，其实表面上我妻子和我争论今年去哪里度假，如果你掀起争论的盖子，你会看到分歧真正是关于度假的目的的。对于我的妻子，休假的目的是兴奋——去新地方，体验新事物。对于我来说，休假的目的是再生——有一个机会去放松和充电。我们每一年都将出现这种分歧，直到我们对度假的目的达成共识。（相信我——我从个人的经验得出的结论。）

↘ 三级分歧：外部因素

三级分歧是目前为止最难解决的。因为产生分歧的因素与备选方案无关，无法通过讨论达成解决方案。

产生三级分歧的原因是什么

一级分歧是基于缺乏信息共享，二级分歧是基于不同的经验或价值观，三级分歧则是基于个性、过往的历史或与备选方案无关的其他因素。有些时候这种分歧与进行的讨论根本没有任何关系。请参考下面的例子。

↘ **案例对话：提名委员会**

汤姆：   我觉得我们可以做些事情来改善我们的董事会治理结构，其中一件事情就
是增加一名或两名具有强大金融背景的董事会成员。通过这种方式，我们
可以更好地理解我们正在考虑的一些提案的财务演化结果。

弗兰克：那不会奏效的。

汤姆：   当然会，我们只需要确保我们找到对的人。

弗兰克：不，那不会奏效的。

引导师：你可能是对的，弗兰克。请解释为什么你认为这个方案不会奏效。

弗兰克：这就是不会奏效的。

引导师：好吧……嗯，我们怎样才能改进一些？

弗兰克：没有办法改进它。它就是不会奏效。

引导师：帮助我们了解，弗兰克。你为什么这么确信它不会奏效？

弗兰克：它肯定不会奏效的。**上帝**考虑过这个方案。不会奏效的。

这肯定是一个极端的例子。弗兰克显然不希望与这个想法有任何关系，而原因似乎
与这个想法无关。事实证明，不久前当弗兰克被提名加入董事会时，他了解到汤姆是发
言反对提名他的少数人之一。从此以后，任何由汤姆提出的建议都不会奏效，至少就弗
兰克而言是这样。

基于个性或过往的历史（三级）的分歧往往就需要进行更深层次的干预，无法在常
规的引导会议中解决。因此，重要的是，你尽可能快速地确定分歧的源头，以避免浪费
时间。

如何识别三级分歧

三级分歧往往是不理性的。三级分歧中的争论看起来不符合逻辑，在许多情况下，
争论者不为他们的立场提供任何理由（就像我们的案例表明的）。此外，在三级分歧中，
其中一方或多方表现出没有兴趣解决分歧，考虑备选方案，或者说服对方。由于分歧并
不是基于这个问题的，因此没有欲望关注这个问题！

三级分歧无法通过分析问题得到解决。因此，SMART 引导师把这个问题提升到更
高层的源头。

> **秘诀 48**　**解决三级分歧的秘诀：**把问题提给更高层以确定解决方案。

如果你身处引导的会议中，当发现三级分歧的时，考虑以下步骤：

- 休息一下。私下与各方聚在一起，暗示他们你不认为这个问题可以在会议上得
到解决。
- 寻求同意在会议之外一起到一个更高层面寻求解决方案。实际上，可以让组织
中的更高级别人员出面，通过让分歧双方一起向他解释这一问题来做出决定。

基于个性或过往历史的问题，通常需要更多的时间，超过了团队已经同意的时间，或者你可以给出的时间，这取决于你的合约安排。因此，要避免尝试解决三级分歧，除非会议是为此目的专门设计的！冲突解决会议是专为使各方共同应对三层分歧问题而设计的。尽管冲突的解决超出了本书的范畴，三级冲突解决会议应至少包括表 10.1 所示的步骤。

表 10.1　冲突解决步骤

1. 给各方一个机会，让他们单独识别并谈论已经对合作造成负面影响的各种问题、顾虑、过去的行动以及现在的情况
2. 就各方都渴望更好的工作伙伴关系达成共识
3. 识别出更好的工作伙伴关系为单独的每一方和团队各方共同带来的好处
4. 所有方共识，已经识别出所有重要问题、顾虑、过去的行为以及现在的情况
5. 提供一个协同工作最佳实践的互动展示和讨论（这一步为会议带来关于伙伴关系的外部见解）
6. 制定一套策略和伙伴关系的原则，管理所有各方如何进行互动来解决过去的问题，防止未来的问题，以及当问题发生后解决它们
7. 认同监督方法和在过程中有意识地进行调整

↘ 这个分歧属于哪个级别

来看看下面的场景。帕特和克里斯为同一个组织工作。帕特是人力资源经理，克里斯在外地的一个办事处的运营部门工作。两个人在他们的组织中第一次参加引导培训课程。当你阅读这一情景时，请决定这属于一级分歧、二级分歧，还是三级分歧。

↘ **案例对话：培训课程分歧**

帕特：　　我认为本次培训班非常棒。方法合理，教学方式是交互式的，并且这些技术可以在各种情况下带来结果；总之，这些东西会让我们更加有效。我认为我们组织中的每个人都应该参加这个培训。

克里斯：每个人？这有点极端，难道你不觉得吗？我希望主要管理者参加学习。至少，他们实际上会有机会用上它。

帕特：　　不，我们不能仅限于管理者，每个人都需要这些技能，每个人都应该参加培训班。

克里斯：这是个企业，帕特。你们从事人力资源工作的家伙有时候却忘记了这个。我们不能总是让每个人为了他们可能用不上的技能中断工作，只是主要管理者需要培训。

帕特：　　我知道这是一个企业，克里斯。我不傻。如果你们做业务的家伙只是更加开放来赋能你们的员工，你可能会得到比平庸更好的结果。

看起来帕特和克里斯是在用自己的方式激烈地争论。那些促发了作为一个对同事的友好而热情的评论的事情似乎在进程中的某些地方已经转变为一个深层的哲学分歧并非常带有个人色彩。

虽然这是一个虚构的场景，但是它是典型的分歧，经常发生在企业、社区以及世界范围的人际交往中。SMART 引导师可以建设性地解决这些分歧，因为他们了解分歧的三个层级和应对每个层级分歧的技术。

帕特和克里斯的分歧属于什么类型？

三级分歧？

根据结尾的语气，有人会简单地断定这是一个三级分歧。语气变得苛刻，脾气似乎准备飙升。但是回想一下，三级分歧的两个标志是针对当前的问题不符合逻辑，并且缺乏达成共识的承诺。帕特和克里斯似乎都有合理的论据（"每个人都需要这些技能"与"我们不能总是为了每个人用不到的技能让他们中断工作"）。此外，他们每个人似乎试图说服其他立场的有效性。于是，我们得出结论，这不是一个三级分歧。

一级分歧还是二级分歧？

这一情况听起来确实像二级分歧。帕特看起来在意的是在组织中传播基本的技能，克里斯似乎看重的是只有那些真正需要技能的人员参加培训，以减低对组织的日常运营的中断。

但是，正如你所看到的，这很可能是一级分歧。帕特和克里斯认为他们理解对方的备选方案，但他们或许会发现他们压根就不了解。

把达成共识技术装进你的工具箱

如前所述，如果你认为一个分歧是第三层级，就把这个问题提升到更高层面去做决定。一旦排除了三级的分歧类型，就应该假设分歧是一级的，并应用适当的达成共识的策略以确保双方都了解彼此。如果一级技术没有解决分歧，就可以断定它是二级分歧并且应用二级策略。

有几种达成共识的技术。在本章的其余部分，我将检验四种最常用的技术。图 10.1 显示了它们之间的关系。

1. 描绘
2. 优势和劣势
3. 合并
4. 加权评分

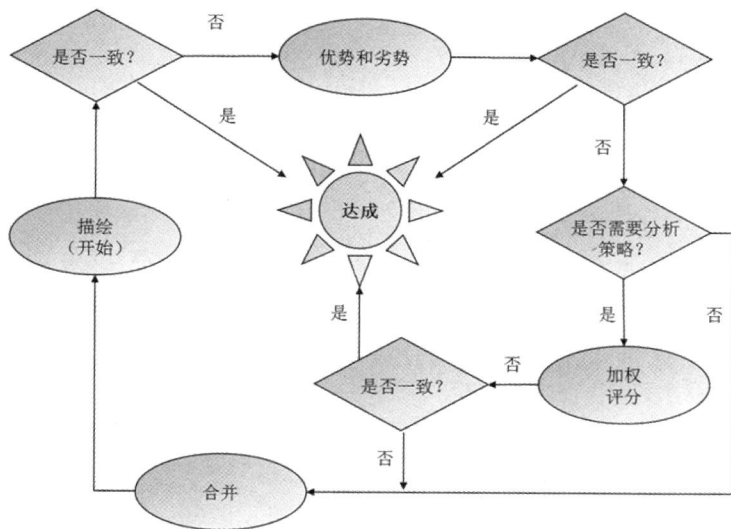

图 10.1　达成共识策略

↘ 描绘

去掉作为分歧根源的外界因素后,你将要采取步骤确定它是不是一级分歧。实际上,你要确保各方清楚听到对方的备选方案。你怎样做呢? SMART 引导师使用一种称为描绘的流程。

> **秘诀 49** **解决一级分歧的秘诀**：提出问题，描绘备选方案。

描绘有六个步骤:

1. 从共识开始。
2. 确认分歧的根源。
3. 识别已讨论过的备选方案。
4. 向各方提出具体描绘性的问题：多少钱，多长时间，涉及谁，涉及什么事项。
5. 总结要点。
6. 进行一致检查。

↘ 第一步：从共识开始

从共识开始有助于双方发现他们已经具备了一些共同点。这一初始共识可以作为构建最终的解决方案的桥梁。

↘ **案例对话**：从共识开始

引导师：让我确定我理解了我所听到的。你们俩似乎都同意，这是一个有价值的课程，是这样吗？

帕特：　哦，是的。

克里斯：当然，我可以同意这一点。

第二步：确认分歧的根源

确认分歧的来源表明各位当事人不是相去很远,尽管实际上讨论可能已经变得有些紧张。

案例对话：确认分歧的根源

引导师：你们的分歧在于谁应该参加学习，是这样吗？

帕特：　是的。

克里斯：你说得对。

第三步：识别已讨论过的备选方案

一旦你确认了分歧的根源，你将会识别已经讨论过的备选方案。例如，假设有两个备选方案，创建一个两列的图表并且给每列标注上备选方案的名称。如果有两个以上的备选方案，根据你所有的备选方案创建多列。

案例对话：通过讨论确定备选方案

引导师：所以帕特，你是说每个人都应该参加学习吗？

帕特：　没错。（引导师在第一列标注"每个人"。）

引导师：那么克里斯，你说的有什么不同吗？

克里斯：是的；我认为只有主要管理者应该参加这个课程。（引导师在第二列标注"只有主要经理"。）

第四步：向各方提出具体描绘性的问题

对于每个备选方案，你应该直接向这个备选方案的支持者提出具体问题，并在挂图上记录反馈。这些问题应该能够使这个团队了解下列问题的答案：

- 将花费多少费用？
- 将需要多少时间？
- 涉及谁？
- 涉及什么事项？

↘ **案例对话**：向各方提出具体描绘性的问题

引导师：帕特，你说每个人都应该参加学习。那会是多少人？

帕特：　我们所有 500 名员工。

引导师：请问，每个人都要参加全部三天的课程吗？

帕特：　是的，没错。

引导师：每个班会有多少人？

帕特：　据我所知，供应商允许每个班最多 16 人。因此，让我们假设每个班将有
　　　　14～16 人。

引导师：那么，要想容纳所有 500 人，这是否意味着将有大约 35 个班？

帕特：　这好像没错。

引导师：如何将人们分配到特定的培训班？你是一个部门接着一个部门去做，让人
　　　　们有时间时报名，还是使用一些其他方法？

帕特：　我会让人们有时间时报名。

引导师：这个课程需要从口袋里掏多少钱？

帕特：　我认为供应商每个班收费 10 000 美元。我们可以用我们的设施，所以就
　　　　不会为此掏口袋花钱，也不会有差旅费用或任何其他主要开支。

引导师：你举办培训班的频度是多少？

帕特：　大概每个月两个班。

引导师：好，这些让我们非常好地明白了这个工作如何进行。现在，克里斯，你说
　　　　你认为只有主要管理者应该参加培训班，那会是多少人？

克里斯：80 名主要管理者。

引导师：谁来选择这 80 人？

克里斯：高管团队将选择这 80 人。但最主要的部分，我认为所有副总裁、总监和
　　　　管理其他经理的经理。

引导师：他们也参加为期三天的课程？

克里斯：是的，他们参加。

引导师：你也是每个班 14～16 人？

克里斯：是的。

引导师：因此，对这 80 名主要管理者进行培训需要五个培训班？

克里斯：不，我认为我们需要七个班。我们会安排每个管理者参加前面的五个培训
　　　　班之中的一个，但我认为，我们需要为错过第一轮培训的管理者至少再办
　　　　两个补课班。

引导师：请问，从口袋掏出的费用是一样的吗？

克里斯：是的。可能是 10 000 美元。

引导师：还有，多久你会举办一期培训班？

克里斯：大概每个月一个班。

引导师：好，我想我已全部搞出来了。

第五步：总结要点

获得每个备选方案的细节后，在挂图的底部总结要点，就像图 10.2 所显示的。

案例对话：总结要点

引导师：那么，让我们汇总已经了解到的信息。在主要管理者的备选方案中，我们将有 80 人接受培训，这将需要大约 7 个月，我们将有大约 70 000 美元的现金支出。在我们培训组织中的每个人的备选方案中，我们将有 500 人接受培训，并会耗时 18 个月，花费现金 350 000 美元。

第六步：进行一致检查

一旦你已经描绘并总结了每个方案，就可以进行检查以确定是否已达成共识。如果已达成共识，就可以继续推进会议。如果一致尚未达成，将要使用下一个达成共识的技术。

每个人	只有主要管理者
500 人	80 人
有时间报名	高管挑选管理者
3 天的培训班	3 天的培训班
14～16 人/班	14～16 人/班
35 个班	7 个班
2 个班/月	1 个班/月
10 000 美元/班	10 000 美元/班
————	————
500 人	80 人
18 个月	7 个月
350 000 美元	70 000 美元

图 10.2　描绘的结果

案例对话：进行一致检查

引导师：我知道，我们只讨论了数理逻辑和费用明细，没有考虑一些其他问题。但是，获得此刻人们在想什么的一个感觉就是很有帮助的。鉴于我们已经讨论的这些信息，有多少人会赞成第一种方案，让每个人都接受培训？……多少人会赞成第二种方案，只让主要管理者参加培训？那么，很显然我们还没有达成共识。

为什么
这样做？

为什么要描绘备选方案？

　　描绘鼓励人们相互倾听。当你描绘备选方案时，你放缓会议并且确保每个人理解所考虑的备选方案。如果做得好，描绘可以打消人们可能自己做出的任何假定。

描绘的要点

描绘备选方案时需要记住几个要点。

- 在引导师介入前，帕特和克里斯正在向对方唠叨不休。引导师采用一个简单的技术促使帕特和克里斯倾听，引导师控制了谈话，然后把所有问题指向一个人——帕特。这是鼓励克里斯要安静、倾听。然后主持人转变方向，并把所有问题指向克里斯，这次轮到帕特倾听。
- 当提出描绘问题时（第四步），不是提出直接的问题（如"这个备选方案的成本是多少"），而是提出一些回答直接问题需要的信息的问题。例如，如果引导师想知道备选方案总成本，引导师首先提出的问题将有助于人们找出所需要培训班的数量和每个班的成本。这样可以更容易弄清楚总成本。
- 请注意，描绘问题只关注事实。在这个阶段不提出评估问题（如"为什么重要"）。
- 进行总结之前要确保你已经收集到所有备选方案的信息。如果你总结以下每个备选方案，参与者往往把重点放在努力确保他们的备选方案在总结中"击败"其他备选方案。

回想一下，描绘的目的是提供解决一级分歧所需的信息。帕特和克里斯之间的分歧是一级分歧吗？当然是。例如，讨论还可能这样进行。

案例对话：发现一级分歧

引导师：帕特，你说每个人都应该参加学习。那会是多少人？

帕特：　我们所有 500 名员工。

引导师：请问，每个人都要参加全部三天的课程吗？

帕特：　不，我希望供应商为我们的人员定制一个特殊的为期一天的培训班，这样他们就不会花费这么多时间中断工作。

克里斯：一个为期一天的课程？你为什么不早说？我认为这方面没有问题。

　　在这个案例中，帕特和克里斯会一直进行暴力共识。他们是一致的，但是他们并不知道。克里斯曾假设，帕特希望每个人都参加一个与他们的课程相同的为期三天的培训。当帕特说"这将是一个为期一天的课程"时，克里斯才松了口气。如果分歧真的是第一级别，描绘将通过鼓励参与者花时间去充分了解彼此的备选方案，可能会解决这个分歧。

优势和劣势

如果通过描绘不能达成共识，那么识别每个备选方案的优势和劣势。

↘ **第一步：识别优势**

在描绘的时候，你聚焦在每个备选方案的支持者。然而，在识别优点和缺点的时候，整个团队将参与进来。

↘ **案例对话：识别优势**

引导师：现在，帕特和克里斯已经描绘了备选方案，让我们一起识别每个方案的优势和劣势。这将有助于我们更好地理解方案及支持它们的理由。让我们从第一个备选方案开始，让每个人接受培训。思考这个方案与另一个方案比较。这个备选方案比另一个有独特的优势。这个备选方案具备另一个方案不具备的特别的好处。让我们逐一列举。让每个人接受培训的优势是什么？……

第二个备选方案怎么样，只让主要管理者接受培训？这个备选方案的特殊优势是什么？

↘ **第二步：识别劣势**

一旦团队识别出了每个备选方案的优势，让团队讨论每个方案的劣势。两者比较的结果如图 10.3 所示。

每个人	只有主要管理者
优点	**优点**
共同的语言	花费较少
每个人受益	完成较快
技能遍及组织	中断工作时间较短
	培训聚焦于需要的人群
缺点	**缺点**
花费较多	只聚焦于组织中的较高级别人群
时间较长	技能和语言无法共享
中断工作时间较长	

图 10.3　优势和劣势比较的结果

↘ **第三步：进行一致检查**

一旦团队经确定了每个备选方案的优势和劣势，就可以进行检查以确定是否已达成共识。如果已达成共识，就可以继续前进。如果尚未达成共识，将要转到下一个达成共识的策略。

为什么 这样做？	**为什么在达成共识中采用优势和劣势的方法？**

回想一下，二级分歧是基于不同的经验或价值观。当你问人们一个备选方案的优势时，他们的反应通常反映了他们持有的价值观，导致他们相比喜欢这个备选方案多过另一个。通过询问优势，你实际上是要求人们告诉你他们看重什么。

例如，那些更喜欢"每个人"备选方案的人们更加看重共同语言和每个人都受益。那些更喜欢"只有主要管理者"备选方案的人们更加在意节约成本和限定中断运营的时间。

即使参与者在这个阶段没有达成共识，确定这些基本价值观将给该团队向前迈进奠定明确的基础。

优势和劣势的要点

以下是使用优势和劣势技术时要记住的要点。

- 在讨论备选方案的劣势之前，首先识别所有备选方案的优势很重要。这一方法可以在参与者通过讨论劣势对每个备选方案"贬低"之前，对每个备选方案"赋予价值"。
- 对于许多分歧，尤其是只有两个备选方案时，一个备选方案的劣势是等同于相对的备选方案的优势。请注意，在我们的案例中备选方案"每个人"的劣势是如何反映到"只有主要管理者"的方案中的优势的。一旦团队识别这种关系，可以节省讨论劣势的时间。

快速小窍门！

如果分歧只涉及两个人，让他们给出他们所反对的备选方案的优势。这个方法鼓励积极倾听并帮助各方看到另一面。然后，每个备选方案的支持者补充一些对方或许遗漏的任何其他优势。

↘ **合并**

如果团队借助优势和劣势技术无法达成共识，接下来 SMART 引导师将使用合并技术。通过合并，团队创建一个融合原有备选方案主要优势的第三备选方案。

秘诀 50 **解决二级分歧的秘诀**：创建一个融合原有方案主要优势的新方案。

为了解决基于价值观或经验（二级）的分歧，采取以下步骤：
1. 识别各方案的主要优势。
2. 创建一个或多个融合主要优势的新备选方案。

3. 描绘最佳备选方案。

4. 进行一致检查。

第一步：识别各方案的主要优势

通过识别每个备选方案的主要优势启动合并流程。

案例对话：识别各方案的主要优势

引导师：现在我们已经识别了每个备选方案的优势和劣势，让我们看看是否可以使用这些信息来帮助我们达成共识。谁更喜欢第一种备选方案，请举手？我准备通读这些优势。当我通读完时，我想要你们告诉我哪个是最重要的一个或两个优势。（通读优势，在该小组确认的一个或两个最重要的优势旁边标注星号。）

对于那些更喜欢第二个备选方案的成员，让我们做同样的事情。

第二步：创建一个或多个融合主要优势的新备选方案

让团队聚焦主要优势来创建一个或多个融合了这些优势的备选方案。

案例对话：创建新备选方案

引导师：有没有一种方法来创建融合了这些优势的新备选方案？是否有备选方案呢？……（通读优势，并在所有主要优势周围画出一个圆圈，见图 10.4。）

帕特：　克里斯，我可以看到只让主要管理者接受培训将减少中断工作的时间。但我还是希望每个人都可以接触到这个技能。你认为让管理者为他们的员工做一个 2 ~ 3 小时关于他们在工作坊中学到技能的介绍怎么样？

克里斯：这样可以，尤其是如果我们能够让供应商开发一套简要的资料供管理者使用。

引导师：我已经写下了这个备选方案。还有其他的备选方案考虑吗？

每个人	只有主要管理者
优点	优点
共同的语言	花费较少
每个人受益	完成较快
技能遍及组织	中断工作时间较短
	培训聚焦于需要的人群

图 10.4　合并的结果

第三步：描绘最佳备选方案

让团队选择最有希望的新备选方案，并且描绘它。

↳ **案例对话：选择最佳备选方案进行描绘**

引导师：在这些新增加的备选方案中，有一个特别的方案可以让我们首先关注吗？

克里斯：我认为让管理者向其他员工介绍这一技能是可行的。它将培训聚焦于最重要的人群，并且为在我们的组织中交流该培训提供了方法。

引导师：还有其他想法吗？我们关于进行简要介绍的方式似乎有了强烈的共识。因此，让我们描绘这种备选方案，以确保大家都明白它如何奏效。

↳ **第四步：进行一致检查**

一旦团队描绘出合并后的备选方案，就可以进行检查以确定是否已达成共识。如果已达成共识，就可以继续推进。如果尚未达成共识，可以采取下一个达成共识策略。

为什么 这样做？	**为什么采用合并策略来达成共识？** 　　我发现合并策略是一个极好的技术，可以让人们去思考创造性的解决方案来处理问题。而优势和劣势流程可帮助你识别价值，合并的策略让人们专注于提出结合了最重要价值的解决方案。合并策略不是促使各方妥协，而是通常会引发所有各方都同意的创造性解决方案。

合并技术的要点

使用合并技术时请记住以下要点：

- 通过合并，该团队创建了一个融合参与者的核心价值的备选方案。我们通常依次使用描绘—优势和劣势—合并的流程。不过，你可能会发现，该团队已准备走捷径，马上要从描绘跳跃到创建新的备选方案。

- 请确保在认为达成共识之前描绘新的备选方案。描绘将确保所有参与者理解新的备选方案将是如何奏效的。

案例分析 ▶ **改善客户交付时间**

查理·汤姆巴赞目前担任创新策略有限责任公司的总裁，这是一家设在亚利桑那州的斯科茨代尔的管理咨询公司。他分享了下面的故事，发生在他担任一家财富 200 强的技术分销商的副总裁期间。

我引导了一个由两个团队组成的小组，在过去 9 个月里这两个团队一直相互冲突。在此期间我们最大的业务办公室的销售和市场团队已经几次书面投诉，公司总部的集成中心团队（运营）没有及时为客户创建订单和按时交付。直到这次会议，销售和市场团队都没有承担责任来考虑他们如何对这个问题做出贡献，只对交付的及时性一直是如何差表达困惑和担忧。

访谈了两个团队的主要成员并且认识到我们可能会被置于一个充满争论和相互指责的会议之后，我使用了创建一致的流程。这个流程是我在得克萨斯州的沃思堡举办国际引导师协会的年度会议上从迈克尔·威尔金森那里学到的。

会议是这样进行的。介绍之后，我定义了一致是 100% 的承诺支持团队的决定，并解释如果公开和坦诚地讨论之后，团队中的任何人无法做出这样的承诺，我们将无法达成共识。一旦团队确认他们理解并接受这个定义，我将通过介绍议程启动会议，并询问团队这个议程是否将会实现他们想要的目标。当几个议程项得到澄清或补充后，每个人都认同我们达成共识，所以我转到了达成共识流程中的下一个步骤，解释了人们因三个基本原因产生分歧。

虽然我用自己的术语表述这些原因，但它们在本质上还是与原先的一样：任务导向差异（我们正在做什么、所包含的信息和我们正在试图完成什么）、流程导向差异（我们将如何进行这项工作），以及个性差异（文化、性别、经历、价值观、态度）。我介绍说，这是解决前两类差异的一个公平的游戏，但是我们一定会在个性差异上花些时间。如果个性问题确实出现，我会与涉及的人们另外花时间处理。我通过说明我们会专注于问题和机会，而不是个人完成了介绍。当大家一致接受这个会议的界定后，我转到下一个步骤。

我使用了描绘的方法，它从建立一个认同的基础开始，我要求团队列出他们都认同的我们缺乏及时交付的事实。建立一个广泛的清单后，我们一起验证那些事实，其中很多事实两个团队都同意。这对两个团队来说是一个非常积极和充满活力的步骤，因为他们之前对这个问题一直都是消极的和相互争议的。这个步骤，加上前面的步骤，推动两个团队充满了合作精神地一头扎进了关于问题和机会的讨论。在这一点上我很清楚，只要在互动中把情绪化拿开，每个人将真正致力于解决问题和把握机会。如果我们从团队的分歧和问题开启流程，我敢以薪水打赌，事情几乎不会如此富有成效。这是我作为一名引导师的重大学习心得：一致可以带来活力！

接下来，通过清晰识别两个团队的分歧来继续描绘。列出一份清单，然后由我向团队征求关于清单上的分歧的意见，识别出他们分歧的根源。来自两个团队的成员们得出结论，他们之间的分歧源自团队对订单和库存控制流程的认知差异。正如经常出现的情况，处于某特定职能的人们对他们所处理的那部分流程可以看得很清楚，但是不那么清楚地了解他们不直接与之交互的那部分流程。当把订单和库存管理流程从开始到结束都展开在一面墙上时，两个团队很快看到了问题出自哪里，以及改善现有流程的共同机会。

通过列出一些流程改进的备选解决方案，我们结束了描绘的步骤。为了确定有大量备选方案可供选择，将两个小组拆分为由代表销售和市场以及集成中心（运营）的成员组成的更小讨论组。他们职责是报告他们的解决方案。随着每个小组的报告，只有前面小组没有提及的新方案进行列示。我通过询问是否有足够好的解决方案可以从中选择，检查是否达成共识，对此小组表示不仅他们达成了一致，而且有为如此迅速和积极地产出这一结果的欣喜若狂。

接下来，我们迅速识别每个备选方案的优势和劣势。尽管有一些争论，但我没有在分歧上停留太久。这样正确地指引团队进入到能够创建一个关于这些解决方案的"合并"清单，而且包含了这些备选解决方案的优势和潜在的积极产出。再一次，团队可以看到一个或两个解决方案正在浮现而且是合理的。但是只有经历这个逻辑的、非情绪化的流程之后，他们才可以更清楚地想象和接受针对他们问题的解决方案。

我们进展到选择两个最好的解决方案，然后制订一项行动计划并且实施选定的解决方案。团队决定并同意了各种活动的责任人，最后一步是为活动清单设置时间表。整个过程用了大约 5 小时，其中包括一次 30 分钟的午餐休息时间。

这种情况使我看到了创建一致流程的真正威力——特别是从为什么人们产生分歧的普遍原因开始，剥离掉个性差异，而且从人们能够达成共识的地方开始构建，而不是从他们的不同开始和聚焦在不同上。我衷心感谢迈克尔为我提供这一工具，并将继续应用于它在我的对客户和供应商的引导上。

↘ 加权评分

合并技术非常适用于解决二级分歧。然而在某些情况下，需要一种用于评估备选方案的更具分析性的方法。

> **秘诀 51** 使用加权评估的秘诀：评定分数，从得分最高的备选方案入手。

当结构化比较和数值能够帮助团队达成共识时，你可以使用加权评分技术的五个步骤：

1. 定义标准
2. 为标准设定权重
3. 为备选方案评分
4. 为得分应用权重
5. 进行一致检查

↘ 第一步：定义标准

加权评分首先需要团队定义将用于评估备选方案的标准。

↘ **案例对话**：定义标准

引导师：我们将使用加权评分技术来帮助我们评估这些备选方案。在这一流程中有三个主要步骤。首先，我们决定将使用什么标准。其次，我们根据整个标准为备选方案评分。最后，我们在得分基础上应用权重，为每个备选方案评出最终分数。让我们来依次完成这些步骤，从选择我们的标准开始。

如果我们购买汽车，我们也会有特定的标准来决定购买这辆车还是另一辆。例如，经销商的位置可能是一个标准。还有其他什么可能是购车的标准？……对于我们关于如何最好地开展引导培训课程的问题，我们同样需要标准。给我们的两个备选方案，我们将如何确定哪一个是最好的？什么样的标准可以确定其中一个方案比另外一个更好？

↘ **第二步：为标准设定权重**

下一个步骤是为每个标准确定权重，如图 10.5 所示。

标准	权重
成本	H
时间	L
提升技能	H
工时损失	M
员工士气	M

图 10.5　标准和权重

↘ **案例对话：为标准设定权重**

引导师：我们刚才确定了标准，我们的下一步是确定每个标准的重要性。这将帮助我们更好地评估备选方案，使我们获得这个问题的最佳解决方案。所有的标准都是不同的，有些标准比其他标准重要。看一看标准列表。列出的议程项中，哪一项最重要？我准备给这一项标注一个 H（高）。是否有任何其他议程项与这个的重要程度同样属于高级？哪一项的重要性最低？我打算给这个标注一个 L（低）。是否有任何其他议程项与这个的重要程度同样属于低级？为其他的标注 M（中）作为中等重要可以吗？

↘ **第三步：为备选方案评分**

根据定义的权重和标准，团队现在准备根据标准给备选方案打分。图 10.6 展示了该步骤的结果。

	（分数 0～10，10＝完全赞同）		
标准	权重	每个人	管理者
成本	H	2	10
时间	L	4	10
提升技能	H	10	3
工时损失	M	3	10
员工士气	M	10	3

图 10.6　为备选方案评分

↘　**案例对话：为备选方案评分**

引导师：我们刚刚完成了标准的识别与排序。现在我们将使用这些标准来评估每个
备选方案。这要求我们以组织的需要为背景，来看一看我们的备选方案。
让我们每次只看一个标准。我们评分的范围是 0 ~ 10 分，其中 10 分为最
有利。我们将把 10 分给予这条标准下的最有利的备选方案。另一个备选
方案将被分配分数取决于它与获得 10 分的备选方案的比较情况。如果其
他备选方案的优劣程度是最有利的备选方案的一半，它将获得 5 分。如果
其他备选方案只能达到最有利备选方案的 80%，它将得到 8 分。

让我们一起来看看第一条标准。哪一种备选方案应该得到 10 分？与这个备选方案
相比，另一个备选方案应该得到多少分？

↘　**第四步：为得分应用权重**

接下来的步骤是通过向每个权重分配一个数值，并且用这个数值乘以得分来计算出
加权评分。该步骤的结果显示在图 10.7 中。

（分数 0 ~ 10，10=完全赞同；权重得分用粗体显示）			
标准	**权重**	**每个人**	**管理者**
成本	H = 4	2 / 8	10 / 40
时间	L = 1	4 / 4	10 / 10
提升技能	H = 4	10 / 40	3 / 12
工时损失	M = 2	3 / 10	10 / 20
员工士气	M = 2	10 / 10	3 / 2
		72	84

图 10.7　加权评分

↘　**案例对话：为得分应用权重**

引导师：我们刚刚根据标准完成对备选方案的评分。现在，我们将为每个备选方案
计算加权分数。这将使我们能够确定哪一个备选方案最符合我们的标准。

我们通常将高—中—低的标准级别转化为下列数值：低级给出的值为 1；中级的重
要性是低级的两倍，因此它们被给定的值为 2；高级的重要性是中级的两倍，因此它们
被给定的值是 4。这些权重值是否合适？

现在，让我们用分数乘以标准权重并且相加，为每个备选方案计算加权分数。

↘　**第五步：进行一致检查**

一旦小组计算出加权分数，就可以进行检查以确定是否已达成共识。如果已达成共
识，就可以继续前进。如果尚未达成共识，这时可能需要休息一下了。请参阅"了解何
时继续前进"。

加权评分的要点

当使用加权评分技术时，请记住以下要点。

- 标准
  - 举例使用 PeDeQs 技术（见第 5 章），让团队开始定义标准。
  - 确保每个标准都是独特的，没有重叠，以避免双倍计算一个标准。例如，在培训课程的案例分析中，它可能不适合同时拥有"增长技能"和"长期对公司的影响"，因为很多长期影响将源于技能的提高。

- 权重
  - 请注意，当问到标准权重时，首先询问因为什么标准应该被加权最高，其次询问最低，然后询问其他的。这种方法是可取的，因为权重是相对于彼此的。为每个标准分配权重之前，你应该回顾完整的标准清单。
  - 避免从第一个标准开始，每次只分配一个权重。除非你把第一条标准比其他标准相比较，否则你不会知道应该给它分配高级、中级还是低级。
  - 完成备选方案评分之后，再把高级、中级和低级转换成数字。延迟转换可以防止善于分析的团队成员为了确保自己赞同的备选方案得分较高而提前计算成绩。

- 评分
  - 考虑从 0 到 10 分评分，其中 10 分为"最有利"的分数。应该用"最有利"的术语替代高，因为"高"并不总是恰当的。例如，返回到案例分析，如果我们根据成本标准为两个备选方案评分。如果我们给一个成本高的标准 10 分，那么"每个人"备选方案会得到 10 分。然而，如果我们用最有利的这一条作为标准，给一个最有利的成本 10 分，那么"主要管理者"将取而代之获得 10 分。而且事实上，我们希望 10 分给到"主要管理者"的备选方案，因为低成本是更有利的。对于一些标准，如提升技能和士气，高是好的。对于其他标准，如时间、金钱、工时损失，高是坏的。但是，对于所有的标准，最有利的永远都是好的！
  - 为备选方案评分时，每次进行一个标准，而不是每次进行一个备选方案。另外，分数是相对的，所以确定一个备选方案得分的关键是与另一个备选方案相比较。因此，从第一条标准开始，为所有的备选方案决定分数，然后进行下一个标准。
  - 请务必总是先确定得分最有利的备选方案，并给予该备选方案 10 分。所有其他备选方案应该根据他们相对于最高得分的备选方案的匹配程度得出分数。例如，一个备选方案贵了不到两倍，可能会被授予 6 分；另一个备选方案贵了五倍，可能会收到 2 分。
  - 请注意某些标准，所有的备选方案可能分数都很高，可能是由于备选方案之间没有太大的区别。

- 相对得分与绝对得分
  - 我所描述的方法使用相对评分模型。在这种方法中，一个备选方案的分数取决于它相对于其他备选方案的优劣程度。这意味着一个备选方案可能得到的分数，举例来说，在一组备选方案中在成本方面是 10 分，因为它的成本最低。但是，当另一个备选方案加入后，它可能仅得 5 分，因为一个更便宜的备选方案被加入比较。

－ 在高度分析过程中，很多团队选择了创建绝对的得分，而不是相对的得分。在绝对的分数中，团队定义了构成每个标准的具体分数。例如，团队可以为成本定义出以下四个绝对分数，为之间的分数留有空间。使用绝对得分意味着一个备选方案的得分保持不变，不受被比较的备选方案的影响。

绝对成本范围示例

10=低于 25 000 美元

7=低于 100 000 美元

4=低于 500 000 美元

1=低于 1 000 000 美元

↘ 了解何时继续前进

当一切都失败时，继续前进！如果多次尝试后，团队仍无法达成共识，请等待一会儿，休息或者继续前进，稍后再回到这个话题。重新再看这个问题往往会产生更好的理解，并且更愿意"忍受"一个备选方案。

重温家庭出游

在本章的前面，我的妻子和我关于家庭出游去哪里产生了分歧。我妻子希望出行十天，游览意大利的八个城市。而我想在海滩上放松。使用本章介绍的创建一致模型，根据描绘我们识别了优势和劣势，如图 10.8 所示。

游览意大利	海滩
优点	**优点**
令人兴奋	放松
不同地域	每晚睡在同一张床上
丰富多彩的当地活动	水上运动
遇见从未见过的人们	风景
缺点	**缺点**
没有时间放松	没有新鲜事物
每晚更换酒店	整个星期待在同一个地方
时间耗费在乘车上	无聊

图 10.8　优势和劣势的结果——家庭出游

在列出优势和劣势之后，我们将确定每个备选方案的一个或两个最重要的优势，以星号显示，如图 10.9 所示。

游览意大利	海滩
优点	**优点**
★令人兴奋	★放松
★不同地域	★每晚睡在同一张床上
丰富多彩的当地活动	水上运动
遇见从未见过的人们	风景
缺点	**缺点**
没有时间放松	没有新鲜事物
每晚更换酒店	整个星期待在同一个地方
时间耗费在乘车上	无聊

图 10.9　识别主要优势——家庭出游

合并问题就会出现："是否有第三种备选方案，可以兼具兴奋和不同的地方，也可以包含休闲和每晚睡在同一张床上？"你可能已经猜到答案了。我们家庭出游最佳方案是这几天在游轮上！我的妻子得到了不同的停靠港口，我可以每天晚上睡在同一张床上，大多数日子里得到放松。创建一致很有作用！

应用共识秘诀

（改编自《引导策略的高管指南》）

使一个团队就如何措辞达成共识是非常具有挑战性的。无论是创建一个任务说明，还是使一个面向媒体的重要声明获得批准，又或者表达价值观和指导原则，大型团体很容易花费很多时间努力让措辞恰到好处。不幸的是，花时间决定"一个"和"这个"哪个在语句中更好，可能不是一个团队最好的时间利用方式。因此使用流程很重要，它可以快速和有效地就措辞达成共识。这引出了我们的下一个秘诀。

秘诀 52　　**就措辞达成共识的秘诀：**使用知会到多数人的流程，有效管理措辞过程。

我发现，分组和熟悉的主要流程相结合，提供了一个有效的工具，可以帮助一个团队在措辞上达成共识。例如，假设我正在引导一个团队召开战略规划会议，我们需要针对我们已经确定的五个方面的目标制定目标描述，我会把这个团队分成五组，并把五个目标逐一分配给每个小组来起草目标描述。

然后，我会重新召集并给整个团队有限的时间（如每个目标最多 12 分钟）来使用熟悉的常见用语修改措辞。

知会到多数人的流程

1．介绍基本规则

在会议开场期间，我介绍了基本规则"覆盖度 100%——完成度 85%"。这个基本规则意味着团队将完成 100 %的议程。然而，对任何一个议程项——如目标陈述——只要我们完成了 85%，我们就可以宣布胜利。这是因为，达到 85%，我们将已经在概念上达成共识。最后的 15%，通常只是润色——试图让语句完全正确。这最后的 15%最好由一个在会议之外的更小的一组人完成，而不是一大群人可能花 10 或 15 分钟辩论措辞是"一个"还是"这个"。

2．找到所有变更

我让分组讨论的各组在挂图上用大号字记录他们起草的描述，以便让所有人都能看到，并且在每行文字之间留有足够的空白以备编辑。我朗读了第一个目标陈述，并询问团队中的其他人是否有修改建议。目标是，在开始处理第一个目标陈述的任何变更之前得到所有的变更意见。我使用与之前颜色不同的笔记录下每个变更请求并强调这个改变。

3．发言支持变更

一旦所有的变更都记录下来，我就回到第一项变更，说："刚才有人建议做出这一变更……有人想为这项变更发言吗？如果没有人发言，这项变更就取消，因为显然没有人支持它。"

4．发言反对变更

如果确实有人为变更发言，我接着会问："有人反对这项变更并且希望措辞保持原样吗？如果没有人为措辞保留原样发言，这项变更就以鼓掌的方式通过。"

5．询问其他意见

如果有人为保留措辞不变发言，我会问："还有没有其他意见？"

6．投票表决

一旦所有的意见都被确认，我要求依据大多数原则进行投票表决。就措辞变更进行投票表决的关键是遵循团队的意愿，避免在润色上花费大量时间。让人们因为一项变更发言支持和反对，是为了使人们在投票表决之前了解该项变更。

7．处理多个备选方案

如果陈述的一部分有几个替代方案（如"营收最大化"和"优化营收"，而原来的措辞是"实现营收目标"），我会让一些人为每个备选方案发言，也会让一些人为保留原有方案发言。如前所述，如果没有人为备选方案发言，这个备选方案就被放弃了。

8．进行最终投票（如果需要）

如果有多个备选方案，并且没有任何一个获得多数选票，那么保留前两个备选方案，将其他方案丢弃，我再执行一轮投票表决。

9．进行一致检查

一旦做出关于措辞的所有决定，我就重新写出描述，并寻求大多数人的确认，在向前推进之前至少达到 85% 的完成标志。

引导师关于达成共识的备忘录

□ 达成共识的定义："我可以接受并且会支持。"
□ 考虑五指一致技术作为一个决策方法。
□ 了解人们产生分歧的单个原因：
　　─ 一级：缺乏信息共享。
　　─ 二级：不同的价值观或经验。
　　─ 三级：外部因素。
□ 如果分歧源于外部因素（三级），把这个问题提交到更高层确定解决方案。
□ 使用描绘技术来解决一级分歧：
　　─ 从共识开始。
　　─ 确认分歧的根源。
　　─ 识别已讨论过的备选方案。
　　─ 向各方提出具体描绘性的问题：多少钱，多长时间，涉及谁，涉及什么事项。
　　─ 总结要点。
　　─ 进行一致性检查。
□ 使用优势和劣势技术来确认二级分歧的根源：
　　─ 识别各方案的主要优势。
　　─ 识别各方案的劣势。
　　─ 进行一致检查。
□ 使用合并技术来解决了二级分歧：
　　─ 识别各方案的主要优势。
　　─ 创建一个或多个融合主要优势的新备选方案。
　　─ 描绘最佳备选方案。
　　─ 进行一致检查。
□ 当结构化比较和数值能够帮助团队达成共识时，使用加权评分技术：
　　─ 定义标准。
　　─ 通过先指定最高和最低，然后其他，来给标准赋予权重。

－通过先为最有利的备选方案评分，然后根据所有其他备选方案与此的匹配程
　度确定评分。

－把权重放进评分。

－进行一致检查。

☐ 当一切都失败时，继续前进！请稍等一会儿再回到这个议题。

☐ 使用熟悉的常见流程就纲要措辞来达成共识。

✎ 练习你的技能

在接下来的一到两周，考虑密切关注所出现的分歧，不管是在你的职业生涯中还是
个人生活中，不管它们涉及你还是在别人之间。

- 当你在听这个分歧时，努力去确认是一级、二级还是三级。

- 参照本书中提出的达成共识的流程，首先确定分歧是不是三级。论据是不合理
  的吗？争论的一方或多方看起来是没有承诺来找到一个解决方案吗？如果是这
  样，这可能确实是一个三级分歧，最好把它提给更高层进行解决。

- 如果你能排除是三级分歧，假设它是一个一级分歧。各方确定他们了解对方的
  备选方案，或者他们只是假设他们理解了？他们是否相互倾听彼此，或者只是
  做出陈述？

- 如果你可以对讨论施加影响，考虑请求允许进行描绘。例如，通过说："我们可
  能已经非常准确地理解每个人正在说的东西，但是以防万一，我们可以花几分
  钟的时间让每个人解释这究竟是如何奏效的吗？让我们从乔伊开始。乔伊，我
  们应该怎样……会涉及谁……它怎样奏效的……它的成本是多少……它将持续
  多久……"

- 如果描绘不能解决分歧，你能够肯定这个分歧是二级，可以针对优势进行提问
  来识别其价值，并使用合并策略来识别潜在的解决方案。

- 如果对你来说不适合去扮演一个积极主动的角色来解决这个分歧，考虑自己花
  些时间来猜想对于描绘、优势和劣势，以及合并的问题的回答是什么。

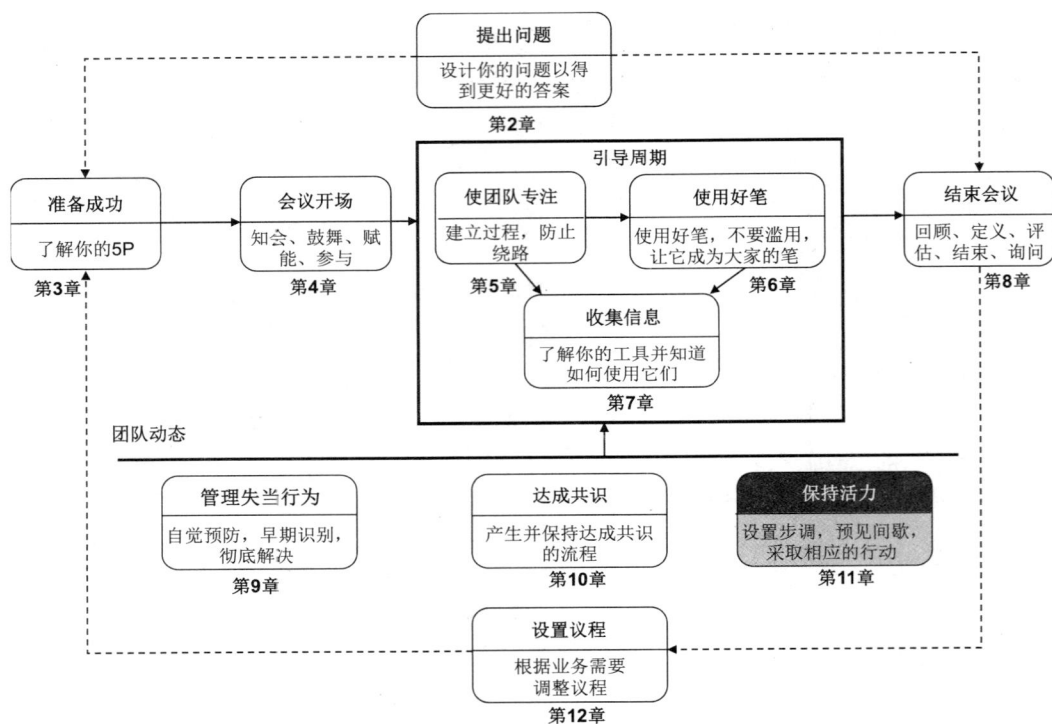

第 11 章

能量的秘诀

设置步调，预见间歇，采取相应的行动

案例分析 学习能量的影响

我在学习能量的影响上走过艰难的道路，这是关于我私人的。作为一个全国性咨询公司的一员，我开始了作为引导师的工作。做这样的角色大约四年之后，一个咨询合伙人来到我面前，他对我说："你知道你在进行引导时放弃了多少能量吗？"这个问题弄得我大为不快。我觉得我是一个很棒的引导师，非常感谢你，而且有多个客户的赞誉来支持这一点。

其实这个咨询合伙人正在试图教我珍贵的一课，但我还没有准备好去学习。又花了三年的时间和经历了两个重要事件，我才真正领悟并且非常感激他给我的这个礼物。

第一个事件发生在一年后，我正在参加我的第一次引导课程来系统化我的技能。尽管我从课程中受益匪浅，但对我产生重大影响的活动发生在课程的最后一天。班上有16人，每个人都必须引导整个团队进行最后一天的一部分内容。所目睹的一切令我不

可思议。每次当一个新人开始引导时，房间的氛围就会转换为这个引导师的个性。如果引导师能量充沛，参与者会变得更加有能量。如果引导师萎靡不振，房间里的活力水平将会大大降低。如果引导师平易近人，团队也会变得更加平易近人……这里有相同的16人，然而房间中的气氛则由引导师的性格所引领。我发现这太令人惊讶了。直到两年后又学到的一课，我才理解这是多么重要。

此时，我已经是我今天所在的这个组织的创始成员。我正在教授一个在一个月中几次上课的引导课程，而且这个课程包括在最后一天的扩展时段让学员进行引导。在第一年的一次课程期间，一位学员在他的扩展时段选用了我们的项目计划方法。他在引导开始时能量很高。但是引导进行到一半，在努力带领团队推进议程"关键成功因素分析"中出了些差错。他变得不自信，他的能量水平大幅下降，会议进行得非常缓慢。在随后的反馈阶段，我问他为什么会能量下降。他说："我不知道自己在做什么，我只想赶快结束。"

结果，接下来的学员也使用了项目计划方法进行引导。当他进行到关键成功因素分析时，他也变得很困惑。我听到他问参与者的问题，显而易见，他不明白自己在做什么。他彻底地迷失了。但是他保持着充沛的能量，人们继续跟随他的引导。这就像在观察盲人给盲人带路。他带他们跳下悬崖，他们就会跟随他而去！

总结时，他承认他没有完全明白进程，中间迷失了。但当我问团队成员他们为什么跟随他时，一个成员回答："他看上去很自信。他看起来知道自己在做什么。"那一刻，我终于明白三年前那个合伙人曾试图教给我的是什么。这是我们培训每位引导师的其中一课。

理解能量的影响

通过每年培训数百位引导师以及为美国及世界各地的会议提供引导师，我们学习到能量的三个关键方面：赋予主题能量，吸引参与者和提振引导师。

秘诀 53　**能量充沛的秘诀：3E，赋予高能量、吸引和提振作用。**

↘ 如何赋予主题高能量

当引导师充满能量地引导一个会议时，能量转移到主题上。你围绕主题的能量鼓舞参与者进行思考，"这个主题看上去对引导师很重要，也许它对我也重要"。正如高能量可以使主题更有趣，低能量也会使主题变得枯燥。

↘ **如何赋予参与者高能量**

对大多数人来说，高能量是与低能量相反更令人感兴趣去听。实际上，高能量只是更有趣。当然，这里有一个度，如果高能量走过了头，会变得不那么有趣并且更令人恼火。但是偶尔过一点，高能量也能吸引参与者聆听并保持清醒。遗憾的是，低能量会促使参与者脱离或打瞌睡。你无疑也像我一样很多次体会了跟随发言者进入各种各样的情境中。

↘ **如何提升引导师达到高能量**

能量可以极大地影响参与者对引导师的印象。这是那个咨询合伙人试图让我明白的一课。作为一名咨询顾问，当我跟客户一对一谈话时，我使用低调的咨询语气来刻意表示诚意和关注。我想让客户知道我关注他们的需求，想要尽可能地帮助他们。

遗憾的是，当我进行引导时，我仍然使用同样的低调的语气。虽然它是有效的咨询语气，但它是一个差劲的引导语气。为什么呢？让我们回顾引导项目计划进程时感到迷茫的两个引导师。第一个引导师能量下降，导致会议进行缓慢。第二个引导师能量充沛，从而使参与者继续跟随他。还记得当问到原因时，一位参与者回答说他跟随着第二个引导师是因为他看起来知道自己在做什么。SMART 引导师知道这种高能量投影出信心。在案例分析中，引导师的高能量留给大家他知道他正在干什么的印象。同理可证，如果高能量反映出信心，那么低能量则反映出缺乏信心。这就是那个咨询合伙人试图让我明白的道理：引导期间，我的低能量会对参与者投影出我缺乏信心。用他的话讲，我引导时正在放弃能量。这个礼物我接收到了。

从一开始就呈现出能量

如何从会议开始就投射出能量？这就是带着能量开始的秘诀。

秘诀 54 **活力开场的秘诀：**当你开始说话时思考一下"三级水平"。

三级水平是什么？让我们先来看看一级和二级水平。在图 11.1 的关系图中，零线代表清醒和困倦之间的分界。在日常谈话中，我们大多数人只要赋予声音足够的能量，使人保持清醒就可以了。我称之为一级水平的声音。然而，在培训会议中，我们声音中的能量往往急剧降低。因此，往往我们结束时能量远远低于零线。

我们假设你提高能量达到二级水平，如图 11.2 所示。在会议开始时，你的能量水平是足够的。但是情景重现，随着时间的推移它会降低，并且很有可能低于零线。

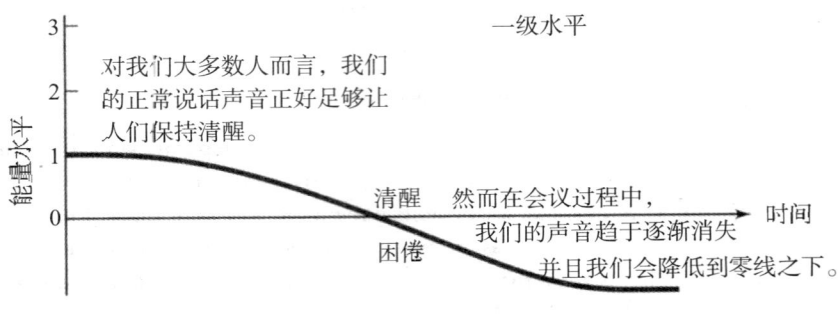

图 11.1　一级水平能量

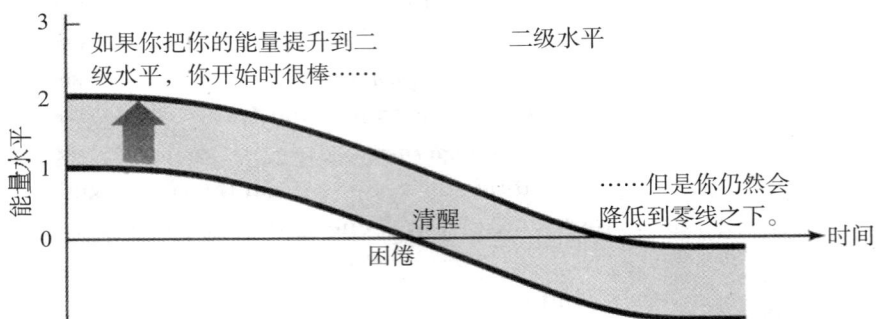

图 11.2　二级水平能量

为了使你的影响最大化，以三级水平的能量开始会议，高于你正常说话的能量两个级别。采用这种方式，当你的能量减弱时，你可能退回到你正常说话的声音，如图 11.3 所示。

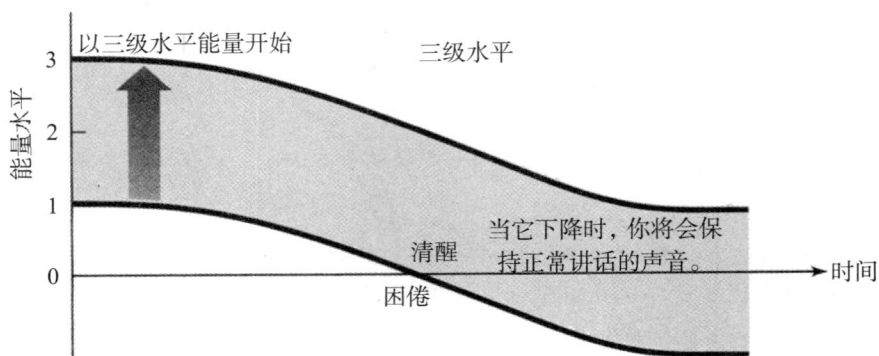

图 11.3　三级水平能量

为什么 这样做？	**为什么要以三级水平能量开始会议？** 　　能量水平具有感染性。它影响到主题、参与者，以及参与者对你的看法。当你用高能量开始时，它间接地表明主题很重要，并且

对你正在做的事情有信心，参与者需要集中注意力，因为某些令人兴奋的事情即将发生。如果你用低能量开始，它会间接地表明主题并不重要，你对正在做什么也没有信心，这次会议不是很有趣。

发现你的三级水平能量

很多人没有察觉到三级水平能量看起来和感觉起来是什么样的。下面的内容将试着给你一些初步感觉：

1. 想象一下你与一个亲密的朋友坐在桌前。说一句"早上好，今天到这里来太好了"。

2. 现在，想象一下你跟五个人站在一个小型会议室里。你站着而且再次说一遍这句话，假设你是说给全部的五个人。

3. 现在想象你在一个更大的房间里，房间里呈半圆形摆放着五张桌子，每张桌子围坐着六个人。站着而且再说一遍这句话，假设你想要离你最远的那个人听到这句话，并让他相信你是真的感觉在这里很好。

人们经常认为能量就是音量的大小。但当我们把这个练习作为引导培训内容之一让引导师演练时，他们很快就明白一级水平和三级水平表达之间存在几方面差异。当你以三级水平说话时，有些事情将会发生：

- 你说话的声调更高，变换更多。
- 你更加强调关键词。
- 你讲话更清楚明确，更仔细清晰地说出每个词语。
- 你的演讲会放慢节奏，并添加较长的停顿。
- 你的嘴会张得更大并使用更多生动的面部表情。
- 你的手势会增多，经常使用大的、更夸张的动作。
- 你更多地移动你的身体。
- 当然，你说话的声音会更大。

每个引导会议都需要三级水平能量吗？当然不是。例如，会议的主题是为了使营业成本与当前销售业绩下降相匹配而决定解雇 30 人，你可能不会以三级水平能量开始。但在大多数引导会议中，SMART 引导师知道三级水平能量有助于活跃主题，吸引参与者，并提升参与者对引导师的信心。

活力开场

你对团队讲的第一句话将决定本次会议的能量水平。如果你开口以一级水平讲话，很有可能在本次会议的大部分时间中，你将保持在一级水平或低于一级水平。反之，你应该有意识地以三级水平开始。在开始时，你已经提前决定了会议将以哪句话作为起始语。当你说这句话时，有意识地想想"三级水平"。

⬎ 能量和真实性

当我们在培训课程中教授三级水平能量时，经常听到这样的评论："我不确定我能在会议中做到三级水平能量。它似乎那么不真实。这不是我。"

当然，我们作为引导师，在引导过程中表现真实并自在地使用工具和策略是非常重要的。因此，如果三级水平能量不适合你，就保持自然。

不过，我会让你考虑以下因素。引导一个小组之后我收到的最频繁的评论是类似高能量的描述。我认为，这是因为我已经认识到能量的力量并且应用自如。回顾本章开始时的案例分析，我本来的风格是分析性咨询。我的能量与我是个内向的人有关，我更喜欢用较安静、更具分析性的方法来解决问题。

不过，我已经知道当引导小组时，我本来的安静风格几乎是无效的。因此，当我站起来引导时，就变成了个人秀的时间。是时候把我所具有的那点外向散发出来并放大它，让它闪光。这是工作，工作结束时我筋疲力尽。但我看到了这对小组的影响，发现小组的回应是令人振奋、非常值得的。

这是真实的吗？我的答案是肯定的——但不是在传统意味上理解的。这是我想要小组实现利益最大化的真实表现，结果是小组感受到我想为其服务的真实愿望。

案例分析 **低音调引导师**

在我们早期的班级中，有一位讲话比较细声细语的中层管理者。纵观整个班，我观察到她对所学到的技巧很兴奋，她也期待将这些技巧运用到工作实践中。然而在每次引导练习中，我注意到她的能量水平很低。我期待看到她在之后的课程中怎么完成能量练习。

当我们学到能量模块时，我问班级中是否有人在引导时感觉能量没有达到预期那么高。有几个学生举了手，其中包括这位中层管理者。接着，我问他们中间是否有人愿意做志愿者在课前与我一起工作，来看看我们能不能发现对他们有效的较高水平的能量。当她表示希望做志愿者时，我很高兴。

我让她分别用一、二、三级水平说会议开场的三句话。我很惊讶，因为她说这三句话几乎用了相同的能量水平。我要求她只用一级水平说第一句话，然后竭尽全力演示三级水平。按照那样的能量高度，她的三级水平也就相当于一点五级水平。我让她在语调、音量和表达上进行一些额外调整来巩固二级水平。我很多次听到她说："听起来我像正在喊。"她的一个同学响应说："使劲喊！"

调整困倦期

SMART 引导师知道一天中存在一个常规时段，这一时段里参与者的能量会自然降低。图 11.4 显示了常规的困倦期。

上午中段时间	10:30—11:00（轻度）
午饭后	1:30—2:00（重度）
下午中段时间	3:00—3:30（中度）

图 11.4　常规困倦期

秘诀 55　**调整困倦期的秘诀**：在低能量时段进行高频互动。

根据常规的困倦期有效安排议程。

- 安排其中一项活动：
  - 团队建设练习。
  - 分组讨论。
  - 要求进行移动的引导流程（如进行轮换白板的流程）。
- 避免安排下列活动：
  - 演示或大量个人讲解。
  - 阅读。
  - 分配给个人的练习。

在困倦期，你会发现人们普遍愿意让其他人先发言。当然，当所有人都这样时，房间将会相当安静。因此，这段时间应避免向整个小组提问。通常可以直接问特定的个人（或团队）问题。困倦期从午餐后大约 30 分钟开始，也有一些特定活动不要在困倦期进行：避免开启一个会议，组织展现愿景或者进行创造性练习。

在会议期间保持能量

SMART 引导师在会议期间有意识地使用各种各样的技术保持能量水平：

- 间歇后重置能量水平。
- 进行充电活动。
- 给予称赞。
- 使用掌声。
- 调整参与方法和团队规模。
- 必要时进行额外休息。

秘诀 56　**保持能量的秘诀**：使用能量生成技术贯穿整个会议。

为什么 这样做？	**为什么保持高能量水平很重要？** 引导师经常在两个目标上寻求平衡：在会议中实现预期结果与保持高水平的参与度与认同。能量是保持参与者参与的关键因素。没有参与，你更可能得到的是冷漠而不是认同。你需要维持适当的高能量水平让参与者参加进来并积极参与。

↘ 间歇后重置能量水平

每次课间休息后，你必须以与今天会议开场时相同的能量水平开始下一段会议。通过休息之后重置能量水平，你可以在很长一段时间避免低能量。此外，重置能量水平可以给人们一个整个会议期间都是高能量水平的印象。参与者经常问我，我怎么能够在一整天会议中保持如此之高的能量。当然，回答是我并没有一直保持高能量。事实上，能量水平在全天的进程中不断调整，如图 11.5 所示。他们大概记住的是会议开始时与每次休息后出现的高能量点。

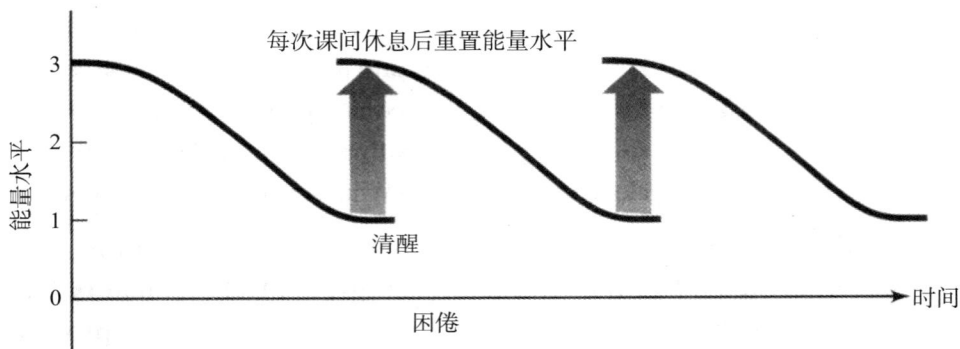

图 11.5　重置能量水平

↘ 进行充电活动

在会议初期，有可能作为基本规则，建立一项简单的充电活动。充电活动的意义是给参与者赋能，通过一个简单的工具在需要的时候提升能量水平。

↘ **案例对话：建立充电活动**

引导师：接下来的基本规则称为"充电"。我不得不承认这样有点傻，但它很有效。充电是一个意在提高房间里的能量的简单活动。

让我来问你，大约在下午 1:30，这个房间中的能量将发生什么变化？……没错，它将大大降低。有些人将不能保持清醒，有些人将会发现自己很容易分心，还有些甚至打瞌睡。我称之为困倦期。它在饭后最严重；3:30 左右可以注意到的有一个；而且上午 10:45 左右也会有。

但我们想让每个人都保持清醒。所以我要建立一项充电活动，任何时候任何人感觉房间里的能量正在下降时，这个人可以要求充电。充电活动可以是任何我们想要的活动。它只是必须把你的身体运动与你说的事情结合起来。

我带过一个 30 名主管的小组，他们决定充电活动为做波浪。另一个小组选择了模仿小鸡跳舞。还有一个小组他们决定仅仅是站起来、伸展、坐下，并说"非常感谢"。另外，还有一个老套的引导师的备用，"嘀嘀"。具体执行方式是，引导师说："所有人都上车！"然后每个人伴随着手臂前后运动一起说，"嘀嘀，哐叮哐叮"。我说过这有点冒傻气，但它很有效：它会让你清醒过来。

现在，我设定 1 分钟。我们有 1 分钟时间来为充电活动获得尽可能多的建议。1 分钟到时，我们将投票，票数最多的将作为我们今天的充电活动。如果我们不能提出其他任何建议，就只好做"嘀嘀"。欢迎踊跃提议！还有其他问题吗？好的，我已经把闹铃设置为 1 分钟。我们对充电活动有什么建议？

尽管某些沟通风格的参与者可能最初反感对充电活动的建议，但是 SMART 引导师知道当他们已经清楚地解释了充电的原因，举例说明，并给予参加者自己选择充电活动的机会时，参与者会倾向于支持或至少接受这个建议。当小组选择充电活动时，有两个额外的细微差别。

- 注意，这个征集仅限 1 分钟。对于最初对充电活动想法反感的参与者，让他们知道这种"冒傻气的娱乐"仅会持续几分钟的时间。
- 注意，如果参与者不能提出一个充电活动的建议，他们就得到一个微妙的惩罚：他们必须使用"嘀嘀"。这个"惩罚"会增加参与者提出建议的可能性，其他人会感激他们的努力。

快速小窍门！

上午至少进行一次充电活动，下午在必要时尽可能多进行几次。

↘ 给予称赞

称赞是维持能量水平的有效工具。虽然许多引导师为了保持中立和避免偏袒而尽可能不给予称赞，但 SMART 引导师用称赞来维持房间中充沛而积极的能量。称赞的范围可以从相对中立的表达，如"感谢你做出的贡献，这是我们之前从未听到的"，到与意见相关的语句，如"非常有帮助，好主意"。称赞的另一个好处是通过这样的示范，引导师向参与者演示了在会议中与会议后怎样称赞对方。

虽然称赞具有很多优点，但是维持公正的立场依然很重要。因此当你给予称赞时，一定要避免频繁地挑选同一个团队或个人。

使用掌声

掌声也可以作为有效途径维持房间中的能量水平。掌声是一个团队成员给予他人好评的一种形式。最初，引导师通常带头鼓掌。然而，一旦参与者被引导师同化，参与者会习惯于掌握节奏，并且经常在不用提示的情况下给予掌声。

考虑在下列时机给予掌声：

- 演示开始前。
- 演示结束时。
- 在每个小组完成分组讨论返回时。

我在介绍时也会给予掌声。我通常把自我介绍作为一项小组练习。不过，与要求小组在每个人介绍后给予掌声相比，我更喜欢小组成员全部做完自我介绍后再给予所有成员以掌声。

调整参与方法和团队规模

如第 7 章所述，你可把调整参与方法作为维持能量的一种手段。穿插使用倾听、头脑风暴、分组、投票、排优先级等，可以使你的参与方法多样化。第 7 章提到的"搅拌"和"最后的站立者"是两个高能量的参与策略。

你也可以通过使月循环赛、分组、两人配对的方法变换参与者的参与模式。虽然循环赛能让每个人都参与，但分组可以让更多人同时参与讨论。

必要时进行额外休息

当参与者开始能量降低时，你作为引导师可能要付出加倍的努力来保持高能量。如果其他技术看上去不能保持小组有效参与，宣布休息一下，哪怕比原计划的休息提前了。因为获得参与者支持和达成共识是我们的目标，通常花时间进行策略性的休息来保障全体参与好过继续推进只有一些参与者投入的会议。

案例分析　一个团队建设的错误

十多年以前，在我学习《引导的秘诀》之前，我被要求引导一个由 20 人组成的国际团队，他们到一起是要制订一个战略信息系统的计划。这个国际团队包括了来自三家公司的代表，正在建议成立合资公司并成为某个国家的第二大电信运营商的商业计划。合资企业的竞争对手是另外两个争夺这个国家业务的国际团队。在 90 天内，这个国家将宣布胜出者。一旦获得合同，胜出者将有义务在六个月内开始提供无线通信服务和运营。这个向公众提供服务的紧迫的时间表意味着该组织必须提前做出所有运营决策，以便六个月的时间将会用来实施这些决策，而不是确定来做什么决定。因此，一旦这个共同体被授予合同，信息系统团队将只有一个有限的窗口期，这期间需要确定整个运营将需要的所有计算机系统，并创建实施计划。至少可以说，这将要花费巨大的努力。

对于一个新组建的团队，需要一个团队通报会来让所有团队成员清楚 5P：项目的目标、团队需要产出的成果、有哪些人员参与、团队可能将要面对的问题，以及团队将要使用的流程。实际上通报会议历时两天。在第二天下午会议尾声，我注意到房间中的能量急剧下降。作为引导师，我选择团队建设活动来提高房间中的能量。我选择的活动是分类，与我们正在进行的工作无关，活动的结果对工作成果也没有任何贡献。我也没有为活动进行总结以解释该活动与我们整体目标的相关性。（我不确定它有。）活动后，项目发起人把我拉到一边，很生气地说："我们不要再做刚才那样的活动了，可以吗？"那天我得到了关于团队建设练习的一个重要教训。

应用团队建设活动

团队建设练习是提高会议能量的好工具。正如前面的案例分析表明，如果与会议目标没有明确的关联性，团队建设活动将被蔑视。

当你应用团队建设活动时，请采取以下预防措施：
- 确保你选择的练习符合会议目标。
- 使用 PeDeQs 方法来定义目标和指引方向。
- 监督活动进程，确保实现目标。
- 设立总结时间，以帮助团队成员了解该活动如何应用。

秘诀 57　应用团队建设活动的秘诀：有目的地选择，为了应用而总结。

团队建设活动可以达到几个目标。有些活动旨在分享一个共同的经验，有些旨在定义问题，有些旨在解决问题。以下是一些常见的目标：
- 更加了解团队成员。
- 分享一个普遍的工作经验。
- 分享一个普遍的非工作经验。
- 揭示压力下的团队行为。
- 揭示团队的倾向。
- 增进沟通。
- 提高团队中的工作动力。

你想要确保清楚地定义你的目标并选择满足一个为实现这个目标而设计的团队建设活动。关于团队建设活动的来源，可以从《培训游戏》（*Games Trainers Play*）开始，参考 John Newstrom 和 Edward Scannell 的系列团队建设书籍；也可以从《繁忙经理人的快速团队建设活动》（*Quick Team-Building Activities for Busy Managers*）参考 Brain Cole Miller 的团队建设系列。

过河：我最喜欢的团队建设练习

每个引导师和培训师都有他最喜欢的团队建设活动。有些引导师喜欢更积极的干预措施，如绳索课程；有些偏爱更"情感化"的活动，如信任行走；还有些喜欢使用蒙眼指令或模拟沙漠国王的黄金。

当然，你为小组选择最适合的团队建设活动取决于许多因素，其中包括整体目标、小组特性、可利用的时间、空间的限制等。

然而，在我经历过的所有团队建设活动中，目前为止我最喜欢的活动是过河。二十多年前，我从一名与我所在教堂的领导小组进行工作的芝加哥的咨询顾问那里学习到这个活动。多年来，我们已经对活动进行了改良，但基本要素仍然保持不变。我首先描述一下这个练习，然后告诉你为什么我觉得它非常棒。

↘ 目标

参与者的目标是让所有的团队成员安全地从死亡之河的一边到另一边。

↘ 准备

创建三个岛屿，利用胶带把四张 $8\frac{1}{2} \times 11$ 英寸的纸张粘贴在一起形成岛屿。把每张纸张对折，剪成 $4\frac{1}{2} \times 11$ 英寸大小，作为卵石发给每个参与者。每五个参与者创建一块岩石（$8\frac{1}{2} \times 11$ 英寸的纸张）。粘贴出一块至少有十个中等步伐长（25～30 英尺）六步宽的开放区域。岛屿的摆放如图 11.6 所示。

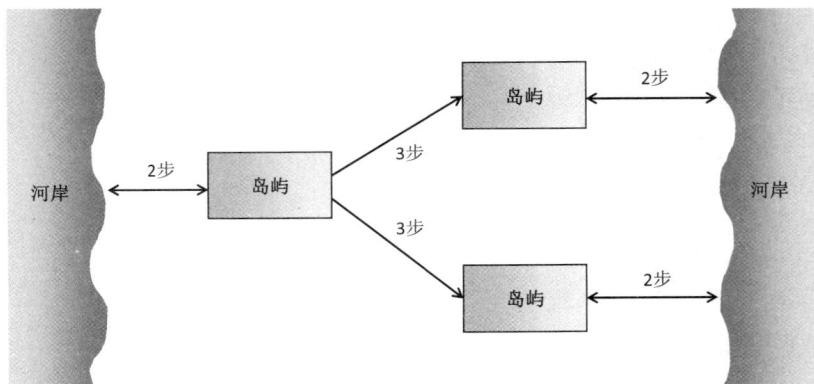

图 11.6　过河游戏安排

↘　说明

让所有参加者站在河岸左侧；向每人派发说明表的复印件。一起阅读"情况"和"规则"。然后给 2 分钟的提问时间。在回答最后一个问题后，开始计时。

↘　情况

你和你的队友在有毒且致命的河流的岸边一侧。这条河的污染程度是，如果有人的皮肤或衣服的任何部分接触它，这个人都将会立刻死亡！团队中的每个人都必须从死亡之河的一侧跨越到另一侧。你们有 20 分钟时间。

↘　规则

1. 所有人的皮肤、衣服或个人物品的任何部分不能触碰到这条河。可以接触河流的东西仅是岛屿、岩石和卵石。
2. 岛屿、岩石和卵石是安全点（可触摸）。
3. 不能移动河中的岛屿。
4. 岩石一旦放入河中就不能再移动。
5. 每个团队成员都拥有一块卵石。
6. 只有卵石持有者可以将卵石放入河中，从河中取出，或者移动被放入河中的卵石，并且只能用手来完成。
7. 所有团队成员都必须同时开始跨河。

↘　执行

在活动期间，密切关注小组动态。特别是观察以下事项：

沟通

1. 单个对话进行多长时间？
2. 每个想要发言的人都有发言的机会吗？
3. 当提出建议时，每次都有反馈吗？或者听取一些人的建议却忽略了其他人的建议吗？

计划

1. 制订计划了吗？谁发起这项计划？多少人参与制订计划？
2. 如何达成共识？实施计划之前，小组核实每位成员都了解并同意这项计划了吗？
3. 这项计划描述了从开始到结束如何推进的整体情况了吗？

执行

1. 有一个或多个领导者吗？领导者是如何选出的？领导者得到成员的跟随了吗？

2. 小组成员互相依靠，彼此帮助，以行动支持对方的意愿程度如何？

3. 在 20 分钟内达到目标了吗？需要多少时间？实现或未实现这一目标的关键是什么？

总结

在练习完成后，总结整个小组的情况。让他们判断自己的观察。也要务必提供你的观察。依据观测，让他们确认学习了什么，怎样将他们观察和学到的应用于他们的工作场合。

奏效原理

渡河的理想人数是 8 ~ 16 人。如果你有多达 24 名学员，你可以选择几个人充当观察员，并且给他们分配上文提到的不同的注意事项来观察。如果你有超过 24 名学员，你可以分成多个团队同时练习，每个团队各有一条必须跨越的河流。我曾在一个非常大的房间让 16 个团队同时进行这项练习。每个团队完成练习后，团队成员们都会欢呼，这刺激了那些尚未完成的团队。

为什么过河会成为这么棒的团队建设活动？

- 这个目标要求团队进行规划和执行；团队必须一起合作才能成功。
- 没有人能单独做到；无论成功或失败，团队是一体的。
- 这项练习打破障碍；它要求人们分享他们的想法、他们的资源和他们的空间。
- 也许，最有趣的是，时间限制营造出一种紧迫感，常常导致参与者自动做出与他们在工作场合展现出来的相同行为。经常担当的人在游戏中也会这样做，总是退出的人也会选择同样的行为，常常充当唱反调的人，也往往在面对过河时扮演相同的角色。在我观察团队进行这些活动时，我发现我经常看到的是团队在工作场所如何运作的缩影。

解决方案

我已经和 50 多个团队进行过这个活动。基本上每个团队都得出了相同的解决方案，并且只有一个团队没有在规定的时间内完成活动。可能有其他的解决方案，但我将描述我所见过的团队使用的这个方法。

关键是要从结束的状况倒推如何开始。因为所有人必须同时过河，想想在每个人迈出最后一步前会是什么情况。实际上，每个人都要在河里排成列队从岸上迈出一步准备过河。这意味着岛上没有人；每个人都要一直站在岩石或卵石上（因此，团队应该为他们的阵容节省岩石）。

我假设所有组员都是女性会使这个解释更简单。为了完成这个列队，第一个人把她的卵石放在河岸与第一个岛屿中间。然后第二个人迈到第一个人放置的卵石上，并把她的卵石继续放到朝向第一个岛屿的河水中，然后回到岸上。第三个人接着迈过第一个人和第二个放置的卵石，登上岛屿，把卵石放到朝向下一个岛屿的河中，然后回到岸上。这样持续进行，直到形成一条通往第二个岛屿的小路，通常也会需要第四个人的卵石。第五个人依次迈过所有的卵石，把她的卵石放在离岸有一步之遥的河中，并放置一块岩石，以便她可以一只脚踩在她的卵石上，另一只脚踩到岩石上。其他的团队成员依次效仿，直到第四个人离开岸边。（请注意每五个人有一块岩石，因此五个人将挤在一块岩石上，每个人有一只脚踩在她的卵石上，也可以一只脚立在岩石上或依靠其他人的支援。）

从第一个人到第四个人要最后走，他们登岛的顺序是 4-3-2-1。第一个人最后走，拿起她的卵石，迈到了岛上，但一直要保持列队。然后 2、3 和 4，按照这个顺序从岛上回来，并拿到她们的卵石移动列队。当第四个人拿到她的卵石时，她将移动到列队。接下来，每个人都将准备迈出最后一步。通常情况下，一个人喊出："一、二、三！"每个人都同时从河中上岸。

正如我前面提到的，几乎与我工作过的每个团队都已经取得了成功，只有一个团队失败。有趣的是，失败的团队是一个非营利性组织。在总结时成员得出结论，他们没有成功是因为作为一个整体组织花费了太多时间聚焦在确保使每个人都舒适上，而不是聚焦在目标上。他们总结这个问题同样是他们经营组织的主要障碍之一！

引导师的能量检查备忘录

☐ 高能量能做三件重要的事情。
　– 赋予主题能量。
　– 吸引参与者。
　– 提振引导师。
☐ 在引导会议中，你说出的第一句话将决定会议的能量水平，通常以三级水平开始。
☐ 课间休息后，通过恢复到开场时的三级水平能量来重置能量水平。
☐ 在会议的困倦期，尝试安排小组活动或者需要运动的活动。避免扩大消极参与的活动或者创造性的活动。
　– 上午 10:30—11:00（轻度）。
　– 下午 1:30—2:00（重度）。
　– 下午 3:00—3:30（中度）。
☐ 在会议中使用多样化的技巧来维持能量水平，包括如下：
　– 间歇后重置能量水平。
　– 进行充电活动。
　– 给予称赞。
　– 使用掌声。

　　　　－ 调整参与方法和团队规模。

　　　　－ 必要时进行额外休息。

　　□ 当你使用团队建设活动时，采取以下预防措施：

　　　　－ 确保你选择的练习符合会议目标。

　　　　－ 使用 PeDeQs 方法来定义目标和指引方向。

　　　　－ 监督活动进程，确保实现目标。

　　　　－ 设立总结时间，以帮助团队成员了解该活动如何应用。

✎ 练习你的技能

　　在本章中，你了解到我是如何发现三级水平能量的影响的。我发现很多引导师由于害怕过度或看起来不真实，不愿尝试三级水平能量。

　　虽然我在前面讨论过真实性，但在下一次引导会议上，考虑让参与者作为意见征询者，解决你有关能量过度的顾虑。在引导开始时，让小组知道你会以高于平常的能量水平引导会议，你想要他们在会议结束时反馈意见。然后试一试！以三级水平开始会议并在每次课间休息后恢复到三级水平能量。在这次会议结束后，做一次会议总结。首先问他们："你觉得能量水平怎么样？"并且让每个人都做出回应。然后问："你认为应该做哪些调整？"最后问："你觉得我应该继续使用三级水平吗？"结果可能会令你吃惊。

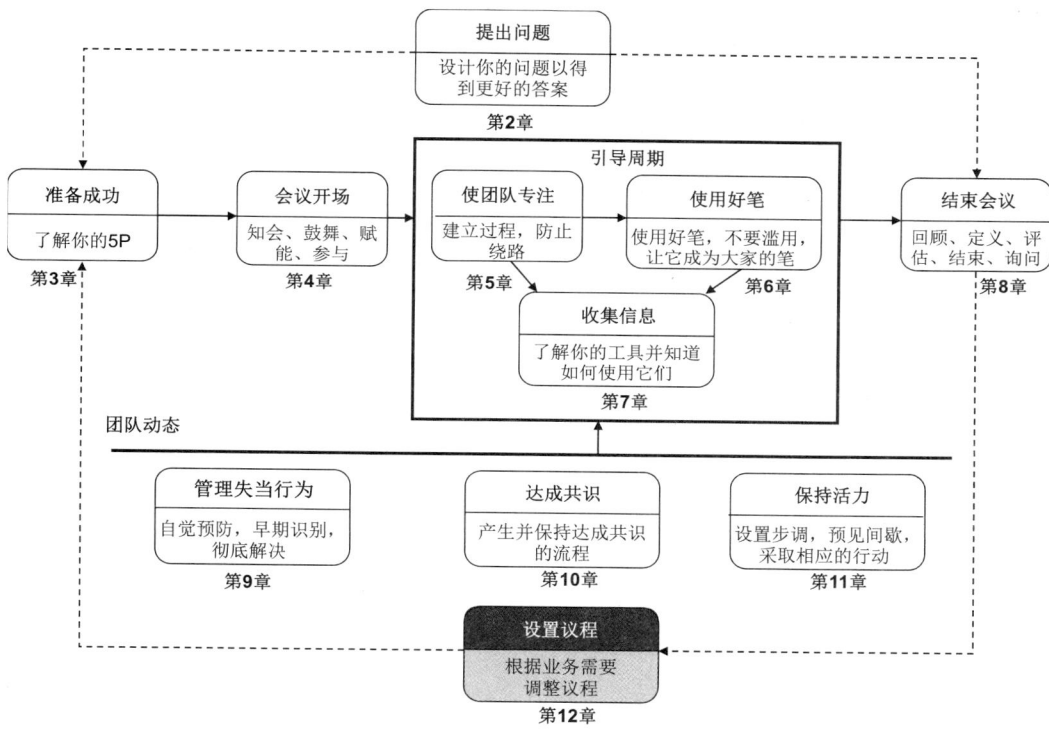

提出问题

设计你的问题以得
到更好的答案

第2章

引导周期

准备成功

了解你的5P

第3章

会议开场

知会、鼓舞、赋
能、参与

第4章

使团队专注

建立过程，防止
绕路

第5章

使用好笔

使用好笔，不要滥用，
让它成为大家的笔

第6章

收集信息

了解你的工具并知道
如何使用它们

第7章

结束会议

回顾、定义、评
估、结束、询问

第8章

团队动态

管理失当行为

自觉预防，早期识别，
彻底解决

第9章

达成共识

产生并保持达成共识
的流程

第10章

保持活力

设置步调，预见间歇，
采取相应的行动

第11章

设置议程

根据业务需要
调整议程

第12章

第 12 章

设置议程的秘诀

根据业务需要调整议程

案例分析 绩效决定薪酬

　　我们应邀去帮助一个大约有100名成员的贸易协会，董事会表示出很关注组织里大多数人都得到的绩效奖金。总裁计划了一个由直接向他报告的人员参加的会议，来决定如何最佳回应董事会所关注的问题。

　　表面上，这个会议显然是直截了当的问题求解，于是我们可以用我们的问题求解的策略（在本章中进行阐述）作为团队的工作议程。

　　但是，在进行准备工作期间，我们得知部门之间的绩效奖金存在很大差异，有些部门100%的人员得到绩效奖金，而有些部门低于20%的员工得到绩效奖金。通过对参与者的访谈，还发现不同的管理者对于绩效奖金有不同的观点。

　　因此，我们要把问题求解方法与在本章描述的战略规划方法中的当前评估和愿景展望部分相结合。形成的定制议程如下：

A. 开场

B. 当前的状况
- 董事会关注
- 绩效奖金的结果（近三年的趋势）

C. 定义绩效奖金的愿景
- 我们共同认可的绩效奖金的用意
- 实现愿景的成功标志

D. 依据愿景评估近期绩效

E. 发掘备选办法

F. 评估并选择其中一种方法
- 根据愿景分析优劣
- 合并完善备选方案
- 选择方案

G. 制订实施计划

H. 确定给董事会的应对方案

I. 回顾与总结

团队必然要把大部分时间放在议程项 C "定义绩效奖金的愿景"上。有些管理者觉得只要员工的表现超出了他的职责时就应该给绩效奖金。有些管理者则认为只有当一个人对组织的成功做出卓越突出贡献时才应该给绩效奖金。这些管理者认为文秘人员几乎没有资格得到绩效奖金，因为处在文秘职位，他们不会做出对组织成功有重大影响的贡献。还有一个管理者强烈地认为组织给每个人的薪酬过低，因此，绩效奖金是一个让员工获得他应得额外薪酬的方法。

只有团队成员对绩效奖金的共享愿景达成共识，他们才能快速识别备选方案，选择其中一个合适的方案，创建一个向前推进的实施计划，并且制订与董事会沟通的计划。

理解流程

如果目标是汽车的方向盘，则流程就是汽车的发动机。目标设立了方向，流程就会让你到达目的地。流程是通往结果的一系列简要步骤。要完成任何事情，都必须按照流程步骤推进。无论是为一个收入超过数百亿的企业制定战略规划，还是在餐厅驾车窗口购买汉堡包（"您还需要来一份薯条吗"），人们都要通过一系列的步骤来实现结果。

我们往往没有意识到运营流程，如广播信号从电视台传输到我们家中的流程。有时流程是松散的，如餐厅中自助餐的线路：你可以来去自如，取食多少都可以。有时流程是严格和强制的，如拆卸炸弹的流程。通常流程直到出现状况才会引起我们的注意，如把你的行李从你出发的城市转送到行李提取处的流程。最佳的流程运作正确且高效：消耗最少力气来得到预期结果，不浪费资源。

　　引导师的部分工作就是创建这样的流程——团队用来实现目标的议程项和方法。SMART 引导师把流程作为实现目标的一个运载工具，同时进行团队建设并建立团队对解决方案的拥有感和承诺。如果引导师成功了，团队将可以正确且高效地执行这个流程。参加人员将会产出期望的结果，不浪费资源且消耗最少的力气。

使用标准议程

　　团队的工作流程可能支持单个会议或多个会议，这取决于需要达成的工作。议程或流程必须被设计以达到目标，并且必须考虑到另外三个要素——产品、参与者和可能的问题。

　　例如，如果团队的目标是理顺招聘流程，你可能使用"流程改进"的议程。如果你正在努力为一个大项目制订一份计划，你可以使用"项目规划"议程。如果会议的关键是解决一个特别的问题，你可能使用"问题解决"议程。由于目标和结果不同，因此这些议程都不相同。

秘诀 58　**标准议程的秘诀**：标准议程对那些针对某些具体需要的会议创建了起始点。

　　为了充分发挥它们的效用，SMART 引导师绘制出一组可以根据具体情况进行客户化的标准议程。标准议程有以下几项优点：

使用标准议 程的优点	● 通过给出起始点，可以减少准备会议所需要的时间。 ● 可以帮助确保不遗漏关键步骤。 ● 在所分派的不同工作之间和不同引导师之间，保持一致性。

以下是六个常见的组织活动的标准议程。

标准议程

● 会议引导。
● 问题解决。
● 流程改进。
● 项目规划。
● 战略规划。
● 团队建设。

↘ 会议引导议程

目标

- 让参与者理解议题，并且发掘针对该议题需要采取的共同或个人行动。

结果

- 需要采取的共同行动。
- 短期行动计划。

流程

A. 开场。
B. 现状。
C. 过去的成功与挑战。
D. 备选解决方案。
E. 共同行动和个人行动。
F. 后续步骤。
G. 回顾与总结。

↘ 问题解决议程

目标

- 定义问题；识别备选解决方案；确认解决方案。

结果

- 选择标准。
- 方案定义。
- 选择方案及理由。

流程

A. 开场。
B. 问题是什么？
C. 选择解决方案的标准是什么？
D. 备选方案有哪些？
E. 这些备选方案的优势和劣势是什么？
F. 还有其他综合关键优势的备选方案吗？
G. 我们应该选择哪一个备选方案？
H. 回顾与总结。

↘ 流程改进议程

目标

- 定义提高业务流程有效性和效率的必要改变。

结果

- 现有流程的描述。
- 新流程的描述。
- 实施计划。

流程

A. 开场。

B. 现有流程运行情况如何？

C. 问题及根源是什么？

D. 有哪些潜在的改进？

E. 这些改进如何排定优先顺序？

F. 这个新流程将如何运作？

G. 我们如何实施这个新流程？

H. 回顾与总结。

↘ 项目规划议程

目标

- 确定项目目标和完成项目所需的资源与时限。

结果

- 项目计划。

流程

A. 开场。

B. 定义项目目的和目标。

C. 确定项目范围和可交付结果。

D. 识别关键的成功因素。

E. 制定总体策略。

F. 定义资源、工期、依赖关系、时间表。

G. 识别风险和应急费用。

H. 回顾与总结。

↘ 战略规划议程

目标

- 制定一个共享的愿景并制定实现愿景的步骤。

结果

- 愿景与使命陈述。
- 指导原则。
- 长期目标和近期目标。
- 策略与优先级。

流程

A. 开场。

B. 回顾现状分析。

C. 制定长期目标、使命和愿景。

D. 制定近期目标。

E. 确定关键成功因素及障碍。

F. 制定策略。

G. 定义优先级。

H. 记录行动计划。

I. 回顾与总结。

↘ 团队建设议程

目标

- 提高团队协同工作的能力。

结果

- 高效团队的愿景——我们想成为什么？
- 行动计划——为实现愿景需要做的事情。
- 团队准则——团队的行为规范。
- 监督计划——按照怎样的方法与频率检验以确保我们正在持续推进？
- 问责计划——如何追究责任？

流程

A. 开场。

B. 团队工作的动力。

C. 团队的愿景。

D. 问题和障碍。

E. 实现愿景的策略。

F. 监控计划。

G. 问责计划。

H. 回顾与总结。

客户化一份议程

　　设计出来的标准议程的关注重点在于目标和结果，但是针对员工的具体情况，你还应该客户化议程以更有效地应对另外两个 P——参与者（Participant）和可能的问题（Problem issues）。裁剪你的议程时，你根据发起者和参与者的访谈备忘录以及你对会议目标的理解，对标准议程的项目活动进行添加、更改或删减。例如，在绩效奖金的案例中，我根据参与者访谈中得到的信息修订议程，包含了当前情况的讨论和愿景展望的活动。以下是议程客户化的另外两个示例。

标准流程客
户化的示例

- 你正在试图改进招聘流程，并且了解到一些参与者在旧的流程中投入了很多。因此，你可能在"B. 现有流程运行情况如何"之后增加一个流程步骤，如"C. 现有流程的优点是什么"。
- 为实施新的客户关系管理软件，你正在创建一个项目计划。你发现参与者可能在关注项目管理层支持方面有缺失（可能的问题）。由此，你可能增加"如何确保管理层支持"这个步骤。

　　怎样客户化一个议程？这个问题带我们进入下一个秘诀。

秘诀 59　**客户化议程的秘诀**：逐步聚焦早期成功的范围；建立公共信息和一个决策的基础。

　　客户化议程应遵循以下一些原则。

客户化议程
的原则

- 确保议程包含标准的开场和收尾活动：
  - 包括欢迎参与者的开场部分，告之会议流程，使他们对会议目标兴奋，建立基本规则，理解他们的目标，并建立议程。
  - 包括"回顾与总结"部分，回顾已经完成的活动，确保目标已经实现，并在后续步骤上达成共识。
- 议程的设计应该让参与者创建渐进明晰的体验：
  - 在流程的开始部分，应该让参与者在很大的范围内讨论任何可能可以做的事情。在这个部分，这个群体应该发掘出很多的备选方案。你可以使用头脑风暴、愿景规划以及其他活动来帮助参与者具有创造性和提出各种备选方案。

- 流程的后期步骤应该聚焦到那些可能在战略上能够做什么或者将要做什么的建议上。在后期的流程步骤中，你需要鼓励参与者分析和评估这些可能性，并且选择少数几个有可能产生最大价值的策略。

- 正如在第 10 章所探讨的，人们由于缺乏共享的信息而不认同，因此在设计议程时，在流程的开始部分为参与者提供可以一起创建解决方案的信息平台至关重要。例如，在流程改进议程中，在团队开始确定备选解决方案之前，先要包括议程项"现有流程运行情况如何"。

- 安排议程让参与者可以取得先期的成功并且达成共识。然后再让参与者处理比较困难的问题。例如，在战略规划模型中，在开始进行建立目标这个非常困难的任务之前，团队先来制定愿景和使命。

- 当团队面临决策时，总要安排一个活动让会议参与者建立一套指导他们进行决策的共同价值体系。例如，在问题解决模型中，我们使用优势劣势和评估标准来建立一套共同的价值体系。

从零开始创建议程

总有一些时候，没有标准的议程，甚至没有可供修改的议程，能够匹配会议目标。遇到这种情况，你可能需要从零开始创建一个议程。

秘诀 60 **从零开始创建议程的秘诀**：确定关键的问题和回答这个问题需要的问题。

从零开始创建议程有若干个步骤。

从零开始创建议程的步骤	1. 确定关键问题。 2. 确定预备问题。 3. 确定预备问题的逻辑顺序。 4. 把预备问题转换为议程项。

↘ 确定关键问题

第一步是确定会议结束时参与者必须回答的关键问题。例如，人力资源总监指出下列会议的目标："制订一个修订招聘流程的计划，使之耗费时间更短，占用资源更少，更加响应部门领导人的需求。"因此，你可能措辞关键问题如下："改进招聘流程的必要活动是什么？"

注意，有时候关键问题可能有两个部分。例如，如果会议的目标是在为组织设定新的发展方向，关键问题可能是："我们的新方向是什么？怎样才能到达那里？"

↳　确定预备问题

一旦确定了关键问题，还应该确认参与者为了回答关键问题而首先需要回答的预备问题。注意，最后的预备问题与关键问题是一致的。预备问题清单可能类似这样：

- 现有招聘流程中的问题是什么？
- 现有招聘流程中的优点是什么？
- 现有招聘流程运作情况如何？
- 为了改进招聘流程我们可以做的事情有哪些？
- 为了实现这些改进目标的必要的行动有哪些？

↳　确定预备问题的逻辑顺序

确定了恰当的预备问题，现在必须确定它们的逻辑顺序。你应该排序问题以便与相关问题相近，从其他问题中找到答案的问题在排序中放在靠后的位置。以下是问题的新排序列表：

- 现有招聘流程运作情况如何？
- 现有招聘流程中的优点是什么？
- 现有招聘流程中的问题是什么？
- 为了改进招聘流程我们可以做的事情有哪些？
- 为了实现这些改进目标的必要的行动有哪些？

↳　把预备问题转换为议程项

最后的步骤是把所列问题转换为议程项。你可以直接选用这些问题作为议程项。在另一些情况下，你可能选择改变用词以便所有议程项作为动词或名称短语出现，如以下示例。

- A. 介绍。
- B. 当前流程的步骤。
- C. 当前流程的优势和劣势。
- D. 问题和根源。
- E. 可能的改进。
- F. 实施计划。
- G. 回顾和总结。

掌握你的流程：引导指南

尽管标准的议程包括所有涉及的活动，但是详细的实用指南涵盖得更多。引导指南的目标是确保你通盘考虑过你如何引导议程中的每项。

| 秘诀 61 | **完全了解流程的秘诀：**通过建立详细的引导指南确保完全了解你的流程。 |

SMART 引导师使用详细的引导指南帮助其确保了解流程。根据目标和成果，一份引导指南包括 O-P-Q-R-S-T，正如下面描述的一份引导指南的内容大纲。

引导指南的内容

- 会议的目标。
- 要产出的结果（以及可能的样本格式）。
- 流程步骤的顺序（Order）（这是大多数人想到的议程）。
- 每个流程步骤的引导细节（P-Q-R-S-T）。
- 流程（Process），将要使用的流程技术（如头脑风暴、列表、优先排序、分组，详见第 7 章）。
- 问题（Question），开始流程步骤的问题（也就是 B 类提问）。
- 记录（Recording），记录获得反馈的方法（如简单列表、两列矩阵、让参与者使用即时贴记录）。
- 支持（Supplies），提供演示流程所需的物品（如即时贴、圆扣磁贴）。
- 时间（Timing）和预估工期。

请考虑为每个标准议程创建引导指南。但是注意，这个层面的详细规划需要相当多时间，并且涉及使用你将在本书中学习的所有技术。

为什么这样做？

为什么要花时间创建引导指南？

引导指南的益处与标准议程相似，只是放大了。引导指南：

- 通过开场问题、引导流程和方法为你提供起始点，极大减少了准备时间。
- 通过给出所有细节，帮助确保你不会错过关键步骤或子步骤。
- 在所分派的不同的工作之间和不同的引导师之间保持一致性，不仅在于做过了什么（议程）而且在于怎么做的（详细步骤）。

关于获取常见会议的一系列引导指南，请参阅信息资源指南。图 12.1 是议程项"现有流程运行情况如何"的引导指南示例。

流程改进引导指南	
现有流程运行情况如何？	
你说的话	你做的事情
• "我们刚刚进行完介绍。我们的下一个步骤是列出现有流程是如何运行的。这样做是让我们在向前推进来处理流程问题之前，我们都会从一个共同的认识开始。让我给你举个例子。假设我们正在讨论应付账款功能，一个主要的活动可能包括'收到付款请求'。应付账款功能还应该包括什么呢？" ——处理和分发支票 ——核对银行报表 ——与总账的接口 ——生成报告 • "想想这个流程以及定期发生的活动。让我们据此建立一个清单……"	• 在页面上标注："（业务领域名称的）流程中步骤。" • 从一个检查点开始，运用 PeDeQs 方法，并且列出清单。 • 在挂图上记录反馈并且张贴；应该对清单上的议程项进行编号供以后使用
• "现在，让我们看看是否可以将这些活动分成不同类别较小规模的小组，也许是 3~5 个'子流程'；较小规模的小组将让我们更快地进行信息分析。第一个活动怎么样……听起来它可能分到名为……的小组，第二个活动呢……它应该被分到第一个小组，还是需要建立另一个小组？" • "所以，我们正在说业务流程中的每个活动都归入到我们列出的这些子流程之中，是这样吗？"	• 标记一个单独的页面"（业务领域名称的）业务流程"；列出所创建的分组的清单，标注分组为 A、B、C 等。 • 针对业务活动页面上的每个业务活动，标注出该活动所划归的小组的字母。（使用不同颜色的笔，区别于刚才列出业务活动时使用的笔。） • 进行一致性检查，以确认达成共识。 • 注意：这个部门可能执行正在研究的流程以外的其他活动（如人力资源相关的职能，如员工的评估）；由于这些活动属于其他的流程，因此不适合记录在这里

图 12.1　引导指南示例

预估并跟踪时间

经常有人询问我预估完成一个议程所需要的总时间的方法。预估引导会议的时间与预估项目时间非常相似：把整体分解成单个项目会很有帮助。

秘诀 62　**预估时间的秘诀**：预估时间要基于单元的数量和每个单元的时间，并且确保增加开场介绍和结束总结的时间。

↘ 预估单个议程项

为了估算每个议程项持续的时间，需要考虑估算四个不同因素。作为一个例子，假设我们使用流程改进议程来改进招聘流程，正在估算议程项"现有流程运行情况如何"的时间。回想一下这个议程项，如示例引导指南所示（见图 12.1），包括列出活动（引导指南右侧第一部分）和对活动进行分组（第二部分）需要的时间，你需要估算两个活动的时间。做出估算涉及以下四个要素。

估算时间的
四个要素

- 介绍。介绍议程项需要多长时间？虽然某些介绍议程项可能花费较多时间，但一般来说，需要 2 ~ 5 分钟。在参与者开始工作之前，要预估需要的所有时间。例如，介绍应该包括你的解释和进行分组的时间。对我们这个例子，让我们为列出清单介绍预估 3 分钟，另外 2 分钟留给分组介绍。
- 单位时间。处理每个议程项需要多长时间？例如，我们假设需要花 1 分钟来确定、记录和确认每个步骤，然后需要花 1 分钟决定它属于哪个小组，总共 2 分钟。
- 单位数量。可能需要处理的议程项数量是多少？假设在招聘流程中有 12 ~ 20 个步骤，我们将用高值进行预估，即 20 个。
- 总结。处理所有议程项之后，需要多长时间来总结讨论？让我们假设需要花费 5 分钟总结讨论。

计算总时间的数学公式如下：

介绍+单位时间×单位数量+总结=议程项时间

在我们的例子中，所需要的总时间计算如下（假设在招聘流程中有 20 个步骤）：

5+2×（20）+5=50（分钟）

↘ 增加其他时间

预估每个议程项之后，你应该增加在一天中所需要的其他时间，包括休息和中午就餐时间。考虑每进行 60 ~ 90 分钟会议需要休息 10 ~ 15 分钟的时间。在讨论和工作期间，多次休息允许团队所有成员有更多时间进行交流。

↘ 跟踪时间

随着会议的进展，根据预估时间跟踪进展。
- 在你推进每个引导流程时，记录实际开始和结束的时间。

- 每次休息时，针对此前已用时间比之前预估的快或慢，对后续活动设定的开始时间和持续时间进行必要的调整。

为了在将来改进你引导过的流程，我还建议你在详细议程上记录笔记。笔记可能是关于预估基准的偏差（如实际是 12 个议程项，而不是预估的 20 个），参与者遇到困难的地方，以及改进这个议程或一个引导过的流程的想法。

应用秘诀召开工作小组的第一次会议

在过去的 20 年里，我的组织引导过几百个工作小组，通过一系列会议来创建特定的产品，如一个战略规划、一个新流程、一个新的信息系统的需求，围绕解决社区性问题的共识，包含团队愿景、团队规范和运作原则的团队发展计划。通过这些工作，我们认识到第一次会议的质量会大大影响后续会议的成功。第一次会议的至关重要可能不会给你任何惊奇。但是一直特别令我们惊讶的是，久而久之，尽管会议内容多种多样，但是我们针对工作小组的第一次会议的引导方式已经变得非常一致。

为什么第一次会议变得如此一致？考虑一下第一次会议的目标。我们相信在第一次会议上达成对后续工作清晰和共同的理解是非常重要的。

第一次工作小组会议需要回答的问题

- 为什么要把我们聚集在一起？总体**目标**是什么？
- 当我们结束时我们需要得到什么？我们的**成果**是什么？
- 我们需要讨论的最重要的议题或需要处理的问题是什么？**可能的问题**有哪些？
- 我们将要如何着手进行工作？流程和**基本规则**是什么？
- **参与者**是谁？他们会带来什么？
- 我们将如何进行**决策**？
- 谁需要了解我们的进程？我们将如何**沟通**我们的活动？

当然，有很多其他问题需要团队在流程中尽早处理。然而，我们相信对这些核心问题的回答为工作小组推进工作提供了坚实的基础。你对这些问题的回答，也将因你面对团队不同而不同。以下是第一次工作小组会议的高阶议程示例。清晰聚焦在你将去往哪里以及如何共同努力实现目标的路线图，你的工作小组将准备好踏上通往成功的道路！

↘ 议程示例——第一次工作小组会议

Ⅰ. 欢迎

Ⅱ. 工作小组的职责

工作小组需要完成什么？
这通常可以从创建工作小组的文件中直接获得。

在引导会议期时，进行一致性检查以确保认同。

III．关键交付成果

为了完成职责，工作小组必须创建的关键文档和成果是什么？

提前创建潜在的可交付成果清单，并把可能的备选方案展示出来。一旦对可交付成果取得共识，还需要提供内容示例表。这项技术要求工作小组"以终为始"。

IV．关键问题

为了确保可交付成果满足要求，工作小组必须应对的关键问题是什么？

我们经常为此进行交互的分组活动，允许工作小组成员在会议初期发掘个人观点和敏感话题。

V．建议的工作流程

为了应对问题，创建可交付成果，完成职责，必须完成的关键活动是什么？

给出一个建议的步骤清单作为工作小组的起始点。为确保完成职责、获得可交付成果和应对关键问题，工作小组成员可以对工作流程进行必要的调整。

VI．基本规则

我们与他人互动时应该使用什么规则？

VII．贡献和兴趣

每位参与者给团队工作带来什么贡献？

为了使每位参与者保持兴趣，并且愿意参与所有的会议，必须做些什么？

VIII．沟通计划

在我们依照工作流程推进的过程中，应该向谁提供状态更新？多长时间沟通一次？采取什么样的沟通方式？

针对工作小组成员与外部人员，包括新闻媒体进行状态沟通，我们的沟通策略应该是什么？

IX．运营管理

我们的决策模式是什么？投票？举手一致同意？

我们召开会议的频率如何？什么时候？在哪里？

每次会议上哪些信息被记录在案？怎么记录？

每次会议的有关信息将如何在内部和外部分发？

如果时间允许，工作开始于……

X．下一步

从现在到下次我们见面这段时间，需要做哪些事情？谁来负责确保每件事情的完成？

XI. 评估

引导师设置议程的备忘录

☐ 确保有一系列标准议程，你可以将其用作有特定需求的会议的起始点。

☐ 根据你的访谈笔记和你对会议目标的理解，对标准议程进行客户化。

☐ 进行客户化时，确保你遵守下列准则：

- 包括标准的开场与收尾活动。
- 为参与者创建议题范围逐步聚焦的体验。
- 尽早提供共享信息的平台。
- 设计议程以达成早期的成功和认同。
- 为决策建立一套共同的价值体系或评估标准。

☐ 从零开始创建议程，请采取以下步骤：

- 确定关键问题。
- 确定预备问题。
- 确定预备问题的逻辑顺序。
- 把预备问题转换为议程项。

☐ 创建详细的引导指南，应包括以下内容：

- 会议的目标。
- 要产出的结果。
- 流程步骤的顺序（Order）。
- 每个流程步骤的引导细节（P-Q-R-S-T）

  流程（Process）——将使用的流程技术。

  问题（Question）——开始流程步骤的问题。

  记录（Recording）——记录获得反馈的方法。

  支持（Supplies）——提供演示流程所需的物品。

  时间（Timing）——时间和预估工期。

☐ 预估执行一项完整的议程所需要的时间，并单独估算每个议程项花费的时间，然后为诸如休息、吃饭等其他事项增加时间。

☐ 预估每个议程项的时间，可以使用这个公式：介绍+单位时间×单位数量+总结

- 介绍议程项需要多长时间？
- 处理每个议程项需要多长时间？
- 可能需要处理的议程项数量是多少？
- 总结需要多长时间？

练习你的技能

使用从零开始创建议程的步骤来制定你的下一个会议流程。

- 确定关键问题。
- 确定预备问题。
- 确定预备问题的逻辑顺序。
- 把预备问题转换为议程项。

第13章

引导虚拟会议的秘诀

保持每个人的专注与参与

本章回答的问题

▶ 如何帮助不在一个会议室中的人"看到"正在发生的事情？

▶ 支持虚拟会议的常用技术手段有哪些？

▶ 如何保持人们对虚拟会议的参与和全程投入？

▶ 召开虚拟会议应遵循哪些特定的基本规则？

▶ 如何在虚拟会议中应用各项引导秘诀？

▶ 当你是唯一不在会议室中的人时，如何引导一个虚拟会议？

▶ 如何找出虚拟会议中的匿名者？

案例分析 战略督导虚拟会议

驱动力模型是我们命名的一个引导战略规划的方法论，它覆盖了战略过程的所有内容，包括向一个管理团队简要陈述利益，执行一次形势评估，确定战略方向，开发一套实施计划以及对执行远程进行监督。作为执行监督的一部分，驱动力模型包括了每月一次的电话检查，每季度一次的回顾，以及每年进行一次为期两天的计划更新。

在辛西纳提的一个政府机构曾有这样一个案例，它的预算不允许为每季度召开一次半天的回顾会支付旅行费用，于是该机构询问是否可以通过网络会议的形式来开会。在这个例子中，规划团队中的16位成员将在辛西纳提的一个会议室里，我则是在亚特兰大通过网络来引导这次会议。尽管虚拟会议通常会给引导师制造很多麻烦，尤其是，这个引导师是唯一的远程参与者。这样的特殊例子带来的是又一个新的挑战。不在会议室里意味着我看不到团队的动态而现场的人却可以看到。

好消息是驱动力模型的季度回顾程序有着高度结构化的议程安排,这有助于聚焦和控制。以下是会议的目的和议程。

会议目的

回顾计划进展,为后续的策略推进重新评估各项目标。

会议流程

A. 开始

- 欢迎并做开场发言。
- 回顾会议目标和交付物。
- 说出"最自豪":从上次跟进以来,你对组织中所发生的什么事情最为自豪?
- 回顾议程以及基本规则。
- 回顾重要行动。

B. 评估绩效和期望

按目标领域

- 评估每项目标(度量):我们是否得到了我们期望得到的产出?我们取得了什么进展?我们期望在年底达成什么样的产出?
- 评估每项策略:我们是否在做我们计划要做的事情?我们完成了百分之多少?我们期望年底完成多少?
- 在这个目标领域,要达成策略或目标的最重要的话题或障碍是什么?
- 如果需要,我们应对目标做出什么样的调整?
- 我们应该对每项现有的策略做些什么,保持、改变、停止?
- 如果有可能,我们应该为确保达到目标再增加哪些策略?

C. 下一步

- 定义短期的行动计划:会后应立即采取什么行动以确保实施和坚持?

准备

在会议之初,我要求计划协调人准备一个表格,列出所有的目标。如下所示,表格增设五列:任务、责任人、截至当日的年度绩效(YTD)、期望在来年年末达成的绩效,以及一个评分列。协调人收集信息并填写完成除评分列以外的每项。

目　　标	任　　务	负　责　人	YTD 结果	期待结果	评　　分

与此同时,在会议之始,计划协调人准备了表格并列出所有的高优先级策略和该策略负责人,如下表所示。计划协调人让每个策略的领导人说明截至当日的年度绩效并对该策略是否需要保持、改变或停止提出建议。

策　　略	领　导　人	YTD 完成率(%)	期待的完成率(%)	保持、改变或停止

我也会准备一份 Word 文档用来记录会议信息——如同我在会议开始前准备挂图一样。

开始

我要求辛西纳提会议室中的参与者分成四个小组，各自使用一台液晶投影屏。当人们到场后，我用我的电脑桌面展示会议的议程和目的。现场则通过 GotoMeeting 互联网软件投影出来。

在会议开始，我要求参与者说出自己的名字以便我知道谁是在哪个小组里。我用一张纸记下四个小组的名单，把它摆在面前作为一个直观参考。

在会议负责人开场致辞后，我履行我们的经典 IEEI：知会、鼓舞、赋能、参与。在参与的环节，我请所有参与者指出自上次会议至今组织中发生的最令他们自豪的事情。我指派了小组长并让他们带领各组用 2 分钟的时间用不干胶贴条记下他们的回答，就如我以往在现场主持那样。

在小组回顾他们的贴条时，我在我的电子文件中记录下来让每个人都看到。当另一个组指出一个议程项与前一组的重复时，我就把一个数字 2 放在注释前，标明这是第二组的评论。（如果没有数字，则意味着只有一个小组提到了这一点。）

在回顾基本规则时，我使用我们的经典规则：每个人说话、一个对话、起立发言等。由于我和团队在此前一起工作过，我可以很容易将声音和姓名联系起来，所以在发言之前无须介绍自己——尽管这常常是主持虚拟会议的一项基本规则。由于我是唯一一个不在场的人，我增加了一项特别的基本规则，我将这个基本规则称作"会议室里的眼睛"，并请计划协调人承担此角色。作为我在会议室中重要的"眼睛"，他可以在任何必要时打断我的谈话。例如，当他发现我需要提速，人们不够投入、因目标不明确而放慢速度，或者提醒我现场有人举手，以及发生了其他我没有注意到的群体行为时。我也会允许其他人这样提醒我。

会议运行

会议的主要时间花在了回顾每个目标的标准以及评分上，然后回顾每项策略的状态，最后是决定保持、改变或停止策略。 对于每项目标，我请负责人用 1~2 分钟回顾目前的状态，而我把目标列表投影出来。有些人只是念屏幕上的信息。多数则给予更多的详尽的解释。

在回顾第一列目标之后，我从第一个小组开始征求评分的意见（从 A 到 F），依据完成任务的可能性。例如，如果目标是年底达到 500，而我们是在第一季度末，实际达成情况是 100，但如果负责人期望达成 500，小组则可能建议是 A 级或者一个 A⁻，因为第一季度的完成情况低于预期。

通过向一个指定的小组提问，我使那个小组投入进来并得出一个结论。当第一组有人建议了一个评分时，我在表格上记录下来并问是否有人想建议不同的评分。我在会议室中的眼睛将会告诉我是否有别人举手想发言。 如果有人建议了不同的分数，我同样在表格中记录下来。当一个目标的所有建议评分都出来后（经常是 1~2 个），我用一些提到过的择优程序让人们理解各种观点并得出一个结论。例如：

- 我请每个提出建议的人说明为什么他会感觉自己的建议评分是合适的。
- 我询问是否还有其他的评论，多次用我在会议室里的眼睛告诉我是否还有别人举手。
- 当发表所有评论后，我用简单的举手投票方式、允许多数人来决定评分。
- 我在会议室里的眼睛计票并告诉我结果。我删除其他评分，只保留获胜的分数，然后进入下一个目标。

当开始对第二个目标评分时，我请第二组提出评分建议。依次到下一个目标时，我请下一个小组。依次类推，确保所有小组都参与进来。

我们在策略栏采用了相似的程序，除非策略领导人提出了"保持、改变或者停止"的建议。那时，我会问是否有人想提出不同的建议。如果没有不同建议，我们就进入下一个策略。如果有不同建议，我会请提出建议的人说出建议并询问更多的评论，并且我们会用到前面提到的那种择优程序。

关于接下来的议程内容、议题和障碍，我请每个小组选出小组长，由小组长组织他的小组找出该季度中他们在完成策略计划过程中遇到的这些关键议题和障碍。5 分钟后，我请每个小组分享一个障碍或议题（别人没提到过的）。我记录在 Word 文档中让所有人都看到，直至找出所有特定的障碍和议题。

更换小组长后，我请新组长和组员在这些议题或障碍的基础上提出改变或增补的策略或目标并且写下来。5 分钟后，我请每个小组读出他们建议的改变。我将其记录在一个两列的表格中，一列记录策略或目标编号，如下表所示。如果有人建议了新的策略或目标则不给编号。然后，我就能够将表格归类。作为一个团体，我们讨论关于目标或策略的所有建议，使用前面提到过的择优程序来决定实施哪种改变。然后再讨论建议的新目标或策略。

策略或目标编号	建议的改变

在整个会议中，当出现与讨论不相关的问题时，我请求将它们放到问题清单上，那是我的桌面上的另一个文件，方便我轻松记录问题。那个文档同时包括行动清单和决策清单。

结束

在会议结束时，我用文件来执行标准的话题结束。

- 我回到议程中，回顾已经做了什么。
- 我回放文件，展示完成的工作。
- 我回放所有决策清单，提醒人们我们已经做出的决定。
- 我回顾问题清单，指明那些遗留的议题，就那些议题提问：

- 我们是否解决了那个议题？我们是否需要解决它？我们是否需要现在就解决它？所有的议题都解决了。
- 我回顾了行动清单，确保人名和日期都已明确，并增补任何需要的行动。
- 我们对会议做一个快速的评估。
  - 首先我们每人依次说出他们对会议的满意之处。我将这些记录在文件中。
  - 当一个评论是重复的时候，我在评论项的前面加一个编号（和前面提到的方式一样）。
  - 按照这样的方式，我一组一组地请每个人提出对进一步改进会议的建议。我记录每条改进建议。
  - 为理解每项改进建议究竟带来多少支持，我读出每条建议并请人们就是否同意进行举手表决。我的"会议室里的眼睛"计票，而我记录结果。
- 最后，我将会议交还给主持人，他对大家表示感谢，提醒大家下一步的行动，并请大家对我的引导表示感谢，结束会议。

会后，我用了2小时清理并将所有记录的内容合并成一个文件，并分发给所有参与者。

该案例分析表明，今天商业世界中可以有很多通过多媒体进行的虚拟会议，采用的手段包括互联网、视频会议、电话会议，以及允许人们异地开会的其他技术工具。尽管这些虚拟媒体可以减少会议开支，但却给引导师带来很多挑战。即使地域分散，引导师仍旧必须找到方法使参与者在会议最开始就兴奋起来，确保每个人投入进来，聚焦于目标，收集和记录关键信息，建立共识，管理混乱，保持高能量，确保结束时人们清晰地理解成果是什么、成果的意义以及会后需要采取的行动。

虚拟会议可以定义为：有一个或多个参与者不在同一个物理意义上的地点而进行的会议。在一些虚拟会议中，你可能只有一两个参与者在异地。而有的虚拟会议则可能多数人都在异地。极端的情况是，你和所有的参与者相互都是分开的。

本章的主要部分，我将讲述所有人员都处于分散状态的例子。在本章的结尾，我将讲述当仅有少数人员或仅有你自己在远程参会时的处理方法。不管怎样，在所有情境中，虚拟会议都包含两个基本问题：

- 你如何帮助不在场的人看到正在发生的事情？
- 你如何使不在场的人员像身临其境一样保持全程的投入和参与？

说到虚拟会议，使用引导的秘诀来保持你引导过程的一致性显得尤为重要，那会有助于使远程参与者更加投入。本章包括了使用虚拟会议的策略秘诀，从准备开始。

秘诀 63 | **准备虚拟会议的秘诀**：在你的准备中，选择适合的技术和计划，准备你的引导方法，以保证每个人都能"看到"。

选择并准备你的技术

在可能召开虚拟会议的任何时候，考虑使用那种能帮助所有参与者看到同样信息的技术。在面对面的会议中，挂图扮演了重要的聚焦工具；与之相似的是，当参与者看到会议进程中创造的成果能够输出来时，虚拟会议就变得非常高效。让会议信息可视化能够保持参与者的投入度，减少谈话跑题，最大限度地减少因漏听信息而产生的误解，并能够提供一种方法来识别和纠正由引导师自身的误解带来的影响。

能够帮助引导师召开虚拟会议的工具越来越多。在本书出版时，最常见的工具包括 WebEx、Live Meeting、Adobe Connect、GotoMeeting、Join.Me、Skype、Google Docs、Powernoodle、ThinkTank、TeamViewer、iLinc 及 iMeet。

- 基本上，桌面共享功能使别人在会议进程中看到你的屏幕，此类工具是免费或价格低廉的，如 GotoMeeting、Join.Me、Skype 以及 Google Docs，数不胜数。
- 如果你需要更强的能力，如划分小组或让参与者在白板上同步记录，一些更有力的工具（如 WebEx、Live Meeing 或 Adobe Connect）会更有效。

不管你用什么工具，思考以下内容以保证你能做出完整的工具准备。（我采用的这些建议征得了 *Challenges of Virtual and Blended Meetings* 作者 Rachel Smith 的许可。她是 Grove Consultants International 的数字应用服务总监。）

- 会前花时间做技术准备。确保你所有要展示的文件都加载了，包括你所有可能用到的工具和操作。用两台电脑模拟操作，一个是你看到的，另一个是参与者看到的，确保你清楚自己和参与者的体验。
- 在虚拟会议开始前给参与者开一个简要的准备会，提高那些不熟悉这些技术的人的舒服感。准备会也有助于及早发现潜在的技术问题。
- 如果可能，会议中安排专人解答技术问题以及指导那些操作卡壳的人。
- 要求用电脑参会的人使用耳麦。否则，有时电脑自带的麦克会造成会议声音的回响。这种回响往往本人是听不到的。
- 如果有人确实不能用耳麦，请他们将电脑麦克调成静音。

会议准备

在技术准备的同时，还有几个其他准备项，第一步是识别你的 5P。

- 确定会议中的 5P：目的（Purpose）、产出（Product）、参与者（Participant）、可能的问题（Probable issues）、流程（Process）。
- 在确定流程时仔细思考虚拟会议的 O-P-Q-R-S-T。
  - 流程中最适合的**顺序**是什么？

　　　　– 你将在每个议程项中使用什么样的**流程**技术（如倾听、头脑风暴、分组）？

　　　　– 每个议程项中的 B 类**提问**是什么？

　　　　– 你会如何**记录**人们对议程中各个话题的反应？你用 Word、PPT，还是白板？

　　　　– 你在会议中需要什么**支持**？尽管这是虚拟会议，你仍旧有些需要的工具，如记录通话信息的纸和笔。

　　　　– 你对每个议程项所需**时间**的估计？

- 提前发布会议通知，说明会议目的、产出、议程以及基本规则，包括所有相关的打印文件。会议通知要说明参与者应携带哪些文件以及会前应完成的准备工作。如果参与者处在不同的时区，则应对会议开始及结束的时区时间给予明确的确认。

- 和面对面会议一样，在会议通知中说明到会时间和正式开始时间。到会时间应在会议开始前 10 ~ 15 分钟。保证每个人都能登录，为正式开始会议做好准备。

- 在计划一个会议时，为使参与者保持专注，应将议程项限制在 2 小时以内。必要时将一个会议分割成几段。

- 考虑安排参与者在会前进行头脑风暴并提交他们想出的主意。你可以把这些主意汇总成头脑风暴列表并随同议程文件或其他文件提前发给参与者。这些事前的准备能节省会议中的很多可能用来分组、排序、评估头脑风暴资料的时间。

- 如果有多人在同一个地点，尽可能安排他们在同一个会议室。这将会促进团队合作，帮助人们避免同时做多项任务（如回复邮件）。对于每一个"呼入"单位，考虑安排一个记录员在会议挂图中记下其关键点。

- 会前准备一个清单，展示所有可能参与者的姓名和地点。

会议开始

　　如案例分析中展示的那样，虚拟会议的开始有着与面对面会议相同的标准 IEEI。但你也会看到虚拟会议特有的一些环节。

- 计划会议前的设置工作，确保你在开会前 15 分钟时已经做好了所有准备。如果是第一次使用这种虚拟会议技术，准备时间不应少于 30 分钟。这会让你在始料未及的问题出现时有充足的应对时间。

- 会议开始时点名：请参与者报出姓名和地点。

- 在整个会议中提及每个参与者的名字，帮助其他人把名字和声音联系起来。

- 在开始一个会议时，执行一个传统的 IEEI（知会、鼓舞、赋能、参与）。

　　　　– 向大家知会本次会议的目的和产出。

　　　　– 使参与者兴奋起来——告诉大家将从成功的会议成果中得到哪些好处。

　　　　– 让大家知道他们拥有的权力。

　　　　– 通过提出 B 类提问使大家融入进来，鼓励大家进行有助于完成工作的建设性讨论。使用循环赛方式，记录下每个人的回应，确保所有人都知道。

- 必要时，提供一个虚拟工具的快速使用指南来帮助那些没参加预备会或不熟悉技术的参与者。
- 考虑增加一些远程会议规则，例如：
  - 进入会议或提前离会时正式向大家申明。
  - 每次发言时都要先报出自己的名字。
  - 避免使用电话的"保留"按钮，尤其是它发出音乐或其他声音时。
  - 保持 100%专注，避免开小差，如回复邮件之类。
- 就如案例分析中探讨的那样，如果有很多人在同一个地点开会，指定其中一个人作为你在会议室中的"眼睛"，授权他在任何必要的时候打断你的谈话，提醒你加快速度（当他感觉现场人们不够专注时）或放慢速度（当他感觉现场人们没听懂时），提醒你现场有人举手或发生了其他什么事。考虑也给予其他人相同的许可。

会议进行

如前文指出，虚拟会议的基本问题是如何让参与者像在一个会议室开会时那样投入。这将我们带到了下一个秘诀。

秘诀 64　**增加人们在虚拟会议中的投入度的秘诀：** 每间隔 10～20 分钟进行一次让每个人都参与进来的有意义的互动。

和现场开会一样，虚拟会议中也有很多增加互动性的方法。我把一些常用的增加投入度的策略罗列如下。

虚拟会议常用的提高投入度的策略

- 使用**循环赛方式**让每个人都输入信息。例如，当讨论改进招聘流程话题时，一个 B 类提问可能是："我想列一个表格，记录当前招聘流程的优势，让我们就从乔开始吧。乔，想想看……" 这个活动要注意发言顺序但不要总让同一个人先说。尤其是要叫出每个人的名字。这有助于每个人在发言时有所准备，加快会议速度。在会议早期就建立这个规则。
- **搅拌**是又一个专注策略。它在虚拟会议中的效果和现场会议中的效果是一样的。在搅拌中，你向一个人提问，给他很短的时间（30 秒钟）思考并用一个词来回答。例如，"我想请你把你关于招聘流程的意见用一个词来表达，想想看……"
- **投票**是虚拟会议常见的工具。让人们表达自己的倾向和信念。"一般来说，雇用一个人需要花掉多少时间？A. 少于 5 周；B. 5～8 周；C. 多于 8 周。"

- 发挥头脑风暴中白板的功效。例如，"现在招聘流程中的问题是什么？"能使多人同时记录多个问题，这使白板有时比循环赛方式更方便。
- 用**分组**策略促进团队合作。还是招聘流程这个例子，可以将相关的各个主题分配给各个小组，由小组寻找各子领域的潜在的解决方案。提醒：这个版本的分组会议中那些虚拟技术的特性不如通常形式中的方便可靠。不同"空间"的视听分割要求引导师有更强的技能。确信你拥有胜任并且运用自如的能力。

有了上述创造投入度的方法，我们再看让虚拟会议运转起来的策略。

- 和面对面会议一样，在每个议程项开始前设置一个检查点（回顾、前瞻、鸟瞰）。
- 让你的指导非常清晰，因为人们看不到你。使用 PeDeQs。
- 持续使用 B 类提问，让参与者在你结束提问后还能看到自己的回答。
- 提问时特别留意你的用词以免陷入沉默。不要问没人能回答的问题。例如，问："所有人都同意这个议程吗？"——这是个没人能回答的问题。你可以问："有人建议修改议程吗？"如果人员数量较少，如 12 人以内，可以问投票问题。例如，"有谁建议修改议程？我们做个快速的电话投票吧。乔，有什么建议？马莎？苏珊？"
- 建立一个用说话来检查赞同意见的方法，如一圈电话投票，让每个人都做出同意或不同意的明确表态。
- 做深思熟虑的总结，并且频繁提示，回放问题，确保人们知道当下的焦点以及每个人都说了什么。
- 结束会议时回顾所有的话题、决定、行动、并且提醒参与者下一步的行动。
- 会后立即发布会议总结。如案例分析那样，你很容易看到，虚拟会议已经产生了几乎你需要的所有文件。

特殊案例

如早前指出，我在本章所描述的主要内容是关于假设你和所有参与者各自都在不同地点的情况。现在我们聚焦一些特殊情况，包括一些只有少数人不在现场的虚拟会议。

如果只有少数人不在现场

如果只有一两个参与者是远程参会，其他绝大多数人都和你在一起，人们非常容易忽视远程参与者。这种情形可以考虑以下策略。

- 考虑增加基本规则"不可丢掉远方的人"。向参与者说明我们不想丢掉远程参与者，我们总是需要他们输入信息。同样，给远程参与者在任何时候报告的权力，因为你看不到他们举手。
- 提问时让远程参与者先回答。
- 可以在桌边给远程参与者摆放一个空座椅并放置名牌，就像现场参与者一样。

当你用循环赛方法时，这会提醒你去向远程参与者提问。

- 因为远程参与者很少，他们很容易被忽视，如他们没收到打印文件，所以要确保会前将议程和所有的打印件发给他们。

如果你是唯一不在现场的人

就像前面案例分析中提到的那样，有时你是唯一不在现场的人。这是最困难的情况，因为在所有挑战之外，你还要加上一条：你是唯一没有看到小组动态的人。例如，所有人都知道大家已经准备好了、你的速度过快了、大家不相信你所讲的，但是你却看不到。

此时，你应该邀请一位现场人员做"你的眼睛"。请他提醒你注意那些你没看到的事情。告诉他你需要他说明小组可能的感受、小组表现的赞同、需要你加快速度或减速等。

如果需要匿名时

在面对面的会议可以有效地收集匿名意见。在组织中存在顺从领导、害怕报复、缺乏信任时经常会用到这些方法。

一个办法是向参与者展示私聊技术。让参与者知道你能把意见匿名，并粘贴在屏幕上让所有人看到。

提醒：要特别小心使用这些技术。我发现即使一个议题需要匿名意见，但这个需要本身就可能意味着也许有更深刻的小组问题被掩盖了。此时，应进一步阐明坦诚沟通的重要性。通过鼓励匿名沟通，你可能推迟而非解决问题。

本章内容包括多于 40 种运转虚拟会议的策略。这些技术帮助你的虚拟会议像面对面会议一样投入和聚焦。

引导虚拟会议的备忘录

- ☐ 考虑使用能让所有人都"看到"相同信息的技术；选择最符合你需要的技术。
- ☐ 会前花时间做技术准备；加载任何你要展示的文件并且你可能用到的所有工具。
- ☐ 在虚拟会议开始前给参与者开一个简短的准备会，提高那些不熟悉这些技术的人的舒适感。
- ☐ 如果可能，会议中安排专人解答技术问题以及指导那些操作卡壳的人。
- ☐ 要求用电脑参会的人使用耳麦。
- ☐ 定义会议的 5P：目的、产出、参与者、可能的问题和流程。
- ☐ 关于流程，仔细思考虚拟会议安排的 O-P-Q-R-S-T：顺序、流程、问题、记录、支持以及时间。
- ☐ 提前发布会议通知，说明会议目的、产出、议程以及基本规则，包括所有相关的打印文件。

☐ 和面对面会议一样，在会议通知中说明到会时间和会议正式开始时间。到会时间应在会议开始前 10~15 分钟。保证每个人都能登录，为正式开始会议做好准备。

☐ 在计划一个会议时，为使参与者保持专注，应将会议限制在 2 小时以内。

☐ 考虑让参与者事先完成头脑风暴并在会前提交成果。

☐ 考虑让一个地区的参与者在一个会议室或其他适合的环境开会。

☐ 会前准备一个清单，展示所有可能参与者的姓名和地点。

☐ 计划会议前的设置工作，确保你在开会前 15 分钟时已经做好了所有准备。

☐ 会议开始时点名：请参与者报出姓名和地点。

☐ 尽量在整个会议中提及每个参与者的名字，帮助其他人把名字和声音联系起来。

☐ 开始一个会议时，执行一个传统的 IEEI：知会、鼓舞、赋能、参与。

☐ 必要时，提供一个虚拟工具的快速使用指南来帮助那些没参加预备会或不熟悉技术的参与者。

☐ 考虑增加一些远程会议规则，例如：

　– 进入会议或提前离会时正式向大家申明。

　– 每次发言时都要先报出自己的名字。

　– 避免使用"保持"按钮，尤其是它发出音乐或其他声音时。

　– 保持 100%专注，避免开小差，例如回复邮件之类。

☐ 如果多人在同一地点参会，指定其中一个人作为你在"会议室中的眼睛"。

☐ 每 10~20 分钟进行一个有意义的互动活动，确保每个人都投入。一些常用的活动包括循环赛、搅拌、白板、分组活动。

☐ 在会议执行中，使用与面对面会议相同的聚焦和信息收集技术，如检查点、PeDeQs 指导、B 类提问、回应问题、概括和提问检查等。

☐ 结束会议时回顾所有话题、决定、行动，并且提醒参与者下一步的行动。

☐ 会后立即发布会议总结。

✎ 练习你的技能

　　为了引导下一个虚拟会议，使用本章提供的方法进行会议准备、启动、执行及结束会议。在你建立新工具和新方法之前，估计你要用两倍的时间完成第一次准备。

第 14 章

引导大型团队和会议的秘诀

使用流程的力量来引导和介入

案例分析 引导千人会议

　　有一年，一个全国最大的社团组织召集了1 300名成员和志愿者开会。这个年会上，该组织准备宣布一个可能改变当地社团工作性质的新的使命和愿景。在会前，组织者确定了实现新愿景所需要的能力与七个主要议题有关。组织者想让即将被召集在一起的上千人花时间讨论这些议题，找出可能的策略并在会上提出来。他们还希望有一个有意义的对报告反馈环节以便能听到人们找到的一些策略。他们希望人们能够说出他们最感兴趣的话题。最后，也许是最艰难的部分，他们希望一个引导师在2小时内把它做完！

　　我们知道，这次努力要获得成功，取决于几个关键因素：

● 会议的目的以及应交付的成果对于参与者来说必须是非常清晰的。

● 流程的指导必须详细具体、容易理解。

- 小组人数不能多，因为没有专业的引导师。
- 我们将需要一个快速的流程来帮助人们用一个主题来表达他们最大的兴趣，并让一个小组来负责这个主题。
- 为避免浪费时间，每组将快速指定角色分工——谁是组长、记录者、汇报者。
- 我们需要一个流程来听取多个专项小组对其中某一个话题的意见。

我们采取了多个策略来有效地执行这个流程。

- 会场设置了 150 张桌子，每桌 8 人。桌子用七种不同颜色的标牌予以标识，每种颜色代表七个话题中的一个。负责相同话题的桌子聚集在会场中的同一个区域。
- 每张桌子上放着两摞表单，第一摞是每人一套的复印件，包括一个单页的流程说明，回答指定题目的具体问题，以及留给参与者写下个人意见的空白部分。第二摞，每个问题一页纸，记下小组中对每个问题的独特评论。
- 在会议开始时，我用我们详细的流程（PeDeQs）来指导明确会议目的，举例说明我们所寻找的是什么，说明一般情况，说明可能的例外情况和注意事项，描述报告反馈的流程，就如何确认小组角色提出建议。
- 在快速回顾主题后，我请参与者决定他们想讨论哪一个，以及他们想换组时可以去哪组。然后，给他们 2 分钟时间换到不同桌去。有些惊奇的是，很少有人换组。大家都坐着不动。
- 2 分钟后，我指导各桌选出讨论组长、记录员和汇报人。组长带领完成这五个问题，记录员把大家的意见写在表单上。
- 在这个阶段，我扮演时间管理员的角色。各桌只有 50 分钟用来回答五个问题。我们每 10 分钟宣布一次进展并鼓励各组长继续推动研讨。
- 50 分钟结束时，对报告的反馈开始了。为了高效地做反馈，我们就每个主题随机选择了五桌。这些桌的报告人就成为投入 7 分钟结构化研讨的台上"听证席"的成员。
- 在一个报告反馈结束时，报告人走下演讲台，随机选择下一个主题的报告人上台。为加快切换到新主题的过程，报告人会得到提前的通知并坐在离讲台很近的区域。
- 在报告反馈程序结束时，记录员提交他们的信息，信息将随后做成文件让参与者能够看到。

引导大型团队

引导一个大型团队是很骇人的事情。一个人怎么能影响到上百人的群体行为呢？引导大型团队时，完美的流程设计将变得更加关键。这里有几个指导原则，从引导大型团队的秘诀开始。

秘诀 65 | **引导大型团队的秘诀**：发挥流程的力量来实现聚焦，产能最大化，消除混乱。

在引导大型团队时，将引导流程按三个步骤设计：首先确定你在引导一个团体时需要的流程，其次确定你在监督五个分组会议的引导师时所需的流程，最后确认小组多到超过你的监控能力时所需的流程。让我们在此仔细看看每个步骤。我假设你在筹备引导时已经确认了第一个 4P（目的、产出、参与者以及可能的问题）并且正准备聚焦于第五个 P——流程。

- 首先确定你在引导 8 ～ 12 人时将要采取的流程。在这个步骤，你需要解决 O-P-Q-R-S-T 中的顺序和流程技术，你要对流程完全清楚。
- 接下来你要考虑当你有五个由 8 ～ 12 人组成的分组会议时，你要如何去引导。这意味着要有除你之外的其他人引导每个分组会议，以及由其他人进行记录。这意味着你要能够花些时间和每个小组在一起来完成监督。
- 最后，考虑当小组多到你无法监督时，要如何改变流程。然后设计其余的 O-P-Q-R-S-T：确定你在每个任务中的开场问题，决定如何记录收到的信息，确定所需的支持，估计每项任务所需的时间。
- 由于你不是在引导那些小组，小组流程应该非常简单，避免使用需要予以详细说明的复杂流程。
- 如果你要使用汇总报告流程，考虑纳入以下备用方法以避免听取这么多的小组反馈：
  - 只让众多小组中的一个作为示例进行反馈。示例小组可以随机选择或者根据话题、结果或群体构成情况进行指派。
  - 将每个小组同另外两个小组组成团队，让每个小组向另外两个小组汇报并收集反馈。
  - 用案例分析中的听证席方法。如果话题很多并且每个话题都有很多小组在讨论，你可以选择 5 ～ 7 个负责该话题的小组派出听证代表，你向这些听证代表提出该话题的相关问题。这样你就有了解决所有话题的听证席了。

就如案例分析中看到的那样，你通常要提供的帮助是提供书面的指导、记录模板以及评估结果所应遵循的指引。视流程的复杂度以及团队领导的技能情况，考虑制定小组长的引导指导。引导指导不仅描述要做什么，还应提供示例。例如，当从一个活动切换到下一个活动（检查点）、提供指导（PeDeQs）、提出开场问题（B 类）以及执行一项活动时。经验较为丰富及具有创造力的小组长可能会把这些示例作为演绎自己的方式的一个起点，而经验不足者则可能会觉得这些示例让他们更容易执行了。

为什么这么做？ | **大型团队引导计划为什么要做到这种细致程度？**
引导大群体时，你的微小失误可能被放大许多。所以，你如果

> 还没有准备好非常详细的议程，请你快去做吧。如果你还没有给分组会议的小组长写出清晰的指导文件，你很可能让自己犯下重大失误。

如果可能，你应提前选择小组长并给予近乎实战情境的指导。你的指导应对 5P 予以解说，并且带领小组长们模拟走完全部的流程。如果时间允许，通常应给机会让小组长们实际演练一下。

最后，如果风险很高或者小组成员多于 12 人以及时间超过了 20 分钟，考虑为分组会议安排专业引导人员。这些情境下非常需要管理群体动态的专家。

引导大型会议

在我的职业经历和个人生活经历中，我有机会参加了很多大型会议。看上去所有会议的设计都是一种方式。几个主题演讲者上台致辞——通常很风趣，有时发人深省，但很少有互动，偶尔会留点时间让观众提问。但是绝大多数的大型会议是缺乏互动和投入的。相反，参与者成为被动的信息接收者。很多次当在大型会议现场时，我在想："如果大型会议策划者知道引导的力量，那将会给参与者创造多么不同的体验啊。"

从下面的案例分析中将看到，我个人生活中终于有机会将引导技术运用在大型会议中了。

案例分析 引导灵性大会

几个在灵性领域我追随的最著名的演讲者和作家来到亚特兰大并担任一个为期两天的大会主角。我和大会组织者很熟悉，我与他们会面，评估他们渴望给参与者创造非凡体验的兴趣有多强烈。我高兴地发现他们对我分享的案例和方法兴趣十足，而且我也很欣赏他们的开放心态，即请我做这个大会的引导师。

尽管在设计大会时有很多准备工作，一个成功关键因素则是与不同的演讲者讨论来分享给他们一些关于引导如何可以用来增强他们的冲击力以及观众的参与和活动的意见。

在两天的大会中，我使用了很多不同的创造投入的策略。

介绍

一个会议组织者开场致欢迎词并概括性地介绍主题和议程之后，我就开始为参与者设定参加大会的期望。我讲道："几乎所有的大会，你是被邀请来倾听那些伟大的演讲者。你实际上只是被动地接收信息。这次大会则不同，我们不希望你只是坐在那里接收信息。我们希望你成为积极的参与者，创造那些满足你独特需求的参会体验。我们希望你伸出手，拿出自己最棒的体验。为了让它发生，重要的一点是，你脑海中要有你准备在这次大会上提出来的你最前沿的问题或观点。我们现在就做这件事吧。你留意到了吗，你们是按照8人分组的。在接下来的5分钟，我会邀请你和你的小组提出和这次大会主题相关的、希望这次大会给予回答的三个最紧要的问题。为此，我们接下来要这么做……"然后我进行了一遍PeDeQs，让人们选举小组长，开始行动。我告诉大家在上午的会议中，我将把问题归类并且反馈给大家。

使观众聚焦

在给第一个主题演讲做了开场介绍后，我解释道："知识是好东西，实用是更好的东西。改变的关键是把我们学到的变成行动。当你聆听我们第一位演讲者时，注意听，哪些工具是你明天可以派上用场的。因为在他讲话结束后，我们会去捕捉我们的收获。"通过事前给予这样的信息，我引导观众放下偏见，聚焦于积极倾听而非评判。

张贴问题

对于第一个主题演讲的结论，我没有直接开始现场提问。我请前面的小组长们选择下一批小组长，给小组2分钟时间确认他们想对这位演讲者提出的三个问题。然后我从第一组开始，请他们读出一个问题，然后轮到第二组、第三组，依次类推。我指导小组长把其他组提出的问题从自己的清单上划掉。我们用15分钟穷尽了所有的小组问题，然后我才请现场观众提出其他的问题。

沉思

然后，我给观众1分钟时间思考他们在演讲中收获到的能够让他们立即应用在他们的灵性旅程中的重要的工具或洞察。这次我从第二组开始，请其中一个人分享他将应用的工具或洞察。在各组人员发言时，我把提到的工具和洞察敲在电脑上并且用投影仪投出来。当所有小组分享结束后，我让大家开始自由提问。我在每场全体会议后使用这个思考程序，建立工具和洞察清单。

预设问题

在第二位演讲者开始前，我介绍了她的演讲主题以及预提问的技术："现在我们知道了演讲人和她的主题，让我们快速提出我们希望她的演讲能回答哪些问题吧。组长们，你和你的小组有1分钟的时间写下任何你们希望演讲人在演讲中给予回答的问题。你们可以用一张纸记下所有的问题，你们只有1分钟。想想……（启动问题）现在你们已经记下了问题，当你们听到演讲者回答了你们的一个问题时，就请划掉。在结束时，我们将有机会请每组提出一个问题。现在请大家掌声欢迎演讲者上台。"

听证席会议

第二天议程进行一半时，我们组织了一次听证席研讨。其中包括五位已经做过演讲的人士。在听证席研讨开始前，我带领参与者回顾第一天的焦点问题并请各小组反馈是否这些问题已经得到了某种程度的解答。结束时我们只剩下十几个问题还没有解答。在听证席研讨中，每个小组有 5 分钟时间与听证席进行提问和解答。其他小组则听着他们的问答。各小组可以选择向听证席提出一个或多个焦点问题或小组成员想到的其他问题。

短暂的相遇

为了提供额外的机会来确保每个参与者都能有机会表达他最重要的问题，我们为第二天下午的晚些时候准备了一个 20 分钟的我们称为"短暂的相遇"的活动。我是这样形容这个活动的："你可能还有没有被解答的问题。如果有 20 个人来回答你的问题是不是会很棒？你将在很短的时间里得到这样的机会。我将首先给你 1 分钟时间写下你想要得到答案的问题，当然这得和两天的大会主题有关，而且那必须是你自己的问题。当我开始计时，你将随机地找到一个人、经历一次我们称为'短暂的相遇'。你要先提出你的问题，对方会给你一个回答。你要说'谢谢你'，但不可以去进一步讨论。然后，对方会向你提出他的问题。你要回答，然后对方也要像你一样说'谢谢你'。这次相遇就结束了，你们要各自去找下一个相遇。关键是活在当下，倾听问题，给出你最棒的回答，对方也和你一样这么做。关键是不要去讨论。当你得到了回答时，就只要说'谢谢你'，倾听对方的问题，回应，然后走开。力争在这 20 分钟里找到 15～25 次相遇。有问题吗？好，想想……（起始问题）"短暂的相遇是提升大型团体能量和互动的极棒的方法。

大会结束的场景

在大会结束环节，我让人们进行小组活动，并且重新指定了小组长，人们要说出他们喜欢这次大会的哪些内容。我让小组长们起立并逐条朗读。为了合理地使用汇报时间，我必须要求每个小组把发言限制在 30 秒内，因为每个小组都有一长串的清单！我同样会问及如何让大会开得更好，但是由于时间限制，这个问题将通过评估问卷来解决。

闭幕的活动

最后我请人们用 1 分钟的时间就这两天来总结他们收获的工具或洞察而确认自己将付诸的行动是什么。每个人都在小组内向同伴们分享，然后小组中选择一个人把自己的行动向大会全体进行宣读。

主办方将此次大会视为巨大的成功。同时，有个人说当他听说大会要安排引导时，他很失望，因为那会给大会带来负面的影响；但是他感到愉快并惊诧于引导带来的整体感的体验。

这个案例体现了下述秘诀的价值。

秘诀 66 | **引导大型会议的秘诀：**及早建立期望和投入；采用大量的专注策略，确保在每场演讲中都能创造投入和互动。

在计划、设计、引导大型会议时，我和设计小组用以下步骤指导流程设计活动。

1. 在开始时做出清晰的目的陈述。
   - 我们为什么召开这次大会？
   - 我们想要看到什么话题或问题被提出来？

2. 确定参与者渴望的成果。
   - 我们希望人们从大会中带走什么？带走的可能是实在的（如行动计划、他们能使用的工具）或模糊的（如我们要传递的信念）。

3. 严格确认达成产出所需的关键条件。
   - 如果想达成这些成果，我们必须创造哪些条件（如，理解到行动的收益远远大过"成本"）？

4. 确定成功的策略以及提供关键条件的流程。
   - 我们用什么样的步骤创造关键条件？
   - 在大会开始前以及进行中，参与者会拥抱哪些信息和话题从而获得成果？
   - 我们应如何将话题分类？
   - 哪些是我们用来做准备工作的时机？

5. 确认演讲者和引导师中由谁衔接话题更为可靠，以创造投入，引领互动，鼓舞参与者的行动。

6. 找到创造性的时机使参与者投入会议内容，与专家的创意题材互动，分享他们的体验，建立交流网，创造个人和集体学以致用的行动计划。考虑以下方法：
   - 使用宴会一样的设计，人和人围桌而坐以产生团队协作和互动。
   - 在演讲或听证席发言之前使用预提问技术使参与者投入团队活动中，使他们做好倾听准备，并且使演讲者知道大家想了解什么。
   - 跟随演讲过程使用一个小组循环赛方式的问答活动，保证所有人的投入度。
   - 在一个谈话中安排 3～4 个起立投票，让人们离开座椅。
   - 让演讲者提出 1～2 个问题由小组来回答，每次也只允许 3～4 个小组做出回应。
   - 基于大会所掌握的信息，可以采用小的分组会议来确定集体和个人的行动。在使用分组会议策略时，每次指派新的小组长确保领导责任以及责任共担。
   - 采用多样化的投入策略，如短暂相遇，提升能量并让每个人从其他人那里得到有价值的输入。

7. 如果参与者需要就大会的产出达成共识意见，使用达成共识的原则：描绘、优势和与劣势、合并以及加权评分。

8. 坚持在事前与演讲者讨论并对你如何最大限度地帮助人们投入和互动进行计划。

9. 在会议中，特别注意你的能量。绝大多数大会引导师需要达到三级能量。

10. 好好计划你的时间。开始的时间可能就已被拖延了，考虑这些潜在的影响，要给开始阶段留出更多的时间。预先想到每次会间休息后再次开始的时间可能有 5 分钟的拖延。因此如果你安排了 15 分钟的会间休息，要清楚你需要 20 分钟才能让团体再次进入富有成效的状态。

11. 有效地管理你的时间。你如何在绝大多数时间被演讲者控制的情况下管理你的时间？这里有另一个秘诀。

秘诀 67　**管理演讲者时间的秘诀：**正式告知演讲者相关的约束；说明流程并在必要时采取行动。

要管理好你的演讲者，要弄清需要给他们多少时间以及他们需要开始和停止的次数。让他们清楚你会给他们 5 分钟提醒和 1 分钟提醒，而且你会在他们时间用完后一直站着。如果可能，坐在最前排，准备三个明亮的卡片分别显示"5 分钟"、"1 分钟"以及"时间到"。计划容许 15 分钟的问答时间，这样如果演讲人超时，你可以利用问答时间来调整。

和演讲人一起工作时，你可能会希望避免冒犯他们，如当你问他们你如何能最大限度地帮助他们创造更多的观众投入和与观众互动时。一种典型的事与愿违是，暗示他们没有创造足够的投入！相反，我发现以下沟通会很有帮助：

"您知道大会经常会让演讲者在演讲中感到乏味，跟随着同样的问题和回答流程，一次次重复。然而，主办方想要实现的一点是，在每个主要议程中用不同的方法增加观众的投入度。您可能已经在这么做了，或者正想着增加点什么。无论什么情形下只要你愿意开放，我都非常愿意成为你的助手。我以往用过的一些创造投入的策略包括使团体在你演讲开始前就能全情投入，找出他们的问题（我们称之为预置问题）；或者您可以问两个问题，然后我让各个小组形成他们的答案并请三四个小组讲出他们的答案；或者您会使用 2～3 个用起立来表决对和错的问题，而我会让大家用起立来表示'对'，然后再用起立表示'错'。这些只是我们可以采用的投入策略中的几个例子。您是否愿意开放地选择一个或几个这样的策略呢？……愿意？那我们为什么不从您告诉我您已有的计划开始呢……"

有没有那样的组织，他们的大会有着高度的投入和互动？在我的经验中，创造性解决问题学院和引导师国际联合会主办的大会最接近这一点。尽管没有那么完美，没有做到大会的每个专题都充满互动，但总的来说他们已经能够创造高度投入的大会体验。

为什么这么做？　**为什么要在大会策划中采用创造投入的策略？**
如果你在大会中使用一次这些技术，效果会说明一切。你会发现，你的大会主办方、你的演讲者以及你的参与者都会评论说他们收到了多少更多的价值以及大会是多么的彰显益处。

大会引导的最后一个要点是：策划一个会议所需的时间通常比引导一个会议所需时间多出 2～3 倍。例如，在标准的会议引导中，我发现策划时间和引导时间几乎相同。那意味着一个两天的会议引导需要一个核心团队用平均两天的时间进行筹备。如果会议很简单或许需要一天；如果会议很挑战或许需要三天。然而，如果是一个两天的大会，我们需要 4~6 天的时间进行准备。为什么要这么多时间？主要是基于以下两个原因：

- 大会一般会有一个委员会，他们审查程序中的所有元素。这意味着你不仅要和主办方见面，他们会提供很多指引给你，以便你设计议程和创造投入的策略；你还要赢得大会委员会的批准，这个程序经常要你开更多的会，准备更多种方案。
- 你会花费额外的时间与演讲者一起，根据每个演讲者的主题、呈现目的以及呈现风格，策划合适的创造投入的策略。

尽管需要很多时间，你在大会中使用的引导技术将显著地提升参与者、演讲者和组织者的价值和收益。这是值得我们为之付出努力的。

引导大型团队会议时的引导师备忘录

↘ 引导大型团体

□ 确定第一个 4P（目的、产出、参与者以及可能的问题）。

□ 通过三个步骤来开发第五个 P（流程）：首先确定你在引导一个团体时需要的流程，其以确定你在监督五个分组会议的引导师时所需的流程，最后确认小组多到超过你的监控能力时所需要的流程。

□ 让分组会议流程简单，因为不是你在引导分组会议。

□ 如果你准备使用汇总报告反馈流程，考虑如何避免去倾听所有小组的发言。

□ 考虑向小组提供书面化的指引，记录他们研讨结论的模板，以及评估他们结果质量的相关指导。这取决于流程的复杂度以及小组长的技能，考虑编写小组长引导指南。

□ 如果可能，事前选定小组长并给他们一个尽量接近实际情境的指导。

□ 如果标准很高或小组人数多至超过 12 人以及要花费超过 20 分钟时间创造突破，考虑使用专业引导师担任分组会议小组长。

↘ 引导大型会议

□ 在开始时做出清晰的目的陈述。

□ 确定参与者渴望的成果。

□ 严格确认达成产出所需的关键条件。

□ 确认演讲者和引导师中由谁衔接话题更为可靠，以创造投入，引领互动，鼓舞参与者的行动。

□ 使用宴会一样的设计，人和人围桌而坐以产生团队协作和互动。

□ 找到创造性的时机使参与者投入会议内容，与专家的创意题材互动，分享他们的体验，建立交流网，创造个人和集体学以致用的行动计划。

□ 为大会的每个部分设计专门的投入策略，尤其是对于演讲者或听证席。

☐ 如果参与者需要就大会的成果达成共识意见，使用达成共识的原则：描绘、优势和劣势、合并以及加权评分

☐ 策划一个会议所需的时间通常比引导一个会议所需时间多出 2～3 倍。

✎ 练习你的技能

当计划下一次大型团队或大型会议引导时，请思考本章的策略。尤其是选择创造投入的策略，这会帮助你保持会议的互动性以及参与者的全情投入。

第 15 章

引导多元文化团队的秘诀

认识自己的偏见，适应其他人的文化

本章回答的问题

▶ 多元文化能力意味着什么？

▶ 国家文化与组织文化和团队文化的区别是什么？

▶ 传世文化对于引导有什么样的影响？

▶ 如何发现自己的文化偏见？

▶ 定义不同文化的主要标准是什么？

▶ 如何应用文化引导的秘诀？

▶ 如果团体文化鼓励参与者与领导者唱反调，该如何引导？

▶ 什么是显性效应？它在引导的团体中如何发生作用？

介绍

  如何去引导一个和你不同文化背景的团队？为了回答这个问题，我去请教了拥有引导多元文化团队丰富经验的资深教练，他们为本章做了特殊的贡献。

- 艾琳·铎斯博士，国际引导学院主席，她是一个国际化的顾问、作家、演讲家。她是人类动力学咨询公司总裁，该公司从事组织健康状况和组织效能咨询。艾琳博士贡献了本章的第一节：理解文化能力。

- 尤尼斯·山克兰德是服务于联合国食品与农业组织的引导师和培训师，她是国际引导师协会的创办人和前任主席，现任山克兰德联盟负责人。她现在主要服务于美国的以及国际的一些组织、协会、代表处和商业机构。在本章，尤尼斯

团队和我一起提供关于如何运用这些秘诀来引导多元文化团体的见解。

- 南希·罗纳·吉莫兹以她在面对不同年龄、行业和文化背景时展现出的高效并富有洞见的培训、广泛的引导、充满活力的演讲，获得了当地、全美乃至国际性的认可。在和美国国会成员一起工作时，展示了独特的工作方法——多样性、包容性和社会正义，她的这种工作风格还体现在她和亚马孙土著人部落、幼教工作者、不同年龄段的学生、各个行业的董事领导人一起工作时。南希在"通过引导打破机构力量的影响"一节贡献了她的思想。

理解文化能力

在本节，艾琳·铎斯博士将分享她关于多元文化团体的思想。

作为一个住在美国并且拥有双重国籍的加拿大人、引导师，我的很多引导工作是在亚洲和欧洲进行的。我发现一个会议的目标和能量状态依赖于这个团队的成员来自何方。英国人和美国人通常希望通过会议做出一个决定或完成某项任务；法国人把会议看作一个发布观点和关键信息的平台；德国人更看重自己的正确性，所以他们通过会议来获得掌控感和他人的认可；意大利人通过会议收集对他们计划的评估和支持；日本人和中国人认为在开始阶段的小型会议是为了树立形象和建立信任。

每种文化都通过他们的规则、价值观、信念提供了一个行动编码，表达出什么是对的，什么是错的，什么是恰当的，什么是不恰当的，什么是体面的，什么是不体面的，以及应该怎么做事。这些规则、价值观和信念并没有写入法律，但是在组织中需要被遵守而且绝对不能被打破。本质上，除非有怪癖，否则人们会遵循文化所倡导的价值观和信仰。这一切对于一个需要和多元文化团体一起工作的引导师意味着什么？这意味着你必须对文化表达的内容非常敏感，而且能快速定义彼此共享的目标。

对多元文化团队进行引导工作并没有一个通行的规则。当来自五湖四海的拥有不同文化背景和需求的人聚集在一起时，你在创建会议流程、管理会议流程、安排参与者时并没有统一的硬性规则。要获得那些和引导师有着不同原则、不同价值观、风俗、习惯、愿望和文化偏好的参与者的信任，事实上，这件事情的难度系数堪比踏入雷区——在一个项目中，你可能会遇到猛犸级别的墨守成规者、不准确的测评结果，或者让你吃惊的期望值。

因为多元文化引导动力学能对会议的流程和产出带来如此深刻的影响，我们会把引导的秘诀放在一个显著重要的位置上。我们的目标是让你能知晓多元文化引导的一些简单概念。

↘ 定义

人类学家本杰明·沃尔夫曾经说过，我们所说的语言和行为很大程度上体现了我们的观点、视角和思想。但是事实上，很多时候在别人看来是适当的表达和行为方式，在我看来却是令人费解的，甚至是貌似矛盾的。例如有一次，在结束一个为期三天的战略沟通会议之后，我和我的商业伙伴巴利去酒店的酒吧喝酒。这通常也是项目的流程之一，喝酒的过程我们会回顾这个项目的经过，评估项目的成果。半杯红酒下肚后，巴利（一个土生土长于美国现居中国香港的男士）转向我（土生土长于加拿大现居美国的女士）说：

"嘿，艾琳，那是一把锯子。我现在想做的就是大吃一顿，就从上面下料，直到吃撑为止。你干不？"

语言表达了我们的思想，但在此刻，我觉得我的同事和朋友非常无礼，但我想这不是他的本意。我看着巴利，拼命抑制不让自己的眼珠子从眼眶中蹦出来。我问他："你到底想说什么？"等他把这段话翻译成"英文"，我才明白其实巴利真正想说的是：

"艾琳，这真棒，我们需要庆祝一下，吃顿大餐。你觉得如何？"

巴利的意图是想表达：我们在项目中付出了艰苦的工作，现在应该好好放松一下了。我的目的是要弄清他要表达的是什么——在感觉他冒犯我而给他一个大耳光之前！

在世界各地，这种混乱的方言往往是造成沟通失误的根源。我只希望通过这个故事强调——引导师需要清楚：当不同个性、性别和文化差异的人表达时，沟通、语言以及俚语的使用因为扰乱了信息的接收，从而对他人产生的影响。基于这个原因，我要澄清即将在本章用来沟通概念和洞见的一些词汇。

与多元文化概念相关的词汇可以用一种不同的方式来定义和理解。以下是具体说明。

文化	区别于不同团队之间的一系列行为方式的组合。文化通常包括无意识系统、奉行不移的信念、觉察以及如何解决问题的思想。可以是宣称的标准、操作哲学、正义及群体坚守的价值观。文化也包括那些可见的组织结构和流程，长期存在的正式或非正式系统、规则、传统、仪式、惯例和风俗。
国家文化	包括那些具体特征，语言、宗教、种族身份、文化历史和传统。一个国家的文化包括生活在这个国家人们的价值观系统、信念、态度和行为，通常这些也会影响他的家庭生活、教育、经济和政治结构，以及商业活动。
组织文化	包括在一个组织中工作的人们的价值观系统、传统、信念、态度和行为模式。组织文化通过经历和历史得以形成，包括共享的假设，组织对一些标识、物品赋予的意义、价值、惯例、非正式规范、规则、习惯及传统。
团队文化	一个团队成员的想、做、产出的总和。当团队中的所有人都能理解时，会使团队在一个充满竞争和压力的环境下顺利运转。
个体文化	整合了一个个体的所有个性化的人格、品格、性格、气质、价值观、喜好和厌恶、激情、才干、知识。这所有的一切使这个个体是独一无二的。

年代文化	这个词属于出生和成长于一个特定的时间和区域的一群人。其中的个体通过共同的历史和社会背景共享相似的经历，他描绘了一代人的共同思想，他们的行为模式，以及他们向下一代传递什么。
性别文化	在某些特定的社会背景之下，对于某个个体，他的性别特征决定了某些行为会被认为恰当的。这些性别特征在不同文化背景和时间跨度上都会不同。
和族文化	通过遗传或者继承而来的特征，如皮肤、头发和眼睛的颜色，特殊疾病的易感性或者其他和种族相关的一些因素。
统治文化	那些拥有资源、财富、经济或政治权力的人的文化，他们将价值观、语言、行为方式强加于下层文化。统治文化通过制度体系去塑造，通过可见的利益和惩罚去强化自身在语言、兴趣、规范、价值观、行为和思维等各方面强大的影响力和影响效果。
文化行为	行为通常来源于一个确定的组织或人群的公认的价值体系、行为规范、思维方式、信念以及情感。
多元文化能力	在和不同于自己文化背景的人沟通时，能够意识到并且弱化自己的文化偏见和他人建立成功沟通的能力。必须有意识地保持开放，多学习一些特别的人格特征、觉察方式，以及持有不同文化的人的思考、感知和行为方式，允许这些学习给自己行为和觉察方式带来影响。

↘ 国家中的多元文化群体

引导不同文化需要用不同的方式方法吸引主办方提高达到目标的可能性。如果引导师想在引导混合文化团体时抓住那些只有专家才能掌控的丰富的机会，他们会渴望提升自己的多元文化能力，只有这样才能更有效地向主办方和被引导的团体提供价值。

在认识并理解另一个文化的特性时，一个人对不同团体所持有的思想会简化那些原有的复杂的情感和态度。例如，你经常听到别人说：

> 我给一个跨国公司做引导项目时，有些团体我是不喜欢的。例如，意大利人实在太能说了。美国人傲慢又武断。真想把巴西人晾起来，他们肤浅得和动物一样，只关注身体享受。甚至加拿大人，他们貌似很有礼貌，但是虚心接受死不悔改。我真希望别邀请太多希腊人参与会议，他们属于无组织无纪律派。我知道我应当成为一个中立的引导师，但我内心总是对他们有这样的评估。

模式化现象是存在的，现实中我不能否定这一点。当我们没有足够的信息做出决定时，模式化填补了这个缺口。模式化也并不总是消极的，它也可以是积极的。当引导师需要去面对和影响一个某些文化下的行为时，模式化会给他提供一些参考依据。

需要留意的是，我们总是自觉或不自觉地用我们知道的最基本特点来概括某些文化特性。一个引导师能由此把自己的不悦感降到最低而且更深入地洞察一个团队。这种洞察能帮助引导师更加具有同理心并与不同的小组进行更深入的互动。

同理心是一种很重要的能力，它使我们能够与另一个不同的个体在思想、情感和体验上产生连接感。当引导师具备同理心能力时，他就能用一种正面积极的模式来欣赏他人的状况和观点。你会发现当引导师展示同理心时，他们会表现出不同的能力。

理想的情况是引导师在引导中能够深入洞察一种文化，而且适应这种文化的心智模式，尤其是面对要融入完全不同的民族文化时。当引导师能够理解不同文化的偏好时，他就真正拥有了客观思考和跨越文化屏障的机会。

同理心的 特征	<ul><li>对周围人敏感</li><li>保持思维弹性</li><li>愿意妥协</li><li>礼貌</li><li>机敏</li><li>冷静</li><li>温和</li><li>耐心</li><li>愿意澄清目标</li><li>敏锐地觉察另一方的协议</li><li>小心避免刺激性行为</li><li>主动聆听</li></ul>

带着这些思想，接下来我们会提供一个自我觉察练习，以便你理解自己作为引导师的观点如何与其他民族文化观点和视角结盟。

秘诀 68　**引导多元文化团队的秘诀：**理解如何让你的文化倾向与你引导的团队文化结盟。

↘ 文化意识评估表——练习

这个练习来自巴利·布罗斯特和艾琳·铎斯的书《灵活的商业领袖》并得到了出版方的授权。

图 15.1 是文化意识评估表。目的是帮助你理解自己的观点与其他文化视角观点的匹配情况，以及理解为建立更强大的文化能力所需发展的每步行动。

介绍

1. 在下面的每个连续图上标记出你认为自己各文化维度上的位置。

2. 保持开放的心态，理解这世界上其他人的视角，扩展思维，当一个引导师成功时他是怎样实现高效的。把这个文化意识评估图展示给你的委托人，问问他本次需要引导的团队落在图的哪个刻度上。接下来，问问自己以下问题：

　　－对于这个我正要共事的团队，我还需要什么帮助以便更好地理解以及看到人群多样性的画面?

- 我如何放下偏见,和那些与我不同语言、种族、文化的人建立对话?
- 我如何帮助团队超越那些文化差异从而给当前的形势带来贡献?我如何帮助创造一个更好的当下?
- 在引导中我应该做点什么调整和改变,以促使不同观点之间的相互理解?

尊重地位与尊重成就

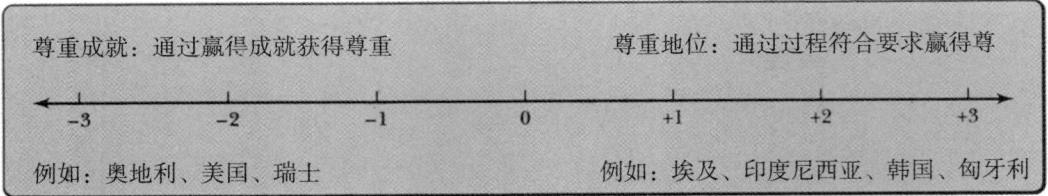

尊重成就:通过赢得成就获得尊重   尊重地位:通过过程符合要求赢得尊

-3   -2   -1   0   +1   +2   +3

例如:奥地利、美国、瑞士   例如:埃及、印度尼西亚、韩国、匈牙利

直接沟通与间接沟通

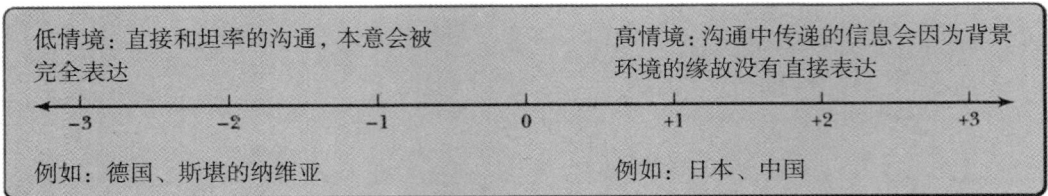

低情境:直接和坦率的沟通,本意会被完全表达   高情境:沟通中传递的信息会因为背景环境的缘故没有直接表达

-3   -2   -1   0   +1   +2   +3

例如:德国、斯堪的纳维亚   例如:日本、中国

职位权力与分享

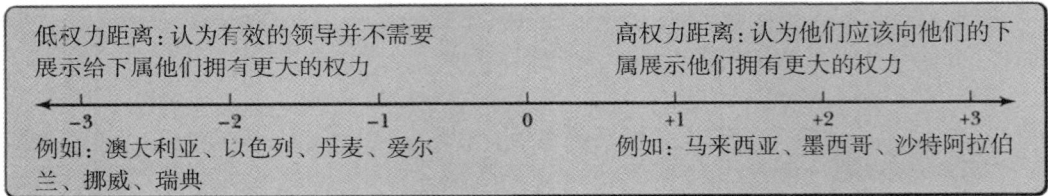

低权力距离:认为有效的领导并不需要展示给下属他们拥有更大的权力   高权力距离:认为他们应该向他们的下属展示他们拥有更大的权力

-3   -2   -1   0   +1   +2   +3

例如:澳大利亚、以色列、丹麦、爱尔兰、挪威、瑞典   例如:马来西亚、墨西哥、沙特阿拉伯

领地意识与公共空间

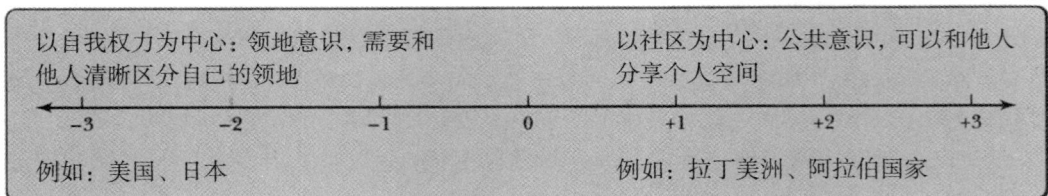

以自我权力为中心:领地意识,需要和他人清晰区分自己的领地   以社区为中心:公共意识,可以和他人分享个人空间

-3   -2   -1   0   +1   +2   +3

例如:美国、日本   例如:拉丁美洲、阿拉伯国家

长期导向与短期导向

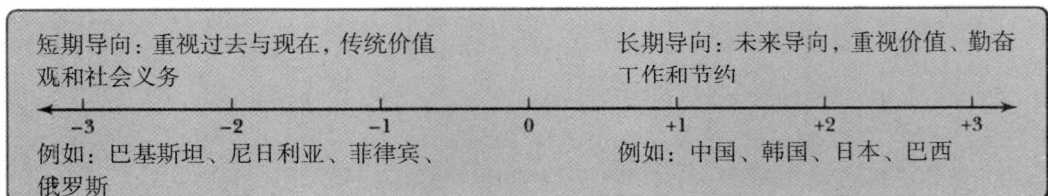

短期导向:重视过去与现在,传统价值观和社会义务   长期导向:未来导向,重视价值、勤奋工作和节约

-3   -2   -1   0   +1   +2   +3

例如:巴基斯坦、尼日利亚、菲律宾、俄罗斯   例如:中国、韩国、日本、巴西

图 15.1 文化意识评估表

情绪化表达与克制

克制：避免表达情绪，隐藏感情

情绪化：表达情绪会被认为有勇气而被接受

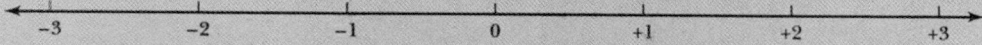

```
  -3        -2        -1         0        +1        +2        +3
```

例如：日本、新加坡、英国

例如：墨西哥、巴西、意大利

拒绝模糊与忍受

对模糊信息可接纳：允许模糊信息存在，并不强求确定

强力避免模糊信息：不能接受模糊信息，需要用规则确定

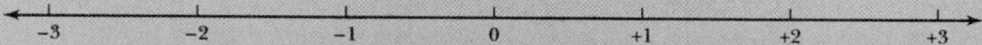

```
  -3        -2        -1         0        +1        +2        +3
```

例如：新加坡、牙买加、丹麦、瑞典、英国

例如：希腊、葡萄牙、巴拉圭、日本、法国、西班牙

情境主导与正式规划

普遍性：每个人都平等地遵守正式规则和法律

特殊性：规则必须根据环境、情形和参与者做适当调整

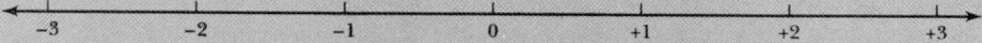

```
  -3        -2        -1         0        +1        +2        +3
```

例如：美国、德国、瑞士、英国

例如：中国、委内瑞拉、印度尼西亚、韩国

未来可能性与过往经验

关注过去或现在：强调过去的事件和荣誉

关注未来：强调和计划未来的可能性

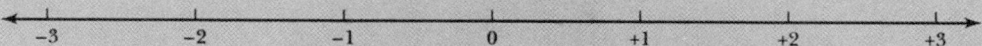

```
  -3        -2        -1         0        +1        +2        +3
```

例如：法国、西班牙、葡萄牙、阿拉伯国家

例如：中国、日本、韩国、英国、瑞典

个人主义与集体主义

集体主义：团队利益优先于个人

个人主义：个人利益优先于团队

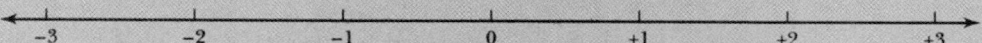

```
  -3        -2        -1         0        +1        +2        +3
```

例如：日本、韩国、印度尼西亚、巴基斯坦、拉丁美洲

例如：荷兰、意大利、斯堪的纳维亚、英国、美国、澳大利亚

图 15.1　文化意识评估表（续）

↘ **代际多元文化团体**

我们已经探讨了国家之间的文化区别，现在我们把注意力放在不同年代之间的差别。引导师可能会说，当他们冒着危险穿过多元文化的年代走廊时，他们会听到参与者说：“我们这儿的人都是做事的。”通常，接下来出现的状况就是有人会企图“教导”别人什么是正确的观察、思考的方式。这种“教导”一般出现在两个不同年代文化相遇时。

就像之前提到过的，年代文化描绘了一个特殊时代的一群人的文化特征，包括不同的阶级、种族、国家，但是出生在同一个时代的人认识到，团队的多元文化视角以及你自身在面对该团队时的倾向性是极其重要的，这样你就可以在一个小组中设计一个流程去创造出一个积极的互动过程，使得项目解决更多的问题或者创造出更大的产出。

在一个组织中听到人们去议论一些话题，如婴儿潮、X 一代，Y 一代，并不少见。列表中列出了五个年代的名字，其中有四个目前还在组织中工作着，和他们共事的还有正在到来的新的一代。在表格后面，你还能看到对这个年代人更详细的描述，以及在参与引导项目时他们通常的价值观。我们的目的是提供给引导师一些帮助，让他们能在带领团队项目时更加觉察和具有同理心。

年　代	出生时期
沉　默	1925—1942 年
婴儿潮	1943—1960 年
X 一代	1961—1981 年
Y 一代	1982—2003 年
Z 一代	2004—2025 年

接下来的这部分内容摘自巴利·布罗斯特和艾琳·铎斯的著作《灵活的商业领袖》并得到了出版方的授权。

沉默一代（生于 1925—1942 年）

这个年代会和一些词汇联系在一起：广播婴儿、建造者、退伍军人、债券、战后一代、最伟大的一代、空袭的一代、搜索者、传统主义者、萧条期婴儿。

沉默一代的青年时期受到了大萧条以及第二次世界大战的影响。他们生活在一个非常艰难的时期。他们总是疏于被关注，而且要去履行一些属于他们的职责，无论那些职责他们喜欢或者不喜欢。很多人的父亲参与过第一次世界大战。他们的童年时光因为大萧条和第二次世界大战让人感觉窒息。想要成为战斗英雄的话，他们生得太早了，想成为自由思想者，他们又生得太晚了。他们保守，努力工作，循规蹈矩，唯命是从，认同统治规则。他们有着“不浪费、不争取”的态度，而且痛恨债务。他们对于发展的态度是要慢，要逐渐发展且要避免风险。他们认为努力工作是“好”和“正常”的。事实上，他们相信，只要努力工作就可以达成任何成果。在他们的青年时期，音乐、时尚和娱乐引发了战后的富裕群体，这些影响了他们的消费倾向。他们对利用好运或赌博来赚钱心存怀疑。

这代参与者持有的价值观

- 公平
- 坚持
- 透明
- 直接
- 尊重
- 诚实
- 忠诚

这代参与者对于引导师的期待

- 显示风险
- 责任重于快乐
- 坚持规则
- 努力工作
- 提供并重视法律和秩序
- 尊重职位和头衔
- 行为谨慎
- 自给自足
- 延迟奖励
- 谦虚
- 耐心
- 不流露情感
- 不浪费

婴儿潮（生于 1943—1960 年）

婴儿潮带给我们的是 20 世纪 60 年代战后一代的反传统文化，有名的是毒品泛滥、性开放及摇滚乐。开始于 60 年代初期的嬉皮士文化从美国开始并传播到世界各地。他们对传统生活感到幻灭，期待找到新的、更真实的生活方式。他们建立了自己的团队，听迷幻摇滚，主张性开放，以及使用类似大麻和致幻剂之类的毒品，想要找到另外一种意识状态。他们参加反越战抗议活动。他们是 IT 革命的负责人。随着他们年龄的增长，他们变成比其他年代的人更有消费力，他们是拥有更多财富但同时拥有更多债务的一群人。他们是工作狂的一代，奋发图强，目标导向，专注底线。他们对于参与工作怀有激情。他们被愿景、信念和战略所激励，他们关心要为认同他们的人创造公平的竞争环境。

这代参与者持有的价值观

- 追求卓越
- 理想主义

- 乐观积极的态度
- 自律
- 有限的约束
- 表现自我
- 自我实现
- 形象
- 个人满足
- 个人成长
- 健康和保健
- 积极参与
- 团队合作
- 工作
- 怀旧心态
- 政治运动
- 自由市场资本主义

这代参与者对引导师的期待

- 表达热心与关心
- 有能力
- 诚实
- 显示忠诚
- 一视同仁
- 对每次活动定义目标
- 采用民主方法
- 创建和维护一个积极乐观的环境
- 确保团队得到工作成果
- 提供丰富的团队工作机会

X 一代（生于 1961—1981 年）

X 一代也被称作婴儿潮世代（婴儿潮后的一代）、E 一代、归巢族。X 一代的成长过程被叫作挂钥匙的孩子，他们中的很多人的父母离婚了，而且经历了从水门事件、越战到能源危机和共产主义的"崩溃"。对他们来说，显然大人们也不知道事情向何方发展。大人们变得更忙，他们的母亲开始吃避孕药以避免有更多的孩子。他们是 MTV 一代——他们被时尚趋势、音乐、刚发展起来的有线电视中音乐的语言所影响。经过一个短期的自立门户之后，他们中的很多人因为经济不景气而回到父母身边。他们成年以后要面对性开放带来的后果——艾滋病。他们对于约会和结婚的态度比他们的前辈更谨慎。他们怀疑公司并不会实现之前的承诺为他们父母和祖父母的股份支付股息。他们希望拥有主张和灵活性，不喜欢被监管，在工作场合希望自由和成果驱动。他们如此热爱变革，当然他们也真的需要变革。他们追求生活平衡：不像他们的父母那样生活是为了工作，他们主张工作是为了更好地生活。他们希望规则，但是只能来自正确的权力机构。他们的当下胜于未来，他们不想知道"这是否正确"，只是希望知道"这有用吗"。他们是相信超自然力量的精神探索者。音乐是他们生活的象征物，是他们灵魂的窗户，是他们表达自己的语言。

这代参与者的价值观

- 乐于挑战体系
- 乐于创造改变
- 直接
- 有能力
- 崇尚天才
- 不拘小节
- 灵活
- 追求结果
- 学习机会
- 诚实
- 忠诚

这代参与者对引导师的期待

- 乐于改变
- 有技术派修养
- 对生活务实
- 尊重个体
- 给他们做选择的能力
- 给予及时满足
- 创造一个有趣的非正式环境
- 提供学习的机会
- 提供全球视角和思维
- 敬畏大自然

Y 一代或 N 一代（生于 1982—2003 年）

Y 一代也被称作网络一代、下一代、千禧一代、回声潮一代或新一代。Y 一代有历史上最大的人口数量。他们的成长过程伴随着手机，所以又被称文本一代。他们成长过程处于冷战之后，而且全球化、通信技术和无线技术大力发展的阶段。他们生活的这个时代相比其他时代拥有前所未有的多样性。如果一些指示、需求、命令不被他们认为合理的，他们会自动过滤掉。他们需要理由和解释。"这是我的要求"这种说法对他们无效。他们成长于一个因为生活压力紧绷而失控的时代。每天他们都要密切关注这脆弱的环境。为了对应这一切，他们呈现出理性消费者形象并想要改变这个世界。

这代参与者的价值观

- 激励
- 合作
- 积极的
- 受过教育的人
- 组织
- 接受清晰的方向
- 成就导向
- 乐于挑战体系
- 乐于创造改变
- 言行一致
- 有能力成为一名教练
- 支持和自由
- 让他们按照自己的节奏和方式去工作
- 诚实
- 忠诚

这代参与者对引导师的期待

- 展示乐观
- 提供网络工作的机会
- 提供创造改变的机会
- 创造可实现成果的环境
- 提供一些参与社会的机会
- 采用方式推动集体行动

Z一代（生于2004—2025年）

Z一代又叫作点击一代、网络一代、计算机一代或数字化一代。这代人成长的世界无论是家庭还是工作环境，男女平等更加普遍，单亲家庭、同性恋家庭和普通的夫妻共同工作家庭一样普通。他们的生活更有规律，父母会运用电子产品使生活更具娱乐化。这一代人的生活模式注定从一开始就是不寻常的。他们的生活伴随着宽带接入、网络视频游戏以及广阔的在线环境。他们是数字化和虚拟化的，他们生活在一个注重强大刺激和轻视人际交流互动的环境中。他们是积极消费的一代，很大程度上影响着他们父母的购买决定。

这代参与者的价值观

- 乐于创造变化
- 乐于挑战体系
- 教练的能力
- 诚实
- 忠诚

这代参与者对引导师的期待

- 创建合理的议程和流程
- 提供表现的机会
- 当要求较高的社交能力时参与度下降
- 当权威的权力被限制和不同意见被鼓励时参与度上升
- 允许他们关注自我
- 提供使用网络的机会
- 认真规划时间表

↘ 结论

在我们的经验中，拥有多元文化视角给引导师提供了一个路径去理解一个人如何思考、行动和感知这个世界。有着自己风格的引导师需要扩大自己的视角，觉察不同团队的人是如何被他们的文化假设所影响的，而且要培育一种多元文化的合作能力。当多元文化的动力系统正在运行时，为了确保项目的顺利进行，我们建议：

- 设立清晰透明的目的和目标
- 坚持信息分享政策
- 提供实操性的、界面友好的工具
- 建立有效利用时间的流程
- 识别贡献
- 准备清晰的操作指南
- 清晰的沟通指令
- 建立用于多项任务的基本规则

毫无疑问，多元文化动力学会持续影响着引导师的工作。如果引导师选择忽视不同文化下的需求和视角，他就是在冒险。遗憾的是，当这些动态信息都存在时，没有一个万能的公式或策略能确保你的会议一定成功。然而，通过理解自己的文化偏见以及适当调整引导的风格，引导师就能确保会议顺利进行并给每个参与者提供有价值的体验过程。在下一节，我们将探讨在不同文化需求下如何调整策略。

应用多元文化团队秘诀

在本节，尤尼斯·山克兰德和我一起探讨了多元文化团队实施的秘诀。

在编写本节内容的过程中，我们采访了过百位引导师，整合了过去30多年的经验。然而，因为我们都是西方背景，就像我们很多一起工作的引导师一样，我们所编写的秘诀本身已是针对西方的读者来设计的。那么，在引导一个多元文化团队时，你是如何应用这些秘诀的呢？在本节，尤尼斯·山克兰德和我专注于研究如果你引导的团队文化和你不一样，你的策略是什么，我们会检查在前几章提到过的关键工具。

如前文所述，理解你所处的环境非常重要，也要避免以偏概全地将文化定型。例如，你在德国带领一个团队，你要注意到这个国家的文化特性和规范。然而，虽然理解一个国家的文化特性是有帮助的，但是理解这个公司独特的文化特性更有帮助。例如，一个做工程技术公司的文化一定有别于做市场公司的文化。而且，即使在工程技术型公司中，文化也存在多样性。同样，你所带领的特定的团队文化特性对团队成员的影响力会大于整个公司文化的影响力。因此，想要理解广泛的文化差异，要从理解一个特定团队的文化为出发点。

学习多元文化相关的各章以后，让我们看看如何去运用这些关键工具。为了便于分析，我们先假设我们要引导的团队是个用英语沟通的、来自日本的手持扫描仪制造商。他们要做一个为期三年的战略规划。

↘ 第2章：提问的秘诀

开场问题

- 尽管这个团队用英语沟通，但我们还是会在会议开始时在白板架上写下主要议程，以确保参与者能读到和理解这些问题。我们会确保避免行话和俚语。

反应式问题

- 我们会频繁地运用标签式问题："这很重要，不是吗？"这个问题能让整个团队确定我们在持续前进。
- 我们会倾向于运用一些软化技术，以避免一些太过直接的问题——如"为什么这事那么重要"，以使得我们的问题不那么具有挑衅性。做到这些你可以降低语音语调并使用寻求帮助的语气来问出之前的问题，如"请帮我理解一下，为什么这个事情那么重要"，或者更好的情况是我们会稍微修改一下问题，如"请帮我理解一下，是什么使它那么重要"。在这个日本团队中，我们用这种方式减少对抗。

探索细节

- 如果你发现自己是在一个以间接沟通为主的高语境环境中，你想通过问出之前说的反应式问题以寻求更多的信息是比较困难的。不同的做法是去问："关于这点请多说一些？""当说到这个时，你脑海中出现了什么？你介意多跟我说一些吗？"

案例分析 **目标是什么**

文化是如何影响会议目标的，这是尤尼斯·山克兰德分享的故事。

在一个引导会议的开场，引导师按照常规问这个团队成员，他们期待实现的目标是什么。他运用了几个关键字：目标、结果、获得的成果，并且展示了插图来解释这几个词的意思。

团队成员告诉引导师，他们的目标是整个项目共同探讨的过程。他们对结果兴趣不大，更关注整个过程进行的方式。这个和引导师惯常做的——在项目开始之前就要确定项目结束时能拿到的成果——完全不是一回事。这个团队是由佛教徒组成的。

从这个故事中我们学到的是，你必须努力去了解你的团队，过程中还要不断确认和清晰你之前的假设，你对这个团队知道了什么和还不知道什么。最重要的是，在项目之前，了解这个团队他们想要的，而不是你认为他们想要的。

↘ 第 3 章：准备的秘诀

自我准备

- 在多元文化项目的准备过程中，我们需要完成文化意识评估表，它可以帮我们意识到自己的文化偏见，它就像"向导"能够帮助我们找到文化倾向以及做出调整。

- 在这个日本公司的会议上，我们认识到关注一个发言的人的头衔是多么重要。如果问一个最高层管理者，把他讲的无关话题放到问题清单中是否合适？这样的问题将不会有任何帮助。他或那个团队会将此视为贬低他人的身份和冒犯。

- 通常，我们会把"把头衔放在门外"作为一种准则以传递一种信息：在这个会议室里，头衔被忽略，每个人都是平等的。但是这种规则不适合日本团队，因为头衔还是和参与者有关的。同时对于一些团队，用头衔称呼团队成员还是很重要的。总之，要和项目负责人去确认你知道什么是恰当的，什么是不恰当的。

团体文化

- 当注意到我们的文化偏见以后，我们就要去理解团体文化。做到这点的一个方法就是，和项目的负责人一起回顾文化意识评估表，来鉴定他们会落在哪个位置上。一旦对团体有了更好的理解，我们就能更好地识别和调整我们的引导形式和途径。

访谈参与者

- 在项目之前访谈参与者，就可以了解这个团队是不是低情境文化（在［直接沟通与间接沟通］得分比较低），这个特性的人群回答问题直接且有细节；相反，那个高情境文化特性的人群，说话就没那么直接而且期待你去尽量体会他的言外之意。

- 尽管在我们的实践中，访谈参与者是非常普遍的，但是在一些特殊的项目中，我们更倾向匿名测评。公开透明一直是我们很鼓励的方式，我们会对一些匿名的内容进行限制，但是在一些高权力距离的团队，匿名内容是被允许的。

- 在一些崇尚学习的团队中，团队成员更喜欢在访谈开始之前有机会去阅读访谈的问题并且提前准备好答案。用这种方式，他们就不会在访谈中因为不知道答案感觉自己"丢面子"。

会议室布局

- 会议室布局能显示你对文化模式的敏感性，通过创造一个让参与者有熟悉感和安全感的环境，我们会赢得参与者的信任。

- 在有些文化中，建立一个更正式的环境会让人更舒服。这种会议室的设置会有摆着花的主桌，每个人的面前都有麦克风等。尤其是开放式的会议，这些方面会特别重要。

- 在一个高度需要领地感的文化中，需要宽敞的环境使成员之间的空间足够大，而且要避免陌生人之间离得太近。

- 通常，我们会考虑如何进行会议室布局以有助于会议目标和成果的达成。但是，无论你的目的如何，我们都要在文化期待和规范上投入相当大的比重。

案例分析 加勒比政府的战略规划引导项目

　　我非常荣幸能去给加勒比岛国进行国家发展战略计划的引导工作。这个项目的参与者包括政府部长们、私营组织代表和社会团体的领导人，一共125位参与者。我是首席引导师，还有来自我们机构的另一位资深引导师辅助我。来自当地私营咨询公司的7位引导师作为分会场主持来支持我们。这个项目在如何引导不同文化团队方面给我上了两堂最重要的课。

　　首先，虽然咨询公司给我们介绍了这个国家的文化，但是我仍然没有为开场的挑战做好足够的准备。会议的开始先是对政府首脑的问候。当政府首脑开始讲话时，我观察到坐在各个桌子的参与者正在忙着聊天，有些桌子甚至称得上是喧闹的。正在这个时候，我被推出来介绍整个会议流程，下面的聊天情况几乎已经失控。

　　通常，在一个标准的会议开场中，在讲基本规则之前我会先介绍会议流程。但是在这一瞬间我意识到，首先要解决的是基本规则问题。这个规则就包括"尊重演讲者"。

我用一个格言强调了这个基本规则，就是我曾经在第 4 章描述过的："我的妈妈告诉我，如果有人在对我讲话而我却和邻座聊天，那么我就是在告诉别人我的话比别人的都重要。我的妈妈还告诉我这是无礼的，并且要求我不要那样做。所以，如果你听到有人在其他人讲话的同时讲话，你就对他说：'迈克尔的妈妈不高兴啦！'所以今天让我的妈妈高兴吧！"

有一些团队，用这种方式解释并建立了基本规则之后，大家就会服从。但是还有些团队，我们发现要不断地提醒他们"让我妈妈开心"，我们也要去修改会议流程减少大型团队活动时间，以确保参与者能高度参与和互动。对于这样一些团队，开场白的介绍时间超过 12～15 分钟就不好了。

除了学习到团体言语的本质，我还学习到重要的一点，即要理解一些文化规范里关于尊重的行为。在美国，"迟到很时尚"指的是在一个事件中到的比官方公布的晚。有一种暗示是，你很忙，而且你是核心，要等全部人马都上场了你才走到舞台的入口。在这个岛国，只有总理会被允许有这种时尚的迟到。那要怎么执行呢？在这个晚上，一旦总理到达，其他人都不允许再进入屋子，而且一旦进入，总理离开之前大家都不能走，对这个规则有个新的命名：绑架观众。

↘ 第 4 章：开场的秘诀

按时开始

- 在西方的文化中，虽然会议规则会随着企业的规则而变化，但按时开始总是被推崇的。作为一个遵守 SMART 原则的主持人，我们需要确保准时启动，有几个秘诀能够带来这个结果。
- 对很多文化来说，时间观念和西方有很大的差异。对这样一些团体来说，开始时间是建立在议程之上的，而且这个议程必须被所有各方认可。即使这样，议程也仅仅被看作建议或指导。
- 为了尊重那些按时到达的人，我们会考虑引导一些对参与者很有价值但是又不需要所有人都参与的活动。你也可以利用这些时间上网回顾之前的项目成果或者检查今天的议程清单。
- 和日本团队一起工作时，你需要很频繁地和项目负责人和其他人探讨时间表，以确保我们所有人都理解了这个时间表。

开始时我们先做什么

- 按照启动会的秘诀，当人们走进会议室时，通常他们想知道两件事：为什么他们在这，以及他们需要完成什么。为了应对这些想法，传统的开场按照顺序有以下步骤：
  - 告知：会议的目标和成果

　　－鼓舞：为什么这个很重要

　　－赋能：他们需要扮演的角色

　　－参与：他们个人的目标

　　－议程：他们如何使用时间

　　－基本规则和停车板

　　－介绍

- 然而，在你带领团队时，你首先关注的是谁在会议室里。在你关注他们为什么在这里，他们将完成什么和如何完成之前，你首先要和他们建立关系。因此，在做其他任何事情之前，你可能要选择先介绍自己，而且你要留意这个介绍的过程可能不仅是几分钟。这点对于亚洲和非洲的文化特别重要。

- 在这个日本制造商的会议上，参与者相互间已经非常熟悉。然而，当一个团队来自一种是要通过地位和项目成果两个维度获得信任的文化时，这个团队就希望更多地了解我们，也让我们更多地了解他们。

- 此外，在和一个高情境文化团体一起工作时，你会发现先探讨外围话题再进入核心议题要比一开始就直奔主题好。

赋能

- 开场介绍的秘诀包括一些能够赋予团队成员一些权力的活动。例如，在致开幕词时的赋能：你可以让他们知道期待他们扮演的角色，此外，你还可以问参与者对于这次活动的个人目标，在议程表上进行调整以确保所有人的相关目标都能被探讨到。

- 赋能活动不太适合用在［职位权力与分享］得分比较高的团队，这些团队会期待工作就应该按照之前确定好的责任去完成，这没什么好讨论的。因此，他们不能理解特意要去做的赋能动作。

- 相反，这种环境下的赋能看上去会很不同。例如，你要提出问题让他们谈谈他们对于即将探讨问题的贡献，通过聆听发现机会来鼓舞团队成员的参与。

基本规则

- 基本规则的选择和解释是非常关键的活动，它确保项目的成功和真正回应团队的需求。基本规则和参与者密切相关，它反映了你是否全部或完全没有理解参与者的文化规范，以及如何最大化活动体验。

- 基本规则经常会被称作操作守则、参与规则、团队规范、会议章程。你要运用什么术语，要考虑你在共事的企业文化所接受的程度。

- 当你在引导一个和你自己的文化不同的团队时，如果你实施你自己标准的规则，那很可能并不能真正适应你所引导团队的真正需求。

- 我们前面提到的那个日本的团队项目，我们更倾向于放下"要把头衔放在门外"这一普遍的基本规则。我们会加入一些基本规则，在小团队内定期核查或者通过匿名投票的方式来确定重要的问题是否已经被全部探讨。

第5章：专注的秘诀

检查点

- 在每个议程中运用检查点（回顾、前瞻、鸟瞰）可以帮助人们在探讨时的关注点是一致的，而且给参与者提供机会去清晰理解每一部分元素和整体主题的关系。
- 检查点是要明确每个人都已经做好前进的准备，没做好准备的人也有机会发表疑问。
- 然而，在一些文化中，特别是在［直接沟通与间接沟通］里得分较高的团队，即便人们还没有做好前进的准备，通常也不太可能表达出来。
- 因此，和这样的团队一起工作，也包括我们之前说过的日本制造业团队，在做检查点步骤之前，和团队成员一起总结和共识是非常重要的。例如，我们可以说："我们已经完成了大量关键点，比如……你觉得还有些什么？还是我们可以前进了？"
- 或者，你会发现最好的方法是按顺序和每个成员依次确认，在某些特定的文化里，只有点到参与者的名字，他才会发表意见。

方向

- 用 PeDeQs 方式给予方向（它是目的、例子、指示、例外、问题和开场问题几个词的第一个字母缩写），用这种方式可以介绍参与者做什么、为什么做、如何做。这些问题解释了这些参与者被要求去做的事情，为什么他们要去做，以及如何完成。
- 有一些在［拒绝模糊与忍受］得分比较低的团队，他们对于规则的要求很少，如果完全按照 PeDeQs 去执行，他们会认为被当作孩子般的对待，过于细节化了。对于这样的团队，给出目的、指示、开场问题就足够了。
- 相反，在［拒绝模糊与忍受］得分比较高的团队，如我们之前讲过的日本团队，你就需要把完整的 PeDeQs 作为一项很重要的步骤，而且要在开场之前检查是否每个人都是清晰的。

重新定向内容

- 如前所述，运用重新定向问题可以把无关话题先放在停车板上，这点尤其适合在［职位权力与分享］这个维度得分比较低的团队。
- 但是，对于一些有比较高权力距离的团队，如我们之前说过的日本制造业团队，我们不仅要去关注说了什么，更要关注这是谁说的。如果是一些高职位的人发表的观点，就不太适合去做重新定向内容。
- 对于一些偏离主题的内容，我们通常的回应方式是："这是个好问题，我们能把它先放在问题列表里，这样我们就不会忘记它，让我们先回到最重要的讨论方向……"在高权力距离的团队，我们会用另一种方式来替代："你希望我们现在就探讨这个？还是我们先把它保存起来等到谈到这个主题时我们再谈它？"用这种方式，我们就把决定权交回给了提问者。

- 要注意的是，在重新定向的过程中，即便你用了以上方式，但是仍然要巧妙介入，尤其是当你不希望给对方留下你在削弱对方权力的印象时。你要觉察整个过程的时机，当对方同意结束探讨这个内容后你回应：我们会在小组讨论时探讨这个话题。这就像在跳舞，如果你不希望踩到你舞伴的脚，你就要在面对团队问题时保持弹性，并给对方留出空间，但同时，你内心一直坚持的是项目的目标和成果。

- 最后，回到我们之前说过的制造业战略发展会议，我们要牢记：我们来自西方文化，我们自己认为跑题的内容也许对于高权力距离团队是至关重要的。

建立会议分组

- 就像我们在第 5 章说的那样，建立会议分组是个能促进团队成员参与的很好的媒介，尤其是在带领大型团队，而且希望在短时间内完成任务并拿到更多成果时，可以让不同的团队关注不同的内容片段。对很多文化来说，建立分组能带来两个附加价值。
  - 在那些拥有高度个人关注的团队（在［个人主义与集体主义］维度里个人得分比较高）建立分组可以帮助人们在积极正面的团队氛围下一起共事，这比他们看事情的时候只是想这个对我有什么影响要好。
  - 建立分组会带来一种感觉，权力是来自群体的，因为害怕得罪人，人们可能会在大型团队中保持沉默，但在小团队中会直抒胸臆。

- 在之前说过的日本制造业企业的战略会议中，我们就要时时警惕，有时对权力表达尊重会阻碍沟通的顺畅。用建立分组或其他方式就能让参与者把观点摆出来。

- 我们还要持续努力去找到融合团队的最佳方式，有时是在不同层级之间的，有时是在同一个层级之间的。

↘ 第 6 章：记录的秘诀

笔的力量

- 当在带领一个不同于你自己文化的团队时，对于笔的力量要做到善用但不滥用。你应该总是首先记录、之后再讨论，记录参与者所说的，而不是你所听到的，写下团队成员能读懂的，然后提问题而不是告诉等。

- 某些情况下，你要求团队成员用他们自己的语言探讨，确定他们能做好笔记并最后汇报，可以用有双语能力的员工做抄写员。小团队的想法可以用一种语言书写下来，或者你可以用大卡片和让他们用两种语言书写，把内容翻译出来给主持人，用以跟进讨论和从他们的想法中找到价值点。

如果你的语言不是参与者的母语

- 如果你用你的母语引导，但是这不是参与者的第一语言，你要时刻留意是否明白他在说的，可以让他重复。

- 但是，如果你不停让一个人重复，这真是既尴尬又挫折，尤其是，问了那么多遍但你也没更明白点儿的时候。

- 在引导那个日本团队时，他们的英语水平都不太好，我会特别地把这件事拿出来探讨并增加一项基本规则，如原谅我的耳朵。我会通过下面这段话解释：

  > "我没有太多机会引导日本团队，所以对口音不能完全听清，如果我不得不请你重复的话请原谅我。而且如果我还是没有听清楚，我可能会请求你写下来，这样我就能真正理解。"

- 应对口音问题的另一个策略是找一个人做你的"翻译员"，当你实在不懂时帮你解释。

- 你还可以找人帮你写下来，这种情况下，你就需要和你的"翻译员"一起回顾，你们是在善用而不是滥用笔。

- 不断和团队成员确认你的语言是否是容易理解的，问他们："需要我再慢一点便于你们理解吗？我还能再做点什么使我的内容更清晰一点？"

- 避免口头禅和俚语，如"这很酷""你可以把这个主意放进银行了""让我们把这个扔出公园"之类的，这些在你自己的故乡或许有用，但是在别的地方是没有意义的。

- 尝试更多活动以小组的形式进行，这样他们就会多一些文字表达，好过直接面对你。

第 7 章：收集信息的秘诀

设定背景框架

- 当你想让参与者提供更多答案时，你可以通过去问一个 B 类提问，并让他们去"看"到更多的答案。然而，在高语境团队中，让一些人先去建立一个题目的背景框架会更有利。

- 因此，在和日本团队合作过程中，我们问团队中很有权威的一个人："今冈先生，你能不能给我们讲讲关注这个主题的重要性？"或者"我想邀请您说一说……"（当然我们会事前告诉他我们会问他的问题，这样他可以有所准备。）

团队领导的影响力

- 在我们带领战略团队时，我们经常事先会和高管见面并达成共识，在引导会上探讨某一个议题时他们不会在前三个发言，这样就可以让参与者在没有受到高管影响的情况下表达他们的观点，这种策略通常效果很好。

- 然而，这种方式在某些团队可能恰恰无效，在那些高社会状态和高权力距离的团队，人们通常会跟随高管的脚步。如果团队领导人不说话，他们也绝不说。
- 在带领日本那个战略规划项目时，我们想要和高管对话探讨怎么才能更好地鼓励每个人没有倾向地参与。然而，高管却并不期待每个人没有倾向地参与。在这个案例中，用引导可能未必是最好的解决方案，解释可以见第 1 章"什么时候不适合使用引导"。

头脑风暴

- 在低权力距离的文化中，经常会用头脑风暴来收集想法。头脑风暴之后，引导师会通过一些类型的活动带领团队确定所有创意清单中的最优方案。
- 通常，在头脑风暴中重要的是，把想法和提出想法的人分离开。我们评估是基于想法本身的质量，而不是谁提出来的。
- 然而，在高权力距离的文化中，头脑风暴这种方式通常被认为不太适合，因为它有种暗示每个人的权力都是平等的。
- 因为有大量头脑风暴的方式（如大型团队、建立分组会议、世界咖啡、安静头脑风暴、旋转挂图等），为了减少潜在冲突，可以在事先做些讨论来决定用哪种策略更有助于大家把观点摆上桌面。
- 如果引导的团队在［尊重地位与尊重成就］这个维度得分比较高，你要给小团队更多的讨论时间，因为他们需要花费一些时间让所有成员都认可他们要呈现的观点。

↘ 第 8 章：结束的秘诀

结束的顺序

- 无论你带领的是什么文化的团队，在结束时，都有些一致的固定步骤：回顾项目的进行，回顾每个参与者的个人目标，回顾停车板，评估过程，正式结束，你的项目组成员也提供汇报。然而，如何去执行这些活动会依据不同的文化进行。
- 对于一些文化来说，闭幕式的重要性等同于开幕式。有些文化需要用更多的时间去总结这个过程，并要讨论花了这么多时间和团队在一起，我们究竟收获到了什么价值。因此，可以肯定的是，你需要去问问项目负责人，他们偏爱的总结方式是什么，有些是正式讲话，有些是讲讲发生了什么以及对他们意味着什么等的故事会。当然，对你来说也是个好机会，你也可以把这些荣耀给到项目负责人（预先要取得他的同意）。

行动清单

- 在结束时，通常都会有几个行动计划要在项目结束后去跟进和完成。谁来履行这些工作呢？在低权力距离的文化中，通常是由志愿者认领这些任务。在高权力距离的文化中，倾向于由领导分配任务，或者"被志愿"（被"请求"做志愿者）。

- 明确你知道如何分配任务，避免假设一种方式。如果在这一刻你不太确认，你可以依照团队领导的意见，问他们："这些行动计划该怎么分配？你觉得哪些人能特别出色地完成这个任务？或者你倾向于让谁来处理这个事情？或者凭你的感觉你觉得谁会是这个志愿者？"

结束总结

- 无论何种文化，在项目结束时找个有权威和有影响力的人物来做结束语都是必要的。而且，很重要的一点是，这人是大家所期待的。
- 在那个日本制造业战略议题研讨会上，在会议开始前和高管的见面会上我们会问："你觉得我们怎么做是给这个会议画了一个最好的句号？"或者"谁来做最后结束总结最合适？"
- 在一些文化里，一个很有帮助的方式是让一些人写下书面的关于这个会议关键点的总结，然后把这个总结呈交给团队领导，他可以把它作为会议上口头发言的指南。

↘ 第 9 章：管理失当行为的秘诀

这真的是失当行为吗

- 先来复习一下失当行为的定义：是参与者对会议内容或目的、引导流程；或者外部因素自觉或不自觉地表示不满的任何表现。
- 在一个会议中，到底什么行为被看作失当行为会依赖文化的不同而有差异。例如：
  - 在一些情感表达鲜明的拉丁美洲文化中，打断和大声喧哗只被看作一种沟通方式。
  - 在有一些亚洲文化中，缺席行为更被看作顺从权威而不是没兴趣。
  - 长篇大论讲故事在一些文化中被看作聚焦无能的表现，而在高情境文化中，故事经常被用来传递信息。
  - 在你确定哪些行为要被视作失当行为时，关注文化差异是很重要的。

准备处理失当行为

- 提前做好准备，提前和项目负责人讨论通常可能出现的失当行为。问他们在和团队一起工作时，失当行为可能出现的征兆有哪些，也可以请教他们如果发生最好的处理方式是什么。

处理失当行为

- 尽管第 9 章我们已经探讨了防止和解决失当行为的策略，但现在我们再用团队文化的滤镜透视一下。
- 如前所述，在［职位权力与分享］得分比较高的团队，你特别要留意确保你的处理方式不会让你和团队更疏远，尤其是失当行为来自一些权威人士时。

- 例如，在和日本制造业团队一起工作时，我们总是避免出现好像我们在挑战权威的状况。
- 当所有都失败时，你就需要征求项目负责人的协助。请牢记，在处理失当行为时通常的第 2 个步骤：理解表面现象。

第 10 章：达成共识的秘诀

团队被赋能去做的事情

- 在一些文化中，通过大量的沟通和谈判达成一致事实上发生在会议真正开始之前。会议的目的其实是去贯彻执行。在另一些文化中，最重要的决定发生在中场休息期间。在你准备会议时，你最好要明白已经达成了什么程度的共识以及会议的角色到底是什么。你必须理解会议被赋能去做什么，以及在给定的时间内你可以使用的合适的流程。
- 例如，团队通常被以下三种方式赋能：创建理念，发展建议，做出决定。
- 如果团队的任务是创建理念，就不需要在过程中做决定。如果一个人提出一个想法，这个想法就会被立刻写入清单，无论有多少人支持这个想法。然而，如果一个团队负责提出发展建议或做出决定，那么一个决定流程就是必要的。或者当一个建议被参与者同意时，就需要一些决定流程去真正输出一个决定。

决策流程

- 一旦你们需要一个决策流程，问题就变成"在什么关键点上建立一个共识"。在第 10 章谈过很多方式去达成共识，范围从获得 100%参与者认同的完全一致到简单多数赞同。
- 当和一个多元文化团队一起工作时，很重要的一点是，避免假设自己知道对方如何做出决策，或者对方如何定义共识。例如，在一些文化中，共识意味着只是通过简单投票少数服从多数。在另一些文化中，共识意味着所有参与者 100%的认可。还有一些文化中参与者根本没有机会表达他们的观点，最后的决策是领导做出来的。最后一种达成一致的方式经常发生在高情境和高职位权力的文化中，我们之前谈到过的日本制造商就是这样。
- 为了确保你选择了最合适的方式，提前和项目负责人去探讨何种决策方式最适合是很有必要的（请见第 10 章），让项目负责人确认哪种方式最合适。
- 还有一种方式，指导最高管理层前来聆听和证实达成共识的要点以便强化这个团队对方案的拥有感。同时，如果这个老板就是不同意，最好也让这个"不同意"在会议期间说出来，而不是在好像已经达成了共识后再进行改变。

如何达成共识

- 建立共识的秘诀为达到一致提供了四个策略：描述、优势和劣势、合并、加权评分。这些达成共识方式比较适合低情境和分享权力的文化中，在西方国家很普遍。

- 然而，在高情境和高职权的环境中，共识的建立更多发生在会议室以外，通过大量的双边会谈和谈判。因此，你发现有效的方式是在进行决策时给比较长的休息时间，以便人们有空间去非正式地达成一个协议。

- 当然，这种"建立共识"的方式，基于把团队排除在外的个别谈话，其实有悖于你"人人平等"的灵敏度。然而，认识到这种灵敏度是一个潜在的文化偏差会阻碍我们服务于这个团队，也是有帮助的。

第 11 章：能量的秘诀

三级水平能量

- 我们在第 11 章描述过，以三级水平能量开始一个会议有三个重要的目标：给主题赋予能量，让参与者更投入，提升引导师的状态。

- 然而，这对于某些文化背景的人可以起到正面强化参与的作用，对于另一些人可能会起到相反的作用。如果你的能量状态对于参与者是"过火"的，它可能会降低主题的能量，阻碍参与者参与，降低参与者眼中的引导师。

- 虽然提升能量状态的目标是提升团队的能量水平和促进参与，但是一定要避免"过火"，被别人看作典型的啦啦队型煽情引导师，就像我们在前面描述过的。

根据团队调整

- 你如何来确定你是否应该从三级水平开始呢？我们建议你要密切关注团队的谈话水平。团队成员在团队会议中说话的层级在哪？一级水平、二级水平、三级水平？

- 如果你担心从三级水平开始有点过火，但是你又想能借助三级水平的优势，那你可以考虑比团队原有的水平高出一个层次。

- 例如，假如在预备会议中你发现参与者的主要能量水平是 1 ~ 1.5，你就可以考虑从 2 ~ 2.5 开始。

- 我们用交响乐来比喻不同的策略，有一些交响乐是从激情澎湃的乐章开始，还有一些开始于宁静的调子（如钢琴），然后就会渐渐加强（或者更嘹亮）。引导师有责任去跟踪和引导能量状态。因此你要对团队的喜好非常敏锐，然后帮他们创造出属于他们团队的乐章。

案例分析　**为莫豪斯引导**

你可能会好奇，是否存在三级水平的对话。我个人只引导过少数几次这样的团队，其中一个就是莫豪斯董事会会议，莫豪斯无疑是黑人高教历史上最杰出的教育机构。这个男校的董事会包括很多莫豪斯校友,都是所选专业的顶尖人才,包括著名演员、政客、商人、学者等。很多时候他们发言都像在发表演讲:"我的莫豪斯兄弟们……"完全是三级水平的发言。

团队建设

- 如我们在第 11 章所讨论的,你应该选择与你需要达成的目标紧密相关的团队活动,而且在任何活动之后,你都应该进行总结,确保参与者理解活动是如何与会议目标相关联的。
- 面对高情境关注的团队,就更应该在活动开始之前花点时间介绍一下整个背景,说明为什么活动很重要。尽管对于低情境关注的团队,一两句话的介绍就已经足够,但是对于高情境关注的团队,可能做一两段文字的介绍来打下基础是必要的。
- 同样对于如何指派团队建设负责人的问题,通常我们在指派分组活动的负责人时采用随机方式,但是这种方式并不适合所有文化。如果你所工作的团队文化比较注重职位权力,你应该考虑选择那些更高级别的人负责第一次分组,之后的练习,让前面的分组负责人选择下一个负责人。

↘ 第 12 章:设置议程的秘诀

再次借助布罗斯特和铎斯文化意识评估表,让我们来研究一下你如何根据你的团队在各个方面的定位来订制一个议程表。

尊重地位与尊重成就	
尊重成就:通过赢得成就获得尊重 尊重地位:通过过程符合要求赢得尊重	• 如果是高度尊敬地位或高度尊敬成就,请考虑这对于一般讨论、分组会议和优先级排序的影响 • 对于一般讨论,可能更适合采用循环赛方式,避免让位高权重的个人过度影响团队 • 对于分组会议,确保位高权重的个人分散在各个小组非常重要 • 当使用优先级排序时,增加使用匿名的技术可能是聪明的选择
直接沟通与间接沟通	
高情境:沟通中传递的信息会因为背景环境的缘故没有直接表达	• 在议程中提供更多时间让参与者讨论并且分享他们的故事和对本意的深思熟虑 • 意识到有时候你不得不为了后快而先慢
低情境:直接和坦率的沟通,本意会被完全表达	• 尽管通常情况下开放性讨论需要更短的时间,请考虑不时地检查一下,确认参与者有没有漏掉重要的背景信息

续

职位权力与分享	
高权力距离：认为他们应该向他们的下属展示他们拥有更大的权力	● 考虑使用充分照顾到权威角色的决策流程，如你可以采取一个两部分的流程，首先对提交给负责人的建议举手表决达成共识，负责人保留权力接受或者否决建议
低权力距离：认为有效的领导并不需要展示给下属他们拥有更大的权力	● 使用标准的建立共识流程，如举手表决
领地意识与公共空间	
以社区为中心：公共意识，可以和他人分享个人空间	● 不需要特殊的调整，因为这些团队与他人密切工作时就像自己单独工作时一样感觉自如
以自我权力为中心：领地意识，需要和他人清晰区分自己的领地	● 避免需要身体接触的团队建设活动和其他活动
长期导向与短期导向	
长期导向：未来导向，重视价值、勤奋工作和节约	● 在你的开场白和检查点上，确定强调团队花费的时间是如何在未来获得收益的
短期导向：重视过去与现在，传统价值观和社会义务	● 强调正在从事工作的短期效益 ● 注意团队的传统和历史
拒绝模糊与忍受	
强力避免模糊信息：不能接受模糊信息，需要用规则确定	● 确定设计简单易行的活动并且指令容易理解
对模糊信息可接纳：允许模糊信息存在，并不强求确定	● 避免用太多的规则和提供过多的流程限制团队，给团队成员一些自由度让他们自己决定如何处理他们的工作
情境主导与正式规则	
特殊性：规则必须根据环境、情形和参与者做适当调整	● 只在需要的时候使用基本规则，并且针对恰当的时机和人使用

续

情境主导与正式规则	
普遍性：每个人都平等地遵守正式规则和法律	● 使用基本规则的时候要具体，强调如何保证团队一起工作产生解决方案
未来可能性与过往经验	
关注未来：强调和计划未来的可能性	● 花较少的时间关注现在的状态而花更多的时间在未来如何工作上
关注过去或现在：强调过去的事件和荣誉	● 确定你的流程考虑了过去是如何进行的，如也许在讨论如何改进流程之前，需要较多时间讨论过去的流程是如何工作的
个人主义与集体主义	
个人主义：个人利益优先于团队	● 尽管完成"团队的愿望"通常是引导会议的目标，但还是应该意识到在个人主义强势的文化中，每个人都了解"这对我意味着什么"非常重要 ● 使用流程让参与者意识到并表达出他们的个人利益
集体主义：团队利益优先于个人	● 集体主义强势的团队自然会渴望产生惠及整个团队的解决方案，因此可能不需要对流程的特殊调整

↘ 在你与一个多元文化团队工作时如何应对

到目前为止，我们专注在引导一个与你具有不同文化背景的团队。那么，对于多元文化团队又该如何呢？例如，当团队分为高情境文化和低情境文化时如何应对？你如何去做？下面是可以考虑的策略。

| 引导一个多元文化团队 | ● 确定在议程上计划更多的时间。
● 对团队进行文化差异的教育。
● 鼓励参与者在出现文化差异的时候报以大笑。
● 请他们定义如果对于其他团队是完美的，应该是什么样子。
● 请他们决定如何将参与者的多样化需求融入会议中。
● 做一些活动来提升所有文化的热情。
● 在分组会议中，如果合适的话确定注意在每个小组中包含不同文化的组合。
● 也许你会发现有两种类型的议程很有帮助，一种是有详细的活动概要和时间点的议程，另一种是使用图画和更加多彩的语言，你可以把两种议程都贴在墙上来鼓励两种不同风格的参与。 |

通过引导打破机构力量的影响

南希·露娜·几米内斯在机构力量的动力方面提供了一些洞察以及如何使用引导来打破这些机构力量的动力。

本章早些时候你们看到了,具有多元文化能力的引导师有自己的文化偏见并在他们的引导风格上做出适当的调整。拥有意识和技能,引导师可以更有效地引导会议流程并为每个人提供一种宝贵的体验。到目前为止,你开始意识到引导师有一个宝贵的机会甚至责任去发现团队中的力量不平衡,做到这一点,引导师为其他人如何去行动做出了楷模。我们还有能力去增加参与者的安全感,不论他们在团队中所扮演的是什么角色。本章中,我们将帮助你更加深刻地理解统治和制度的力量,以及它们是如何影响团队的,我们还将介绍在引导中你可以针对性使用来阻止它们的一些特殊工具和流程。

↘ 超越差异:理解统治影响

多元文化引导的谈话最好意识到文化的差异,但是他们几乎不会因为意识到不是所有的差异都是一样的而这样做。有些差异具有更大的价值,而有些差异的价值则被降低了。那些具有更高价值的就是具有统治力的团队所反映的差异,具有统治力的团队就是拥有权力的团队。记住一点非常重要,统治力与数量无关——它不是最大的团队,本质上它是可以发号施令的团队。在组织结构中,统治力团队可能就是领导或管理团队,抑或是董事会。在这个讨论中,我所指的统治是在社会层面的,可以是组织结构中任何可能出现的团队。

如果你是一个在美国工作的引导师,必须记住统治群体是男性、白人、基督徒(特别是新教徒)、有产阶级(那些不需要工作就拥有足够的投资收入保证生活的人)、体格健壮的人、异性恋者和成年人(不太老也不太年轻的)。在我们继续之前,检查一下你自己:你在阅读这个清单的时候有什么反应吗? 你是否感觉这好像太一般化了? 你是否在判断你自己属于哪个团体? 你不属于哪个团体? 你是否感觉到一些变化而下面这些想法会飘过你的脑海:"我不是一个统治者!""我不具有统治力量仅仅是因为我不是一个_____(用上面清单里的任何一个项目填空)。"这些是正常的反应,特别是在美国背景下,占统治地位的价值观是"进取的"或者不受歧视的,那意味着你看不到会有什么不同——即使你想以你的能力而忽略或者轻视它。

当我开始领导自己的业务培训和引导团队时,我 26 岁。你们有些人可能认为我的年纪已经足够成为领导,可是我依然在思想斗争,考虑我自己是否够聪明,是否具备技能,年纪是否合适,而我思想斗争的一大部分就是担心我太年轻,没法提供任何价值。我于是隐瞒我的年龄并且不暴露任何可能让别人猜到我的年龄的信息,因为我害怕我的年龄会让我在别人的印象中失分。当善意的比我年长的参与者发现我的年龄之后,他们

会说：“我不觉得你只有 26 岁。”或者“作为 26 岁的年纪，你太聪明了。”好像对于我的团队这是个例外，26 岁不可能那么聪明。

这个意见揭示了一些重要的偏见，以及统治的一贯态度。首先，你可能想到他们不认为我 26 岁是一种恭维，可是我问你：为什么我不想被他们认为我 26 岁，除非 26 岁是负面的？那个意见看上去是在抹去差异（毕竟我就是 26 岁）并且说：“我想你像我，而不是像你自己。”

其次，那个人在试图把我看作 26 岁人群中的一个特例。如果他们必须接受我是一个年轻的成年人，他们就要把我和我的群落分开，“个别考虑”我和我的经验，因此通过把我从一个与他们不同的群落中隔离出来以减少我对他们的威胁。经历与他们不同的世界，并有一个与他们不同的价值体系和了解世界的方式。当他们认为我“只是一个个例”时我就成了一个奇葩，不是你要去理解的一个整个一代人的体验的一部分，这就是统治影响。

| 统治影响 | 统治群体之外的人受到的压力或强迫，以同化或顺从这个有权力的群体，倾向于给予统治群体的成员更多的信任、差异、获取或机会。 |

一个我与之一起工作多年的机构主要由有色人种组成，并服务于有色人种的社区，尽管机构主要由有色人种组成，通常在每次有 20 多人参加的成员会议上都有一两个白人参加。

在最近我引导的一次会议中，作为一个战略规划流程的一部分，机构的领导正在分享她的愿景，执行总裁是一个有色人种的女性，拥有超过 15 年运营机构的经验以及足够多资历和证明的成功纪录。一个新进雇用的白人男性挑战她的愿景是“过时的”和“误入歧途的”——尽管他本人没有实际领导任何机构的经验，没有资历和证明。我观察团队成员们，所有的有色人群都与他不同仅仅是因为他是一个白人男性。尽管他没有提供任何证据和对他意见的支持或者提供任何可选方案（他主要是在批评和质疑），他的发言效果削弱了领导权并引起了团队的重视，这就是统治影响的实例。

统治影响对于我们这些统治群体的成员是一个特别危险的陷阱，这个陷阱具有两面性：① 如果我们不谈及差异，它就不存在，而如果它不存在，我们就不会被歧视和存在偏见；② 我们在统治群体中被系统地培训不要看差异，或者赋予某些超越了其他人的权力。身在统治群体中就要基本上对统治影响一无所知，不仅是不平等地获取、接受、确认以及提供给统治群体物质资源而且有下等群体被排除、无效和无法获取的物质资源。

避免贴标签或者否认差异的模式并不能让力量的不平衡消失。尽管我们很多人，特别是引导师，经过培训相信，我们为了高效必须“中立”和“客观”。这些特有的概念——一个不重要的关于统治本质的看法（只有特定团队被认为“中立”）的检查，可以导致我们引导师忽略我们面前的特有差异。无论是我们引导的团队还是我们自己，会导致无意识地或者漫不经心地给出偏向，或者区别对待一个人，仅仅因为事实上一个或多个统治群体成员的财产。

超越个体：理解机构的力量

首先，什么是我所说的机构？每个社会都是由机构组织在一起的，我不仅是指组织机构，而是泛指将每个个体组织成整个社会的组成单元，机构的例子包括家庭和婚姻、犯罪审判系统、教育、医疗、宗教、政治、军事和媒体等。

基于对机构的理解，那么我所说的机构的力量是指什么呢？这有别于个体的力量，每个个体被赋权做出决定，独立行为，以新的想法和所学评估新的形势和背景，机构力量加强主流社会认为"对"和"正确"的规范和价值。

在 20 世纪四五十年代的美国，吸烟被认为"酷"（受到高度肯定并被认为社会时尚）。你可以看到电影明星在银屏内外吞云吐雾。电视商业广告给人们留下的印象是吸烟让你更有吸引力、更时髦和更智慧。媒体是机构，媒体试图销售给我们的效应是"酷"，而吸烟只是一个途径。而这种效应在美国的今天已经不能销售了，随着更多研究揭示吸烟的巨大负面作用，统治群体的态度发生了转变，而媒体反映了这种价值的改变。统治群体和他们对机构的控制没有改变——发生变化的是他们对于吸烟的价值和感觉。至少在美国的大多数地方，吸烟现在被认为令人生厌的、不健康的和丑陋。吸烟者违反机构规范会被处以惩戒，如所谓的过错税让香烟价格更贵。即使地位尊贵到美国总统的奥巴马也不得不掩饰他的吸烟习惯，不让任何人拍摄他吸烟的照片，并公开强调他对戒烟的渴望。

很多读到这个案例的人可能会想，不管 20 世纪四五十年代还是今天，吸烟是个人的选择，理论上是对的，没有人强迫奥巴马总统去买香烟，也没有人把香烟放到他嘴里，点上让他吸。然而，我可以提供机构力量对他的选择产生一种影响。当我们考虑机构力量的效果时，我们没有排除个人力量。我们对个人力量的理解在我们回顾机构力量对个人影响造就的背景和经历之后，变得更加复杂、更加合理和更加引人深思。谈论机构力量这个概念的挑战在于它揭示了精英的神话和个体自觉的假象，而忽略机构力量是对人类仅仅部分的理解——偏见和限制。

机构力量如何加强统治

在全球和局部来看，没有任何两种文化会被看作或者体验完全相同。在所有的社会中，特定的群体都被授予一些附加的信任和获取，以及授权的态度或者感觉"更好"——仅仅是因为事实上是那个群体的成员。这些态度不是赚取或抢来的，而是由机构力量这只无形的手所授予的，形成共生的是机构力量与群体统治力量的相互加强。

处于"更好"位置的群体也是拥有机构力量的群体。这就是说，受益最多的群体就是控制社会机构的群体。作为一个美国人，我非常熟悉在美国背景下的统治的例证。例如，美国的犯罪审判系统拥有机构力量来判断一个行为是否是犯罪，而且它通过决定对这个行为恰当的反应来强化这种判断，这包括惩罚的级别和种类，恢复名誉以及恢复性司法。什么被判定为犯罪以及如何应对犯罪行为决定于统治群体的价值观，而这些由统治群体共享的价值观在任何社会都将由机构力量给予强化。

↘ 统治和机构力量对引导的影响

现在我们理解了统治并对它的影响和它如何被机构力量所强化有了一些感觉，我们必须要问，这对于我们引导师有什么意义？引导不是发生在真空中，不受社会影响。每个个体都会有一些所在团体造就的经历：性别、性取向、种族、血统、宗教、年代、国籍等。每个个体都意识到或者没有意识到自己应该如何在机构力量的网络中航行，以决定何时或者是否发言，共享或者不共享什么，做到何种程度的躲避伤害或者坦诚等。通常，引导师应该在个人、团队和机构三个层面上考虑这些决策的种类。

传统方法调整个人或团队的案例	• "团队非常善于分析，他们趋向于内部处理事物，所以我们将要设计一个会议最大化他们的最佳学习风格，即使我们只是让他们与其他团队共享他们的想法思路。" • "她被视为房间里的专家，所以我们将要确定其他人有机会尽早分享他们的思想，否则团队的其他人将遵从她的建议。"

在上述背景下，我们评估团队动态和一个个体对流程的影响，并因此影响团队产出的结果。在增加对机构力量的理解后我们考虑如何引导呢？

我被请去引导一个大学某个系一整天的员工会议，大约 80 名员工包括平均分布的两个团队，第一个主要是白人、非裔美国人和亚裔美国人专业人士（我称为 B 组），另一个团队主要是墨西哥人、侨民或者出生在美国的服务和非专业人士（我称为 A 组）。当员工们早上聚集在一起准备开会时，几乎毫无例外 A 组占据了房间后排的座位而 B 组坐在了靠前的座位，我在会议还没有开始的时候就明确地感受到了 A 组和 B 组的不同。

这个案例中表现出的不同的机构力量的动态是什么？在这样清晰的力量不平衡中，你如何以一种高效的方式引导会议，把每个人的注意力都引导到这种动态中，并且鼓励两个团队同等程度地参与呢？

社会经济阶层的不平衡表现在职业责任和薪酬水平以及参与者的教育水平上。另一个统治的衡量标准是语言：在美国，英语的熟练程度在会议过程中带来了明确的优先级（通常白板架和书面材料都是英文的，主要的演示也被期待使用英文。如果有翻译在场，几乎总是非英语人士去听翻译的内容）。还有一个动态表现在种族和血统，特别是当关系到侨民的时候。尽管美国是一个移民国家，墨西哥人由于事实上肤色较深、受教育少和"非法"被认为"更差"，即使他们已经是第一代或者第二代在美国出生的人，他们还是被看作外国人。

↘ 超越舒适：拥抱不适和模糊

在之前描述的与两个团队的会议中,可能参与者最明显的表现就是他们的区别已经足以引起引导师的关注,然而参与者是在遵循社会默认的规则按照状态、喜好和统治进行分隔。大多数人认为这很好,很正常,甚至他们会说这样让参与者感觉最舒服,就这样吧。然而"舒服"并不是一个正确的指标,一个技艺高超的多元文化引导的重要方向就是要质疑这种舒服的状态,不论是对团队还是对作为引导师的你自己。

一名引导同事分享过她经历过的一个选择"舒服"(而不是正确)的故事,以及她在机构统治之下是如何行事的。她引导的一个 4 小时的会议已经进行了一半,这时有一部分参与者(他们既不是白人也不是机构的掌权阶层)忽然站出来反对会议进行的方向。他们表达说他们的担心没有被考虑并且会议流程数次拒绝受理。引导师耐心地解释,说他们需要遵循议程,而他们只有几小时时间来达成结果。她问:"我们会后或者下次的会议讨论这个可以吗?"

你可以想象这个会议是如何结束的(并不完美)。但是让我们用这个案例作为一个学习的机会来看看统治是如何平息事端,让我们保持在熟悉和舒服的状态的。当我们正处于一个遵守时间非常重要(这也是美国统治文化的一个方面)的环境中时,大多数引导师不认为他们会轻易考虑那些忽然冒出的问题,特别是来自处于社会边缘的团队或者提出问题的人是在表达愤怒和不满。尽管在这个案例中有很多其他的原因混杂其中(如想让别人看到自己是称职的或为了取悦客户),我的同事首先意识到维持会议流程对于她来说最简单且最舒服。偏离议程会带来太多的不确定性和情绪,而这与她的任务目标不符。这些问题都与美国的统治价值观相关,在她感觉舒服的范围内她在继续强化这些规范,她没有意识到作为一名引导师,她也在强化统治。

这只是一个小的案例,告诉我们舒服是如何迷惑引导师的。不理解舒服和统治之间的联系,我们就会承担风险成为统治的同谋或强化者。当你寻求发展娴熟的多元文化引导技能时,需要发现自己让自己或团队舒服的需求,问自己一些批判性和探索性的问题。例如:

发现"想让自己舒服"的需求问题	• 谁会从处于舒服状态受益?
	• 如果你(或者你的团队)感觉不舒服,最坏情况会发生什么?
	• 你以不舒服的状态作为结果可以获得或者学习到什么?

↘ 犯错误：放弃完美（也称借口）

我们中的大多数人在一个我们可能犯错误的环境或者条件下都会感觉不舒服。回想一下当我们犯了错误之后会受到怎样的对待,而这就可以解释为什么了:有多少次我们感觉到丢脸或者受到打击？有多少次当我们失误时让我们感觉自己很愚蠢或不称职？我们努力工作避免犯错误是很正常的，至少避免让别人抓到我们犯的错误。我认为在多元文化能力利害攸关的时刻尤为如此。这个时候风险很高，我们可能被指责"性别歧视"、"种族歧视"或"带有偏见"。为了避免被贴上这些标签，我们会趋利避害，避免承担太多的风险，换言之，我们宁愿表现完美而不愿暴露我们的无知。

趋利避害让我们留有余地并且有很好的借口。我们表现出我们已经了解了，即使我们并没有真的了解，只要我们留有余地，事情就经得起推敲，所以我们选择安全但是同时留下了中断和无效。犯错误才是人，这是我们学习的过程，如果没有机会去做错事，我们怎么能真正知道如何正确地去做事呢？

多元文化引导并没有什么不同，事实上，犯错误的愿望是一个核心能力，特别是当错误可以让我们受到批评，从盟友那里学习不同的差异，并且更加留意统治带来的盲点时。

一名引导同事领导了一个团队，负责组织和引导一个他所住社区的对话活动。全国有色人种推动协会（the National Association for the Advancement of Colored People，NAACP），美国最早和最大的民权组织资助了这次会议。与这样的多样化的志愿者协会团队成员一起工作，他非常小心谨慎。经过几次会议以后，团队挑选了对话的日期并对外发布了消息。几小时之内，他就收到了来自犹太教团体的很多电话和邮件，因为团队选择的日期是一个犹太教的神圣的日子——犹太教新年。他赶紧分别回复了邮件并邀请犹太教领袖面谈。他仔细聆听，意识到错误并且致歉。在处理这些事情的会议中，好几位领袖对于这个项目和成为这个组织委员会的成员表现出了很大的兴趣。一起工作之后，他们选择了新的日期并且与所有社团成员一起进行了非常成功的社团对话活动。

尽管团队非常多样化，但是组织委员会中却没有人来自或者与犹太教社团有联系。过去由于基督教的统治地位，机构组织委员会中没有注意到犹太教徒在多元化团队中的缺失，在设定会议日期时也没有意识到犹太教日历和节日，不像主要的基督教假日，是政府和商业机构规定的带薪假日。因此不论是否是基督徒都会了解，犹太教节日在美国对于大多数非犹太教徒来说都是不了解的。

这个疏忽不是我同事或者组织委员会的错误，重要的是不要以此作为评判、指责或者不称职的标志。这些面对错误的态度不会产生一种环境让错误发生或者从错误中学习。记住，在任何你处于统治地位的环境中，你会变得愚蠢——这种无意识是机构化和被强化的。当你犯错误时，很重要的一点是，记住不要对自己痛下杀手。相反，仅仅是不加防卫地意识到错误，无条件地道歉，并且从中获得新的认识。每次你这样做，你多元文化引导的技能就会发展和深入。

↘ 超越文化：从一个团队对于统治的反应模式中分离文化

在引导师之旅中关于多元文化能力的最后一个关键概念涉及文化的一个新观点和

定义。让我们回到本章早前对于文化的定义："存在于团队成员头脑中的，区别于不同团队之间的一系列行为方式的总和。"文化包含无意识、想当然的信仰和观念，与团队相关的思想以及如何解决问题的思路。可以是公布的规范、行为哲学、辩解的理由和团队公认的价值观，还可以包括可见的组织结构和流程，长期存在的正式和非正式系统、规则、传统、仪式、程序和习惯。

尽管这些定义总会有例外，但是我们可以找到足够的一致性来假设一个群体文化的定义。先姑且不论那些动态和变化，至少准确到我们可以：（1）观察这些态度和行为，足够确定一个定义，或者（2）与这个文化群体有少量或者没有接触，所以我们假设定义是准确的，直到有证据证明它不对。

一个群体对于机构力量的行为反应来自一个更大的可以通过群体、个人或者组织文化来解释的系统效果。这些行为植根于群体的自我意识或者造就于统治文化。这些行为最终被大家所熟悉从而不再被群体文化认为错误的。

遗憾的是，对于所有群体来说，不论他们与机构力量的关系是"统治"还是"从属"，文化的定义围绕着将重复性的、可以感知的态度和行为的总和作为最佳的限定。更糟糕的是，没有对于机构力量的理解，这种文化的定义会强化这种特定的力量不平衡。

如果我们从苦恼中成功地分离真正的"文化"，就可以让人们完全公开他们的身份（如男性、加拿大人、工薪阶层、异性恋者、犹太教徒等）并拒绝针对他们的任何负面行为和态度。这个重要的分离给每个人一个机会主张如何人性地、可行地、完整地和善良地对待自己的群体，以及如何与压迫群体的态度和行为抗争，不会混淆两者或者失去自豪感和归属感。

我成长于一个天主教家庭，我的父母和我的祖父母一样，都是严守教规的天主教徒。我记得我们包括很多表兄弟姐妹的大家庭聚会都是在教堂里，因为没有任何一个人的家里能容纳我们所有的人。主要的家庭庆典活动都在教堂附近，通常伴随着弥撒曲还有牧师出席。我的外祖父母已经去世超过 25 年了，但是每年的这一天都会以他们的名义播放弥撒曲。所有的后代包括甚至都不认识他们的曾曾子孙都会聚集到这个年度盛会，之后一起聚餐。

尽管我成长在一个具有浓厚天主教传统的家庭，几年之后我脱离了天主教，原因是我看到了对同性恋的憎恶和邪恶的反同性恋政策、性别歧视和对女性的偏见、反犹太教行为、种族灭绝的同谋、种族歧视、野蛮的殖民化和试图对原住民的种族灭绝。我决定我不再信仰天主教，想因此拒绝所有这些可怕的困扰。然而我还是天主教徒，因为你如何能离开你自己呢？我无法从"文化模式"中把"文化"分离出来，但是一位美丽的修女为我指出了区别："回到天主教的家里来吧，你可以爱天主教所有的好处和仁慈并且对压力说'不'。但是不要被天主教的行为所迷惑，因为那些不是天主教。"

当我决定"脱离天主教"时，我真实的想法是说："我不喜欢天主教的其中一部分。我对那些感到羞耻。"我感到无力改变它，因此看上去最好的选择就是离开。尽管离开

可能让我感觉比那些留在天主教内的天主教徒"更好"一些，但是这样做实际上更加重了我的羞愧。

作为一名引导师，我们有机会去澄清文化的差异——那些区分一个群体的东西，仁慈的庆典或者差异的表达，以及文化模式的差异——对于机构力量和压力的反应，而不是群体身份固有的一部分。如果我们把这种文化模式作为文化来接受和尊重，我们同时强化了群体的自我毁灭或者压迫行为。我们怀念那些创造真正包容的环境和对话的机会。

↴ 引导师在创造公正环境中的角色

回忆之前大学某个系双语言双文化员工会议的案例。A 组坐在后面，B 组坐在前面，你有机会反映机构力量的效果以及它是如何影响我们作为引导师的角色的。我想回到这个案例，我问的问题是："你怎样引导以便有效地吸引群体的注意力，同时在这样明显力量不平衡状态下鼓励两个群体同等地参与？你打算怎样尝试？"

这里有几个问题你可以考虑用来引导你的思路，请记住考虑哪个问题要根据具体情况的变化。因此，使用这些作为一个起点来产生你自己的问题。你可能还会发现与负责人或者其他要参加会议的人讨论这样问题也是很有帮助的。

发现和处理力量强弱的问题	<ul><li>我怎样才能知道这个群体中的力量不平衡？（思考使用"种族"、血统、性别、社会经济地位、教育、语言、读写能力、宗教、性取向、年龄、能力、年代、地区、资历和工作年限、免税或者不免税的薪酬状态、法律状态、国籍等。）</li><li>我可以和谁来交流以便更好地理解在这个群体中力量不平衡的独特表现，而它们可以打断所有的流程或者会议？（确定你不是只想到你的客户联系人！）</li><li>我对于参与的群体是怎样不了解和无能为力？（自己要诚实！）我需要做哪些研究、阅读、看电影或者谈话来增加我对这些经验的学习？</li><li>我需要在我的设计中增加哪些活动来特别地发现、阻止、减弱这些力量不平衡？</li><li>我需要采取哪些预防措施（如事先指出和防止统治与从属模式可能出现的现象）来防止群体力量不平衡出现在会议中？</li><li>我如何增加我自己作为引导师在群体面前承担风险和犯错误的愿望，并让其他人指出我的错误？</li><li>我自己如何增加我在引导有激烈情绪或者冲突会议的技能？我怎样变得更加愿意倾听参与者的感受？</li><li>我怎样增加我引导模糊状态的能力？</li></ul>

你现在有机会使用这里的某些问题帮助你思考你将如何尝试这个大学的案例。让我

来分享一些我所做的具体事情来阻止或者减弱这个环境下的机构力量不平衡。

我所采取的行动	1. 我聆听客户讲述这些力量不平衡是如何影响他们的系的。我邀请他和我一起思考关于会议的不同方面，有哪些需要调整或者需要增加资源以阻止有些力量不平衡的发生。 2. 我询问是否有足够的翻译设备保证每个人都能听到翻译——不仅是讲西班牙语的——并且我和翻译人员咨询了双向翻译的事情。 3. 我在会议之前将所有书面材料都翻译成了西班牙文。 4. 尽管我的母语是英语，但是我会讲西班牙语，因此我以西班牙语开始的会议，这设定了一个欢迎和包容讲西班牙语参与者的基调，同时给讲英语的参与者一个机会积累参加双语会议的经验，特别是主导语言是他们听不懂的语言而带来的不便。 5. 当我们进行第一次结对分享时，我要讲西班牙语的人每个人选一个讲英语的合作伙伴。这让他们承担领导和主动的位置，并阻碍讲英语的人夺权或指导（然而还是有这种事情发生）。我对后面的分组没有这样明确，因此很多但不是全部小组后来又趋向于回到他们自己的阵营中了。 6. 当我进行介绍时，我从房间的后排开始。 7. 我介绍了"语言顺序"，让西班牙语的问题优先，然后才是英语问题。我让提出英语问题的人先等 5 秒钟，好完成西班牙语的翻译。 8. 午餐时，我要求每个人同两个第一语言与自己不同的人同进午餐。 9. 当会议内容产生关于他们的力量不平衡的公开讨论时，我让参与者分享自己的观察、个人经历以及如何在今后的团队中处理的意见。

到此为止，你已经意识到了机构力量和统治会以某种细微和不太细微的方式影响你作为引导师以及你的引导操作，尽管你有精雕细琢的技能和热情的承诺。随着你的认知的增长，你可以使用本节提供的视角重新思考和回顾，不断增加你多元文化引导的流畅性，展开你的引导会议。最好的情况下，多元文化引导可以评估、减弱甚至阻止机构力量的影响。最好的效果是，多元文化引导让所有的参与者自然地、真正地贡献他们的智慧，并且团队最好的想法是真正代表整个团队。在最高阶段，多元文化引导创造一个空间让每个人都被看到、被听到和被理解。我想问："还有什么比这更深刻的人类体验吗？"

在双语双文化的大学某系员工会议的休息时间，我意识到我在前一半休息时一直在同某人谈话，在我们再次开始之前几乎没有时间了，我确实需要使用一下洗手间。冲到洗手间，我推开房门我的眼睛飞速扫描一遍想找一个空位。但是当我进入洗手间时，女士们在那里，所有的墨西哥人和其他拉美人，看到是我，我的休息时间发生了变化。女士们转向我并开始告诉我，我引导的会议有多么不同，在一片合唱和独唱声中，她们和我分享了她们有多么骄傲。因为我也是拉美人，她们可以认出我，我也理解她们，我让她们感到更安全也更做回她们自己。我站在那里一直在听。她们眼中含着泪水，而在毫无知觉中她们的泪水已经沿着脸颊流下来。她们感谢我，一遍又一遍，她们紧握我的双手，给我拥抱。女士们一个接一个地感谢我。我站在那里直到每个女士都有机会说出自己的话，触摸我，感觉完成了一切。

我不知道过了多长时间，终于一切都完成了，我意识到我又是一个人了。我就一个人站在洗手间的中间，我感觉到我的脸颊也是湿的，我也哭过了。从某种意义上我为她们做了正确的事，我看到了她们，听到了她们，并且理解她们。我注意到我做了一些不同的事情，我感到巨大的责任，没有把事情搞砸了（很快就会过去），并感觉到深深的平静（会持续很长时间）。没有看已经是什么时间了，我终于钻进了洗手间完成了我早就需要的休息。

引导多元文化群体备忘录

☐ 使用文化意识评估表发现你的偏见并确定你需要调整的倾向。
☐ 在准备阶段，尽你所能地了解团队和他们的文化方式。
☐ 让负责人评估团队的文化意识评估表并与负责人一起检查结果。
☐ 与负责人一起讨论下列内容：
 – 房间布置。
 – 讨论将如何进行。
 – 哪些工作已经完成。
 – 会议如何开场。
 – 是否可以准时开始。
 – 使用的基本规则。
 – 需要避免的问题。
 – 可能的失当行为以及如何发现它们。
 – 让群体保持专注的方法。
 – 如何避免参与者与领导的不同（如果需要避免）。
 – 会议如何结束。
 – 如何在结束时分配责任。
☐ 根据需要调整你的开始：
 – 使用三级水平能量级或根据需要进行调整。
 – 如果不能准时开始，调整议程并为准时到场的人选择合适的开场活动。

　　－对于高情境关注的群体，允许更多的时间来关注谁在会议室中，以及过去已经完成了什么。

　　－定义群体将要使用的决策流程。

　　－根据群体头脑中的文化选择基本规则。

□ 使用合适的技术让会议流转起来。

　　－根据群体对于模糊的容忍度使用合适的详细程度完成检查点和指示。

　　－在进行新的议程项之前建立需要的背景环境。

　　－如果你在使用母语进行引导，而这不是整个群体的第一语言，并且你在理解参与者方面有困难，考虑找人为你翻译或者指派一个抄写员。

　　－使用共识建立策略与群体文化保持一致，如果不合适就不要强求完全共识。

　　－确认失控行为，根据群体的文化，紧密关注调整你的方法，评估职位权力与共享，遵从状态与成就。

　　－使用分组会议进行更好的赋能，并根据需要采用匿名方式。根据需要的状态安排分组群体以平衡职位权力和尊敬的关系。

□ 理解什么是统治以及它在你引导的群体中如何发挥作用。

　　－确定在哪些统治领域你分享统治文化会导致你作为引导师的盲点。（无意识的地方或者成为同谋）

　　－质疑任何人"中立"或"客观"的想法，特别是理解你自己的价值系统中哪里不"客观"或"中立"。

　　－使用工具（如构建聆听、发言顺序、翻译书面材料、双向翻译设备）在机构上阻止统治模式的出现并在群体中建立点对点的关系。

　　－在你感觉舒服或者让群体舒服时，仔细听问题。获取帮助你拥抱模糊的技能。

　　－愿意犯错误，被别人指出来，并从中学习。

　　－从文化模式（一个群体回应压力的模式或者系统的、结构的机构目标）中区分出文化（区别于其他群体的温和善良的风格或者特点）。

□ 在结束会议时，考虑安排合适的人（根据文化特点）发表结束语。确定这个人事先知道这个角色。

✐ 练习你的技能

　　在你准备与多元文化团队工作时，通过文化意识评估表做好自己的准备。这个工具将提升你关于自然倾向和文化偏见的意识，而这些可能与你一起工作的群体有很大差异。

　　在你的下一次引导中，考虑对你的中立引导风格做出调整以更好地确定群体的需求。另外，检查你要问的问题，确定和发现力量动态（在"引导师在创造公平环境中的角色"一节有列出）。你如何改变以防止而不是支持统治影响？

第 16 章

建设内部引导师能力的秘诀

建立案例，提升认识

本章回答的问题

▶ 什么是内部引导师能力？它如何发挥作用？

▶ 一个企业拥有内部引导骨干的好处是什么？

▶ 如何建立引导骨干力量？

▶ 你需要多少引导师？你怎么聘用并且培养他们？

▶ 谁来管理引导骨干？如何给引导师分派任务？

▶ 内部客户如何了解这些引导骨干？他们怎么为这项服务"付费"？

▶ 需要防范哪些隐患？

介绍

世界各地的许多组织都已通过发展内部引导骨干而获得益处。这些组织已经建立了一个引导师网络以实现各种目的，包括提高生产力，提升员工敬业度，强化会议的有效性，实施变革管理，减少使用外部顾问，引领组织一致发展，促进创新，或加强全公司范围内的主动性等。

为识别最佳实践，我采访和收集了来自 21 个组织的有关信息。这些组织都拥有或曾经拥有超过五个以上的为组织提供内部团队引导的引导师。在本章中，你会看到其中三个组织通过不同途径获得这些引导师的故事。你将了解对于这些引导师怎样做有效，而怎样做无效。在这三个案例学习中，你也会获得来自其他被采访组织的内容分享。在本章的最后，我将探讨汇集自这 21 个组织的最佳实践策略。

案例分析　**Hydro One 的拉动战略**

Hydro One 公司位于加拿大安大略省，负责全省电力传输网络的规划、建设、运营和维护。该公司拥有安大略省 97%电力传输份额，覆盖面积超过 41.5 万平方英里，为 130 万个客户提供服务。Hydro One 公司的 5 500 名员工分布于全省 200 个工作地点。

吉姆·兰是 Hydro One 公司的组织调整主任，他分享了一个关于在一个部门里，如何通过发展一名全职引导骨干来帮助整个组织进行积极、高影响力改变的故事。

开始

故事要追溯到十年前。当时 Hydro One 公司有一个重大资本投资项目，虽然规模很大，但其回报却没有达到董事会预期水平。因此，董事会要求公司对于该资本投资项目的管理方式进行调整。

作为回应，公司发起了一系列变革。改变之一是聘请变革管理顾问，为公司一些重大项目提供支持，帮助实现所需的变革。这一策略被证明在项目实施阶段是有效的，因为管理顾问提出的措施在执行过程中所遇阻力明显减少。

随着这些早期项目的成功，组织决定开发自己的内部变革管理能力，而不是继续引进外部顾问。其结果是有了我和我的部门。之前，我是一个外部的变革管理顾问，参与 Hydro One 公司一个重大项目的变革管理。作为一个部门，我被赋予的任务是建立一个变革管理基础架构。这将是一个具备咨询和引导专业能力的内部资源，能够引导形成有关变革的问题的决议。

由于我找不到其他组织可借鉴的全职引导架构的模式或经验，我决定从零开始。我做的第一件事情就是与公司的各级人员交谈，学习他们在 Hydro One 处理变革的经验。我收集到了这些人有关如何完成任务的建议。其中有许多意见、建议指出，目前公司有太多的顾问创造出太多关于变革管理的模型和定义，导致在 Hydro One 不同业务线的人员很难彼此沟通。

常规的建议包括放弃术语"变革管理"，因为在过去的改变过程中它有负面的含义，同时在一个工程业务为主的组织中它是一个完全不同含义的技术名词。第二个建议是用一个 Hydro One 的内部方法去产生变革，以替代复杂的变革管理模型。

为了解决第一个问题，我在 2007 年的秋天通过公司执行委员会，将"变革管理"重新定义为"组织调整"，并为之制定了一个应对模型。

组织调整模型

我提出的组织调整定义如下：

借助调整人事、实践、政策、流程、体系和战略等手段，通过结构化方式改变支持 Hydro One 的使命和愿景、价值观和战略目标，以实现更好的结果。

公司执行委员会喜欢这个我们现在称为"组织调整"的新定义，并批准其取代"变革管理"。在过去的四年里，"组织调整"已经变成了一个公司里非常常用的术语。

下一步就是开发一个新的产生变革的模型，以替代旧模型。我向执行委员会提出了一个连续八步的模型，这是一个由一个基础、六个房间、一个阁楼组成的两层楼房的形状。每个"房间"的描述如下：

基础：Hydro One 公司的使命、愿景、价值观和战略目标

变革如何支持组织的一个或多个使命、愿景、价值观和八个战略目标？任何被引入的变革都必须通过支持一个或一组上述内容来落地。

房间 1：变革的商业案例

什么需要变得更好？事情在哪里出了问题？他们为什么不运转了？让我们了解问题是什么，并为基础（使命、愿景、价值观和战略目标）上的变革建立商业案例。

房间 2：理想的未来状态

你要去哪里？什么是理想的未来状态？"更好"意味着什么？

房间 3：利益相关者已为改变做好准备

关键利益相关者需要为变革做出什么样的准备？（这是一个在组织中过去被忽略的领域：关键利益相关者没有被识别，并且在大多数情况下，他们的需求得不到解决，由此造成了相当大的阻力。）

房间 4：一个变得"更好"的战略或计划

改进的策略是什么？它是如何处理我们理想与现实之间的差距？它是如何解决关键利益相关者的意愿？具体的计划是什么？步骤是什么？会在何时做？谁负责做？

房间 5：执行和结果

执行和结果包括下列活动：建立问责制，确保参与，共同审视阻力，修正计划，还有最重要的——基于结果的管理。（当我访谈副总裁和总监们时，他们指出在项目中经常有大量的活动、会议、状态和事件。但是这些活动并不能常常产生结果；相反，大量的活动本身已经变成一种衡量标准，而不是通过活动的结果去衡量。）

房间 6：保持

什么样的计划能够确保所做的变革得到保持？你怎样才能确信这些变革在三个月后、一年后、三年后仍然可见？你如何避免人们回到他们的老路上去？

阁楼：经验教训

从这一举措中吸取的经验教训是什么？包括我们执行过程的影响，以及获得结果的影响。如何能做好？如何能更好些？我们在哪里遇到了意外的惊喜？在哪里事情出了差错？当未来出现相似状况时，我们应牢记并应用什么？

该模型于 2007 年秋天获得了执行委员会的批准，已经成为在公司中启动变革的主要依据。它在所有变革举措的启动和后续会议中被不断介绍和解释。这个"大房子"的一个重要副产品，是人们看到了他们的主动性与 Hydro One 的使命、愿景、价值观和 8 个战略目标之间的联系。在过去，这种联系在组织层面上是缺失的，并且很少被传递到一线——变革举措被执行并发生影响的地方。

人员补充

要构建一个组织调整（OA）团队，我提供了一个选择的原则。我问那些学识渊博、经验丰富、在一线实际处理过好的或坏的变革的管理者，是否愿意到我这里进行为期18 个月的轮岗。

我决定不从传统的人力资源库去吸收人才。例如，我想要那些在业务中工作过，有丰富经验且曾在高峰和低谷时都面对过变革，并得到他们同事和报告所尊重的人。

我们为那些对此感兴趣的人组织了一次会议，向他们描述有关的机遇是什么。从这些感兴趣的人中，我挑选了符合我们标准的人。受人尊重这个条件是必要的，因为当他们回到所在部门去引导调整中出现的问题时，他们必须立刻获得信任和尊重。

我们持续地将组织调整资源报告发给引导师的业务领导，而不是直接发给我。这样做是因为我觉得，业务部门需要将他们的资金投到他们的资源上，以确保他们的员工是在为处理业务相关的重要问题而工作。

新引导师们的能力需要建立在实际工作经验的基础上，因此我深入研究了开发、增强教练和引导技术的各种资料。他们的正式培训包括在安大略省金斯顿皇后大学的三个为期四天的组织发展课程，作为激励他们将获得该大学颁发的组织发展课程证书。此外，组织调整的引导师们还将接受培训并通过以下课程：问题解决与决策制定、有效的引导师以及面向团队的演示技术。

到 2011 年年底，有八个经理通过或正在进行在组织调整部门的 18 个月轮岗，其中三个成为公司常任引导顾问，两个回到原工作岗位，作为引导师全省播种计划的一部分开展工作。执行委员会已经批准了该计划，即在未来五年中，每年都会安排四个经理参加轮岗，半数通过轮岗后成为全职引导顾问，半数将被播种到整个组织中开展工作。

拉动战略

在进行组织调整过程中，我们应用拉动战略。这意味着不会有来自组织任何部门的关于使用引导资源应对变化的需求。我知道如果在组织的任何层面上"推动"组织调整，都将导致抵制和失败。一种引导变化的方法是在组织成长的过程中阐明其附加价值，这样组织就会邀请"组织调整"来解决变化中产生的问题。

这是一个巨大的风险！如果大家都不感兴趣，那么引导 Hydro One 变革的八步结构法和引导顾问基础模型都将胎死腹中。但我已经决心让组织主动寻求我们的资源，而不是要求组织使用我们。当然，开始时我们完全没有获得"拉动"。我拜访了公司的六位副总，只有一位有兴趣采用这个模型，并愿意从组织中提供两位受人尊敬的、经验丰富的员工参加为期 18 个月的轮岗来学习引导变化，并在学成后与我一同工作。但为了获得他的支持，我还需要获得至少一位他的下属部长的认可。

获得那位副总的批准后，我开始用同样的拉动战略去说服副总的下属部长，但没人感兴趣。我继续用不同的理由去游说他们，在他们之间跑来跑去，但无济于事！被拒绝的原因包括：轮岗意味着职业生涯的终结，人力资源匮乏，还有就是没有人愿意一周接一周地出差几百英里，横跨安大略省跑到多伦多来为了组织调整而工作。

最后，我找到了其中一个部长对他说："我希望你给我一个你现在面临的最难解决的问题，那种公司已经要求但员工还没有齐心协力去解决的重要问题。"

他选择的问题涉及 32 人，基本来自两个对立的阵营。他们都在指责是对方的问题，甚至无法坐到一起讨论如何解决僵局。我们把他们叫到一起度过了三天。通过一系列引导的过程，他们初步识别并克服了许多造成他们分歧的人际关系问题。分成四个小组工作后，他们通过一个引导过程识别出了造成分歧的主要业务问题，并制订了解决计划。所有的计划都在为期三天的会议结束后提交给了那位部长。

当他们向那位部长呈现他们的计划时，那位部长不敢相信他所看到和听到的。取代互相指责的，是共同合作；取代无人承担责任的，是员工们制订了详细的计划去说明他们打算如何去解决他们面临的问题；取代相互抱怨的，是彼此的承诺。他的反应是问我，什么时候我需要他发一封邮件给他的管理者们，表达他对 18 个月组织调整轮岗的兴趣。拉动战略开始走上轨道。这位部长成为组织调整的最强倡导者，并且立刻提供了所有符合条件的八个资源，与此同时公司里的其他部门也开始主动联系我们。

沟通是一件实施拉动战略的有效法宝。公司很大并且分布在很广的土地上。但每个问题得到解决的消息传播得非常快。经过最初的成功、消息的传播，以及对我们服务需求的增长，拉动战略开始顺利运行。

但是对于拉动战略的成功，最重要的贡献者是高质量的工作：受人尊敬的合格的引导师，清晰高效的设计，以及支持 Hydro One 使命、愿景、价值观及战略目标的结果。好工作意味着更多的工作，这就是拉动战略的意义所在！

项目案例

以下是组织调整团队曾经支持过的一个项目案例。

- **领导团队调整**。识别领导团队工作中的问题和弱点，设计并引导领导团队解决这些弱点。
- **机关改组**。在商业中心内部创建新结构，调整流程，整合职能，以为每个岗位结合客户服务需求规划责任义务。
- **基于标准识别应用过程中的缺陷和问题**，以确使工作流程符合发布的标准和规程；制定推荐规范，开发和监督计划，检测结果。
- **障碍分析**。识别让检查员在相关领域花费大量时间障碍，并制定处置这些障碍的推荐规范。
- **流程改进**。开发、执行并评估一个野外设备集中测试计划的效果。
- **共同的问题**。对在省边界的八个分部中的四个，评估其商务中心领域存在的共同问题，并制定处置这些问题的建议规范。
- **时间管理**。设计一个流程（工作中断工具或称 WIT）来控制那些由于业务线内部和外部的第三方要求，"折磨"和"扭曲"员工的众多的无产出时间。
- **客户服务战略**。创建一个共同的客户服务交付战略的愿景。

当前的挑战

我们在前进的时候遇到以下挑战。

- 控制因面对需求而要求对调整活动提供支持的增长。我们面临的挑战是只能以一定的速度来开发资源。我们不希望形成一种不好的势头，即让我们现有的资源透支工作，或者使用还没有培养好的资源。我们资源的质量是拉动战略的关键所在。与此同时，我们还必须响应我们的客户和潜在客户。因此，我们发现自己必须掌握一种微妙的平衡。

- 维护一个专注于学习的团队，而不是把其变成待在"咨询室"中的队伍。（我们的价值观是"思考、学习和结果就是我们的工作"。）

- 用我们的价值观生活，特别是"通过挑战和互相鼓励来做到最好"。

- 确保人们经过 18 个月的轮岗，回到原来的工作岗位后能够继续应用他们轮岗期间学到的技术。

- 要保持经过教练和开发过组织调整资源的人作为组织调整工作的主要负责人员。

结果

我们很高兴听到我们内部客户是这样评估组织调整团队的。

我们的客户说：

- 能够连接多位利益相关者，消除那种在解决问题过程中经常产生的孤立的解决方案。

- 描绘员工在其角色、位置上的专长，确保所有的信息都是可以开诚布公交流的。

- 让员工理解他们是如何支持 Hydro One 实现使命和愿景、价值观以及战略目标的。

- 从那些"穿着我的鞋走路"（知道我的想法）、经验丰富和受人尊敬的经理和主管中，发展全职的、专业的引导师。

- 消除"这对我有什么好处吗"的思考模式，取而代之的是"这对客户有什么好处"、"我们如何能降低成本"和"这对公司有什么好处"。

在组织调整团队成立的前四年里，我们处置了 117 个问题，在领导力战略研讨会中为 60 人提供了引导技巧的培训，并促成"共识"决策的制定以及在组织内部开展"调整"。在业务中"组织调整"已经成为一种常用术语。作为初步成功的奖励，我们获批在今后的五年期间每年增加四个额外的引导师名额。我们的汇报关系也从汇报给服务业务执行副总变为汇报给运营执行副总裁。这种变化将使调整策略进入公司执行层的对话和决策范畴，将对公司所有业务线产生影响。

在与吉姆·兰关于他经验的交谈中，我识别出 Hydro One 公司成功的几个关键要素。

- 需求是显而易见的。董事会要求对大型项目进行变革管理，而外部引进的专家造成了组织的混乱。

- 有一个内部驱动者。吉姆受命创建组织调整团队，成为内部驱动力。
- 吉姆在最初主动地寻找机会。吉姆通过他早期的成功创造了内部"拉动"战略。然而，获得这些最初的成功机会需要通过大量的实践活动。
- 受人尊敬的人就是那些懂行了解业务的人。吉姆首先吸纳那些已经懂行且受人尊敬的人，然后提升他们引导的技巧；而不是找那些懂引导技巧的人，然后试图教他们业务知识并希望他们获得尊重。
- 组织调整团队在培训方面非常舍得投入。由于聚焦在懂行且受人尊重的人，组织调整团队通过实施庞大的培训工程来使培训对象快速提升。
- 组织调整侧重于拉动而不是推动。吉姆并没有强制推行组织调整的服务，而是通过非正式沟通网络宣传其所取得的正向结果来创造需求。我相信使拉动战略得以推行的另一个理由，是公司通过内部授权来提高员工的敬业度和工作效率。组织调整团队提供了帮助人们达到这些目标的流程。

案例分析　从培训到提供更多支持

总部设在威斯康星州密尔沃基市的 Direct Supply 公司，是设备、电子商务、长期护理和高端生活市场服务解决方案的领先供应商。公司大约有 1 000 名员工。

约翰·鲁克维兹是学习和发展部的主任，是在公司内部创建引导师网络的主要推动者。

开始

我在 20 世纪 90 年代初期就开始创建引导团队了。我深信引导技术能够帮助我们。2006 年，我产生了一个创建引导网络的想法。我梦想创建这个网络，并通过其流程帮助公司旦的各个团队。

2009 年，机会出现了。我们有一门线下的、全公司范围的社会动态教学计划。这个计划持续 8 天（现在减为 5 天）。我同一个咨询顾问以及我的老板一起担当引导师。该计划实施后的影响是，首席运营官决定公司每个人都要参加社会动态培训。

我利用这个机会训练社会动态计划的引导师，同时教导他们可以将这些技巧应用在其他领域。我们的顾问此前已经设计了引导师培训计划。虽然她的计划主要是为讲师设计的，但也可以被用来促进引导技能。

选择和开发

我们希望引导师来自各个业务体系。我恳请公司的主要领导者通知他们的下属推荐候选者。然后，我们将试图向整个公司公开并征求提名。人们可以推荐他人或毛遂自荐。我们制定了一个审批程序，包括候选者的自我分析及和直属领导的分析。

我们寻找具有引导倾向个性的人。虽然我最初学习的引导是用于支持团队的，但也有会议引导、培训引导和团队建设引导。人们往往根据他们的个性和喜好，自然而然地适合其中的一种引导。

在写这篇文章的时候，我们有 21 位引导师。对其技能提升是一个为期四天的离线培训计划，包括绳索课程、MBTI 类型分析和技能建设等内容。

人们使用全部工作时间的 5% 进行引导，另外 95% 用于完成日常工作。这相当于每个引导师每年有大约 12 天的时间开展引导工作。

服务我们的客户

我管理引导师网络，虽然这个网络即将被移交给我的一个直接下属管理。我和我的另外两名下属负责寻找需求，以及（1）寻找客户的更多信息，或（2）将需求放到网络上让引导师能够看到。一旦工作被分配，我们负责告知客户谁是引导师，并让引导师与客户取得联系，至此结束我们的工作。

我们的引导师将会进行学习引导（培训）、团队建设活动以及会议引导。

- 学习引导主要围绕公司的社会动态教学计划（每年八周，由三个引导师交替工作）。
- 团队建设可以每月两到三次。有些会议可以是正式的。例如，我们使用修改过的 GE 公司的新领导培训方法，我们称之为"快速启动"，作为团队建设的一个组成部分；DISC 评估则有其围绕团队建设的自己的评估方法；同时我们也为特殊的需求而进行单独设计。
- 我们做的会议引导相对较少，大约一个月一次。我们的会议设计通常是从头开始。我们获得一些口头的请求，或者通过填写一张包含六个简单问题的申请表（以便我们获得基本信息）来提出申请。我们对客户的服务是免费的。虽然我们会做一些小小的广告和市场活动，但主要的推广还是通过口口相传。

获益的例子

一次会议引导被设计为包括一些公司内部人员以及一个我们的主要供应商。我们的采购和供应商在会议中通常会很努力地表现出合作关系，这让他们在相互交流和谈判中感觉并不是孤立的。

在会议中，引导师会使用一个流程，让参会的每一方制作一个主要工作关系障碍的列表。然后让双方彼此分享列表，讨论列表上的问题，并围绕问题制定行动方案。引导师帮助双方将合作关系提升到一个新的高度。

这种引导会议已经成为一个模板，当我们的采购部门和供应商希望改善或提高工作关系时就会采用它。

在另一个创造利益的例子中，我们创建了一个由四个经理组成的引导小组。这四个经理来自公司一个业务信息流转流程所涉及的四个不同专业团队。这四个经理之前就该流程如何操作难以达成共识意见。他们之前曾断断续续一起工作了六个月时间，但还是无法就这个问题形成一个结论。我们找了两个不同性格的引导师合作进行引导。我们举行了两次带家庭作业的会议（每次两小时）。在第二次会议结束时，我们已经能够帮他们解决之前六个月都无法解决的问题。我让引导师记录下会议的过程和输出，用来作为案例供其他引导师学习，同时也可以给我们公司的管理者展示引导可以为公司带来的价值。

成功的关键

我们的经验使我相信，如果你打算建立一个内部引导网络，至少可以参考以下两个成功的关键点：

- 开发让公司高级管理层认可的商业案例。我们成功地将引导师融入社会动态培训，并在培训中纳入了更多内容。但偶尔我们会被在网络中拥有引导师的管理者拒绝；当引导师本身有需要其完成的全职工作时，那么他承担的引导工作的价值就会被管理者拿来与全职工作比较。我们做这些商业案例就是希望在网络中能够获得更多的推动力。
- 市场营销是非常重要的，如果你的市场推广好，就可以产生良好的活性。然后，当你获得成功时，你需要开发供研究的案例并在你的市场中推广这些案例。通过展示引导的价值，我们的案例分析已经开始获得更多的兴趣和尊重。

在约翰所给出的两个关键点的基础上，我再增加两个与之相关的内容。
- 你如何开始并不一定决定了你在哪里结束。虽然约翰的引导骨干是从关注一个特定计划的学习和开发工作开始的，但他看到了将其变成一个可以向组织其他领域提供附加价值的资源池的机会。
- 仅仅示范价值是不够的。传达这些价值也许同样重要。采集成功案例，然后和别人沟通它们，可以使你通过引导所取得的好成果得到有效利用。

案例分析 | Saudi Aramco 公司的引导师开发计划

Saudi Aramco 是沙特阿拉伯国家石油公司，拥有 55 000 名员工。Saudi Aramco 公司生产制造、销售并运输原油、天然气、石油产品及化工产品，以满足全球能源和化工产品需求。

史蒂夫·布什库是 Saudi Aramco 公司负责下游产业链的高级副总裁的首席幕僚，同时是公司引导开发试点的执行负责人。在这个案例分析中，他介绍了团队是如何启动这一计划的，并且今天达到了什么程度。

需求

经过多年发展，Saudi Aramco 公司已经聘请了一批非常有才华的人。除了技术和领导能力，他们也已经发展出引导团队的能力。这些人通常都是在他们亲自参与的业务和项目中发展引导能力的。大多都是自我发展的。也有一些人是在主持会议的尝试和失误中磨砺出技能的。在我们看来，只有极少数人是经过正规培训并具有组织结构设计丰富从业经验的。这些男士和女士都分布在公司的各个组织里。

2007 年 12 月，我参与了一个公司下游业务领导层全体会议的准备工作。会议的主题是安全。超过 200 名参与者将出席。组织的新任掌门人渴望这次会议超越一般的安全宣讲，希望在领导层达到高度共识，并深入到组织基因中去识别需要变革的东西。要达到这样的要求，一个自我感觉良好的动员大会是不行的，一个典型的罗列事实和数字的演讲也是不可取的，只有参与领导的认可和承诺才是那天会议的目标。我第一个想法就是："我需要非常严密地引导去驾驭这些目标！"

发现一：我们的引导师的后备队实力不如我们想象中强。

我们邀请之前提到的有才华的引导骨干来帮助我们开场。对于这样一个规模的会议我们需要至少 25 名引导师（一个引导领导小组和每桌一名引导师）。然而寻找这些人竟然比我们想象的要难。而在相对较短时间里找到足够的有空闲的引导师就更难了。通过动之以情、晓之以理、诱之以利等各种手段，我们才填满了引导师的空缺。

发现二：关于引导我们并没有一个共同的认识，也没有一种共同的语言可以帮助多位引导师有效合作来制订计划和执行工作。

在准备这个安全会议的前几个星期，我们发现并不是所有的引导师都是对等的。我们并没有一个共同的语言来描述工作需求及有效地协调。我们所掌握的技能及关于引导的背景是多种多样的。我们不仅需要驾驭参与者，同时需要驾驭我们引导师团队自身。

发现三：我们已经处于关键技能人才巨大缺口的边缘，但是没有人在做有关的任何工作。

在活动当天，所有的问题都汇集到了一起，但是我们还是交付了让客户满意的成果。我们改变了组织关于安全工作的趋势，从而使得我们今天可以收获当年会议播下种子的成果。这是个好消息。当我在进行调查时，我被一些对于组织和公司长期来看不是好消息的意见所震惊：

- 大部分的引导师（60%）将在五年之内退休。
- 绝大多数引导师都是外籍人士，然而大部分参与者都是沙特人。
- 很多引导师都是来自人力资源、培训和开发领域，只有少部分是来自下游业务单元。
- 崭露头角的引导师很少。
- 我们组中只有一个取得国际认证的引导师。

反响

在会议后的几个星期里，我们召集 10 个经验丰富的引导师组成了一个小组，进行会议意见和结论的审查和验证。他们发现，情况比在这个重要交流所表现出来的非正式观察更为可怕。我们的培训和组织发展工作关注点的改变以及随后的结构性变革使得很多专业的引导师出局，因为他们可以去做引导的时间大大减少了。这种趋势警示我们正在削弱对专业的经验丰富的引导师的官方支持，以及警示我们需要通过一种与众不同的行动方式来发展下一代的引导师。

这个 10 人小队演变出了一个引导师发展的"鼬鼠工程"分类。我们聘请了一名外部引导师，丹·霍根，来帮助我们保持任务，并与国际引导认证标准保持一致。我们也通过国际引导研究机构授权合作伙伴发展引导师。

在过去的 18 个月中，我们总结出了一套引导师关键能力、一个 Saudi Aramco 公司引导师发展流程、一个保证所有工作走上正轨的整体治理计划、一个行为守则，以及一个候选人选拔流程。

在这里，要特别提到一些在我们的发展流程中被称为"导轨"的内容。

- 引导是一种补充技能，不是专门的"工作"。我们的企业文化重视引导，但没有将其视为一个全职工作。
- 公司里的每个部门都有责任指派参与者到计划中来。
- 计划需要通过高技能引导师引领入门人员，从而创建一个引导人才通道。
- 参与者需要在沙特本地与外籍人才、男性和女性、年轻与经验丰富等方面取得平衡。
- 整个计划设计需要强调可持续发展。
- 经验丰富的引导师要为经验较少的引导师提供教练和引导。
- 系统应该为用户提供一个可以在整个公司快速容易地联系到引导资源的方法。
- 设计必须考虑到人员大量流失的情况。

成功的另一个重要部分是对候选引导师的初始培训。经过市场调研，我们发现一个属于领导力战略的为期五天的高效引导师集成促进发展计划，非常符合我们的需求。该方案符合我们的引导理念，并且通过一个严谨的流程来保证成功培训出新引导师。引导培训公司还能够提供更进一步的培训，可以安排在我们开发计划的后面相关部分。

认可

鼬鼠工程在雷达监测下只能运作这么长时间。一旦计划进入合理的状态，下一步就是购买和试运行。我们委任公司高层管理者作为"加热平台"，并向其提出我们的解决方案。为了实现一个结构性的发展计划（对于组织提出的其他要求还是具有挑战性的），我们必须推销引导的价值（这一级别的领导非常容易理解）以及需求。最后，我们在建设一个试点方面获得了全力支持，来自全公司 60 名候选者将参加这个试点。这种"全力支持"包括给予承诺的时间和资源，用来培养和发展新引导师，允许他们花时间来练习他们所学到的，并回馈给团队，来实现我们发展一个全面的引导师发展计划的理念。

建设试点

我们只有一次机会将试点做好。因此，谨慎选择初始候选人成为试点团队的口号。由于参与者需要脱离"常规"工作，因此当务之急是让职位足够高的管理者支持计划中每个参与者的提名。最后，提名都来自公司副总裁。对于这 60 个职位我们有了一个健康的 135 人的候选人库。

然而，提名只是第一步，我们需要确保候选人真正明白他们将进入到什么中。流程引导是一个被经常误解的概念。我们中的很多人假设我们可以发展他们的公众演讲能力，这样他们就能够变成有效的主持人。另一些人则认为这将使他们从目前的工作中完全解放出来。有些人完全不理解怎么回事，但会在他们的名片上加上一些其他头衔。教育是为了获得肯定。最后，我们通过给这些提名者召开一个工作说明会来使他们沉静下来。在为期半天的会议中，我们向他们介绍了基本引导流程、将为他们带来的好处、预期的行为准则以及发展计划将产生的结果。工作×是对一名引导师的生活的真实描述，告诉大家有些事不可掉以轻心。在上午的说明会结束时，每个候选人都有机会获得一个退出通行证而不受处罚。留下来的人将进入下一阶段的选拔程序。此时我们余下 72 名候选人竞争 60 个职位。

兴趣和可塑性是至关重要的，但不足以让一个引导师成功。下一阶段将训练候选人以确保其成为一个引导师。在面试环节，将有一个包含候选人推销自己能力、他们的激情和动力以及他们学习能力的测试。一个跨职能的引导师团队将对每名候选人进行面试并做出最后的评估。请注意，我们并不只是给候选人排名并挑选排名靠前的；我们只挑选那些我们觉得有长期发展潜力的。最后，我们没有招满所有的职位，但是还是挑选了 36 名参与者。

我们也用面试的方法做了一些额外的筛选。面试结果使我们能够确定谁可以立刻成为教练，谁已经准备好被部署，谁将成为我们未来的教练。我们也将这群参与者分成平衡的两队来参加初始培训。我们已经准备好开始了！

启动

作为首批参加引导培训的人员，他们的兴奋之情溢于言表。我们在会议室里挂上各种挂图，并通过最开始的三级水平能量的练习达到共鸣：这是感染力非常高的能量等级。候选人学习一些基本管理练习，如管理时间、管理冲突、提供明确指示、保持能量水平、达成一个非常紧密的参与。他们学得很好，具有了充分的准备和信心，可以与最冷酷的客户一起进行最艰难的会议。

这些未来的教练(导师)已经得到了他们的助推器。在这个加强版的引导师培训中，教练们（共有 16 位）将面对挑战，去审视他们进入引导技术和其他扩展领域的情况。他们必须忘掉一些坏习惯，欣喜地发现那些他们多年所面临挑战的解决方案。在这一过程中，他们也学到了引导的共同语言，使他们能够在教练那些新引导师时更有效。5 步准备法、IEEI 和 PeDeQs 等工具都成为他们日常会话的一部分。

随着第二引导梯队的培训的完成，是时候将那些新引导师介绍给他们的教练了。在吃饭时，这些教练和引导师进行了第一次"约会"，开始了解对方并建立信任。教练和新引导师的配对是有目的的，不是随机的，是为了匹配他们的气质和工作兴趣。作为我们计划的基石，我们希望尽可能地培养好他们之间的关系。

把我放进去，教练！

到 2010 年秋末，我们的 36 名引导师和他们的 16 名教练整装待发。随着他们的天赋以及刻苦练习他们所学，我们到达了计划的第三站，将引导与业务需求相连接。

我们设计了一个基于 Web 的系统，允许在线直接提交引导援助请求。当用户单击"我需要一个引导师"按钮后，他们会被要求提供一些会议上需要的基本信息，并与引导师网络连接。这些请求会通过电子邮件发给引导师们，以便他们说明他们是否有空参加会议或互动。这个志愿者网络由一个资深引导师专职维护，以便客户的请求能够得到及时和专业的响应。

这个新系统相较于以前的个人网络和组织委派，允许引导师访问到范围更广、数量更多的引导委托。虽然它现在只是一个志愿者网站，我们的引导师还是从中得到了更多的引导机会。

成功了吗！？

这绝对仍然是一个进展中的工作。截至写这篇文章（2012 年年初），我们已经有了很多值得骄傲的项目。还有一些事情却已经跌破了我们的预期，需要更多的努力。下面是我们的计分卡。

在加分的一侧，我们有以下成绩：

- 新的一群引导师，能够利用他们的引导技术来为整个公司增值。
- 一个发展引导师的明确过程。
- 一套对引导师提出的明确期望。
- 一个让引导师与机会连接的流程。
- 在公司管理层达成了关于好引导的标准及价值的高度共识。
- 一个可持续发展计划的良好开端。

在减分的一侧，我们有以下没有做好方面：

- 毕业认证程序。
- 能够实施推进的管理程序。
- 在组织（客户）层面理解需要花时间去做引导参与的准备。
- 对进行中的开发进行行之有效的教练和监控。

除了上面这个计分卡，我们还没有能够将引导制度化。我们的"鼬鼠工程"团队已经基本解散，成员转移到了一个新的企业变革举措中正如火如荼地开展工作。这次的试点还没有完成，因为我们正在等待我们的一位新引导师通过认证成为专家级引导师。

在原来的 36 人团队之后，只有 14 个人成为长期的引导师，再加上 11 个教练。那些不能在他们日常工作中经常使用引导技能的人，只能在有限的范围内扩展。我们还没有破解那些众所周知的难题，但是已经取得了一些良好进展。我们有了一个坚实的基础，可以在上面搭建一些不曾有过的东西。

从我们的经验中总结的三条经验教训：

1. "由慢及快"。无可否认，花费 18 个月来执行引导师发展计划，时间有些长了。一旦经过公司高级管理层批准，引导骨干可以在 7 个月内完成部署，其间包括提名、面试和选择、正式培训、引导师与导师配对、为真实客户服务等步骤。

2. "通过自然减员和可持续发展计划实现最小化的乐观期望"。在我们的试点案例中，我们为参与者设计了 30-30-30 的流失比率，即一旦我们进入一个持续交付模式，30%的骨干将在第一个 90 天里离开计划，30%的骨干将成为候补人员，有选择地参与到培训中，另外 30%的骨干将成为继续推动工作的发动机。读者会想知道剩下的 10%在做什么。这些人都是经验丰富的引导师，他们会将工作带入新的层次。

3. "缔约是最重要的"。判断一个即将开始的引导活动是否成功的一个重要指标，是其进入和签约的过程（当然假设引导师在培训中已经掌握了正确的技巧），尤其针对内部引导师。对于所有引导师，特别是内部引导师，这是整个过程中最困难和最具挑战性的一环。签约要求引导师是某一主题的专家、外交官、鼓励者、啦啦队队长、教练，还要非常有信誉。

在 Saudi Aramco 公司的经验中，我想要强调两点：

- Saudi Aramco 公司已经为开发和指导引导师制定了一个具体的模型，可以使组织的引导师能力长期维持在一个很高的水平。
- Saudi Aramco 公司的出发点是发展引导师并构建一个可持续发展的引导师能力。这里没有一个特定的需要引导骨干去解决的业务问题。其结果是，发展引导师时没有一个聚焦应用的模型。

最佳实践战略

本节讨论了几个基于访谈和其他提交信息来获取见解的最佳实践战略。我从我认为最重要的战略开始讲。

↘ 识别关键功能和关键负责人

对于那些想要创建引导骨干的组织来说，具有内部引导骨干的好处是显而易见的。即使如此，这些好处还是必须在争取项目资金的时候着重指出。在访谈中经常被提及的好处包括以下。

引导骨干对组织的好处	• 相比利用外部资源，降低了成本。 • 相比外部资源，引导师对业务理解能力更强，并且能够从其他领域视角观察业务。 • 获取的知识得以在组织中保留。 • 被选为引导骨干的员工通常都会士气高涨。 • 组织内部人员得到发展。 • 在小组培训中，有现成的资源可以提高效率和参与度。

　　然而，一个较强的引导骨干出现并被指派到业务中获得成功是非常关键的。这些引导骨干通常都有很强责任心的负责人来支持他们，这是我们将要说的下一个秘诀。

| 秘诀 69 | **设立内部引导骨干的秘诀：** 通过识别骨干的核心功能建造一个稳固的业务案例，将推动一个特定业务结果，以及一个坚定不移支持该骨干的负责人。 |

　　本章中强调的这三家公司已在下表中列出，说明了骨干的初始功能和负责人的级别。

组　　织	骨干的初始功能	负　责　人
Hydro One	减少对外部顾问的依赖；提高资本项目的交付能力	董事会监督委员会
Direct Supply	作为社会动力学程序的引导师	行政总裁
Saudi Aramco	发展引导师技能	下游产业高级副总裁

　　需要注意的是，Hydro One 公司的初级骨干的功能是紧密联系业务结果的，它的骨干在组织中是被牢固确立的。而 Direct Supply 公司引导网络的初始功能是学习和发展，但侧重于改善业务相关的软技能，主要指首席执行官能够看得到的直接关系到公司业绩的业务。Saudi Aramco 公司的初级引导骨干的功能强调发展引导技能，并没有聚焦在内部业务上。最近的焦点出现在转移越来越多的机会以支持业务，这反过来将提供更多的机会来发展引导师的技能。

　　在 Bowne and Company 公司的案例中，建设以引导骨干为中心的将人力资源组织转变成业务部门的伙伴的案例，以下是如此描述的。

　　人力资源主管希望人力资源部门的人成为业务真正的伙伴（不只是通才或聚焦于解决问题）。我周围的一个观点是，HR 部门的人可以通过学习组织机构设计技能以更贴近业务：如何诊断问题，制定解决方案，引导业务会议以及推出项目团队等。为什么要这样做呢？

　　1. 节约：避免每天支付 2 000 美元请一个外部引导师。

　　2. 人力资源转型：把这些技能教给人力资源部门的人，使他们更贴近业务等。

　　3. 商业氛围：行业变化所造成的复杂程度的增加，在多个领域创造了需求（如从基于人际关系的销售转变为基于 IT 解决方案价值的销售）——这是可以通过教练、培训、引导等方式支持业务变革的。

　　包括我在内共有 11 个引导师。

　　——海伦·马特拉齐，Bowne and Company 公司的独立顾问

　　在另一个访谈中，职能部门和高级管理层支持的重要性被强调出来。巴利·莱文森是公司内部高科技交付中心的一员，这个交付中心包括一队引导师。她是这样描述中心的启动历程的。

在 IT 组织内部有一个认识，就是那些我们试图推动的程序（商业和技术的合作）是复杂的并且决策的困难影响了流程。

CIO 已经安排人做了最佳实践调查，以识别我们能想到的解决这些问题的创新想法。一次员工调查反映决策制定应该更有效率。

我们发现有几个中心，如凯捷公司的加速学习环境和惠普公司的车库工程。我们想："如果我们有一个地方，人们在那里可以摆脱他们的日常生活，聚焦于帮助团队获得他们想要的成果——从想法到实施，该有多好。"

这个中心获准试运行一年。我们签了一栋大楼一年的租约，公司要求每年有一个内部审查，只有通过审查才能获得继续运行的许可。我们按照自己的方式挣钱。如今这个中心已经运行五年了。

——巴利·莱文森

该中心是一个高科技、开放的设施，专门创造一种氛围利于写作和创意。在这个高度上，中心有六个全职的引导师，使内部团队有规律地进行创新、创造新产品和解决问题。团队也使用该中心进行自己的发明。在超过五年的时间里，团队成员记录了超过200 个帮助客户的过程。该中心甚至因为有效的会议而上过《华尔街日报》。

那么，中心为什么不继续运行下去呢？巴利进行了解释。

该中心运行五年后"减速"，主要是由于环境因素和赞助方。推动这件事开始的 CIO 离开后，我们仍然持续了一年多。我们很高兴做了这么长时间。因此赞助方和结果的可衡量性是关键。

——巴利·莱文森

由于公司的一个关键管理层离开导致裁员，该中心不是组织中受到影响的唯一部门。

引导的导入始于英国电信（BT）开始使用快速应用开发技术。他们很快发现，他们需要公正的人在房间里管理和记录过程。他们开始开发自己的引导培训，然后被很多的技术人员应用。例如，他们需要更多的能管人的人、更好的人际交往能力以及运行他们自己的会议。

引导网络是一个接受过引导培训并乐意作为一个引导师的人员列表。在高峰期，BT 公司所有分支大约有超过 100 人在列表上。当有人需要一个引导师时，他们去找培训师，由培训师将请求发送给列表上的人，那些有兴趣或涉及的人就会回复并提供帮助。这些人都有自己的日常工作。

2004 年新 CEO 到来，他让几乎每个人都重新申请自己的工作，这个引导网络就停止运行了。主要的教练和我借一个机会共同加入了一个业务项目，成立了一个小的引导师决策小组，继续培训、管理引导师网络，回应对引导的需求。我们做到了这一点，作为一个小队（三个引导师加一个经理）一起工作了三年，直到业务焦点转移到了温室敏捷开发。

　　公司正在寻找将被裁掉的 10%的员工，我们是一个非常容易被移动到不同角色中的目标。

　　　　——萨利·莫菲特，英国电信

↘ 清晰定义你的服务

　　少数受访者提到引导的一个突出特点：人们很少购买它。当引导被应用于战略规划、问题解决、流程改进、团队建设、方案生成等方面时，人们就愿意购买。

　　找到一种方法来为引导增值。你不能只是销售引导本身。你应该有一个模型去解释你在做什么。对我们来说，这是一个环状模型，其核心能力是引导（在中心），周围是增值服务，如战略规划、沟通、项目管理和指导等。

　　　　——格兰特·巴克曼，曾供职于加拿大贝尔公司

　　一些比较成功的引导骨干能够清晰界定他们所提供的服务。可以考虑创建一个列表（小册子或 PDF 格式），专注于你所能够提供给客户的 3 ~ 5 项服务。一定要多花点词语去描述客户经历的痛苦，以及你的服务能够提供的好处。你可能只是简单列出你所做的其他事情，而专注于 3 ~ 5 件你最希望你的客户了解的服务。

　　我曾在一个大型企业的内部引导师团队工作过。关键一点是，大部分团队没有使用引导作为他们主要的沟通方式。然而，实践中引导却是很多他们同客户团队工作的核心，主要的服务宣传是关于"团队教练""组织发展""质量""知识管理"等主题。这给了他们在组织中存在的价值，而引导会议则是增值服务。

　　　　——迈克尔·兰德尔，兰德尔顾问协会

↘ 有目的营销和觉察

　　我们的引导师往往是糟糕的市场营销人员。所以当一个骨干和一个引导师走到一起时，营销往往是我们脑海中的最后一件事。我们自然的倾向是关注于提高我们的技能，改进我们的工艺，学习新的理论，开发我们的方法，以便满足应用，而绝大多数时候要靠对我们满意的客户来为我们宣传，并期望那些听到宣传的人给我们打电话。当他们这样做时，我们已经准备好了！

　　几位受访者都谈到了较强市场开拓和沟通渠道的重要性。

　　永远不要低估账户管理，永远不要停止推销，多花时间在客户身上。我们做的工作越多，我们就越发现人们应该跟那些有同样问题或兴趣的人一同坐下来开个研讨会；我们对组织和问题的了解让我们看到解决问题的机会。

　　　　——比约恩·布朗德，瑞典国防材料管理局

这里有些特殊的建议。

市场方面的 建议	• 从每个重点关注的相关项目中寻找客户成功故事，从客户的交谈中获得你所作所为的评估。考虑做一个客户季刊来传播故事。 • 在尽可能高级别的领导那里尽可能多地收集你的项目结果（见"收集并报告结果"部分），然后将这些结果报告给别人。 • 为引导师网络建一个以客户为中心的内部网页，包括你客户的成功案例、你提供的具体服务，以及你已经取得的成果。 • 考虑在各部门张贴海报，并且每季度更换不同的主题。 • 虽然在谈到相关话题时，满意的客户会乐意向别人提起你，你可以考虑在缔约阶段提出，如果客户满意你的服务，他可以帮助你向至少三个其他组织分享成功经验。 • 当你与客户一起工作时，要经常保持倾听，关注他们其他方面的需求并提供你的支持。 　　如果有必要，考虑使用吉姆·兰肯在 Hydro One 公司所使用的启动方法：作为一个测试，申请解决当前组织面临的最棘手问题。好吧，你可能不希望有一个最棘手的开始，但至少你了解了这个想法。

创新集团在 2010 年年初聘请了一个新 CEO。我们在公司里启动了一个价值创造计划。其中关键要素是一个成功的文化，并且通过寻找一种新的组织人和事的方法，建立起实现这种文化的方式。这就是引导的用武之地了。于是，创新集团中的内部网站上、杂志里、墙上的海报中……到处都得以体现。我们投入努力使之变为现实。

——米可·乌兰托、耐斯特·雅各布，Nested Oil 公司的一个部门

与其他大多数事情一样，如果你在你早期市场推广中取得成功，并且做好了每项工作，不要对你的内部客户开始找你去做各种活动赶到惊讶，就像下面说明的。

团队开始进行战略性会议。但是当我们变得更为人所知时，我们被要求做更多的活动——开始的时候引导组织中的头脑风暴，现在已经参与我们组织的转型。

越来越多的会议开始围绕团队发展方面，使用塔克曼理论等来指导团队发展。我们也被要求引导与外部干系人的合约磋商或研讨会。

——瑞克·林德曼，荷兰经济事务部，农业与创新司

正如第一个案例所描述的，Hydro One 公司使用了拉动战略来创建一个内部客户积极从组织调整团队寻求援助的环境。在特雷沃·大福德同客户的工作中，他使用了类似的战略。

该客户是 SKF 公司，希望将一致性带入其横跨全球的 130 家工厂的精益原则实施中。他们的大部分标杆企业已经通过一些方式使用引导师，这被看作将责任感转移给工厂的一个关键。现在在 Business Excellence 公司有 75 名引导师，由 CEO 强力推动。有趣的是，引导师不会被强迫在业务单元工作。本地经理被鼓励参观"学习平台"网站，并接受了相关概念（也已经取得了很大成绩）。这创造了一种对帮助的渴求。因此，虽然总部的引导师不收取费用，但有一个条件，当地的业务机构必须提供一个本地全职的、能够出差的引导师。

——特雷沃·大福德，SKF 外部咨询师

↘ 收集并汇报结果

收集什么、如何报告完全由你决定。但收集结果并进行报告是必不可少的。应用唐纳德·柯克帕特里克的方法——培训评估计划——你可能会考虑用下表中显示的四个级别去衡量结果。

级　别	过　程	范例目标
第一级，反应	在会议结束时做评估表	至少有 75%的参与者表示，会议对他们是有益或非常有益的
第二级，会议产出	在会议结束时做评估表	至少有 75%的参与者表示，本次会议取得了既定的结果
第三级，跟踪行动	会议结束后 60 天反馈	至少有 75%的参与者表示，已经采取应该在会议结束后 60 天内采取的行动
第四级，结果	会议结束后 120 天调研	实现了会议期间制定的商业目标的书面证明

如果没有结果的书面证据，你可能会发现难以继续证明引导骨干存在的价值。越接近第四级结果，你在培养引导师上的持续投资欲望就越强烈。

在每个研讨会结束时，无一例外我们会对参与者进行调查。一个关键问题是："你在中心所获得的经验使结果更快、更好吗？"同时有一些子问题关于环境、引导等。可衡量的结果是重要的。它可以证明是否有价值。如果你知道 99%的时间里人们获得了更快、更好的结果，这将是对成功极大的鼓舞。

——巴利·莱文森

↘ 做出抉择：全职或兼职？

有些引导骨干只是做兼职引导师。在案例中有两个有特色的组织：Direct Supply 公司和 Saudi Aramco 公司。其他的有全职的组织；也有一些组织，如 Hydro One 公司，两者兼有。没有一个是绝对正确的方法。

随着组织开始主要使用兼职引导师，每个月大约会有 1～4 天进行引导。然而，至少需要有一个全职引导师提供更高层次的一致性和动力,这是没有全职引导师支持很难做到的。

我们建议我们的引导师引导至少六个研讨会,并且每年共同引导四个研讨会。遗憾的是,对于大多数人这不可能与他们的工作经常性地结合。有一个内部全职引导骨干。她的工作就是引导这些引导师。她会接收任务并尽量将这些任务与合适的引导师匹配。大多数时候,判断的标准是引导师有空闲。

——Laura Zschuschen-van der Wei,荷兰保险公司

如果你有全职的团队成员,当这些引导师不再做引导时,请注意以下警告。

我在一家大型电信公司管理一个引导师团队多年,并且每年都为他们做一些商业案例以保证他们存在。我可以负责任地告诉你,这是非常艰难的,但不是不可能。关键不是销售引导的价值,而是在不做引导时引导师的价值。很多高级管理者本身就已经获取了引导的价值——至少他们是这么认为的。他们不认可当引导师不做引导时仍然围绕在四周——而这其实占据这些引导师的大部分时间。

——格兰特·拉曼,曾任职加拿大贝尔公司

↘ 坚实的招聘和评审流程

各组织在接受采访时描述的招聘和评审过程,集中在三个维度,分为以下一个或多个部分:

主要招聘 条件	知识和技能 ● 业务知识 ● 引导技能 ● 其他非引导技巧 积淀 ● 同行的尊重 ● 价值观 人口统计 ● 在组织的资历 ● 部门

对于选择过程,积淀的重要性远高于知识和技能。对于其他,反过来是正确的。只有少数内容的人口统计是选择的主要驱动力。

在某些情况下,组织的高层领导进行提名。在另一些情况中,自我提名是候选人的主要来源。管理层提名是有额外好处的,那就是可以鼓励管理层认可计划。自我提名能够增加积极性,候选人池会很快被那些对工作感兴趣的人填满。一个核心问题是让人们

知道到底"工作"是什么。有些人认为引导师主要担当教官，其他人认为会议领导，还有一些人认为讨论组的领导人。作为审批过程的一部分，可以肯定候选人将被按照招募时说的进行教育。Saudi Aramco 公司使用工作 X 理论去确认候选人已经充分理解了。

↘ 建立一个引导师发展和教练流程

花时间把引导师培养好，使他们相互团结，使他们在艰难中可以相互支持，以及教育内部客户应该期待什么，何时联系引导团队，以及如何评估结果。
——贝雅翠丝·布里吉斯，国际引导和变革管理学院

几乎所有受访的组织都有一些为他们的引导师制定的技巧提升程序，通过一定过程引导师到达"成品"状态（有一个组织这样描述这种状态）。

训练的类型和长度区别很大。一些单独的培训会持续 2~4 天。另一些采取多级培训的方法，有一个案例是持续 10 天。然而，最广泛的初步培训方案是像 Hydro One 公司的案例那样，包括三个 4 天的组织发展培训，跟着是 9 天附加的问题解决和决策制定、引导技巧、演讲技巧等，共计 21 天。

兰德·斯托达德公司的执教方法，加上国际引导学院的伙伴引导师发展计划，提供了让年轻引导师实现结构性发展程序的基础模型。

↘ 避免重蹈覆辙

兰德·斯托达德是美国政府机构的一名实习骨干，列出了以下这份清单，用于避免建立内部引导网络时的陷阱。

建立内部引导骨干需要避免的 12 个陷阱	• 缺乏执行委员会阶层的负责人。 • 没有被安置在组织的合适部分。 • 没有将合适的人放在首位。 • 当有人离开后没有用新人进行骨干更新。 • 缺乏培训承诺。 • 没有正式的导师。 • 缺乏留住骨干的标准。 • 引导职责与日常工作的关系不清晰，特别是当主管更换时。 • 没有明确什么样技术水平的人应该安排什么样的任务。 • 没有明确内部客户找到骨干的流程。 • 在每个任务开始时没有定好契约。 • 没有对结果进行评估和汇报。

✏️ 练习你的技能

如果你正在考虑实施内部引导骨干,我建议你仔细阅读本章介绍的三个组织案例分析。他们的故事提供了丰富的视角,来帮助你判断在你的环境中什么是可行的,什么是不可行的。

此外,要特别注意列出来的最佳实践。虽然它不能成功解决所有问题,但 21 个组织的经验表明,缺少 1 ~ 2 个关键要素将显著降低你成功的概率。

第 17 章

特殊专题

本章回答的问题

▶ 如何使用秘诀召开一个简单会议?

▶ 参与者如何使用秘诀?

▶ 如何在一个小型团队中使用秘诀?

▶ 顾问或专家如何使用秘诀?

▶ 如何成为一个合格的引导师?

▶ 引导师保持中立:事实还是想象?

应用秘诀运行一个简单会议

秘诀一般呈现的是用一个全面的方法来引导小组会议,往往会耗时半天到多天才能完成。但将这些秘诀应用在一个 1 小时的会议中将会怎样? 有没有一个简单的清单可供使用?

在我的书《大师级引导》中,我提出真正的大师级会议看起来将会是下面一幅景象。在当今的商业环境中,典型的会议质量是如此之低,以至于坏的会议已经成为标准。而我接下来提出的愿景元素就是为了提高每个会议中可以预期的标准。

↴ 大师级会议的 15 个元素

准备

1. 提前通知

会议参与者要预先知道会议的目的、期望的成果、建议的议程,以及其他关于会议的重要信息。

2．合适的人——准备和参与

让合适的人出现在会议中。他们会为会议事先准备，他们准时到达，他们会全程参与。

3．正确的信息

所有必要的信息在会议中都是可以找到的。

开场

4．准时开始和结束

会议要准时开始和结束。

5．清晰的目的和成果

在会议开场时，会议主持人会回顾会议的目的和期望的成果。

6．识别的主要问题

无论是在会议中还是在推进过程中，所有的参与者都有机会去识别主要问题或者需要讨论的议题来达成会议目的和成果。

7．确认议程

会议主持人会确认议程并确立每项议程的时间限制。（会议主持人可以选择调整议程以确保所有关键问题都进行了讨论。）

8．审核基本规则

会议主持人会提醒所有参与者会议的基本规则。会议参与者在会议中遵从这些规则。

↘　**执行**

9．稳定会议流程

当会议流程从一个议程转入下一个议程时，会议主持人要提醒参与者每个议程的目的，这项议程与整个会议目标的关系，以及大家在这个议程中被要求完成什么。

10．讨论聚焦

讨论一定要聚焦在手头的话题上。只有在大部分人了解此议题对其余议题的作用并表示同意的情况下，该议题才可以超过其分配时间继续讨论。

11．积极热情地参与

所有参与者都积极参与整个会议，他们能够感受到开诚布公的氛围。人们带着尊重谈论和倾听，并充满活力地讨论和辩论，没有人被允许主导讨论。

12．建设性冲突

鼓励不同意见，冲突可以通过参与者的问题、识别优势、明确关注并寻求新的替代品等方式来掌控，以最大化其长处，减少其顾虑。

↳ 结束及后续跟进

13. 结论及行动审核

在会议期间，对于不适合讨论的问题，总结出一个延迟讨论清单，把做出的决策和将采取的行动都记录在案。在结束会议前，所有的问题、决策和行动都要进行审核，并指定适当的人去执行行动。

14. 提供会议纪要

会议之后，会议纪要将被分发给所有会议参与者（包括参与问题识别、决策、行动及相关分析的人）。

15. 后续行动跟进

一个后续行动跟进流程要执行到位，以确保所有被分配的行动都被有效执行。

你每周所参加的会议中有多少是真正大师级的？考虑与组织中的其他成员分享这15个特点：正如你看到的，通过这本书，愿景与秘诀很好地对接起来。

↳ 大师级会议主持的检查单

为了创建一个真正的大师级会议，大师级会议主持人需要进行以下操作。

计划和准备

☐ 决定会议的类型、目的、成果。
☐ 挑选参与者。
☐ 识别需要被解决的问题。
☐ 开发建议的议程。
☐ 选择将在执行议程中所使用的流程，并定义互动策略。
☐ 举行会议前所需进行的讨论。
☐ 选择会议地点，准备会议所需设备。
☐ 准备和分发会议通知，告知会议签到时间和开始时间。

会议开始

☐ 准备好会议地点各项工作，包括任何可能会被用到的停车板。
☐ 问候到达的人们。
☐ 在会议开始前进行一个 2 分钟的暖场发言。
☐ 准时开始会议，并说明会议目的和期待的成果。
☐ 让参与者识别关键问题来讨论。
☐ 审核推荐的议程；根据需要进行修改，以解决关键问题；建立每个环节的时间限制。
☐ 提醒参与者基本原则和停车板。
☐ 如果需要，进行介绍。

运行、结束和后续跟进

☐ 审核每个行动环节，确保正在跟进。

☐ 对于每项议程，考虑第一级别：

　－ 通过提供解释来让参与者聚焦在如何让每个环节推动会议目的的达成。

　－ 通过提供间接明了的指引，让会议流程得到顺利执行。

　－ 通过会议流程，让参与者使用适当的信息收集过程。

　－ 跟踪时间来确保参与者恰当地使用时间。快速有效地控制并解决非常规的行为。听到偏离主题的讨论后，将其放置在停车板中，以保持会议的聚焦。

　－ 解决会议中的分歧和冲突。

　－ 寻求一切意见，并邀请人们发言。

　－ 总结结果。

☐ 会议结束。

　－ 审核会议的各环节。

　－ 确认结论。

　－ 解决悬而未决的问题。

　－ 确保所有行动都有执行人和日期。

☐ 执行会议的后续行动。

　－ 记录并分发会议纪要。

　－ 跟进任务执行人所负责的任务。

↘ 准备启动一个会议所用的表格

在你创建使用的以下表单，有些项目只是为了计划而使用。这些项目不被编码。被编码的项目将被应用在计划和启动过程中。字母表示你在启动会议时阐述这些项目的顺序。

1. 使用下面的空白地方记录会议的目的和成果。

目的（知会）。本次会议的目的是……	
A	

成果（告知）。结束会议后，我们将获得……	
B	

2. 接下来，识别你需要达成目的和成果的人。

参与者。被邀请出席这次会议的有……	
A	

3. 现在，想一想，为什么这些人应出席本次会议。会议中有什么是为他们准备的？如果会议达到目标，这些人会获得什么好处？至少给出两句话。使用词语"你"和"你的"至少四次。

兴奋。这是非常令人兴奋的，因为如果我们达到了我们的目的，你将……	
C	

4. 为什么选择了这些参与者，他们有权做什么？他们会被要求代表一个观点吗？他们会有创意吗？会做出决定或建议吗？

赋能。你被选定参加这次会议，因为……	
D	

5. 接下来，决定包含的问题。确保它将成为一个 B 类提问。你应该让参与者给予 30 秒的更新、关键话题覆盖等。

包含。在讨论议程前，我通过问……让你参与其中	
E	以建立图像的短句开始
	将回答中的图像扩展
	问 A 类提问

6. 接下来，想想那些为了达成目的和成果而需要解决的问题。需要什么样的主题来获得保障？人们想要谈些什么？他们可能会表达哪些忧虑？

可能的问题。对于团队要达到的目的和要创造的成果，以下问题需要加以解决或提出……

7. 决定你在会议期间始终围绕的议程内容，以达到目的、创造成果，并解决可能会出现的相关问题。

流程。为了帮助我们实现我们的目的，我建议大家使用下面的议程……	
F	

8. 你将在会议中使用决策的基本规则来帮助确保团队工作有效。请参见第 4 章的基本规则范例。

基本规则。我建议使用以下基本规则来帮助我们工作得更有效……	
G	

9. 你将使用决策停车板。考虑做一个标准的停车板（问题清单、决策清单和行动清单），并增加任何有益的内容，这取决于会议。

停车板。在会议中，有些事可能我们需要记录下来，以便我们可以继续进行。因此，我建议我们使用下面的停车板。
H

10. 现在，您已经准备好开始会议了，通过你按次序准备好的八项元素（A～H）：

- 在 F 项（流程）中，一定要回头让参与者指出议程中的每个在 E 中被识别出的问题都得到了解决。没有被解决的问题都应该加入到适当的停车板中。
- 在 G 项（基本规则）中，一定要问参与者是否有任何附加的基本规则应该被覆盖。

作为会议参与者的秘诀

有时会议进行得并不顺利，但会议主持却不采取任何行动。原因可能是会议主持人缺乏相关技能或聚焦。在一些情况下，有可能是由于会议主持人导致会议进行不顺利。

秘诀 70 | **游击引导的秘诀**：通过问问题引导团队行动。

"游击引导"是一套当你不会做会议主持时，帮助你管理会议的技术。游击引导的关键是通过问问题，领导团队来执行所需要的动作。让我们来看看可以通过游击引导来辅导的六种情况。

↘ 会议开始时没有一个明确的目的

你从第 3 章知道了每件事都应该有目的。会议的议程以及发生的讨论，都应该尽量与会议的目的和成果相关联。然而，有时主持人开会时会直接进入议程介绍，有时更直接进入第一项议题。

如果会议主持人开始会议时没有从会议的目的开始，你应该说："对不起，我可能漏掉了。你能花几秒钟说一下会议的目的，以及会议期望获得的成果吗？这将帮助我保持专注并确信我没有跑题。我们这次会议的目的是什么呢？"应该注意的是，游击引导师从来不用负面的表述方式，如"你没有设定目的"取而代之，一个游击引导师会通过问问题来明晰。

↘ 讨论已经跑题了

第 5 章展示了一个引导师如何利用重新定向的问题来让团队保持在主题中。同样地，如果讨论看起来已经跑题了，而你又不是会议主持，你可以说："我们讨论的是非常棒的观点。我知道我们应该回到主题中，但我又不愿意漏掉这些观点。我们能否将它们记录在一个问题列表中或者其他什么地方，以便我们稍后讨论。然后我们再回到我们的主题中，可以吗？"再一次，问问题可以帮助团队顺利重新定位。

↘ 一个人主导

第 9 章的识别技术可以在当一个人主导讨论时使用。当你是一个游击引导师时同样的技术也相当有效。如果会议主持人允许一个人主导讨论，可以考虑说："这是一个我们讨论的重点，而乔曾经公开分享过他的看法。现在应该听听每个人关于这件事的观点。我们可以在这个房间中轮流表明对这个主意的看法吗？"

↘ 一个或多个参与者退出

当你感觉到由于一人主导讨论导致一个或多个人将要退出会议时，你可以使用循环赛技术。你可以说："这是一个我们正在讨论的重要问题。应该听听在座的每个人关于这件事的观点。我们可以在这个房间中轮流表明对这个主意的看法。我乐意先开始。"

↘ 决策或行动没有被记录

第 6 章讨论了记录所有会议中的决定以及会后需采取的行动的重要性。然而，有时会议主持无法认定一个决策或行动已经做出，并及时记录它们。如果发生这种情况，你可以说："听起来我们刚刚做了一个重要决定，有人能重复一下这个决定吗？这样决定就可以被准确记录下来，我们也将有了决议文件。"

↘ 会议即将结束却没有进行回顾

第 8 章介绍了会议适当的结局，包括回顾制定的决策及即将采取的行动。如果一个主持人在会议即将结束时仍然没有做回顾，可以考虑说："在这样一个富有成效的会议后，如果没有弄清楚我们决定了什么或接下来要发生什么，我将带着悔恨离开。我们能不能花 1 分钟来回顾一下我们所做的决策和我们离开后需要马上采取的行动。"

正如你所看到的，游击引导可以相当有效地引导会议。这些技术作为主动的策略，可以在会议主持人没有提供强力引导的时候指导讨论。我已经在表 17.1 中将这些技术进行了汇总。

表 17.1 游击引导师的动作

问　题	动　作
会议没有明确目的就开始	对不起，我可能漏掉了。你能花几秒钟说一下会议的目的，以及会议期望获得的成果吗？这将帮助我保持专注并确信我没有跑题。我们这次会议的目的是什么呢？
讨论已经跑题了	我们讨论的是非常棒的观点。我知道我们应该回到主题中，但我又不愿意漏掉这些观点。我们能否将它们记录在一个问题列表中或者其他地方上，以便我们稍后讨论。然后我们再回到我们的主题中，可以吗？

续表

问　　题	动　　作
一个人主导	这是一个我们讨论的重点，而乔曾经公开分享过他的看法。现在应该听听每个人关于这件事的观点。我们可以在这个房间中轮流表明对这个主意的看法吗？
一个或多个参与者退出	这是一个我们正在讨论的重要问题。应该听听在座每个人关于这件事的观点。我们可以在这个房间中轮流表明对这个主意的看法。我乐意先开始
决策和行动没有被记录	听起来我们刚刚做了一个重要决定，有人能重复一下这个决定吗？这样决定就可以被准确记录下来，我们也将有了决议文件
会议快要结束时却没有进行回顾	在这样一个富有成效的会议后，如果没有弄清楚我们决定了什么或接下来要发生什么，我将带着悔恨离开。我们能不能花一分钟来回顾一下我们所做的决策和我们离开后需要马上采取的行动

引导小型团队的秘诀

在引导的秘诀中，第 8～30 个秘诀主要是为团队设计的。正如第 5 章的案例学习所显示，在一个四人以下小组应用这些秘诀将成为挑战。是什么让情况变得困难？

- 在这样的小型团队中，可能没有挂图或记录设备。这可能导致团队很难专注并保持在轨道上。
- 对于一个小型团队来说，引导师的三级水平能量可能过于强大。因此，他可能默认使用第一级水平能量，从而很难保持团队的能量。
- 正式信息收集技术，如旋转挂图和优先次序矩阵，对于小型团队来说可能会感觉束缚和造作。引导师可能倾向于只使用简单技术，这样对参与者来说可能缺乏创造性且过于烦琐。

引导的秘诀可能相当有效，甚至对更小的团队，但需要做出必要的调整：

- 可以让团队提前知道你要使用引导技术来保持会议的专注。与他们一同坐在桌前，请他们在会议结束时向你反馈引导是否适用于小团队。提醒参与者，请求他们帮助，鼓励他们坚持使用流程并保留判断直至结束。
- 启动会议后，使用二级水平能量来知会、鼓舞、赋能、参与，在开场时使用传统步骤。二级水平能量比较适合一个有限大小的团队。
- 在一个中等大小的团队中，采用所有你经常使用的其他技术，但避免分组讨论，因为作为团队现在已经很小了。
- 如果你是持续地与一个小团队工作，密切关注哪个秘诀对于这个团队有作用、哪个没有作用。团队缺乏多样性可以采用更紧张或更放松的引导方式，这取决于参与者的个性。

作为一个顾问或课题专家来应用秘诀

通常情况下组织请顾问是希望顾问应用他们的专业知识去解决重要的问题。组织经常选择顾问是因为他们是某一领域的专家。在这种情况下，顾问不是中立的。

相反，他们带来组织可能采取行动的特定视角和清晰的观点。一个并不中立的顾问如何使用引导的秘诀呢？

大多数顾问最渴望的就是他们的客户实施他们的建议。对于这些顾问，引导的基本秘诀仍然适用：

> **引导的基本秘诀：**当解决方案被受到其影响的人创建、理解并接受时，你可以获取更有效的结果。

你如何为你的建议获取最大限度的认可？在理论上，答案很简单：你将那些你希望接纳你意见的人一起纳入你的建议制定过程中。这样一来，他们能够理解并接受他们自己的建议。

虽然这在理论上很简单，但是在实践中却很难。你如何将人们纳入你创建建议的过程中？这是如何做到的？他们既没有你在组织中处理类似问题的知识，也没有你用来做研究和分析问题信息的时间。

案例分析 战略企业和非营利

几年前，我们有机会与一个国家战略咨询公司结为合作伙伴。客户是国内最大的非营利性组织之一，该组织的领导人已经认识到，在经过100年后，该组织的商业模式已经不可持续。该组织已经从研究中得知，其所募集的善款在全国范围内已经持续下降十多年。其数百家子公司的长期前景并不乐观。从本质上说，越来越少的美国人将其作为自己的首要慈善选择。

为了解决这个问题并建立一个新的使命、愿景，以及整个系统的业务模型，该组织组建了一个20人的团队，其中包括CEO、社区领袖以及来自全国各地的志愿者。令人难以置信的是，这个强大的团队同意每月开会1~2天，共计用7个月时间来创建组织的新模型。

战略咨询公司在盈利问题上有着卓越的分析和制定有效战略的世界级声誉，它善于使组织的高层团队投入一线工作、研究，准备建议，并向高层团队提出建议以争取他们的认同和接纳。

然而，这个专案组要求要做不同的工作。他们不希望仅仅是结合前端与后端。他们想同咨询公司一道成为创造建议的人。我的组织被邀请对专案组会议进行引导，提供参与机会，帮助专案组成员了解信息，并制定可实施的建议。

咨询公司和我们的组织在客户项目经理的帮助下形成了强大的工作伙伴关系。作为引导师，我对看到的一些独特流程印象深刻，这些流程是咨询公司用来开发替代品和得出结论的。

咨询公司接受使用新方法来使高管团队参与定义分析，执行分析和创建建议：

- 在一些会议中，专案组成员确定有潜力的替代品，然后由咨询团队进行研究和改良。
- 在其他会议中，专案组成员分析那些由咨询公司通过优劣势分析创建出的替代品，并删除那些他们认为无用的替代品。
- 有时专案组成员修改建议，而其他时候他们创造新的建议。

在咨询团队的指导下，专案组创建了新的愿景和使命，并为组织制定了新的运营模型。他们还开发了战略并让整个组织参与评审和认可。

专案组成员清晰地创建、理解和接受建议。在完成专案工作后，专案组成员前往全国各地获取大量会员的认可和参与，许多通过专案流程制定的建议都经受了时间的考验，持续实施直到今天。

这个案例分析说明了一些策略，你可以用来作为专家顾问的引导秘诀。

作为一名专家顾问来使用的秘诀	- 组建一个指导委员会或专案小组来开发建议。 - 开发一个结构化工作流程，来帮助指导委员会关注问题并进行开发，而不仅是批准建议。 - 在一些情况下，请求指导委员会进行前期工作。请他们拿出初步方案、初步判定标准、初步建议或初步实施计划。 - 在其他情况下，咨询团队可以勾勒出初步构思。在这些情况下，指导委员会进行优劣势识别，确定影响，隔离障碍，或者一些其他工作，迫使他们把焦点放在改善初步想法上。应该鼓励指导委员会成员依据分析去修改初步想法或创建新想法。这些活动会影响理解、创建和接受。 - 避免向指导委员会提出建议草案。如果他们没有参与创建建议，你是不可能从需要获利的组织高层获得认可和承诺的。 - 指导委员会的成员将结果展示给其他人。指导委员会成员的展示具有双倍的优势来提高指导委员会成员的承诺，并可以向其他人展示建议背后的高层的热情和承诺。

成为一个认证的引导师

从 20 世纪 90 年代中期到 90 年代末，出现了许多培训机构制定自己的引导师认证程序。在那个时候，我的公司，韬略公司，已经为几千人进行了引导技能培训。但是，我强烈地感觉到没有必要为每个培训机构都制定一套自己专有的引导认证流程。如何帮助这个行业？如何帮助客户？

1999 年 5 月，我被邀请加入国际引导师协会（IAF）北美认证委员会。该委员会的任务是平审来自欧洲的认证模型，并为国际引导师协会董事会提出北美认证模型的建议。为了帮助我们委员会评估模型，我和其他四个委员会成员先通过该流程并成为第一批通过北美专业引导师认证的五人。

我们欧洲的同事所做的汇总各认证模型的工作令人印象深刻，他们不仅编纂了引导师所需的技能和能力，还开发了一个确认一名候选引导师是否具备这些关键元素证据的程序。评估者通过一份来自候选人的书面申请、一个引导角色扮演，以及两次面试会议来做出通过/推迟通过的决定。

我们委员会建议采用认证专业引导师（CPF）这个称号，后来经过修改并加以持续改进至今。国际引导师协会曾监督 CPF 程序的开发和执行过程，至 2012 年该程序已经在世界范围内认证了超过 400 位引导师。

有一个来自我们委员会的补充建议。我们认识到 CPF 是专门用来评估候选人是否具有基本的、必不可少的引导技能的。在国际引导师协会网站上的解释为："专业引导师是被设定为向客户提供一个保证，证明经过认证的引导师能够提供令人满意的基本团队引导服务。"为了支持那些能力上远远超出基本技能的引导师，委员会建议为所有引导师开发一个可以追求的高级认证。

2005 年，这一建议被国际引导学院（INIFAC）所采用。我再次被邀请加入一个筹备委员会，对现有的认证项目进行了研究，并草拟了 32 种潜在的子能力。通过对 450 位引导师及引导服务用户（客户）的调查，筹备委员会获取了能力模型的输入。其结果是，在超过 40%的能力草案被修改后，专家级引导师认证程序诞生了。

该程序包括六项主要胜任能力以及三十多项能力子项（在 www.inifac.org 可了解更多信息）。到 2012 年，获得认证专家级引导师（CMF）认证的人数不足两打（24 人）。

两个认证都履行它们宣示的宗旨，CPF 认证那些具备设计并引导基础团体所需能力的引导师，而 CMF 则认证那些具备引导基础团体乃至更高级会议的、拥有卓越能力的引导师。表 17.2 总结了两个认证的相关要求。

我既是 CPF 也是 CMF。我是 CMF 程序中热忱的支持者，就像一个交通工具，通过提升 CPF 的实战技能，通过卓尔不群的引导表现，把真正可见的卓越水准带给客户。我推荐那些具备相关资格的引导师了解一下 CMF 程序。（请注意：披露一下，我本人是国际引导学院的创始人而且现在仍然是董事。）

表 17.2 CPF 和 CMF 对照表

	CPF 认证专业引导师	CMF 认证专家级引导师
认证组织	国际引导师协会（www.iaf-world.org）	国际引导学院（www.inifac.org）
宗旨	向客户提供保证，被认证人员具备了提供基本的团体引导设计与服务的资格	评估一个引导师具备了基础的以及更高级别的引导技能
认证对象	有实战经验的胜任的引导师	拥有高难度或中等难度引导经验（CPF不要求此项）的高级引导师
经验	最近三年内有过 7 次引导经历	最近三年内有过 30 次引导经历
组织	无最低要求	五个组织、十个主办者
精通级别	有认定为精通的证据	六项胜任能力领域的评分不低于 80 分
书面评估	候选人提供自己如何在工作中应用核心能力的例子	候选人通过回答与六项胜任能力相关的30 个问题来说明自己的知识及具体的能力
引导评估	候选人引导一场有计划的评估项目，评估人现场观察并给予即时反馈	候选人提交一个自己基于指定主题和角色所引导的会议视频资料

我为什么会如此强烈地支持 CMF？

- **首要原因是能力模型让人可以视觉般地想象高水准的引导技能。** 在本节的末尾有六项胜任能力的描述。我相信如果每个引导师的实际操作达到了这些能力水准，那么不会有人再质疑引导给这个世界带来的价值。

- **客户可以根据认证来找到那些高水平的引导专家。** 在我们的组织中，当客户是通过我们来聘请 CMF 时，我们是这样销售的：我们向客户就引导工作做出保证，如果客户对效果不满意，我们会给予一定的收费减免。

- **模型中的能力子项是基于可观察的行为而定义的，这些行为经受了严格的一致性和可靠性评估。** 每个能力子项可以经由知识和行为的展现被评估，前者是通过一些写作交付物，而后者是通过模拟场景下由国际引导学院指定的角色扮演视频来评估的。评估者使用五点量表对每项能力进行评分，评分系统向评估者提供了清晰的评分说明，这保证了评估者的评分有很高的一致性。

- **认证程序是一个发展工具。** 每个认证者都会收到一份关于 30 个能力子项的评分反馈。每项的反馈都是基于四种观察：
  - 学徒级
  - 助理级
  - 能手级
  - 高手级

那些得到高级评分并且满足从业经验要求者会被认证为专家级引导师。如果只有经验还未达到要求，将被认证为预备专家级并给予三年期限完成 30 场引导会议。那些达到了学徒级、助理级、能手级、高手级评估的人们将会得到返回以及特定领域的改善建议，并可以在晚些时间重新申请认证。

　　CMF 不是每个人都能达到的，它是被同行认可的拥有高级引导技能的标志。就如前文指出，以下六个内涵宽泛的能力包含了用于评估的 30 个能力子项。

CMF 能力

认证专家级引导师将 PAC^{3}E 带入每个投入度。

活在当下（Presence）	• 专家级引导师给会场带来共情和权威。他们言语和非言语的表达渗透着自信、能量和自我感知，同时传递出高等级的温暖和关照。他们能对自己的风格做出调整以更好地服务团体。
评估（Assessment）	• 专家级引导师在评估客户需求时知道如何提出必要且精准的问题。能够基于自己的经验，为实现客户的具体需求而创造并设计引导流程。他们为会议做出仔细的计划和准备。如果发现所设计的流程没有奏效，他们能够快速切换到另一个流程并达成客户期望的产出。
沟通（Communication）	• 专家级引导师是娴熟的沟通者。他们积极倾听，通过回放、确认关键点以保证倾听准确。他们调整思考频率来分析问题的技能很棒，这样他们就能快速处理信息，处理变化着的、各种各样的主题、内容以及讨论中那些孤立的关键点。他们提出问题并帮助团体有效地投入其中。他们的指导语精准、清晰、简洁。他们能有效地找到会场的共识并用言语进行概括。
把控（Control）	• 专家级引导师为不同风格和文化背景的参与者创造并维护高产的、安全的环境，使他们能够投入到互动中，聚焦于目标。他们能够将会议保持并控制在合适的步调上。他们理解产生分歧的原因并指导团体穿过冲突地带。他们有意识地采取行动以避免、探测和解决导致混乱的行为。
一致性（Consistency）	• 专家级引导师理解并坚持应用最佳实践技术，如在启动一个会议时、群体聚焦时、记录信息时以及结束会议时。
参与（Engagement）	• 专家级引导师知晓并使用多种技术来创造团体的投入、解决问题、做决策、激发创意以及提升能量。

引导师的中立：真实还是虚构

　　很多做过多年团队引导的引导师发现自己面临着中立的困境。引导教科书声称引导师应该是完全中立的，注意力只应该放在流程和团队动态上，并应全力避免提出任何关于内容的建议。

但是你是否注意到，当你在引导客户的会议时，你找到了一些能给团队带来好处的主意？你是否犹豫过："我该不该说点什么？我可以违背我如此重要的引导师角色吗？"这就是中立困境。你到底是说了还是没说？

传统的引导学派会回答："绝对不可。那不是你的角色。你不是专家角色。那不是对团队智慧的尊敬。如果你想参与，就把引导的笔交给别人然后坐下吧。"

但是也有其他学派的观点。我有幸参加过一次引导师团队围绕中立话题的在线讨论。在和他们讨论这个话题时，我听到了两个截然不同的学派观点。为了便于讨论，让我们为两个观点命名：传统的和复合的。尽管在我的引导实践中我倾向于使用复合的方法，但我毫不怀疑两者都有各自的优势和劣势。

↘ 传统观点

我对传统观点的理解是，它起源于组织发展学科，它要求引导师必须约束自己并且让自己的表现完全成为一个中立派。

- 引导师对流程负责；参与者对内容负责。
- 引导师不需要理解内容，而且这往往是件好事，因为这样他们就不会试图进入内容的讨论。
- 引导师不称赞每项评论。
- 而且最重要的是，引导师从不、绝不提出关于内容的建议。

坚持传统观点的引导师的总体目标是带领团队经历一个流程，建立关系，创造信任的气氛，产出获得支持的、所有团队成员承诺的结果。

↘ 复合的观点

我认为复合的观点来自管理咨询界。这个观点强调从引导的前提出发，就像财务顾问——引导师承担着对客户的信托责任，应尽其所能帮助客户激发出积极的产出。

持有复合观点的引导师相信，如果参与者带着自己的思想出现是件好事，因为当参与者创造了思想时，他们将更有可能拥有、接纳并付诸实施。同时，这些引导师相信如果自己知晓可能的解决方案会更有帮助，他们应该，作为最后的选项，提出这些可能的方案。对于这样的结果，持有复合观点的引导师们会走得更远，去了解他们客户的行业、运营以及商业问题。他们可能会事前考虑客户应对形势的各种可能的路径。

在引导中，如果团体疏漏了一个潜在合适的解决方案，持有复合观点的引导师可能会提出一个通常带有引导意味的问题，如"还有哪些与技术相关的解决方案我们还没有考虑"。或者如果这些引导师知道还有一个具体的想法还没有被提出来时，他们会让这个想法飘着，直到参与者提出这个想法后再记录下来。例如，一个引导师可能会说："你认为×做法会怎么样？"如果遇到了积极的反应，他可能会说："你为什么想要做……？好处是什么？你希望我怎么写下来？……"

持有复合观点的引导师可能会把这种方法当作引领问题和漂浮观点,但是并不在乎结果。如果团队接受了这个想法,很好。如果不接受,也很好。但是这些引导师也认识到相同的技术很容易被错用。不管引导师有意还是无意地使用了这种技术,这些技术都有可能被用来操纵团队去同意那些不是他们自己的解决方案,并且其结果通常都不会被完全实施。当然这种操纵,或者说是前面提到的引导式操纵在持有复合观点的引导中或者传统方法中会出现;然而,采纳复合观点的引导师必须特别注意不可错用自己的角色。

概括起来就是,按照传统观点,中立意味着不陷入内容;而复合观点中的中立意味着引导师可以提出与内容相关的看法,但是不可有倾向性地推动是或否的结论。

↘ 优势和劣势

表 17.3 列出每种方法的优势和劣势。(注意,由于只提出了两种观点,一方的优势或多或少地表现为另一方的劣势。)

表 17.3　传统观点和复合观点的对照

传统观点	复合观点
优势	**优势**
● 由于所有想法都是团队创造的,这样团队付诸实施的可能性更高 ● 团队向自身寻求解决方案的可能性更高 ● 引导师成为"引导操纵者",把团队引向并非由他们自己创造的解决方案的可能性低 ● 引导师为了解客户业务问题所需的事前的准备工作较少	● 引导师在引导中表现得更活跃,甚至在管理讨论活动 ● 引导师更像提出思想以激发团体的思考 ● 引导师知道的潜在的适合方案更有可能被提出来 ● 客户可能更多地觉察到引导师的参与所带来的更高价值
潜在的劣势	**潜在的劣势**
● 引导师不大可能提出能激发团体思考的想法 ● 引导师知道的潜在的适用方案可能没有提出来 ● 引导师的表现可能不太活跃并且较少对讨论进行管理 ● 客户不太可能看到引导师的价值,除了设定会议流程以及保障团队遵守规则	● 团体更有可能求助于引导师而非团队自身去寻找解决方案 ● 引导师更有可能成为引导操纵者——将团队引向不是他们自己创造的解决方案 ● 团体实施解决方案的可能性更低,因为有些想法实际上是引导师的 ● 引导师需要做出更多的前期努力以了解客户的业务和问题

↘ 边界

如果你选择了复合方法,你如何避免角色滥用?一位引导师解释如下:"我总是觉得作为引导师,我们永远做不到完全中立。因为我们自己的价值观和信念以非言语的方式悄悄地渗透出来。我的回答是,当我和团体在一起时要做到非常透明,预先说明我的世界观和偏见是什么，请他们当看到我有不当的宣扬时提醒我。这样，我能无惧地使用复合方法。"

第二位引导师提出了不同的观点："一个复合方法可能会向客户提供更大的价值，只要你建立并练会一套控制参数。"这位引导师推荐考虑以下边界。

考虑如何保持中立的一组边界条件	引导师提出内容建议的前提是：
	• 引导师在探讨的领域拥有强大的知识和经验，能通过提出想法建议而增加价值。 • 作为场外人员，引导师拥有的独特发现可能会被深陷问题的参与者忽视。 • 当团体卡壳或者准备进行下一步而引导师确信他们忽视了可能对团体产出和成功产生很重要影响的东西时，才能提出建议和想法。 • 建议和想法总是以问题的方式提出来（关于……？我在想……？）。 • 审慎和节制地提出建议和想法。

第三个引导师就他如何控制边界讲述了以下故事：

这个问题在上周的引导中出现了。我感到桌上的一项建议可以进一步延展，这将对团体有益。因为我在用电脑做记录、投影，我说出并打印下了我的建议/补充。我声明我此刻正在走出引导模式，提出自己的建议，如果团体不认为这项建议应该留在屏幕上，我将很愉快地删除它。我给出了选择，客户选择留下建议，好几个参与者表示非常欣赏该建议。

↘ 关于审慎的提醒

在考虑复合方法和中立方法时，考虑无节制滥用的潜在风险是非常重要的。就如一位引导师的警告："我认为很多自称是引导师的人根本没有认识到中立是这一角色的基本特征。相反，他们为炫耀自我寻找各种借口。所以这条推理线路实际上为那些草率的思考者以及缺乏自律的炫耀者开启了标榜自己是引导师的大门。"

↘ 你的客户想要的是什么

依我的经验，客户多数希望引导师使用更多的复合方法。但是，我现在做得较多的一件事是，在这个问题上预先征得主办方的同意：他们是否希望我根据自己的经验提出建议。

底线是：就合适的方法事前征得主办方的同意并及早让参与者知晓。

ABOUT US
关于百年基业

百年基业
GENECHAIN

公司愿景
全球领先　中国第一的行动
学习与引导技术的专业机构

公司使命
为客户提供卓越的组织与人才
发展解决方案
成就中国企业的世界高度

百年基业致力于通过行动学习与引导技术的研究与实践，帮助企业更好地发展领导梯队、促进组织绩效提升，建设专业人才队伍，使行动学习与引导技术这一主流的人才开发方法论深植企业，从而提升中国企业的国际化与全球竞争力。

百年基业拥有为超过上千家央企、外资企业、大型民营企业服务的经验，同时百年基业也拥有相互支持、共谋发展的众多战略合作伙伴。基于客户的支持与信任，通过百年基业数十位国际、国内行动学习和引导技术专家以及多个专业机构和院校的共同协作，以求把行动学习和引导技术对组织、业务、团队、个人的四维发展落到实处。

公司宗旨
行动创变组织　引导重塑学习

核心价值观
爱与信任　专业引领
持续创新　成就卓越
共同成长

引导+组织发展

专业认证类
- 《CAF中国引导师认证》
- 《CSAL中国行动学习催化师认证》

技术赋能类
- 《结构化研讨》
- 《工作坊设计》
- 《引导的秘诀》

工作坊设计类
- 《战略共创画布》
- 《问题解决工作坊》
- 《文化融合工作坊》
- 《团队复盘工作坊》

项目设计类
- 《PDAL卓越绩效行动学习项目》
- 《LDAL人才发展导向的行动学习项目》
- 《SDAL战略导向的行动学习项目》

引导+学习发展

学习项目类
- 《关键人才学习地图构建》
- 《全序列敏捷课程体系构建》
- 《内训师体系与中国内训师大赛》

工作坊设计类
- 《引导式经验萃取》（业务篇/岗位篇）
- 《引导式微课设计与开发工作坊》
- 《引导式案例开发与教学工作坊》
- 《引导式课程设计与开发工作坊》
- 《在岗辅导手册开发与赋能工作坊》
- 《TTM-培训项目管理工作坊》
- 《TTM-年度培训计划制定工作坊》

赋能认证类
- 《FC-引导式学习地图顾问认证》
- 《FE-引导式经验萃取师认证》
- 《FD-引导式教学设计师认证》
- 《FTT-引导式培训师认证》

百年基业
GENECHAIN

引导+领导力发展

引导+个体领导力发展
- 《催化型领导者》
- 《一分钟经理及实践®》
- 《管理核心五任务®工作坊》
- 《领越®领导力工作坊》

引导+团队领导力发展
- 《U5卓越团队®》
- 《引爆团队战斗力》
- 《问题分析与解决工作坊》
- 《经营决策沙盘》

引导+组织领导力发展
- 《创新领导力®工作坊》
- 《变革领导力沙盘》
- 《创新管理工作坊》
- 《引导式SPS管理案例沙盒萃取与实践》

**成为催化型领导者
"ABCD"项目方案类产品**
- A 面向高层管理者及高层后备
- B 面向中层管理者及中层后备
- C 面向基层管理者及基层后备与高潜
- D "优才之星"创业公司管理教练工作坊

人才管理咨询与测评

领导力咨询
- 引导式领导力快速建模
- 面向战略的管理人才盘点
- 青年干部/高潜人才选拔
- 定制设计领导力培训规划
- 一体化搭建领导力学习地图

觉察工作坊
- 个体领导力觉察工作坊
- 团队领导力觉察工作坊

人才测评
- 全景式领导力测评系统：
- 单人测评：领导风格测评、学习-决策风格测评、领导力素质360度评估、管理核心五任务能力测评、卓越领导力测评
- 团队测评：贝尔宾团队角色测评、团队敬业度测评
- 组织测评：创新文化调研
- 在线测评系统移植

反侵权盗版声明

电子工业出版社依法对本作品享有专有出版权。任何未经权利人书面许可，复制、销售或通过信息网络传播本作品的行为；歪曲、篡改、剽窃本作品的行为，均违反《中华人民共和国著作权法》，其行为人应承担相应的民事责任和行政责任，构成犯罪的，将被依法追究刑事责任。

为了维护市场秩序，保护权利人的合法权益，我社将依法查处和打击侵权盗版的单位和个人。欢迎社会各界人士积极举报侵权盗版行为，本社将奖励举报有功人员，并保证举报人的信息不被泄露。

举报电话：（010）88254396；（010）88258888

传　　真：（010）88254397

E-mail：　dbqq@phei.com.cn

通信地址：北京市万寿路 173 信箱

　　　　　电子工业出版社总编办公室

邮　　编：100036